2018
2019

Shanghai Key
Industries
International
Competitiveness
Report

上海重点产业
国际竞争力报告
2018—2019

汤蕴懿等 编著

上海社会科学院新经济与产业国际竞争力研究中心

上海市商务委员会公平贸易公共服务项目资助

上海社会科学院出版社
SHANGHAI ACADEMY OF SOCIAL SCIENCES PRESS

编委会

版权声明

  《上海重点产业国际竞争力报告(2018—2019)》集结上海市商务委员会公平贸易公共项目"上海产业国际竞争力指数报告2018"中系列报告，由上海社会科学院新经济与产业国际竞争力研究中心研制出品，报告的知识产权属于上海市商务委员会。除法律另有规定外，任何自然人、法人或其他组织如需以任何形式使用报告内容，必须经过上海市商务委员会的书面许可和授权，并注明出处。报告中的所有内容和结果都是由公开数据分析、计算得出，供有关产业从业主体参考。对由于使用或依赖本报告所载的任何内容而直接或间接引致的任何损失，上海市商务委员会和上海社会科学院新经济与产业国际竞争力研究中心不承担任何法律责任。

序 言

在全球新一轮产业变革中,把握世界新一轮科技革命驱动和全球生产治理模式转型趋势,紧扣重要战略机遇新内涵,深入实施创新驱动发展战略,是上海产业国际竞争力提升的根本要求。同时,由于中美贸易摩擦的持续加剧,会深刻改变全球供应链和价值链格局。宏观层面,由于产业链的相互关联、嵌入,贸易保护主义可能对全球经济增长造成 0.1 到 0.4 个百分点的拖累,中美贸易摩擦对中国 GDP 影响只在 0.3 到 0.5 个百分点;中微观层面,加征关税引起的成本上升将给部分行业带来较大扰动,特别是在美国零售业和全球资本品市场。因为中国不仅在中低端消费品市场保持了竞争力,在中高端机械设备方面也是全球的基石。

风险和机遇并存,中国经济现在更多是靠消费拉动带来投资增长,这一重要的结构变化使中国在应对中美贸易摩擦中有了韧性、有了基础、有了持久战的条件。上海要成为卓越的全球城市,就必须更加关注集成创新能力,把握制造业服务化大势,积极参与贸易新规则标准,深耕长三角腹地和发挥好"一带一路"桥头堡作用,这些都是上海提升国际竞争力的重要路径。

一、坚持对我国和上海重点行业的持续性研究,为上海代表国家参与下一轮产业发展制高点的国际竞争提供科学依据

2019 年是推动中国经济高质量发展的开局之年,中国经济的高质量发展首先是更加重视补短板及提高供给质量,重点是发展壮大新动能和加快制造强国建设,包括做大做强新兴产业集群,加强新一代人工智能研发应用,推动集成电路、第五代移动通信、飞机发动机、新能源汽车、新材料等战略性新兴产业发展,实施重大短板制造装备专项工程等。上海如何在中国经济发展的新要求下,与国际先进水平对标、达标,既是上海发展战略的内在要求,更是上海代表国家参与下一轮产业发展制高点的国际竞争、为中国制造向产业中高端

升级提供支持的历史使命、战略要求。

2019 年报告在对行业的选择上,具体说明了选择的领域以及选择的理由,并依然以持续跟踪的 12 个产业为依据。

(一)聚焦国家战略性新兴产业

结合上海产业基础和产业国际竞争力优势,高端装备制造业、新材料产业、生物医药、新能源汽车产业四大产业为战略性新兴产业重点领域。

战略性新兴产业代表新一轮全球科技和产业变革的方向,是培育新动能、构建现代化经济体系的重要抓手。当前,上海已进入产业转型升级的新阶段,要牢牢抓住关键重点,把握全球科技与产业变革的新机遇,加快把战略性新兴产业发展壮大为新支柱产业,摆脱价值链低端循环锁定,抢占产业发展制高点,赢取国际竞争新优势。上海战略性新兴产业经过多年发展,在产业链中下游的应用技术研发和市场拓展环节已有良好基础,亟待向产业链上游的核心技术环节寻求突破。

根据最新的《国家战略性新兴产业分类(2018)》,战略性新兴产业为新一代信息技术、高端装备制造业、新材料产业、生物医药、新能源汽车产业、新能源产业、节能环保产业、数字创意产业和相关服务业八九个大类。这些产业通常被认为是对经济社会全局和长远发展具有重大引领带动作用的知识技术密集、物质资源消耗少、成长潜力大、综合效益好的产业。

(二)提升重点领域制造业能级

结合上海前期产业发展和进出口贸易结构,选择航空航天、海洋装备与船舶产业、化工产业、纺织都市产业为上海制造产业的重点领域。制造业是国民经济的主体,是本市加快向具有全球影响力的科技创新中心进军、建设"四个中心和社会主义现代化国际大都市"的重要支撑,是上海落实国家制造强国战略、参与全球产业竞争的重要力量。根据《上海市国民经济和社会发展第十三个五年规划纲要》和《上海市制造业转型升级"十三五"规划》的要求,应不断推进本市制造业转型升级、提升产业国际竞争力。

(三)推进数字设备和人工智能的发展

参照《关于加快推进人工智能高质量发展的实施办法》,应集聚人工智能领域人才,突破关键核心技术,推进人工智能示范应用,加快建设国家人工智能发展高地,选择新一代信息技术、集成电路制造领域,将人工智能纳入本市战略性新兴产业重点领域,加快上海类脑智能科学研究基地建设。要求推进国家智能传感器制造业创新中心建设,整合重点企业、科研院所等要素资源,加快在类脑智能理论研究、人机混合增强智能、新型智能算法等领域取得突破,开展智能感知、计算处理、智能执行等关键共性技术攻关。

（四） 兼顾体现城市核心功能和贸易支撑的要素产业

综合上海四个中心深化发展的建设目标、上海自贸区的新一轮发展,并对标一流全球城市的功能水平,本研究在评估产业国际竞争力水平的基础上,结合上海下一阶段城市功能的发展与提升,即以服务经济引领经济增长的内在需求和服务于长三角整体经济结构转型的国家战略要求,选择远洋货物运输——航运服务、旅游会展——会展服务和电信、计算机和信息——计算机服务为要素支撑领域。

表1　2019年上海重点产业国际竞争力行业范围

产　　业	依　　据
战略性新兴产业	
1. 装备制造业	《国家战略性新兴产业分类(2018)》
2. 新材料产业	
3. 生物医药产业	
4. 新能源汽车产业	
关键产业	
5. 航空航天产业	《上海市国民经济和社会发展第十三个五年规划纲要》和《上海市制造业转型升级"十三五"规划》(2017)、(2018)
6. 海洋装备与船舶产业	
7. 化工产业	
8. 纺织都市产业	
数字融合产业	
9. 新一代信息技术(集成电路)	将人工智能纳入上海市战略性新兴产业重点领域
10. 计算机和信息服务	
全球城市与流量经济	
11. 会展中心建设	《上海五大中心建设目标》和城市贸易核心服务功能
12. 航运中心建设	

二、强化对全球新一轮竞争格局的阶段性把握,完善全球价值链发展新趋势与我国转变外贸发展方式的指标体系

分析制造业和服务业深度融合下的全球和国内产业发展的新趋势、新特征,研究未来上海产业发展趋势、在全球价值链分工中的定位和潜力增长点,并通过完善全球价值链发展新趋势与我国转变外贸发展方式的指标体系,本

年的行业发展程度进行纵向比较。

第二,以产值为基准,选取了国内领先区域作为对照样本,与上海进行横向比较。

第三,考虑了服务业在城市中的集聚特点。3个服务业采集地区为产业集聚度最高的前6个相关城市。

第四,指数权重赋值采用"变异系数法"和"层次分析"相结合方式。"变异系数法"权重赋值在三级指标上,强调各行业的产业发展阶段特征。"层次分析"采用专家打分方式,设定统一权重,便于平行比较。

第五,所有数据采集均来自公开数据。数据处理采用标准化方式进行。

(四) 各级权重的确权方法

本研究将遵循兼顾产业的盈利目标和战略目标、短期效应和长期效应综合考量的要求,并结合产业的发展阶段和国家对上海战略定位的目标差异。我们对于各个行业在这个链条上定权重和设计指标的具体标准也采取差异化原则。对于三个组成部分的指标选取,选择能够代表产业在产业链、价值链、创新链中定位的指标,以此体现不同行业在升级和结构优化上各自的路径。相关指标的选择既包括能代表评价产业现有水平的指标,也包含体现着未来产业沿着产业链、价值链、创新链升级的潜力指标。

三级指标的权重根据各个产业产值占比的大小进行权重的确立。

在12个产业国际竞争力四级指标的权重确立上,本研究将根据产业链、价值链、创新链和技术链进行权重的确立,保留客观赋权的变异系数法,将去年三级指数指标赋权中的部分主观赋权方法改为层次分析法。变异系数法是直接利用各项指标所包含的信息,通过计算得到指标的权重,其代表着的是历史信息对现在的影响,简单地说是代表着过去。但就当今产业和经济的发展情况而言,各种新技术和新业态的涌现使得各个产业发展有着极大的不确定性,仅用历史信息势必造成对未来可能性的误判,这就需要各个产业的专家对产业未来发展的方向和路径进行预判,由判断结果对权重进行修正。指数体系根据上述原则决定二级指标组成部分的赋权,在各个板块的权重上,我们考虑到依据产业所处的发展阶段,以及依托"四链"驱动力的竞争优势的表现形态上存在差异点,在各个产业上也作相应调整。如战略性新兴产业,更体现在来自创新链和技术链的发展驱动力,而传统产业则更多来自产业链和价值链层面的驱动因素。本研究将依据产业不同阶段对不同链条的依赖程度邀请专家以此为依据对其进行排序打分,运用层次分析法确认主观权重。

五级指标为基层指标,主要反映客观的情况和数据,仅使用变异系数法确立权重。

三、加深对全球城市发展规律的前瞻性认识，以提升全球城市的贸易功能、提升城市能级和核心竞争力

（一）流量经济成为新一轮全球产业布局的核心要素

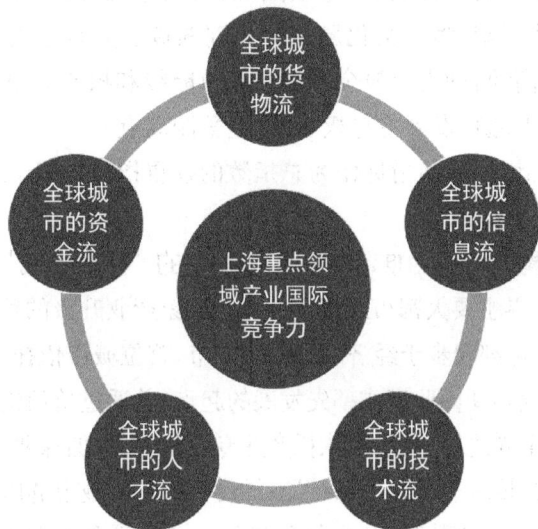

图 2　流量经济

全球城市进入流量经济竞争时期。现代意义上的世界城市是全球经济系统的中枢或世界城市网络体系中的组织结点，在全球网络中形成了资源要素流转和配置的一个个结点。这些结点根据等级高低、能量大小、联系紧密程度等要素集结成为一个多极化、多层次的世界城市网络体系。

当前，在全球化与信息化两大潮流交互作用的背景下，全球正处于工业文明向信息文明转变的关键时期，随着信息技术的迅猛发展、数字化方式的日益盛行，尤其是互联网的快速发展，以金融流、信息流、科技流、人才流等为代表的要素流量对全球经济增长的价值和贡献不断提升，各类资源要素的流量化已经成为新一轮经济全球化发展的必然趋势，流量经济亦因此成为全球城市巩固和展示核心竞争力的关键所在。纵观全球城市发展进程，美国纽约、英国伦敦、日本东京等顶级全球城市，均已率先形成以强集聚辐射性的要素流量化为主要特征的经济形态，持续吸引全球范围内的资金、知识、信息、科技和人才等高端资源要素高效集聚配置和高效流动增值，促进整合产业链、优化创新链、重塑价值链的融合发展和深度重构，进而推动现代产业体系的跃升和高级化，最终成为全球城市网络体系中的"核心节点城市"。

当前上海发展已经进入新的历史阶段，面向未来三十年的城市发展战略定位已然明确，即"长江三角洲世界级城市群的核心城市，国际经济、金融、贸

易、航运、科技创新中心和文化大都市,并将建设成为卓越的全球城市和具有世界影响力的社会主义现代化国际大都市"。为此,要在新一轮全球合作与竞争中成功"卡位",上海改革开放再出发必须基于面向全球、面向未来的大格局和宽视野,以上述目标愿景和城市核心功能为导向,以更加凸显和增强全球高端资源要素的战略性配置核心功能为目标,以提升巩固流量经济的规模和能级为抓手,在高水平对外开放、全球金融配置、全球机构(平台)、高端服务、科技策源、全球英才汇聚、多元文化融汇等关键领域着力打造大容量、高频率的全球要素流量新高地,助力上海全面提升城市能级和核心竞争力,在迈向卓越全球城市的道路上赢得发展主导权、占领竞争制高点。

在测算方法上,这五项指标作为总指数的权重指标作用于总指数中。

(二)都市圈经济成为推动全球经济发展的"重要场域"

纵观全球,世界主要大都市经济圈是所在国家产业升级的首发地,新技术的引进、推广和产业化都起步于经济圈的首位城市,首位城市依托人口和市场的规模优势形成新产业和新商业模式率先发展的起点,并通过价值链内的消费纽带、供应链纽带辐射至周边中小城市,依托产业专业化分工,加深要素流动和市场流动关联,由此形成"技术—产业—市场"三维度为纽带的城市群形态。

从产业空间演化过程看,专业化分工与产业集群彼此的交织与互动是城市群在产业发展形态上的核心,城市群内各首位城市与周边城市通过垂直和水平分工,形成各自职能和优势产业。通过产业链之间的交集以及伴随着技术突破的产品跨界创新,大型城市群内出现若干相互交叠的产业集聚带和聚集区,进一步吸引人才、资本向城市群的转移,进一步强化产业集聚效应,集中的优势也进一步促进城市群的延绵。起步于对外贸易枢纽功能与相关服务的外向型经济是主要发达国家沿海城市群兴起和壮大的驱动力,沿海地区依托港口集散转运功能形成了融通国内与国际市场的物资、交易和信息交流的优势,这个"流量经济"衍生出新兴产业在消费和投资上的先发优势,20世纪70年代电子信息技术革命背景下,世界范围内临海工业城市群的兴起深刻体现了城市的集散功能对于培育现代产业的重要性。例如美国的纽约、费城、巴尔的摩、波士顿和日本东京,从20世纪70年代以来的迅速发展带动了区域经济发展,它们以巨大的技术经济能量向腹地辐射和扩散,形成大规模的产业集聚和城市绵延。这些城市群作为所在地区的市场、人口和商业流的枢纽地,吸引了包括基础设施、人才和创业资本等各类创新投入,促进网络在此集聚,依托城市群内部的中心城市与外围城市的要素结构差异,形成价值链为纽带的产业分工合作网络,城市群的经济纽带因此成为产业竞争的核心要素。伴随着当前产业技术在多个领域跨界趋势的加深,产业价值链的构造环节更加复杂,城市群集中多样性的产业链和人力资本的优势,对产业竞争构成的支撑作用将越来越重要。

中国处于开放前沿的城市及首位城市与周边构成的城市群无疑是现代产业体系发展最重要的空间形态。数据表明,在四十年对外开放历程中,以开放经济的服务功能起步的东部沿海大都市,依托外向型经济导向的制度创新,率先形成了在人口与市场维度上的一批超大型城市,在规模上媲美发达国家经历半个世纪发展的全球城市,相关城市借助区域产业升级的规划和政府支持,在倾斜性的产业政策引导下,对周边城市的高端生产要素的人力资源产生持续的"向心力",由此形成现代产业体系的"高地"格局。这个结构相应的要素价格梯度在交通与信息化基础设施完善的外部条件下,则构成了首位城市与周边城市在制造业体系内基于要素禀赋格局的高度专业化分工与流通格局,对整个区域的制造业带来正向影响。

这一演进规律在长三角地区体现为以上海为首位城市的长三角都市经济圈的形成。上海是最先进入开放经济的大都市,依托对外开放"窗口"的制度创新和城市功能的现代化建设,构成了技术与人才"吸纳地"的优势,以上海为核心覆盖周边中小城市的长三角"一小时经济圈"已成为中国最具代表性的大都市经济圈,也是全球最大的制造业集群为产业格局的大都市经济圈。长三角都市经济圈经过四十年的发展,成为全球范围内规模最大、劳动力最多的制造业集群,是中国在全球制造业价值链中最重要的空间板块,对于中国过去四十年来制造业大国声誉的形成发挥了不可取代的作用。

(三) 营商环境成为区域综合竞争力的重要驱动

营商环境作为"支配商业活动所必须的政策、法律、制度、规则等的一种复杂的融合体",其本质是一种制度创新,是经济社会发展的内生变量。营商环境既是区域综合竞争的软实力,又是现阶段生产力发展的重要驱动因素,优劣直接影响一个国家或地区的经济发展水平。鉴于此,各个国家和地区都在大力优化营商环境。我国在经济新常态的时代背景下,中央明确提出要优化区域营商环境,实现经济高质量发展。上海作为长三角综合性节点城市和进博会承办城市,如何对标国际,营造一流营商环境,关系全球卓越城市目标能否实现,也关系到产业国际竞争力是否能够可持续提高。

执笔:

汤蕴懿　上海社会科学院研究员,新经济与产业国际竞争力研究中心执行主任

目　录

▌服务支撑领域▐

2018—2019 年上海重点产业
国际竞争力发展总报告

一、2018 年度上海重点产业国际竞争力指数及分析

（一）上海重点产业国际竞争力总指数

2018 年上海重点产业的综合国际竞争力指数达到 132.7，比 2017 年提高了 2.3，相比 2016 年则提高了 0.8，三年来国际竞争力指数水平总体稳定，2018 年呈现三年内最高水平。

国际竞争力

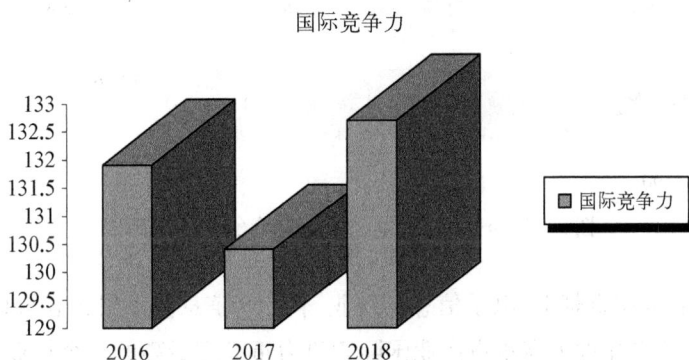

图 1　2016—2018 上海产业国际竞争力总指数变化

二级指数显示，行业增长是 2018 年上海产业国际竞争力提高的主要驱动力，提高了 9.1，上海重点产业竞争力提高的主要成因是行业自身产出规模增长，这与上海三年来深入推进"四个中心"建设战略、在重点产业领域基本实现了提质增效的预期成果息息相关。结合上海相关产业固定资产投资和研发投入的格局与特点，上海三年来积极扩大基础设施投资、加大重大项目财政投入和配套服务投入，经过 2016 年、2017 年的产业研发持续投入增长，2018 年上海重点产业生产要素投入的产出效率有了较大的提高，一批高附加值的工业产品和关键中间产品生产均取得突破，有效拉动了下游耐用消费品和流通服

务行业的扩张。

产业国际表现对提升上海产业国际竞争力贡献增大,2018年提高了1.3,这既是上海产业升级在出口规模效益上的表现,也是上海积极落实国务院一系列促进外贸稳增长政策的结果。在应对全球贸易结构深度调整,特别是在中美经贸摩擦的严峻挑战下,上海更多通过制度型开放而非市场准入型开放来实现对外开放,以"适应新形势、把握新特点,推动由商品和要素流动型开放向规则等制度型开放转变"。①

2018年上海重点领域产业创新要素驱动竞争力指数下降了3.4,反映了上海在重点企业、核心产品的全球影响力上还需进一步增强。目前,国际产业链重构的进程正在加快。在产业分工更加细化的趋势中,产业结构的价值分配在不同国家和地区呈现出差异化的特征。如何快速融入国际产业链,在关键分工环节逐步占据有利位置,在更广范围和更长时期获得竞争优势,是当前产业链再造和创新要素驱动的战略考量之一。②

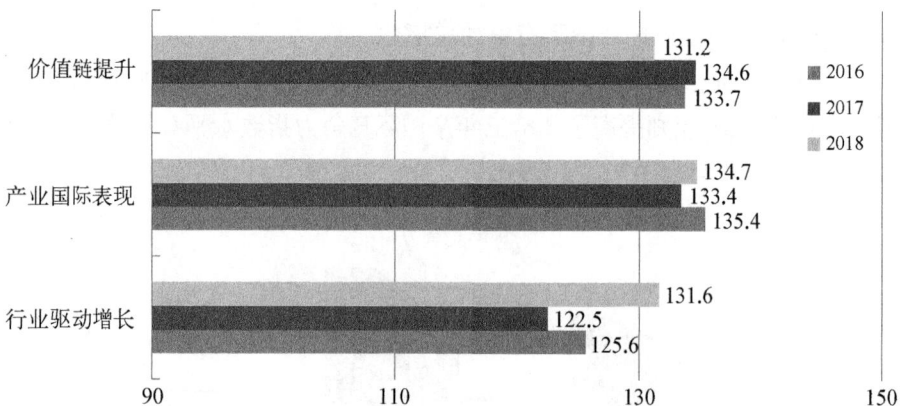

图2　2016—2018上海产业国际竞争力二级指数

在行业分布贡献上,电子信息制造业、软件与信息技术服务业与高端装备制造业是2018年度上海重点产业国际竞争力贡献度最高的三个行业,形成了提升产业国际竞争力的关键领域。

表1　2018年上海重点产业国际竞争力指数贡献

行　业　名　称	2016年	2017年	2018年
新能源汽车业	3.46	3.44	4.44
航运服务业	2.25	2.48	2.42

① 参见何立胜:《推动全方位对外开放,为什么要强调把握住制度型开放新机遇?》,《上观新闻》2019年4月17日。
② 参见祁红梅、王旭艳:《积极推动产业链再造和价值链提升》,《河北日报》2018年8月8日。

续表

行 业 名 称	2016 年	2017 年	2018 年
会展业	1.25	1.19	1.27
电子信息制造业	41.14	42.96	42.48
软件和信息技术服务业	23.31	22.71	22.49
海工装备业	1.31	1.30	1.44
高端装备业	21.93	21.84	21.96
纺织服装业	0.78	0.81	0.80
民用航空业	1.25	1.11	1.07
化工业	14.69	13.49	13.12
新材料业	13.59	11.72	13.42
生物医药业	6.95	7.40	7.79
重点产业合计	131.92	130.44	132.69

　　从 2017—2018 年各重点产业贡献度变化情况来看,对上海重点产业国际竞争力贡献有所下降的产业包括航运服务业、民用航空业与化工业;贡献有所上升的产业则包括新能源汽车业、会展业、海工装备业、新材料业与生物医药业;贡献度变化保持稳定的产业为电子信息制造业、软件与信息技术服务业、高端装备业与纺织服装业。

　　与此形成对照的若干贡献度下降的产业,贡献度降幅均稳定在较小的水平,下降水平较大的产业主要是化工业(下降 0.38),其贡献度已经持续两年下降。上海传统化工行业面临淘汰、清退落后产能的挑战,但也正处于产业全面升级的机遇期。贡献度上升的各个产业发展迅猛,同比增幅巨大,其中上升水平较大的产业包括新材料业(上升 1.70),新能源汽车业(上升 1.00)。上海是国内最重要的汽车产业基地,也是全国推广新能源汽车的桥头堡,多年来持续提供政策支持,上海的新能源汽车产业发展迅速,国际竞争力不断增强。2018年第一届中国国际进口博览会在上海召开,会展业在这一年的贡献度也有上升。

　　上海的各高新技术产业中,新材料业、新能源汽车行业、生物医药业在2018 年对国际竞争力的贡献度保持高速上升势头,高端装备业、电子信息制造业等维持了较为稳定的态势。贡献度下降的产业主要集中在传统行业,上海重点产业的高新技术导向转型升级已经转化出高质量的产出。

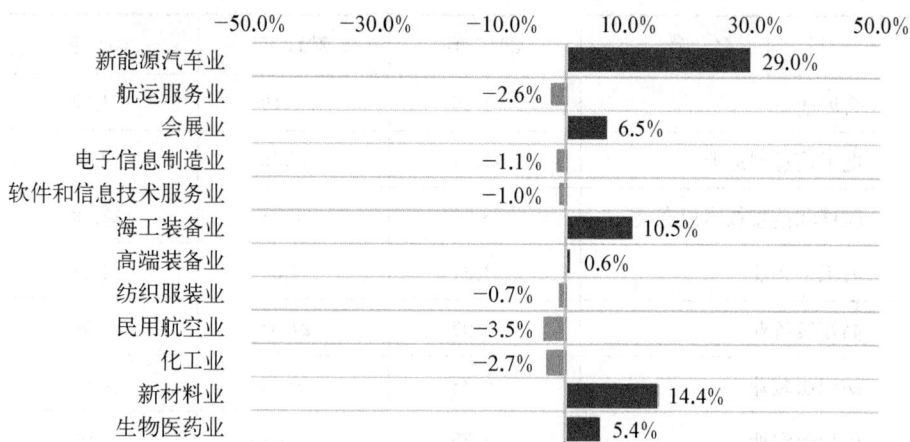

图3　2017—2018年上海各重点产业对国际竞争力贡献度的年度变化①

（二）上海重点产业国际竞争力二级指数

1. 产业国际表现

产业国际表现竞争力体现了产业的出口活动对竞争力的贡献,从规律看,这一指标表现较强的产业基本上是典型的全球分工产业,贸易依存度较高,龙头企业在国际市场上声誉度较高。由于中国服务部门对外开放度较低和企业国际化经营水平相对落后,重点产业内的服务业国际表现竞争水平总体落后于重点产业内的制造业(见表2与图4)。

表2　2016—2018年各重点产业国际表现指标的贡献度

行　业　名　称	2016 年	2017 年	2018 年
新能源汽车业	3.79	3.37	4.31
航运服务业	2.64	2.78	2.70
会展业	1.08	1.03	1.08
电子信息制造业	46.93	49.19	49.76
软件和信息技术服务业	22.37	21.05	19.92
海工装备业	1.10	1.20	1.28
高端装备业	18.43	18.29	18.25
纺织服装业	0.85	0.86	0.90
民用航空业	1.15	0.89	0.94
化工业	12.47	12.52	12.93

---

① 注: 右边段表示指数呈增长的产业竞争力指数贡献度变化,左边段表示指数呈下降的产业竞争力指数贡献度变化。

续表

行 业 名 称	2016 年	2017 年	2018 年
新材料业	16.32	13.94	13.75
生物医药业	8.32	8.32	8.85
重点产业合计	135.44	133.41	134.67

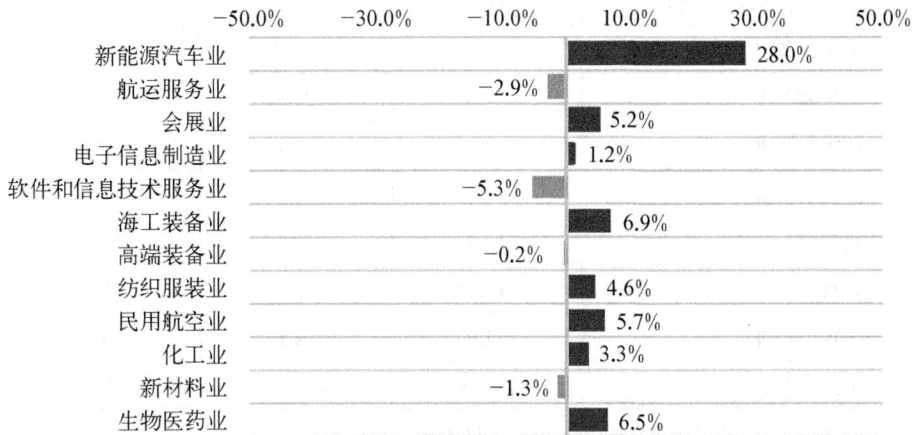

图 4　2017—2018 年上海重点产业国际表现指标变动情况

由此可见,大部分行业在贸易表现上均出现向好势头。电子信息制造业国际表现在竞争力水平上远远领先其他行业,是整个重点产业国际表现指数的支撑;其次是上海的高端装备业、软件和信息技术服务业,也是发挥贸易竞争优势的重要产业。从产业国际表现指数的成长性来看,新能源汽车业、化工业展现出较高的增长潜力。而作为上海经济传统优势产业的高端装备、软件和信息服务业,其国际表现在 12 个产业内的贡献度相比前两年有下降趋势。因此,对传统优势产业升级,加强国际市场渠道建设和大型企业国际市场行销能力培育是上海传统优势产业提升出口潜力的努力方向。

2. 行业增长规模

行业增长规模指数体现了行业的规模扩大形成的竞争优势,主要指标是行业产出规模和生产效率的相关指标,指数增长背后包含行业市场向好因素和行业产出效率提高的因素。上海重点产业升级正处于由规模驱动转为创新驱动、技术驱动的调整后期。根据 2018 年指数的增长情况,增长最快的是新材料产业,其次是化工产业和新能源汽车行业。对比各行业对重点产业行业增长整体竞争力的贡献度,贡献最大的是上海的电子信息制造业、软件与信息技术服务业和高端装备业,两个行业呈现较显著的扩张趋势,是上海制造部门行业增长竞争力最强的产业(见表 3 和图 5)。

表3　2016—2018年各重点产业行业增长规模指标的贡献度

行 业 名 称	2016 年	2017 年	2018 年
新能源汽车业	3.28	3.36	4.48
航运服务业	1.76	2.06	1.86
会展业	1.40	1.26	1.52
电子信息制造业	32.47	31.64	32.90
软件和信息技术服务业	28.83	29.48	29.08
海工装备业	1.40	1.37	1.40
高端装备业	24.64	25.75	26.47
纺织服装业	0.72	0.76	0.70
民用航空业	1.67	1.54	1.40
化工业	13.44	12.55	15.19
新材料业	11.08	7.89	11.05
生物医药业	4.91	4.87	5.51
重点产业合计	125.60	122.53	132.69

注：各行业贡献度结果是经各行业产值作加权处理的结果。

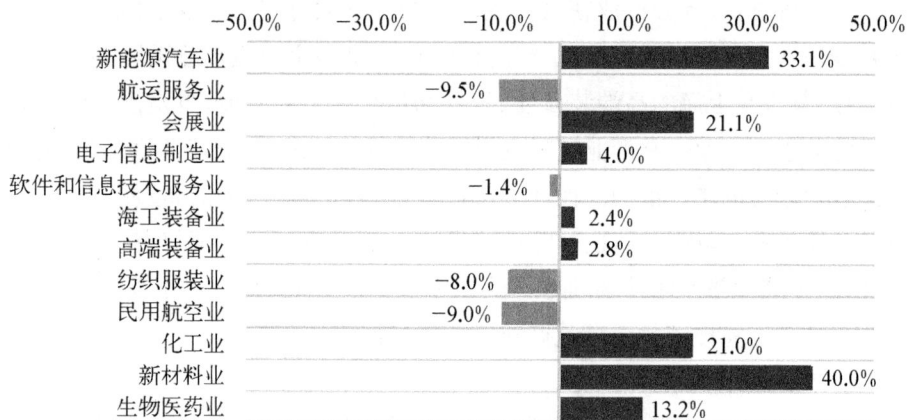

图5　2017—2018年上海重点产业行业增长规模指标变动情况

在2016年到2018年期间,上述三个行业对上海重点产业贡献度保持稳定,其中高端装备业对行业增长规模的贡献持续上升。传统优势产业,如航运服务业、纺织服装业等由于近年受到外部需求相对萎缩的影响,指标贡献度增长乏力,下滑趋势明显。

3. 创新要素驱动

产业创新要素驱动体现了产业的技术创新能力,产业长期以来的研发投入和创新体系建设对于提升产品与服务的质量,加快产业技术进步对产业中长期国际竞争力具有关键作用,关系到核心产品的质量和创新影响力,最终影响到行业价值链的投入产出的效率。从指数构成上看,刻画创新要素驱动竞争力的定量指标主要来自体现行业科技研发投入和创新绩效的统计指标。

在中国经济高质量发展战略目标下,上海重点产业已经进入创新驱动的关键发展阶段。根据指数水平,在产业创新要素驱动上表现较强增长势头的产业有新能源汽车、软件和信息技术服务业、新材料等,这些行业属于上海高新技术部门的重点领域。而航运服务业、新材料行业的指数则有小幅增长,前者体现了上海航运中心建设的成果,而后者则是上海战略性新兴产业的活跃领域,体现了创新产业经多年的研发投入呈现的竞争力发展潜力(见表4与图6)。

表4 2016—2018 年各重点产业创新要素驱动指标的贡献度

行 业 名 称	2016 年	2017 年	2018 年
新能源汽车业	3.17	3.61	4.59
航运服务业	2.10	2.42	2.50
会展业	1.36	1.37	1.30
电子信息制造业	41.72	45.58	41.86
软件和信息技术服务业	18.41	17.51	19.03
海工装备业	1.48	1.36	1.66
高端装备业	24.17	22.82	22.52
纺织服装业	0.76	0.79	0.79
民用航空业	0.99	1.00	0.93
化工业	18.60	15.77	11.61
新材料业	13.37	13.35	15.45
生物医药业	7.61	9.01	9.01
重点产业合计	133.74	134.59	131.24

根据该指数变化和对具体行业发展态势的分析,上海未来需要继续重视新材料、生物医药、高端装备等未来支柱性高新技术产业内一批"卡脖子"技术领域的研发项目,同时也要兼顾电子信息制造业、汽车制造业等具有传统规模优势行业产品升级导向的研发投入以及产学研创新网络建设,提升重点产业的创新要素驱动竞争力。

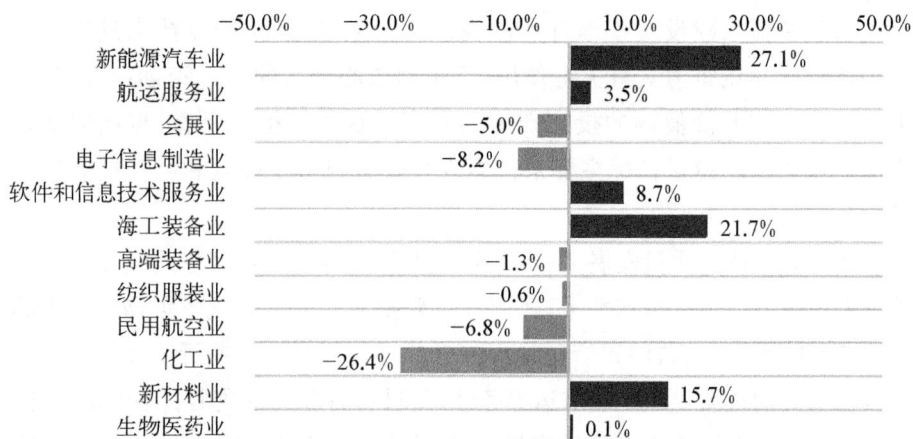

图6 2017—2018年上海重点产业创新要素驱动指标变动情况

二、城市群视角下产业竞争力指数的区域比较

本部分以长三角城市群、珠三角城市群、京津冀城市群和长江中游城市群为比较对象,把12个重点产业国际竞争力的省际指数纳入城市群中考察。

(一)新能源汽车

从2018年全国新能源汽车业国际竞争力综合指数排名来看,上海排名第四,浙江、广东占据新能源汽车业国际竞争力的引领位置,山东、上海与江苏则位列第二梯队。在新能源汽车领域,上海与排名靠前的浙江、广东仍有一定差距,与山东的差距较小。前五位地区相比全国其他省份具有较大竞争优势。

从中国主要城市群层面上看,京津冀、长三角、珠三角和长江中游四大城市群的相对排名基本维持稳定。其中,珠三角城市群的总体竞争力最强,长三角城市群排名第二,与珠三角城市群的差距正在缩小(见图7)。受到"中部崛起"政策和产业转移的正向影响,作为中部地区主要经济发展动力的长江中游城市群在新能源汽车制造业领域的竞争力正在迅速上升。

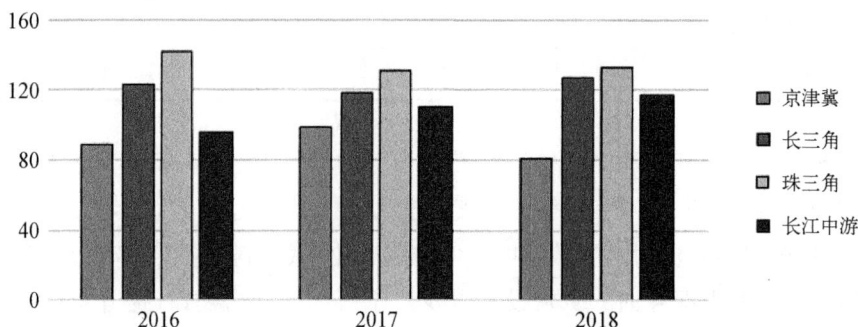

图7 2016—2018年四个主要城市群新能源汽车业竞争力年度变化

（二）航运服务业

在航运服务业领域,上海作为中国乃至全球的航运服务重镇,其产业国际竞争力在全国呈现遥遥领先的态势。相较于深圳、天津、宁波和广州,上海在港口吞吐量上连续九年稳居全球第一。上海 2018 年完成了 4 201 万 TEU 的集装箱吞吐量,是第二名宁波港集装箱吞吐量的 1.6 倍。

值得注意的是,由于上海港集装箱吞吐量基数大,但集装箱码头岸线资源相对有限,港口基本处于高负荷运转。2018 年上海港吞吐量增速(4.4%)低于往年水平(2017 年增速 8.4%),也低于国内其他主要港口增速。此外,从 2018年下半年起,国际贸易风险影响加剧,未来上海航运服务业增速将有所放缓。

（三）会展行业

2018 年上海在全国会展业竞争力排名中位列第一。上海和北京作为中国一线经济中心,会展业发展相较其他城市形成强大的竞争优势。2018 年上海一共举办国际、国内展览会及各类会议、活动合计 994 场,会议面积达 1 906 万平方米,年度增速达 8% 以上。同时,2018 年 11 月 5 日至 10 日,首届中国国际进口博览会在国家会展中心(上海)举行。上海会展业从 2016 年以来,年均增长率为 9% 左右,预计未来仍有很大的增长空间。

（四）电子信息制造

从 2016—2018 年,中国各主要城市群在电子信息制造业领域相对竞争力保持稳定,珠三角城市群始终保持电子信息产品制造产业的综合竞争优势之首,长三角城市群则位列第二,与珠三角的产业竞争力水平之间的差异仍将持续。可见,电子信息制造业已经形成较为成熟的地区发展的差异化格局(见图8)。2018 年上海在电子信息制造业领域国际竞争力全国排名第三,落后于广东和江苏。相对于 2017 年,上海的全国排名落后一位。广东仍然保持电子信息制造业的最高竞争力优势,同时陕西、安徽、重庆竞争力正在迅速提升。在该产业领域,上海作为长三角的首位城市,相比珠三角的首位城市在增长驱动

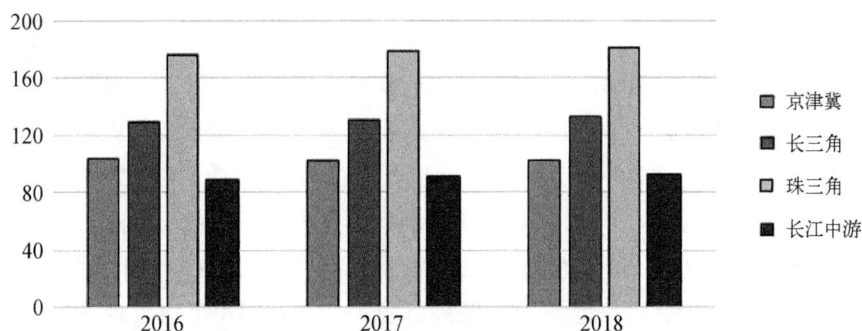

图8　2016—2018 年四个主要城市群电子信息制造业竞争力年度变化

指数上表现稍显逊色,但是在产业国际表现及创新要素驱动指数上仍然保持增长的趋势。

（五）软件和信息技术服务业

长三角城市群、珠三角城市群和京津冀城市群三大城市群是软件和信息技术服务业发展最重要的三个区域,相比全国其他地区呈现绝对的产业竞争优势,体现了中心城市功能基础上的现代服务市场对产业投入到市场和人才队伍的充分支撑,未来该产业将进一步形成区域集聚的格局。上海软件和信息技术服务业在全国竞争力排名第二,仅次于北京。上海依托一批龙头企业的技术优势,在长三角二线城市以投资和外包纽带等加强跨区合作,带动了该产业在该地区的专业化分工深度,拉动整个长三角区域的软件和信息技术产业集群的良性发展态势。应该看到,过去三年来,长三角城市群软件和信息技术服务业产业竞争力从稍逊于珠三角地区水平到高于珠三角,但两者竞争力指数在 2018 年趋于接近,两个地区的竞争水平差距将继续缩小(见图 9)。

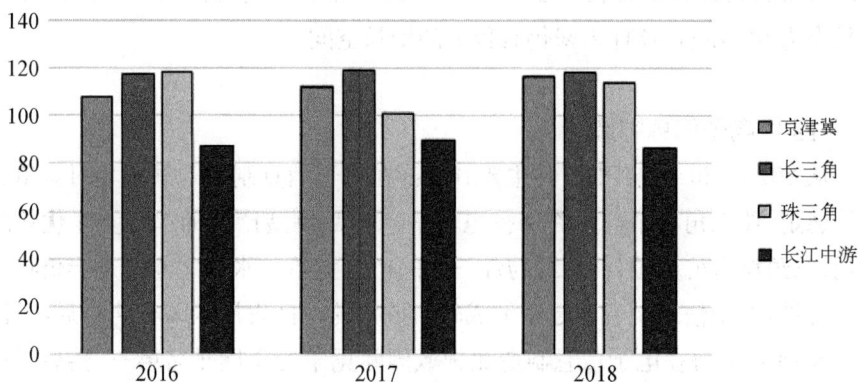

图 9　2016—2018 年四个主要城市群软件和信息技术服务业竞争力年度变化

（六）海工装备产业

2018 年上海海工装备业国际竞争力居于第二位,仅次于江苏省,而辽宁省和广东省紧随其后。作为一个行业集中度非常高的产业,上海海工装备企业发展受全球市场需求周期性波动的影响很大。从 2018 年国际船舶市场情况来看,散货船与油轮的新增吨位大幅下降;增长的吨位主要集中在集装箱船、LNG 船与 LPG 船市场。中国船厂在大型原油轮、大型集装箱船与液化气船市场的竞争乏力,1—12 月中国船厂新船接单量 438 艘,共 2 973 万载重吨,同比减少 27%,全球市场份额回落至 39%。在这一国际市场背景下,广东、浙江、福建等地海工装备国际竞争力在 2018 年均出现了较大幅度的下降。

（七）高端装备业

将该产业置于全国主要城市群发展格局对比的视角下,中国四大城市群在高端装备制造业领域的竞争力排名相对稳定,可以从全国范围看,该产业的发展格局已经较为成熟。其中,长三角城市群在高端装备制造业国际竞争力上相比其他地区具有较高竞争优势(见图10)。

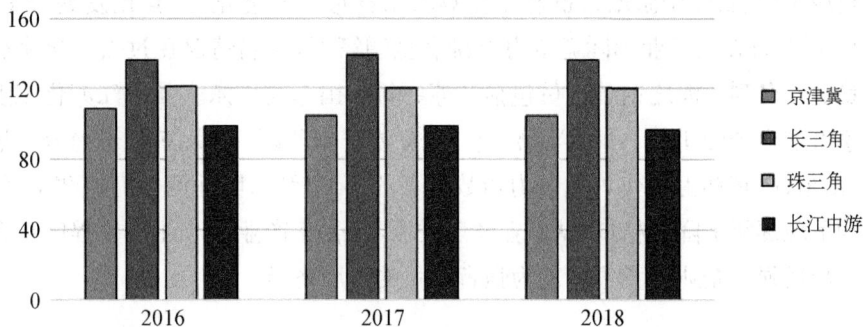

图10　2016—2018 年四个主要城市群高端装备业竞争力的年度变化

进一步分析该产业的省市之间的差距,高端装备业作为上海战新产业的重点,受产业政策的倾斜,2018 年上海高端装备业国际竞争力在全国排名第六,比 2017 年排名下滑两位。2018 年高端装备制造业全国排名前三分别为江苏、广东和浙江,山东和北京在该领域呈现后来居上的态势。从竞争力的二级指标层面看,该上海高端装备产业的行业增长规模指数和产业国际表现指数表现较好,处于上升趋势,但创新要素驱动指数提升相对乏力。由此形成的政策启示是进一步重视上海高端装备制造业以创新驱动为导向的投入,谋求产业链创新成果的扩大与创新能力的提升。

（八）纺织服装产业

2018 年上海纺织服装业在全国排名第六。江苏与浙江的纺织服装业竞争力名列全国第一梯队,全国其他地区形成较强的产业竞争优势。在二级指标上,上海的行业增长规模指标有所下降,而产业国际表现指标和创新要素驱动指标均有所上升。与上海竞争力表现接近的省份为广东,上海在行业增长规模与产业国际表现上落后于广东,但在创新要素驱动上超过广东。上海应进一步拓展创新引领产业升级的优势,提升纺织服装业的产业国际竞争力。

（九）民用航空业

上海民用航空装备制造产业国际竞争力在全国处于中等偏上水平,具备较强的竞争优势,但这一竞争优势在逐渐下降。与 2017 年相比,上海 2018 年内产业国际表现指数有所改善。这是提升国际竞争力的积极驱动因素,但是相关行业受国际市场大环境影响,行业增长规模、创新要素驱动两个二级指数表现不佳,整体竞争力较 2017 年有明显的下降。

(十)化工(精细化工)业

从产业全国格局来看,长三角城市群是化工业竞争优势最大的地区,与珠三角城市群、长江中游城市群和京津冀城市群形成梯度化、差异化发展形态。2018 年上海在化工业国际竞争力上排名全国第五,排名情况在过去三年来较为稳定。名列上海之前的省份包括江苏、浙江、山东与广东。其中江苏化工业竞争力在全国处于第一,并与第二位形成显著的差距,并保持上升趋势。浙江、山东、广东和上海作为竞争力指数排名的第二梯队,国际竞争力从 2016 年起均呈现逐年下降的格局,从产业竞争关系看,化工产业的产业集中程度正在进一步增强。企业间竞争体现为强者愈强的发展格局。

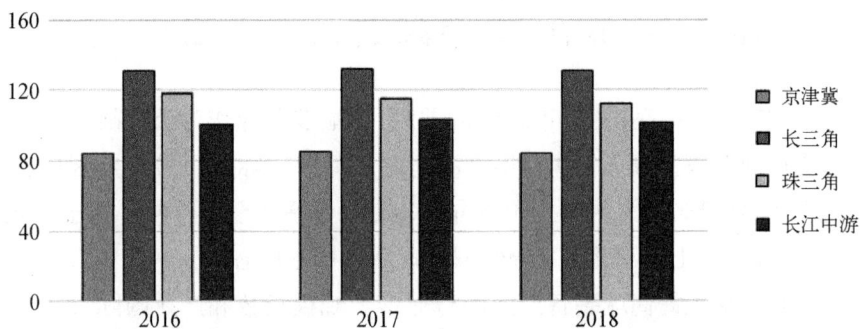

图 11　2016—2018 年四个主要城市群化工业竞争力年度变化

(十一)新材料产业

2018 年新材料业国际竞争力上海全国排名第五,较 2017 年上升一位。排名在上海之前的省份为广东、江苏、山东和浙江。从过去三年的情况看,各地区相对位置保持基本稳定,但整体竞争力均有所提升。在几大城市群中,长三角城市群和珠三角城市群形成了全国新材料业最大两个的产业集群区域。

(十二)生物医药产业

生物医药业长期以来是上海重点高新技术产业之一,其产出规模、研发能力和人才队伍在长三角地区独占鳌头。2018 年,上海在全国生物医药业国际竞争力中排名第一,并从 2016 年以来连续三年位居全国榜首,相比其他省市的竞争优势还在进一步扩大。北京与山东则是生物医药产业国际竞争力的第二梯队省市,两个省市生物医药产业竞争力水平在过去三年来变化不大,未来成长性不足。通过竞争力指数二级指标对竞争力驱动因素作进一步分解,可以看到竞争力的驱动因素在三年期间略有变化,2016—2017 年,上海生物医药业的驱动因素主要来自创新要素驱动指标,在 2018 年增长动力则体现为行业驱动增长指标与国际表现指标,结合行业的市场态势和龙头企业的研发绩效表现,作为发展周期较长的典型产业,上海生物医药业多年来的研究投入已经呈现向实际产出转化的迹象。

从省际对比情况看,长三角城市群生物医药业相对其他省市形成了较强的产业竞争优势(见图 12)。进一步分析,长江中游城市群的产业竞争力出现逐年下降的趋势,作为知识密集型、资本密集型产业的代表,生物医药业表现出了明显的产业集聚加深的态势。

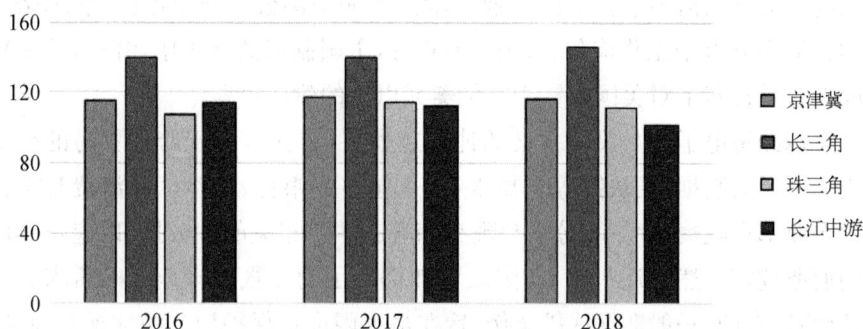

图 12　2016—2018 年四大城市群生物医药业竞争力变化

三、2020 年全球产业国际竞争力趋势

日前,麦肯锡全球研究院(MG)发布的最新报告《变革中的全球化:贸易与价值链的未来图景》指出,正在发生的全球价值链的六大结构性改变为:跨境商品贸易占总产出的比重减少;服务贸易增长快于商品贸易;劳动成本套利型贸易逐年减少;全球价值链的知识密集度不断提高;商品贸易的区域化属性增强,远距离贸易减弱;新技术正在改变全球价值链的成本。这六大结构性改变,使得全球贸易的总量、结构和主体都在发生重要变化,这一趋势在 2020 年将持续显现。

(一) 全球自由贸易将进一步受阻

根据科尔尼全球商业政策委员会(GBPC)等国际智库观察,"反精英、反移民和反全球化等情绪持续高涨,贫富差距增加,导致全球经济孤岛化加重。这种逆反情绪体现在诸多方面,最明显的就是国际贸易摩擦"。美国退出《跨太平洋伙伴关系协定》(TPP)谈判和中美贸易摩擦升级或许是迄今为止最为明显的反贸易自由化的政策行动。很多曾经努力消除商品和服务贸易壁垒的政府现在也逐渐建立了贸易壁垒。据该部门统计,自大萧条时代结束以来,全球

60个最强经济体建立了逾6 000个贸易壁垒。其中,美国和欧盟成员国单个国家出台的限制性新规超过1 000个。世界贸易组织在最新的一期报告中指出,20国集团的贸易限制举措增加了一倍。《全球贸易预警报告》指出,近年来各国推动本地化的政策大幅增加。

除国际贸易困境之外,民粹主义和民族主义也对国际跨国企业带来巨大压力。为了缓解在国内的压力,跨国公司纷纷采用调整和缩短供应链的方式,加强企业的本地化生产,如鉴于关贸政策的不确定性,欧盟企业尽量避免与英国合作伙伴和供应商合作。而为了保住国际市场,外资公司先发制人,纷纷采取措施应对受政治因素影响的商业环境。例如中国公司阿里巴巴,它承诺为美国创造100万个工作岗位。2017年6月,中国制造商富士康在白宫的一次新闻发布后宣布了对美国投资100亿美元以上的建厂计划。

全球经济电子化与民粹主义的冲突越发突出,尤其对于跨境贸易的打击很大。利用大数据、区块链等新技术,越来越多的银行、保险以及消费与零售行业企业都在收集、存储和分析与现有和潜在客户相关的大数据,以应对其巨大的商业危害。然而近些年,各国政府却提出了商业数据本地化的需求。例如,欧盟颁布的《一般数据保护条例》旨在最大限度地保护用户的数据及隐私,为企业增加了大量合规成本。澳大利亚和俄罗斯也纷纷通过新的数据法规。这些不同形式的法规都迫使企业不得不更新它们的法务、人事以及隐私条款,以避免影响正常的运营或者在这些主流市场支付大量费用。由此建立起的巨大的电子防火墙进一步恶化了跨境贸易数据的流动。

(二) 跨国公司调整全球运营体系

在全球自由贸易受阻的情况下,企业高管必须重新梳理其主营市场,重新调整全球的商业计划,更多通过多元化和本地化两条路径保持新的竞争优势。第一,企业管理者必须审视他们的全球运营体系和供应链,以识别和减少全球化威胁带来的影响,增强企业抵御风险的能力。对于一些企业来说,这意味着增加供应商和合作伙伴的数量、更加多元化,以防范颠覆性伤害,或者避免高效无缝的国际化供应链因为节点企业单一而归于失败。第二,将集中式研发体系下放到区域,或者将制造基地转移到更靠近消费者的地方,以便更快速地响应消费者需求,战胜越来越强势的本土竞争对手。之前的本地化只是全球化策略的一个补充,但是现在却比较盛行。全球企业逐渐实施本地化策略,因为本地化可以有效提高竞争力,特别是在快速发展的新兴市场。竞争格局的这一转变在中国市场上尤为明显。过去几十年,中国是全球制造中心,催生了大量高技能、灵活的本土劳动力,竞争力不断提升。如,ABB公司"在中国,为中国和世界"本土发展战略和西门子的SMART计划,针对新兴市场推出特定产品,推动更多全球企业对其员工构成、研发、产品设计和营销活动进行本地化,包括中国价值链的全面本地化,与规模和效益日益壮大的本土公司竞争。

（三）制造业服务化趋势日益明显

制造业是真实财富的基础,是一切其他领域经济成就的源泉。当今,全球制造业生态系统和产业布局正发生重大变化,第五轮产业转移和要素重组加快,第四轮经济全球化与第四次工业革命并驾齐驱,全球产业链、供应链、服务链、价值链正在深度调整,其结果导致制造服务化趋势日益明显。这种趋势加剧了制造业服务化的市场竞争,促进制造业企业将现代信息技术广泛应用于制造服务化全过程,在国际经济增长乏力的大背景下,制造服务化趋势变得日益明显,表现在全球制造业出口增加值中服务比重不断上升(见表5)。

表5　2005—2016 年全球制造业出口增加值中服务比重　　单位：%

年份	总比重	国内服务比重	国外服务比重
2005	29.69	18.21	11.48
2006	29.67	18.13	11.54
2007	29.89	18.37	11.52
2008	29.91	18.42	11.49
2009	30.42	19.57	10.85
2010	29.62	18.53	11.09
2011	29.48	18.19	11.29
2012	29.43	18.39	11.04
2013	29.91	18.86	11.05
2014	30.24	19.17	11.07
2015	30.32	19.56	10.76
2016	30.67	20.01	10.66

资料来源：根据 OECD 中 TiVA 数据整理。

首先,从制造业服务化的内生驱动力看,制造业竞争加剧,使得制造产品价值和利润空间不断向产业链中的服务环节演进,成为驱动制造业服务化趋势不断发展的主要内生动力。随着制造产品市场饱和、产能过剩,制造业企业的边际利润空间逐渐被压缩,为获取竞争优势,把竞争范围向产业更高层级的服务领域拓展,内生服务产品,制造企业将价值链由以制造为中心向以服务为中心转变。

其次,现代信息技术的广泛应用,是制造业服务化的外在驱动力。在物联网、移动互联网、大数据、云计算、人工智能等新一代信息技术的推动下,制造业正在向数字化、网络化、智能化的方向演进,形成资源、信息、物品和人紧密联系的信息物理系统,使得制造业服务化成为可能。这是因为,制造业企业能够实时产生、传输和分析包括物料、设备、产品等在内的工业大数据,具备状态感知、实时分析、自主决策、精准执行、学习提升的能力。在此条件下,制造企业可以整合利用自己、供应商、客户的资源、信息、数据等进行服务模式的创新。例如,通过获得产品内置传感器实时发回的产品工况信息,可以即时对可能出现的故障进行预警并提供远程技术支持;通过对用户使用过程中产生的海量数据的分析,可以对用户提供个性化的使用建议;依托高度柔性的产品开发设计系统和可重构生产系统,能够低成本、为用户定制个性化产品并及时交付。

第三,制造业产品在流通领域停留时间长,使服务增值空间巨大。目前,在国际分工比较发达的制造业中,产品在生产过程中停留的时间不到全部循环过程的 5%,而处在流通领域的时间要占 95% 以上;产品在制造过程中的增加值不到产品价格的 40%,60% 以上的增值发生在服务领域。

第四,科技创新使制造业的服务变得可交易或可分离。受制于科技限制,传统制造可能受产业链的空间布局影响,制约其生产和交易,由于信息通信技术的发展,制造服务突破时空的局限,可以随时随地交付服务。

因此,近年来,发达国家纷纷制定先进制造发展战略。如美国的先进制造业伙伴计划、德国的工业 4.0 战略以及日本的 I-Japan 战略,无不凸显了发达国家通过加强制造业的顶层设计来适应制造业服务化的发展趋势。以德国为例,德国的制造业服务化相对比较弱,其制造产品没有充分挖掘服务的价值。德国工业 4.0 的提出意味着德国试图利用其变革德国制造业的方向,通过信息物理系统(CPS)实现智能车间和智能工厂,加快向制造业服务化转型。麦肯锡全球研究所的调查显示,目前服务业务收入已占世界 500 强中制造企业总收入的 25%,其中 19% 的制造企业服务业务收入超过总收入的 50%。德勤公司发布的《基于全球服务业和零件管理调研研究报告》显示,服务为制造企业贡献了 26% 的销售收入,在航空和国防领域这一数字更是高达 47%,而服务化程度最高的 10 家企业的服务销售占比均超过了 50%。这意味着,服务已经成为制造业企业收入和利润的重要来源,并发挥着越来越大的作用,制造服务化将是未来制造业竞争的主要趋势。

四、以长三角产业一体化为契机提升产业国际竞争力

去年中央经济工作会议提出,要提升产业链水平,注重利用技术创新和规模效应形成新的竞争优势,培育和发展新的产业集群,这对长三角一体化高质量发展下带动区域产业国际竞争力提升提供了新的战略方向。大力发展产业集群,就是在有比较优势的区域,相关产业上下游产业链实现集中布局发展,进而形成规模经济、范围经济、网络经济,打造产业竞争力。

长三角经济发展进入转型升级阶段,而全球产业重新布局为长三角制造业转型升级带来了机遇和挑战。全球产业重新布局体现在三个方面:新一轮产业国际转移、全球范围的结构调整以及国际生产网络的重新整合。如何提升长三角重点产业国际竞争力,需要顺应全球产业发展大势,发挥长三角产业升级优势,在制度上进行创新突破,打造新时代改革开放高地。

(一)持续提升重点产业价值链水平

经过多年发展,长三角内众多传统行业已经积累了相当的实力,尤其是近几年技术提升速度极快,各个子行业都不断有世界级装置投产,无论是规模还是先进性都居于全球前列,深度融入全球供应链中。虽然近年来经贸摩擦增加了长三角重点行业的成本,但是长三角地区长期以来形成的产业供应链,相对于多数国家和地区来说仍然具有显著优势。

一是推动重点产业向国家价值链转型。从产业分工路径看,长三角重点领域发展过去更多从属于全球产业分工模式下的全球价值链,对国内市场需求重视不足。在国际贸易冲突加剧,低成本、低价格的比较优势逐步丧失的情况下,需要重新审视全球化工产业格局,将过去单纯依靠全球价值链模式向国家价值链转型,形成全球价值链和国家价值链相互协作的价值链模式。

二是实施进口替代,以减轻这些行业的出口依赖。如在长三角具有传统优势的化工产业,可根据汽车、电子、轻工、新能源、环保、航空航天等下游产业对高性能化工产品的需求,不断增强长三角化工行业进口替代战略实施的针对性与成效性。注重加强市场监管与保护自主知识产权,对实行进口替代战略的企业形成强大的正向激励效应。

(二)加快新兴产业要素的有效配置

长三角各省市之间在新兴产业领域纷纷加大投入,在研发立项、产业化开发和国际市场合作上,三省一市无法避免在项目投入和人才上的竞争。如何利用上海的开放和人才优势,江苏、浙江等地更为灵活的政策和实施落地的高效率安排,和安徽的制造后发优势,需要在新技术领域的技术开发和产业化发展上,围绕产业链加强协调能力,更好地发挥要素效率。

培育发展产业集群,特别强调发挥市场的主导作用,强调内外资企业一视同仁、协同发展。只有汇聚高端制造、高效服务、高级人才,产业集群才有生命力。长三角在信息通信等产业上的良好基础、潜在的人力资本优势以及庞大而不断升级的国内市场需求都为转型升级提供了有利条件。转型升级的方向是实现长三角地区在国际生产网络中的角色转型,增强行业核心企业的国际竞争力,以提升区域经济增长质量。

从产业链的重点领域、重点环节集中资源进行突破,提升战略性新兴产业的控制力和安全度。当前,我国战略性新兴产业控制力不强、安全度不高的主要原因在于,产业链的核心环节和核心技术被发达国家跨国公司控制。培育更多的隐形冠军而不是组装企业,这一点已成为共识。产业链重点环节的选择需要通过企业、行业和政府的协同发力,选择重点突破的产业链环节,既能发挥相对优势、培育动态比较优势,又能形成较高的产业壁垒,通过形成市场势力达到增强产业控制力和安全度的目的。

(三) 对标国际标准形成最优营商环境

随着贸易便利化水平不断提高,长三角应加强协同监管。一是对新经济领域的联合监管。新兴企业高速扩张,在销售与服务的过程会带来较多瑕疵;商业模式尚未定型,处在不断变化过程中,产品与服务的稳定性相对较差;新兴企业普遍存在顾客服务能力和其市场规模不匹配的现象,如何实行有效监管已经成为新模式、新业态发展的痛点和堵点。二是对新贸易领域的联合监管。加快发展服务贸易是促进外贸转型升级的重要支撑,对推动出口、带动就业、实现外贸"优进优出"都有重要意义。进一步增强服务贸易管理体制机制和监管模式的适应性,切实优化监管路径,实现灵活有效的监管,更好促进服务贸易创新发展。三是对监管规则国际化的对接。在加强全球合作的背景下,各国在监管方面的趋同需求较为强烈。在以亚太经合组织(APEC)、欧美自贸协定(TTIP)为代表的区域经贸谈判中,各成员为促进全球或区域内生产要素的优化配置,积极倡导不同体系规制之间的无缝连接,通过规范和兼容各成员国服务贸易边境内措施,提高现有服务贸易监管措施和信息的透明度。长三角在推进贸易便利化的情况下,监管规则亦应注重与国际对接,更好地促进服务贸易发展。

(四) 以共建"一带一路"优化产业全球布局

其中,上海要更多发挥"一带一路"桥头堡的作用。上海需要进一步落实完善《上海服务国家"一带一路"建设 发挥桥头堡作用行动方案》,通过"五个中心"合力,助力企业开展跨国经营。其中,围绕重点行业和重点企业的集成服务和围绕服务"一带一路"经贸新规则打造营商环境,是助力中国企业优化全球产业布局的关键。

前期调研看,企业在走出去的过程中,特别是在"一带一路"国家进行供应链布局中,还存在着标准、环境、制度、投资等多方面的不适应,需要专业、系统和一站式服务指导。当前,上海集聚国内跨国企业总部功能已进入加速期。上海在建设国际化的经济、金融、贸易、航运和科创中心过程中,聚集了大量重量级的央企和民企和外企区域性总部,伴随着中国经济的高速发展,"水大鱼大",一大批本土企业开始走出国门开展经营,长三角地区越来越多地出现全球性企业。为支撑我国企业建立全球供应链网络,增强全球生产、销售、融资、品牌等能力,上海应进一步利用好总部优势,通过引入全球服务企业总部,完善总部经济结构,提升对企业开展跨国经营的总体服务能力。

同时,上海应进一步利用好自贸区平台,积极开展与"一带一路"国家在产业合作和贸易便利化上的深度合作,探索更有利于产业国际竞争力提升的政策环境。特别要在以下方面更积极地探索:一是参与建立国际标准,增强上海在国际贸易领域的话语权;二是不断优化政策监管,提升新兴贸易领域的便利化水平。三是转变政府监管方式,充分发挥行业自律在行业监管中的作用。四是实行分类监管,对服务贸易与货物贸易实行不同形式的监管方式,同时也可以根据合规认定情况进行分层监管;五是动态优化负面清单,预留未来改革权限;六是借鉴沙盒监管模式(Regulatory Sandbox),在风险可控的前提下,开展单个案例试点创新;七是加大对新兴业态的扶持力度。八是建立区域国际仲裁机制,维护企业主体的合法权益。境外侵权的维权行为,需要政府出面与侵权发生地政府进行交涉,维护企业主的合法权益。九是健全人才培育机制,增强上海对相关人才配套服务的保障力度,为共建"一带一路"提供高素质人才。

执笔:

汤蕴懿　上海社会科学院研究员,新经济与产业国际竞争力研究中心执行主任

黄烨菁　上海社会科学院研究员,世界经济研究所国际投资研究室主任

周师迅　上海市政府发展研究中心信息处处长,上海国际智库秘书处秘书长

陈　柯　上海社会科学院经济研究所助理研究员

蒋程宏　上海社会科学院应用经济研究所博士研究生

战略新兴领域

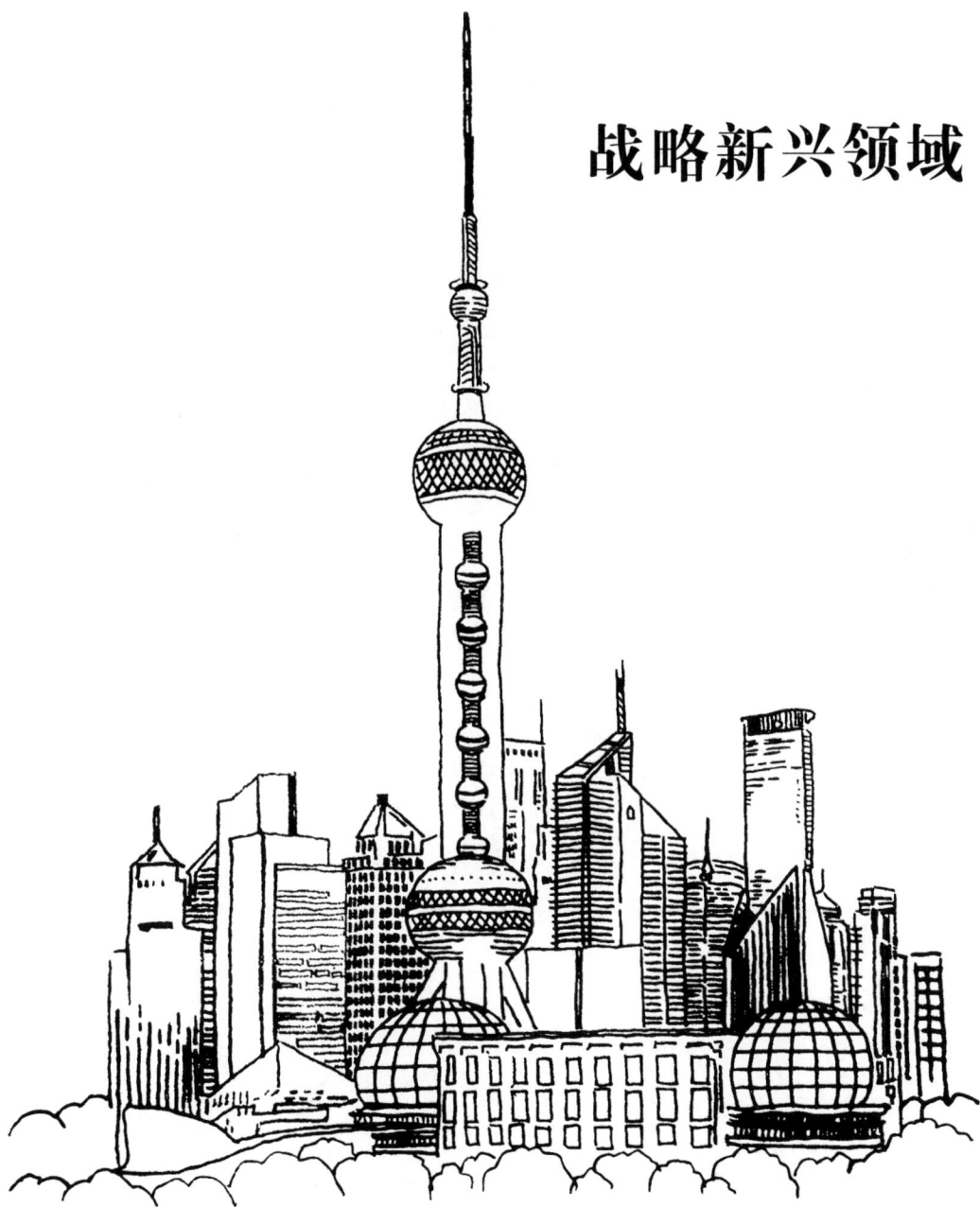

2018 年上海高端装备制造产业国际竞争力报告

高端装备制造产业指装备制造业的高端领域,"高端"主要表现在三个方面:第一,技术含量高,表现为知识、技术密集,体现多学科和多领域高精尖技术的继承;第二,处于价值链高端,具有高附加值的特征;第三,在产业链占据核心部位,其发展水平决定产业链的整体竞争力。纵观当今世界强国,无一例外都是高端装备制造产业强国。发展高端制造业,是中国制造业适应经济新常态,重塑竞争优势的重要举措。高端装备的快速发展,成为带动整个装备制造产业升级的重要龙头,成为战略性新兴产业发展的重要支撑,成为带动整个制造业转型升级的重要引擎,促进国民经济的发展和我国综合国力提升。为实现中国制造业从"中国制造"到"中国智造"的转变,2010 年,《国务院关于加快培育和发展战略性新兴产业的决定》将高端装备制造业作为七大战略新兴产业之一,助力中国制造提高技术含量。2012 年 5 月,工信部颁布《高端装备制造业"十二五"发展规划》,提出了国家高端装备制造业 5 大类 22 小类重点发展方向。为了解上海高端装备制造产业现状,分析发展趋势,提供决策参考,本报告以指数研究方式进行分析。

一、高端装备制造业增长新趋势

(一) 从核心技术到生产模式的变革

在智能化、绿色化、标准化、个性化和服务化的基础上,以创新为焦点的装备制造产业全球竞争正演化为创新链与创新生态之间的竞争,产业链之间、企业之间、企业与研究机构之间围绕创新活动展开的合作与协调日趋重要。

跨国化。由于装备制造业具有明显的规模经济效应,大型装备制造企业竞争力较为突出,在行业发展中优势明显。在全球价值链的国际分工体系中,发达国家的跨国公司扮演着越来越重要的作用,他们按照全球总体战略布局和目标,基于原有的关键供应商、合作伙伴业已形成的全球网络联系，塑造出一种具有隔绝机制的"战略集聚"，通过组织接近整合地理接近，运用各种金融契约工具和技术标准化战略把分散在各地的专业化产业集群整合为一个有机整体，成为全球产业空间整合的协调和治理主体。发达国家普遍重视培育大型企业集团，以此带动装备制造业的整体竞争力提升。这些大型跨国企业资产规模庞大，技术研发、系统集成能力强，甚至具有为用户提供产品租赁和销售信贷服务的功能，可以在全球范围内优化配置资源。这些企业超强的竞争优势同样体现在其营业收入规模上，日立、鸿海精密、西门子等装备制造企业的收入规模超过1 000亿美元，甚至超过了许多国家的收入规模。装备制造业具有环节较多、分工细密的特点，其生产、销售、服务和研发呈现出全球分工日益加深的趋势。尤其随着信息网络技术和经济一体化的发展，制造企业已经突破了原来传统车间、企业、社会以及国家的限制，如波音787已经在40多个国家共同组织生产，完成复杂的机电产品的装配和组成。由此可见，在全球范围内优化配置资源，融入全球的产业链，参与全球的协作与市场竞争是一大发展趋势。目前，跨国装备制造企业都把全球化生产作为抢占市场的重要策略，以更加有效地利用全球资源，促进资金、信息、技术、人才的优化配置。与之相随，越来越多的跨国装备制造企业将常规业务外包出去，主要是产业链中的中低技术环节。虽然全球分工趋势不断蔓延和加深，但是高端装备产品及零部件的生产仍为发达国家所掌控。美国装备制造企业在电气设备、工程机械、自动控制系统等领域居于世界领先地位，从而奠定了其在汽车、航空、建筑和医疗设备等行业的竞争优势，在其出口产品结构中，工业发动机，测量、检测和控制设备，材料处理设备，钻井及油田设备等占有很大比重。在有数据统计的32个细分装备领域中，德国生产商在16个领域居于世界第一，在其出口产品结构中，驱动技术机械和设备、传输技术设备、印刷机械及造纸技术设备、机床、民用航空技术设备等占比较高。

分工化。微笑曲线理论认为，在附加值观念下，企业只有不断往附加价值高的区块移动与定位，才能持续发展与永续经营。微笑曲线中端是制造；前端是研发，属于全球性的竞争；后端是营销，主要是当地性的竞争。装备制造业的演进经历了两个阶段，主要是20世纪60年代到70年代，全球工业化浪潮的兴起以及20世纪90年代工业自动化的实现，工业自动化时期的微笑曲线两端更为陡峭，产业附加值向前端和后端聚集，中端的制造环节价值下沉。而伴随着新一次"工业革命"工业4.0的到来，制造业微笑曲线的两端将更为陡峭，中端的制造环节价值将进一步被摊薄。

由于技术的进步和放松规制，在具有一定的技术与产品的替代性或关联性的产业间的产业边界和交叉处发生技术融合，进而带来这些产业间产品的融合、市场融合，从而导致不同产业的企业间的竞争合作关系发生变化，使传统的产业边界模糊化或消失。

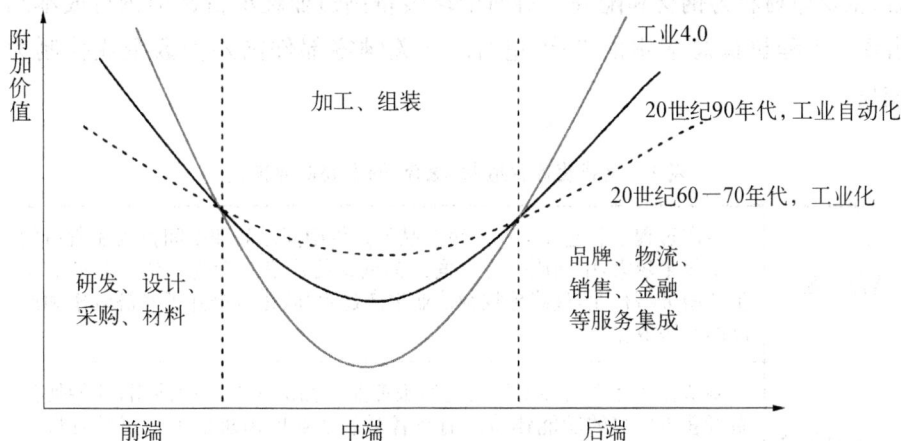

图 1　装备制造业微笑曲线

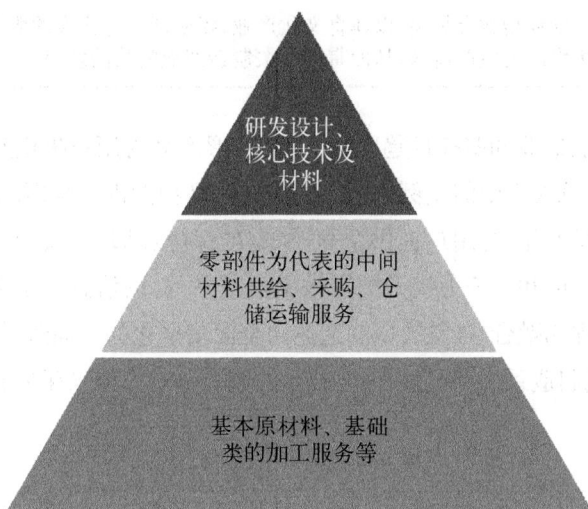

图 2　制造业产业链结构分布

从前端来看,低端制造业原材料供应、采购、仓储运输等方面竞争已经较为充分,竞争激烈程度强,而产业链高端的研发、设计等普遍被发达国家所控制。从前端的投资标的选择来看,对于金字塔顶端的拥有研发设计、核心技术及材料的标的"可遇而不可求"。而金字塔中部的可供选择的标的就相对丰富了很多,该部分企业主要提供以零部件为代表的中间材料供给、采购、仓储运输服务为一体的类集成服务。

对于产业链中端来讲,随着全球人力成本上升,以及该阶段企业高耗能、高污染等特征明显,这种向管理要效益的方式已经走到了一定的极致,空间也不大。对于产业链后端来说,该阶段竞争门槛与难度较前端低,而且该区域属于商业模式创新的活跃地带,商业模式推动的制造业向服务业转型有望提升利润空间,是短期内能实现突破的最有效区域。从装备制造业原料与配件上看,主要原材料为钢材和配件。目前全球装备制造业耗材占比中钢材成本约占整个工程机械总成本的 30% 左右。而关键零部件国外少数企业控制力较强。

表 1　全球装备制造业"融合"的主要商业模式

结合型融合	生产过程中制造环节及最终产品的提供中间服务和中间投入品所占的比重越来越大,中间服务与中间产品同最终产品结合为一体。典型的是生产服务型行业,最终导致制造业生产过程"软化",提升了经济效率和产品的经济效益。
绑定型融合	制造业实体产品必须与相应的服务业产品绑定在一起使用,才能使消费者获得完整的功能体验。消费者对制造业的需求已不仅仅是有形产品,而是从产品购买、使用、维修到报废、回收全生命周期的服务保证。产品的内涵已经从单一的实体,扩展到为用户提供全面解决方案。
延伸型融合	延伸型融合是指,以体育文化产业、娱乐产业为代表的服务业引致周边衍生产的生产需求,从而带动相关制造产业的共同发展。

融合化。制造业和服务日趋融合,围绕有形产品为用户提供越来越多的服务,服务收入在总收入中的比例越来越高。对产品功能进行全面的开发,并指导用户正确地使用产品,为用户提供全面、稳定的保障和服务,成为现代装备制造企业实现产业增值和竞争力提升的有效手段。另外,以信息技术为代表的高新技术与制造过程相融合,推动装备制造业向全面信息化的方向迈进,柔性制造系统、计算机集成制造系统、制造智能化技术给装备制造业带来深刻的变革。

表 2　全球装备制造业与服务业融合现状

企业功能服务化	内生型服务化:制造业原有服务性活动大幅增加
	外生型服务化:并入制造业的外部服务活动大幅增加
硬件产品软件化	制造业企业将其行为触角延伸至产品整个生命周期
	提供产品、服务、支持、自我服务和知识的"集合体"
	服务在整个"集合体"中开始扮演主导角色
制造服务外包化	企业追求专业化而不再是范围经济
	研发、设计、会计、营销、咨询等服务职能部门分离为市场主体运作
	生产服务经营变得更加专业,创新频率更高、规模经济凸显

随着装备制造业的分工深化,产品生命周期各阶段的价值增值发生了转移,附加价值向研究开发、工程成套、维修服务、再制造服务等环节转移。越来越多的企业把注意力从实物制造转移到为用户提供全面解决方案上来,装备制造企业不只考虑产品设计和生产过程,而是整合从市场调查、产品开发、生产制造、销

售、售后服务到产品的报废、解体和回收的全过程。其中,具有总体设计、系统集成、成套生产、配套服务等"一揽子"功能的大型装备制造企业竞争优势更加明显。这些企业占领着全球价值链的制高点和关键环节,成为具有总承包能力的交钥匙公司,控制着总体设计和关键设备的制造,成为产业发展的主导企业。

高端装备制造业的现代服务业特征日趋显著的背景下,势必将以往的以制造环节为重心的审视视角转换到价值链的两端。随着信息技术的融入,制造业的服务属性进一步增强,附加价值的分配向两端集聚更为明显。

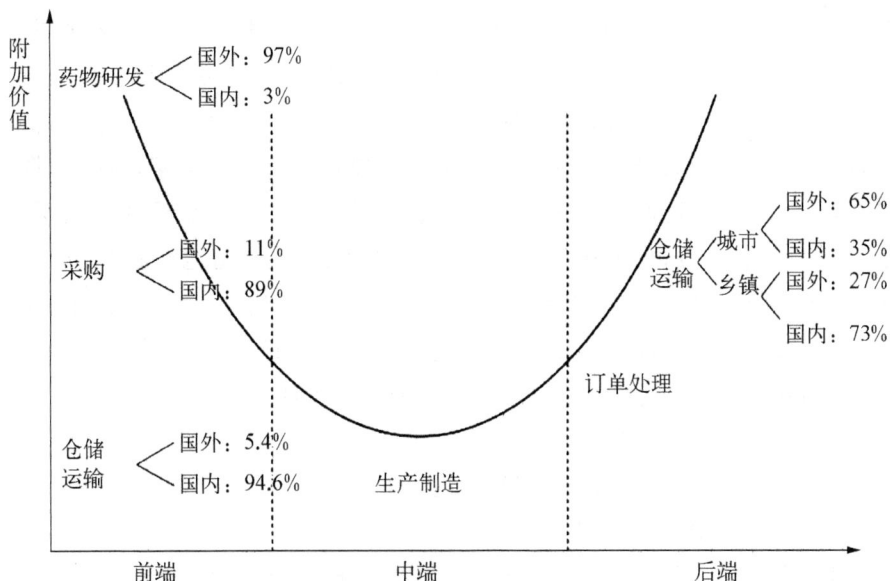

图 3　全球装备制造业与服务业融合现状

表 3　价值链要素分析

价值链	要　　　素
前端	开发市场所需的产品并具有充足的技术储备
	对零部件及动摇原材料的整合能力
中端	企业的组织结构倾向于"哑铃状"
	企业的管理扁平高效
	生产技术装备柔性、可重构
后端	市场响应迅速、物流配套优良
	与合作伙伴(包括用户)共赢
	信息融合后实现企业资源共享
	生产的产品绿色环保,符合政策方向
	该阶段成本弹性较大,控制成本的能力

服务化。制造业服务化是指制造企业从满足客户需求、实现价值增值、提升企业竞争力等动因出发,由提供产品为中心向提供服务为中心转变的一种动态过程,是当今全球装备制造产业发展的重要趋势。制造业服务化有两个层次,一是投入服务化,即服务要素在制造业的全部投入中具有越来越重要的地位;二是业务服务化,也称为产出服务化,即服务产品在制造业的全部产出中占据越来越重要的地位。两大产业体系在全球范围内的交叉融合,帮助传统制造业由"生产型制造"向"服务型制造"实现革命性发展。以国家为标度细分服务类型,设计和开发服务依然是最常见的制造业服务化形式,紧随其后的是系统和解决方案、维护和支持服务,以及零售和分销服务。这四个板块构成了最主要的制造业服务化形式,是当今制造业强国发展服务化生产的主流形式。基于全球上市公司财务分析库,剑桥大学从23个国家的44 000家上市公司的运营信息中,筛选出从事混合服务业务的制造企业22 952家,其业务类型主要集中在:咨询服务、设计和开发服务、金融服务、安装和实现服务、租赁服务、维护和支持服务、外包和运营服务、采购服务、物业和房地产服务、零售和分销服务、系统和解决方案服务,以及运输和货运服务这12个领域。其中,产品的设计和开发服务(21.92%)、系统解决方案服务(15.70%)、零售和分销服务(12.18%)、维护和支持服务(11.94%)分别占据前四位。

(二) 核心企业主导的全球产业链重构

1. 西门子以数字化转型控制价值链高端

西门子将数字化视为工业企业最重要的成长动力,并在整个价值创造链上开发出一系列组合的工业4.0解决方案。在其高屋建瓴的"数字化企业"概念框架内,西门子为寻求数字化转型的企业提供端到端产品组合。西门子推出的数字化企业套件包括基于软件的系统和自动化组件,可全面满足工业产业链各个环节中可能的需求。全球应用广泛的数字化产品生命周期管理解决方案Teamcenter,是其中的骨干。在实际生产中,诸如制造运营管理系统(MOM)、Simatic IT、Sinumerik CNC控制系统和Simatic S7控制器系列等产品已在全球范围内得到广泛认可和验证。西门子全面的数字化产品组合可助力提高速度和灵活性,提升产品质量和效率,以及在机器功能和客户业务模式两个方面加强安全性。具体而言,数字化将释放出的潜力,从而大幅提升客户的生产率和竞争优势。2019年2月6日,欧盟委员会宣布否决德法两国铁路业巨头西门子和阿尔斯通的并购交易。欧盟委员会发布的声明称,两者合并有损铁路信号系统和超高速列车市场的竞争,且当事各方未提供足以解决委员会上述担忧的补救措施。

2. 日立深耕下游产业链打造"隐形冠军"

歌乐是日产系零部件主要供应商,是日本首家研发并销售车载收音机、音响的老牌车载电子供应商,2006 年获得日立制作所 63.6% 的股份,成为日立的关联子公司。2018 年日立根据自身集中业务种类的经营方针,同意以 899 亿日元(约合人民币 54.72 亿元)将歌乐出售于法国大型供应商弗吉亚。日立将把此次收益用于汽车事业部"日立自动驾驶系统"的研发。2019 年 5 月 24 日,日立制作所宣布将收购从事工业机器人系统构建的美国 JR Automation 公司。收购金额为 14.25 亿美元。此举旨在利用其客户基础和经验,加强制造用于一线等的机器人业务。

3. 通用电气以智能制造平台优化全球布局

通用电气公司作为美国工业互联网的提出者,近年来推出智能机器操作系统 Predix 和工业应用平台 Predictivity(相当于制造业领域的 iOS 和 Andriod),通过这一平台纵向和横向整合关联企业,依托平台对机器设备进行远程监测、远程控制和远程维护,在全生命周期和全产业链的网络平台服务中,确立对产业链的影响力和控制力。通用电气与英特尔合作开发智能机器控制芯片、与思科合作开发工业网络设备、与埃森哲合作提升工业大数据分析能力、与 AT&T 合作打造工业互联网无线通信系统、与亚马逊重点开展云计算方面的合作,并向云计算公司 Pivotal 注资 1.05 亿美元以提升工业互联网的云平台技术能力。2018 年 5 月 19 日,GE 医疗宣布业内首个多对比度的定量图谱磁共振成像技术 MAGiC 在中国上市,继续在全球布局智能制造。

(三) 我国高端装备制造业面临全新国际竞争格局

自 2018 年 3 月以来,中美贸易摩擦持续加剧,本次中美贸易摩擦重点集中在先进制造业,美国加征关税的范围涉及高铁装备、航空产品、新能源汽车、工业机器人等多个重要制造行业,矛头直指中国制造 2025。

长期以来,世界经济发展模式是价值链和产业链分工为主导的模式。从微观基础看,每个企业都是一个集合体,该集合涵盖设计、生产、销售、配送以及辅助活动等,这些功能不同却又相互关联的生产活动构成了企业的价值链。随着全球化的到来,企业开始将生产活动和生产过程分散化,将不同的生产阶段布局于不同的国家和地区,从而最大限度地利用资源禀赋。而这个过程中,各国在价值链中实现了不同的环节分工,进而不断拓展和深化本环节生产的规模效应,以形成全球价值链中不可分割的重要环节。

中国和美国都是全球化的受益者并占据了全球价值链的不同环节。美国由于人才优势和创新实力,占据价值链的顶端,享受了最主要的收益。中国则凭借比较劳动力成本优势,占据生产制造环节,并一举成为"世界工厂"。然而,多年来全球化在促进全球资源优化配置并不断带动全球贸易的同时,也面临越来越大的困境。一方面,资本的高度全球流动性与劳动力的高度不流动性形成结构性矛盾,并不可避免地给本国相关产业带来冲击以及结构性失业等问题。另一方面,专业化分工体系在提升专业效率的同时也变得愈发单一和脆弱,一旦发生系统环境变化,极可能产生崩盘风险。

中美两国都面临全球化带来的挑战。中国在经济快速发展的同时,也尝遍了低端制造业兴起带来的高耗能、高污染以及劳资风险高位运行的苦果,并力图进军价值链高端环节,大力鼓励科技创新,推动经济转型升级。而美国也受到本国结构性失业问题严重、贫富差距日益扩大、金融资本过于泛滥以及由此产生的反全球化思潮影响,开始推动制造业回流,特朗普政府通过减税、政策优惠等方式鼓励各国企业到美国投资设厂,特朗普甚至还进行威胁,欲向美国在国外建厂的企业征收35%的关税,以此迫使这些企业重新回到美国建厂。2017年,美国制造业扩张速度达到了13年来新高,就业指数也攀升到6年来的新高。

可见,此次中美贸易摩擦的背后在于对高端制造业的"争夺"。一方面,中国的企业产品意图通过进军美国市场,推动自身技术完善以及管理升级,进而担负引领中国产业升级的重要使命。而另一方面,这些高端制造业也正是美国实施"先进制造业"战略,力图完善本国产业结构、解决本国就业问题,同时对中国进行战略抑制的重点领域。不仅如此,西方主要发达国家也纷纷加入对制造业争夺战的行列中,德国推进"工业4.0"战略,日本推出"产业复兴计划",英国和法国实施"高价值制造"和"新工业法国"战略,中国的高端装备制造业领域正面临国际竞争的新格局。

二、各国产业和贸易政策新导向

(一)实施国家战略

过去十多年,美国繁荣所隐藏的一系列失衡现象的累积效应出现,如股市泡沫、投资过渡、监管削弱、债务膨胀、逆差扩大、两极分化、垄断加强等。2008年爆发的次贷危机,大大影响了美国的经济。制造业出现空心化,美国陆续出台了一系列政策措施,开始制造业回归,从技术创新、税收优惠、人才培养、鼓励投资、配套建设等多个层面保障制造业发展,明确将制造业发展重点确定为高端装备制造业。

2009年起,美国陆续出台《美国制造业振兴框架》(2009)、《促进美国制造业发展法案》(2010)、《先进制造业伙伴计划》(2011)、《先进制造业国家战略计划》(2012)、《制造业创新国家网络》(2012)、《国家制造创新网络计划》(NNMI)(2016)。2018年10月5日,美国国家科学技术委员会下属的先进制造技术委员会发布了一份40页的《先进制造业美国领导力战略》报告,提出了三大目标,展示了未来四年内的行动计划。三大目标为:开发和转化新的制造技术;教育、培训和集聚制造业劳动力;扩展国内制造供应链的能力。2019

年 4 月,美国国家竞争力委员会发布了题为《加速:能源充裕时代下美国制造业加速振兴行动计划》的报告。在该报告中,美国竞争力委员会直言全球化、经济衰退、政策与税收趋势变化、欧洲和亚洲国家制造业迅猛发展和消费市场的快速变化对美国企业、产业发展带来的挑战,以及对美国的全球超级大国地位与国家安全带来的威胁。认为美国在 21 世纪面临着巨大挑战和更加有利的战略机遇,亟须建设一个由更安全、更可持续、更廉价的能源组合,和正在复兴的稳定且敏捷的先进制造业双重驱动的创新驱动型经济体。

为保证美国制造商顺畅地向市场提供世界一流产品,奥巴马 2010 年 9 月公布了一项金额高达 500 亿美元的投资计划,用于道路、铁路和机场跑道的重修与维护;美国还筹划在 6 年内斥资 300 亿美元建立"国家基础设施银行",支持和保障基础设施建设,包括修建铁路、桥梁、航空、公共交通系统,投资建设清洁城市,构建高铁网络,发展新一代的航空管理系统(将现有的基于地面的雷达监测系统发展成为更精确的基于卫星的监测系统),研发下一代信息通信技术等。特朗普政府明确指出加速制造业振兴的根本目的在于保持全球经济绝对领先地位和强化国家安全,其基本逻辑是通过强有力的政策组合——包括制度创新和基础设施投资来充分强化和发挥美国创新生态系统的全方位优势,加速制造业振兴,最终实现保持全球竞争力和引领全球经济发展的核心目标。通过扩大基础设施建设增加就业机会。采取公私合营等多种模式,加强国内道路、机场等基础设施建设;鼓励私人投资建设收费公路,如果企业用于投资基础设施的现金储备超过 15%,其税率将降至零。实行能源改革,增加就业机会。调整对外贸易政策,实行更加严格的贸易保护,反对全球化。

2013 年,德国将"工业 4.0"项目纳入了《高技术战略 2020》的十大未来项目中,计划投入 2 亿欧元资金,支持工业领域新一代革命性技术的研发与创新。基于信息物理系统的智能化,开启人类步入以智能制造为主导的第四次工业革命。德国经济部 2016 年发布了"数字战略 2025",这是继"数字议程"之后,德国政府首次就数字化发展做出系统性安排,针对 2016—2025 年德国经济数字化转型,提出了十大行动步骤,明确了"德国制造"转型和构建未来数字社会的思路。2019 年,德国正式发布《国家工业战略 2030》,旨在有针对性地扶持重点工业领域,提高工业产值,保证德国工业在欧洲乃至全球的竞争力。根据该战略,德国计划到 2030 年将工业产值占国内生产总值的比例增至 25%。该战略将钢铁铜铝、化工、机械、汽车、光学、医疗器械、绿色科技、国防、航空航天和 3D 打印等十个工业领域列为"关键工业部门"。政府将持续扶持这些部门,为相关企业提供更廉价的能源和更有竞争力的税收制度,并放宽垄断法,允许形成"全国冠军"甚至"欧洲冠军"企业,以提高德国工业全球竞争力。

自 2013 年 9 月 12 日,法国制定了一项 10 年期的中长期规划——《新工业法国》战略,瞄准能源、数字革命和经济生活三大问题,决心在 34 个工业领域率先实现工业转型。2015 年 5 月 18 日,法国政府大幅调整《新工业法国》规划,将"新工业法国Ⅱ"聚焦于"未来工业"和大数据经济、环保汽车、新资源开发、现代化物流、新型医药、可持续发展城市、物联网、宽带网络与信息安全、智能电网等九大支点。

(二)鼓励技术创新

2009 年,美国国会通过《复苏与再投资法案》,投入 180 多亿美元支持基础性研发;逐步提高"技术创新项目"经费,2015 财年达到 1 亿美元;推出"先进技术汽车制造贷款"项目,用超过 24 亿美元的投资,支持加利福尼亚州、特拉华州、田纳西州的厂家生产电动汽车;保护知识产权,制定并执行提高专利发布质量和及时性的"五年计划"。同时,美国商务部设立"创新与创业精神办公室",启动"国家创新与创业精神咨询委员会",加大技术创新力度,缩短技术转化周期;2011 年 6 月,美国正式启动包括工业机器人在内的"先进制造伙伴计划";2012 年,美国在俄亥俄州的扬斯敦建立了"国家添加剂制造创新研究院",该研究院 3 千万美元的初始投入来自联邦政府,然后由大学和企业配套出资 4 千万美元开展研究;2013 年 2 月,奥巴马宣布将再启动三个制造业创新的"轴心",美国斥资 10 亿美元建立"国家制造业创新网络基金",用于从2013 年开始设立 15 个研究院,每个研究院都将联合大学、企业、政府等各方面力量,共同投资于新技术。这些措施将有力推动美国制造业的发明创造转化为大规模生产。

2014 年 6 月,被誉为韩国版"工业 4.0"的"制造业创新 3.0"战略(简称"3.0"战略)正式推出。2015 年 3 月,韩国政府又公布了经过进一步补充和完善后的《"制造业创新 3.0"战略实施方案》,形成了具有韩国特色的制造业转型升级模式。

表 4　韩国制造业创新 3.0 的战略和课题

3 大战略	6 大课题	目的意义
创造熔合型新制造业	① IT·SW 基础工程创新 ② 创造熔合生长动力	• 推动 13 大产业引擎项目 • 应对能源和气候变化、创造新产业 • 促进新产业智能工厂的普及和扩大
强化主导产业核心力量	③ 确保材料和零件主导权 ④ 强化制造业的软实力	• 推动强化制造业软件综合政策
制造创新基础高度化	⑤ 提供需要定制型人才和地点选择 ⑥ 向东北亚 R&D 中心进军	• 强化各产业人力资源开发协商体等产业人才培养体系整编 • 向东北亚研发中心进军

德国政府的第一任务是为科技创新提供制度保障，包括严格的知识产权保护制度、公平竞争的市场环境与制度。德国不但具有完备的知识产权法律体系，而且知识产权法律执行机制严格高效。德国的《雇员发明法》，它不但解决了企业、大学和科研等机构与雇员之间就发明权归属方面的纠纷，而且还解决了雇员和机构在知识产权保护、技术创新应用及收益分配等方面的权利、责任和义务以及补偿方式。德国将公平竞争的市场环境视作推动创新的决定性力量，将维护市场秩序视作政府的主要责任，先后制定并完善了《反对不正当竞争法》《反垄断法》《反对限制竞争法》《关于提高中小企业的新行动纲领》《中小企业组织原则》等法律禁止大企业限制竞争行为，禁止企业不正当竞争行为，并维护中小企业的发展权益和平等竞争的市场地位。其中最为重要的是《反对限制竞争法》与《反对不正当竞争法》，《反对限制竞争法》为企业界做出了有关市场竞争的原则性规定与具体行为规范；《反对不正当竞争法》则一直在维护市场秩序方面发挥着重要作用，该法对于企业开展竞争有详细的规范，对商业欺诈、行贿、诽谤、出卖商业秘密等不正当竞争行为都列有非常详细严厉的惩戒性条款，这些法令条款通过清廉、高效的司法体系得到严格执行。这些法律和其他相关法律一起构成系统、完善且行之有效的公平竞争法律体系。

为增强市场协调经济主体合作创新与协同创新的能力，德国积极推动创新联盟与创新集群的发展。自 1995 年开始，德国联邦和州政府出台了系列支持创新集群的政策，目的是想让同处在集群中的不同类型的企业，以互通有无、取长补短的互动方式对能力和知识进行重新组合，实现合作创新。此后，相继制定实施了联邦经济技术部支持的创新联盟计划、国家高技术战略框架中的创新联盟促进计划、支持中小企业研究联盟的创新网络计划，对产业技术创新联盟给予多方位的支持和资助，还建立合作联盟网站为联盟的合作、交流、发展和服务提供了平台，推动创新主体积极合作建立产业技术创新联盟。在支持创新联盟发展政策中，德国政府的主要角色是为创新联盟的形成、发展及创新活动创造良好的外部环境，提供必要资金支持，以及提供必要的协助和协调。2007 年德国教研部在《德国高技术战略》的框架下发起了"德国尖端集群项目"。该项目拟定了 3 期计划，每期计划为 5 年。每期资助 5 个从全国范围内遴选出的优胜集群，并对每个优胜集群提供 4 000 万欧元资助。2012 年底，德国联邦政府向 9 个创新联盟投入资金总计 6 亿欧元。此外，政府还积极促进学术界、科技界和产业界形成各种形式的战略伙伴关系。2011 年 8 月，德国政府在高科技战略框架下发起"科技校园：公司创新伙伴联盟"行动计划，目的在于深化产学研之间合作，使企业与科研院所之间形成长期的伙伴关系，从而推动科研成果的顺利转化。

（三）提供科技公共服务

德国政府在大力支持基础性研究的同时，致力于建设完善的科技公共服务体系。以德国联邦政府为主导,建立了德国技术转移中心。德国技术转移中心不仅仅是全国性的技术交易平台,还是综合性科技服务公共平台。它分布在德国各地,与德国商标专利局、德国技术联盟、德国技术与创新协会、德国工商总会、ADT 协会、欧洲专利局等机构紧密联系。对于这些技术转移中心,政府一般只开展发起、组织和协调等行动,不直接提供主要经费。如巴伐利亚州研究基金会、弗朗霍夫协会以及柏林市 TSB 技术基金会等。德国在各州均有一个伙伴机构,负责开展技术供需信息的收集和咨询,技术咨询和服务、交易项目的受理与评估、寻找合作伙伴、专利保护。成效显著的是巴符州"史太白"技术转移中心,史太白经济促进基金会(以公益性为目的)和史太白技术转移有限公司(以营利性为目标)是其核心的两个部门。而弗朗霍夫协会具有半官方、半私人机构性质,主要从事应用研究领域的技术开发和技术转移等方面的活动。

(四)产业和税收政策

美国对科学研究及实验实行永久性税收抵免政策。奥巴马第一任期内,已经将此项税收抵免的最高幅度提升至 20%,按此计算,2010—2020 年该项税收抵免额将超过一千亿美元;2010 年 8 月,美国出台《制造业促进法案》,降低部分进口品关税,减少需要进口零部件进行生产的企业的成本;2012 年 2 月出台"先进制造业国家战略计划",提出通过加强研究和试验税收减免、扩大和优化政府投资、建设"智能"制造技术平台以加快智能制造的技术创新;2012 年 2 月至 3 月进一步推出企业税改革方案,重点对创造本国就业的美国本土制造商加大减税幅度,鼓励在美国本土的投资,同时相应减少甚至终止对海外投资企业的税收优惠。普华永道 2012 年 9 月依据世界银行数据进行的一项分析显示,2011 年美国的总税率为 46.7%,比 2006 年的 47.6%下降了 0.9%。特朗普政府一方面吸收了 2003 年以来发布和实施的一系列阶段性能源安全、创新和可持续发展以及制造竞争政策建议与行动方案的成效,另一方面也提出了重新回顾和评估现有制造业创新政策、取消无效和过时政策、加速新政策制定和实施的详细建议。比如,实行减税以吸引美国企业回国建厂。特朗普政府提出将企业所得税从 35%降至 15%,将个人所得税从 7 级减为 3 级,仅此两项就使美国企业及其个人的税负大为降低。

1. 加大人才培养力度

美国着力打造高质量、有利于激发创造性的教育体系。其措施包括:重点加强数学和科学教育,大幅奖励教学改革;加大《工人调整与再培训法案》执行力度,发展区域性创新集群,培养专业人才和技术专家;投资建设社区大学,积极开展职业培训;创立一项总额为 25 亿美元、为期 5 年的基金,用于帮助弱势群体的子女完成大学学业;针对美国汽车制造商和工人开展一些救助计划,使之走出困境,等等。2012 年,美国佐治亚州实施"快速启动计划",为该州的企业新员工提供免费、个性化的培训,这一计划被认为是佐治亚州吸引制造业的一个重要因素。截至 2013 年初,美国劳工部已经向全国高校提供了 45 项拨款,支持这些学校开发针对先进制造业的课程。奥巴马甚至提出要推动移民改革,以留住高技术人才,包括企业家、工程师和科学家。

"德国制造"能在全球激烈竞争中保持长盛不衰的重要原因之一是教育体制,它为德国培养出了一大批高素质产业工人,80%的人通过职业教育走向工作岗位。长期以来,德国公立学校学费实行全免政策。早在 2006 年德国联邦政府预算中,有一项名为"精英大学"专项基金,其金额高达 1 亿欧元,这个专项基金用来资助"精英大学"建设,第一批入选的大学有慕尼黑大学、卡尔斯鲁厄技术大学和慕尼黑技术大学等。在开展教学科研的同时德国也高度重视专业技术人才培养,颁布了《职业技术培训法》,该法规定企业有义务为青年员工提供技术培训,年轻人必须参加相关技术培训。

2. 财税政策支持

在财税政策方面,日本对机械设备和机械研究实验用设备实行"特别"折旧制度,就是通过固定资产的超前折旧,使企业能更快地收回资本以促进其资本发展;对重要机械设备实行免税进口;对进口最新机械设备的企业给予奖励补助金,进口产品价格的一半由政府承担;对重要机械产品免除法人税等。同时,在贸易政策方面,日本虽然采取措施鼓励最新机械设备和技术的进口,但却通过"关税"等贸易保护措施限制普通产品的进口,并通过出口所得税扣除制度、开拓海外市场准备金等制度积极支持本国产品的出口,以此来保护并支持国内产业的健康发展。

3. 支持重点产业发展

为了赶超欧美强国和增强企业国际竞争力,日本强化产业政策的针对性和实效性。2013 年日本政府提出了"日本再兴战略",试图通过对产业结构的调整实现经济复兴。在此期间,日本政府出台了众多对装备制造业的产业政策,对日本装备制造业产生了深远影响。2015 年初,日本政府通过"机器人新战略",决定未来 5 年将重点发展机器人产业,并将对按照政府战略意图开展机器人研究开发的企业提供一定财政补贴和风险保障。同时,放宽行政限制,允许其他行业的企业从事机器人及相关技术的开发研制。对"无人飞机"和"自动驾驶汽车"等机器人主导的产业,予以扶植和保护。日本政府还决定 2015 年开始在中等专科学校逐步开设"机器人专业",加快普及机器人技术和知识,快速培养相关人才。

4. 控制劳动力成本

法国自 1995 年推行 35 小时工作制以来,劳动力成本迅速上升至欧盟范围内最高水平,给法国制造业竞争力带来较大影响。2013 年 1 月起,法国实施

"竞争力与就业税抵免"政策,有效控制了制造业劳动力成本上涨。据法国权威的经济研究智库——法国经济研究观察中心介绍,截至2016年第三季度,法国制造业劳动力成本已低于德国。在这个季度,欧元区制造业每小时劳动力成本为33.0欧元,比2015年同期增长1.8%,德国为40.4欧元,同比增长2.9%,而法国则为38.0欧元,同比仅增长1.3%。不过,法国整体劳动力成本依然处于较高水平。"竞争力与就业税抵免"政策的具体做法是根据企业雇用员工的薪酬支出减免企业所应缴纳的收入所得税等税额,员工越多、薪酬开支越大,企业享受的抵扣税优惠也越大。法国经济部提供的资料表明,这一政策主要特点有:首先,补助力度较大。在法国本土,该政策的补助力度2013年相当于企业员工薪酬支出(不包括在法定最低工资标准2.5倍以上的员工薪酬)的4%,2014年至2016年达6%,2017年达7%。

其次,规定详细具体。比如,这一政策在发布时就详细规定哪些员工的薪酬开支可享受抵扣税优惠,免缴税收不得用于企业分红或增加企业管理人员的薪酬,企业应在账目中人员开支项详细记录被减免税收的用途,等等,有效避免了政策在落实过程中走样。

法国总理府旗下的智库法国战略规划局认为,"竞争力与就业税抵免"政策不仅降低了法国制造业劳动力成本,还对法国经济产生综合积极效应。该智库认为,在这一政策的拉动下,到2020年法国经济额外增长将达0.1个百分点以上,出口额外增长将超出1个百分点,就业岗位增加21万个。

此外,2014年初法国总统奥朗德推出的"责任和团结公约"也在一定程度上降低了制造业劳动力成本。在该公约框架下,法国陆续实施了一系列减轻企业综合税负的措施,争取在2017年至2020年将企业标准税率从33.3%降低至28%。

尽管"竞争力与就业税抵免"政策在放缓劳动力成本上涨方面取得明显成效,但法国参议院金融委员会2016年7月发布的报告显示,该政策也有一些不足之处有待改进。第一,补助力度有点过大。该政策减免的税收金额约达法国国内生产总值的1%,给法国公共财政带来较大压力。第二,税务部门管理有待改善。税务部门在处理大量减税申请方面缺乏有效工具,效率不足影响政策达到预期成效。第三,对于中小企业的扶持力度不如预期明显。

5. 发挥行业组织作用

德国约有30万个社团组织,这些社团组织与企业联系密切。例如德国工业联合会,设有35个全国性的成员协会、344个专业协会、153个州代表处,和8万多个企业保持联系。再如,德国工业研究协会工作联合会是德国经济界自主管理机构,负责经济技术部资助的"中小企业创新能力规划""资助东部地区中小企业研究、开发及创新活动规划"等项目的具体实施。这些非政府组织帮助企业拓展国内外市场、筹措企业发展资金、发布政府和市场信息、并为企业提供技术和人员培训等相关服务。

此外,德国长期实施区域财政转移支付制度,包括区域财政平衡制度和对问题地区的财政补贴制度,区域财政转移支付制度能很好地解决老工业基地诸如技术、资金等问题。例如,在老工业基地为优化投资结构,北威州规定凡是投资于生物技术等新兴产业的大企业可以获得投资额 28% 的补贴,小企业获得 18% 补贴。

三、上海产业国际竞争力调研、测算和分析

(一)产业国际竞争力指数测算

高端装备制造业是现代产业体系的脊梁,是一个国家制造水平的集中体现。大力发展高端装备制造业,是抢占未来经济和科技发展制高点的战略选择,是加快供给侧结构性改革、培育新动能发展新经济、建设制造强国的主战场。根据战略性新兴产业规划,我国"十三五"期间高端装备制造业重点发展的方向包括打造智能制造高端品牌、实现航空产业新突破、做大做强卫星及应用产业、强化轨道交通装备领先地位、增强海洋工程装备国际竞争力等。"十三五"期间,上海服从服务国家装备制造业发展战略,发挥综合优势,整合全球资源,不断推进装备制造业高端化发展,在突破瓶颈、打破垄断、国际竞争等方面取得显著成效。通过构建科学合理的产业国际竞争力指标体系,对上海高端装备制造业的产业国际竞争力进行定量评估与特征分析,有利于精准锚定上海高端装备制造业在产业发展动力、国际贸易表现以及全球价值链提升方面的问题与短板,为下一步提升上海高端装备制造业的国际竞争力寻找精准的政策着力点提供理论依据,为市场主体寻找行业发展的风口与机遇提供有益借鉴。

按照《高端装备制造业"十二五"发展规划》要求,上一个五年我国高端装备制造主要以航空装备、卫星及应用、轨道交通装备、海洋工程装备、智能制造装备等五大方向为重点,而"十三五"规划则将制造强国的落脚点放在了八大高端装备制造行业上。这八大行业分别是:航空航天装备、海洋工程装备及高技术船舶、先进轨道交通装备、高档数控机床、机器人装备、现代农机装备、高性能医疗机械、先进化工成套装备。以此为依据,本报告框定了高端装备制造业的行业范围与研究边界,以此来确定产业国际竞争力指标体系当中的具体指标数据的来源与处理逻辑。

高端装备产业国际竞争力指标体系从"行业增长驱动""产业国际表现""价值链提升"三个方面来诠释,形成反映国际竞争力的 3 个三级指标,运用定量数据形成 16 个四级指标。综合考虑数据来源的可靠性、延续性以及可获得性,本报告指数分析所用数据主要来自万德数据库上市公司微观数据以及 GTT 数据

库,通过对标国家"十三五"规划当中对高端装备制造业的行业界定,找到对应行业的上市公司相关数据,对其进行筛选、数据加总以及标准化处理,测算了上海高端装备制造业的产业国际竞争力总体得分及其细分指标得分,与此同时,本报告还测算了全国除上海之外的 28 个省、自治区以及直辖市的高端装备制造业产业国际竞争力指数得分。在产业国际竞争力指标体系定量评估结果的基础上,本报告进一步结合当下国际国内经济社会发展环境、最新科技与产业发展趋势、各国针对高端装备的产业动向等,对上海的高端装备制造业产业国际竞争力进行多维度分析,挖掘指数背后的深层次影响因素与规律。

1. 产业国际竞争力总体水平

随着"中国制造 2025"、国家智能制造"十三五"发展规划的发布,中国高端制造产业发展有了明确的方向。同时国务院也发布了质量提升行动计划,工业基础正逐步取得进步,这些都有助于上海大力发展高端装备制造产业。从上海自身经济发展状况来看,近年来,上海的经济结构发生了根本性变化,服务业占 GDP 比重已经超过 70%,装备制造日益呈现"生产服务"形式,未来产品的核心价值已不是产品本身而是产品与服务的融合。历史上,上海曾是中国的工业重镇,诞生过新中国工业史上多个第一。而今,在新一轮全球高端装备制造话语权的争夺战中,上海仍在扮演着"急先锋"角色。近年来,上海凭借其高端装备产业园区的集群优势以及良好的市场环境,其高端装备制造业取得了显著成就。

从本报告的指数测算结果来看,上海高端装备制造业产业国际竞争力呈现以下特征:

一是产业国际竞争力总体保持上扬态势。2016—2018 年年间,上海市高端装备制造业的产业国际竞争力指数基本保持在 126—127 分之间的狭小范围内,产业国际竞争力水平保持高度稳定状态,同时,2016 年产业国际竞争力得分为126.55 分,2018 年为 126.74 分,尽管变动不大,但是基本保持上扬态势。

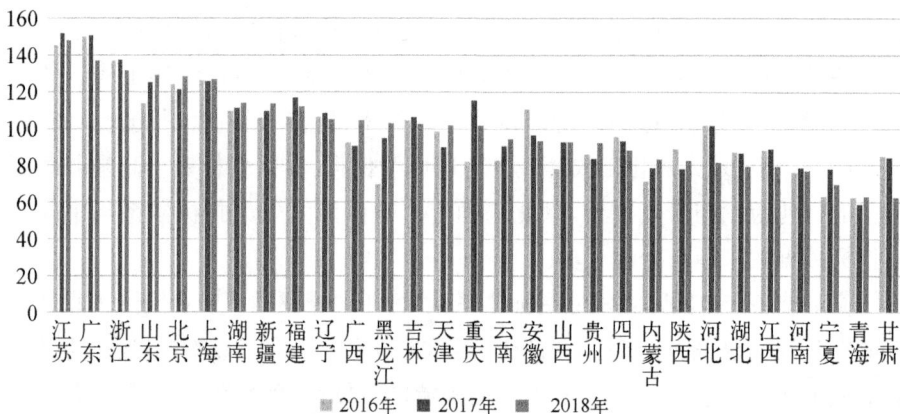

图 4 29 省区市高端装备产业国际竞争力

二是始终保持较强竞争优势。为保持本报告研究的连贯性,本报告延续去年报告的竞争力优势评价标准,即高端装备制造业产业国际竞争力大于 150 分,表明具有极强竞争优势;介于 100—150 分之间,表示具有较强竞争优势;介于 50—100 分之间,表明具有中等竞争优势,低于 50 分则表示其具有微弱竞争优势。2016—2018 年来,上海市高端装备制造业竞争力始终在 126 分左右,处于较强竞争力区间范围内。

表 5　上海高端装备制造二级指标分值比较

		产业国际表现	行业增长驱动	价值链提升
2016 年	上海	106.32	142.17	139.46
	均值	101.33	92.73	100.00
2017 年	上海	105.54	148.59	131.68
	均值	97.66	108.66	100.00
2018 年	上海	105.31	152.76	129.93
	均值	101.01	98.61	100.00

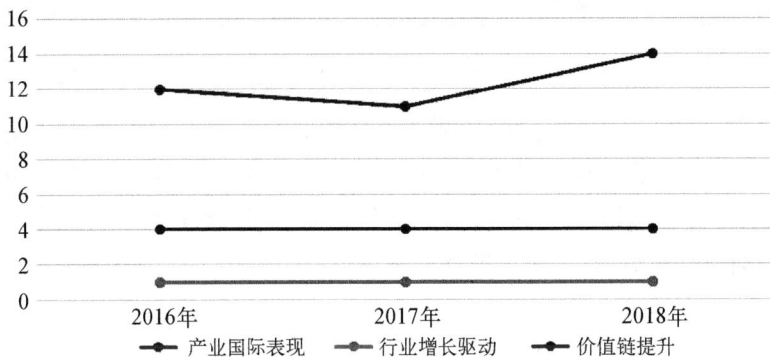

图 5　上海市高端装备产业三级指标名次

三是在国内区域间比较优势显著。为进一步分析上海的高端装备制造业产业国际竞争力在全国范围内的地位,本报告还测算了全国其他 28 个省、自治区和直辖市(西藏自治区由于数据缺失严重,本报告最终选择剔除西藏,不予研究)的高端装备制造业产业国际竞争力,以此来分析上海的高端装备制造业在全国范围内的相对竞争力水平。延续去年报告的衡量标准,处于第一到第三位,说明具有极大比较优势;处于第四到第六位,则表明有较大比较优势;在第七到第十位之间,表明有弱比较优势,在第十一到第十六之间,表明没有比较优势;在第十七到第二十之间,表明有弱比较劣势;在二十位之后,表明有较大比较劣势。上海的高端装备制造业国际竞争力排名在 2016 年和 2017 年位居第四位,仅在广东、江苏和浙江之后,2018 年较前两年稍有下滑,位居第六位,被北京和山东赶超,但是纵观过去三年,上海的高端装备制造业国际竞争力始终具有较强比较优势。从具体数值的比较角度来看,2016—2018 年年间,上海的高端装备制造业产业国际竞争力得分较全部 29 个省市的竞争力得分均值高 28.72%、23.94%、26.75%,比较优势较为显著。

表6　29 个省区市高端装备产业国际竞争力排序(前 10 位)

排名	2016 年	2017 年	2018 年
1	广东	江苏	江苏
2	江苏	广东	广东
3	浙江	浙江	浙江
4	上海	上海	山东
5	北京	山东	北京
6	山东	北京	上海
7	安徽	福建	湖南
8	湖南	重庆	新疆
9	辽宁	湖南	福建
10	福建	新疆	辽宁

综上所述,上海自 2016 年起,高端装备制造业的国际竞争力指数始终在 126 分左右徘徊,与其他省市的高端装备制造业国际竞争力相比,具有较强比较优势。但是从排名来看,上海在 2018 年较前两年下降两个位次,被北京和山东赶超,其背后深层次的原因,则需要我们继续深入到产业国际竞争力指数的二级指标进行结构性分析才能找到答案。

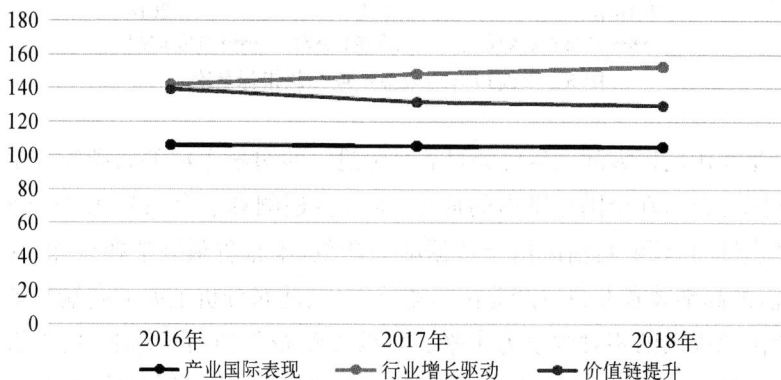

图6　上海市高端装备产业三级指标分值

2.二级指数

(1)产业国际表现

高端装备制造业的产业国际竞争力指数的二级指标"产业国际表现"下属两

个三级指标,分别是出口竞争力指标和国外市场占有。根据本报告测算的指数结果,2016 年至 2018 年上海的高端装备制造业的产业国际表现指标得分分别为 106.32、105.54 和 105.31,大于 100 分,表明上海高端装备制造业在产业国际表现方面具有较强国际竞争力,但是从其变动趋势上来看,该指标得分在三年间呈微弱的逐年递减趋势,表明目前上海的高端装备制造业受国内竞争加剧,国际市场风险加大的不利背景下,其产业国际表现面临较强的下行压力。且从 3 个二级指标的得分数值比较情况来看,上海高端装备制造业的产业国际表现指标得分较行业增长驱动和价值链提升这 2 个二级指标的得分数值明显偏低,表明上海的高端装备制造产业的国外市场占有以及出口竞争力方面仍有进一步提升空间。

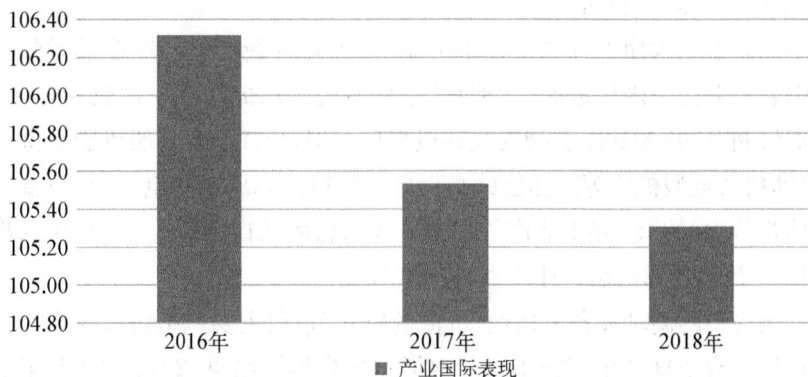

图 7 2016—2018 年上海高端装备制造业产业国际表现指数

从上海产业国际表现指标的排名变动情况来看,在报告测算的 29 个省区市当中,上海高端装备制造的产业国际表现排名分别为 12、11 和 14,其中 2018 年较 2016 年和 2017 年有较为显著的下滑。根据其排名情况,上海高端装备制造业的产业国际表现仅具有较弱比较优势。从其分值与所有 29 个省区市的均值比较来看,上海高端装备制造业的产业国际表现分值仅比 29 个省区市的均值高出 4.9%、8.1% 和 4.2%,从另一个侧面也论证了上海高端装备制造业在产业国际表现方面仅具有较弱比较优势。

造成上海高端装备制造业产业国际表现竞争力下滑的主要原因,很可能是中美贸易摩擦所带来的负面效应。2018 年 4 月 3 日下午,美国贸易代表办公室根据所谓 301 调查,建议加征关税的自中国进口产品清单,该清单包含大约 1 300 个独立关税项目,价值约 500 亿美元,涉及航空航天、信息和通信技术、机器人和机械等行业。美国贸易代表办公室建议对清单上中国产品征收额外 25% 的关税。美国认为"中国制造 2025"是中国政府主导经济行为的证明之一,中国的目的在于通过公平和不公平的行为,在高新技术领域进行进口替代,随后占领全球市场。高端装备制造业作为"中国制造 2025"的重点发展行业,上海又是中国高端装备制造业的重镇,在本轮中美贸易摩擦当中首当其冲,其出口表现,国际市场占有率等方面均受到不良影响,同时也削减了其在国内的竞争力比较优势。

(2) 价值链提升

《中国制造2025》明确提出,到2025年我国将迈入制造强国的行列,并且在全球产业分工和价值链的地位明显升高。根据《中国装备制造业发展报告(2016)》数据显示,从2010年至2016年中国制造业产值在全球总产值的所占比例一直排名第一。虽然我国装备制造业的总产值在全球居于前列,但是很多关键零部件、核心技术等资源并没有自主知识产权。在全球经济一体化、资源整合的背景下,没有知识产权,我国装备制造业就一直徘徊在价值链的低端,更不会获得高额利润。

中国制造业大而不强虽是不争的事实,但是创新能力却在明显增强。一批高端装备取得突破性进展。"神舟"系列航天飞船成功发射,"蛟龙号"载人潜水器研制成功,ARJ21新型支线客机交付商用,长江三峡升船机刷新世界纪录,多轴精密重型机床等产品已跻身世界先进行列,高铁、核电、通信设备等具备全球竞争力。2017年工业产值高于美日德总和,如果顺利,十年内中国将成为世界30%—40%的制造业产值的产出国。

本报告中的高端装备制造业"价值链提升"指数主要包括研发强度和核心产品市场占有率这2个三级指标。根据本报告测算结果,2016—2018年上海的高端装备制造业"价值链"提升指数值分别为139.46、131.68、129.93,介于100—150分之间,处于较强国际竞争力的区间范围。从上海在全国的排名来看,上海的高端装备制造业"价值链提升"指数排名连续三年排在全国第四位,具有较强比较优势。但是从其数值的变动趋势来看,尽管其指数值绝对值较高,但是近三年来呈为轻微幅度的逐年下降态势。

上海高端装备制造业"价值链提升"指标保持较高水平的同时又呈轻微幅度地逐年下降态势,这一特征背后的原因主要有两方面:

一方面,美国对华技术封锁加剧,对中国高端装备制造业的技术进步产生负面影响。美国为封锁技术,建立出口管制实体企业名单。2018年开启中美大规模关税战的同时,制造了"中兴事件""福建晋华事件""华为孟晚舟事件",并将中国44个企业加入了出口管制的实体名单,主要涉及航天科工及中国电科旗下部分企业;此外,美国还出台新兴技术出口管制体系。2018年11月19日,根据2018年国会通过的《出口管制改革法案》要求,美国商务部工业安全局出台了一份针对关键技术和相关产品的出口管制体系框架,并对人工智能(AI)和机器学习技术等14类代表性的新兴技术征求公众意见。

另一方面,上海在国际环境诸多不利因素背景下,充分利用自身优势,全力提升高端装备制造业全球价值链地位,成效显著,部分抵消了美国技术封锁的负面影响。首先,上海高端装备产业园区集群优势显著。临港作为国家和上海重要的高端装备制造业基地,已基本建成发电及输变电设备、大型船用设备、海洋工程、物流装备与工程机械装备、航空零部配套、装备再制造等产业集群。张江园区、漕河泾开发、松江工业园区、紫竹开发区等园区是上海集成电路产业发展的主要载体。上海已成为首个国家级微电子产业基地和唯一的国家级集成电路研发中心所在地,集成电路技术水平、规模能级保持国内领先。在民航产业布局方面,上海目前已经形成张江南部(飞机设计研发)、祝桥东部(大飞机总装)、紫竹园区(国产飞机客服、航电等)、临港产业区(发动机研制、飞机租赁等)、宝山大场(ARJ21 总装)等功能定位各有特色的航空产业集聚区,呈现出"航空运输业+ 航空制造业"两翼齐飞的"上海模式"。嘉定汽车城结合汽车、创新港、同济科技园、新能源汽车及关键零部件产业基地等产业平台,推进中国(上海)国际电动汽车示范区、国家智能网联汽车示范区建设。近年来,上海临港产业区加速培育世界级先进制造业产业集群,首套国产化率100%的百万千瓦级核电站堆内构件、首台自主知识产权的 C919 大飞机发动机、第一根自主研发的船用低速柴油机曲轴等,这些过去长期"卡脖子"、高度依赖进口的高端核心技术都在此填补了国产化空白,临港已集聚起人工智能、高端装备、航空航天等诸多创新前沿产业。

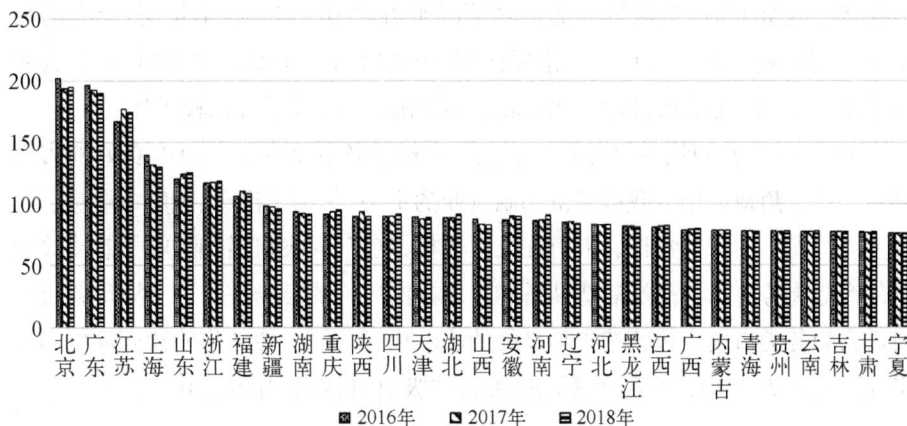

图 8 2016—2018 年 29 个省区市价值链提升指标得分情况

表 7 2016—2018 年上海市高端装备制造业价值链指数及排名

省份	2016 年	2017 年	2018 年
上海	139.46	131.68	129.93
排序	4	4	4

(3)行业增长驱动

新一轮科技革命和产业变革将助推装备制造业转型升级。新一轮科技革命和产业变革正在孕育兴起,互联网与新能源、新材料、增材制造等成为引领力量,其核心就是制造业的数字化网络化智能化,它将推动生产方式变革和新兴业态产生,重塑全球装备制造业格局。我国仍处于工业化中后期,只要我们准确把握机遇,充分利用好后发优势,完全有可能在若干重要领域赶超发达国家,实现装备制造业的产业升级。此外,美国自特朗普上台之后,一直奉行"制造业回流美国"策略,企图通过制造业回流,壮大本国实体经济,创造更多就业机会。另一方面,随着中国经济社会的发展,中国原本的制造业主要比较优势——劳动力价格低下已经不复存在,这导致中国的高端装备制造业面临"高端回流"以及"低端转移"的双重不利局面,众多企业开始迁往东南亚等劳动力成本更为低廉的国家和地区。因此,我国高端装备制造业如何修炼内功,通过提升企业内部经营管理效率以及研发创新能力,进而提升自身行业企业内部的内生发展动力,是未来我国高端装备保持持续增长动力的关键。

本报告的高端装备制造业行业增长驱动指标主要包括产业集中度、行业盈利能力、生产效率 3 个三级指标。根据本报告的测算结果,2016—2018 年年间,上海市高端装备制造业的行业增长驱动指标得分分别为 142.17、148.59、152.76,处于具有较强国际竞争力的分值区间,且 2018 年分数超过 150 分,表明上海的高端装备制造业在行业增长驱动方面已经具有极强的产业国际竞争力优势。与此同时,从该指标的排名情况来看,2016—2018 年年间,上海的高端装备制造业的行业增长驱动指标在 29 个省区市之中始终排名第一位,表明行业增长驱动力已经成为上海的高端装备制造业的最显著比较优势。

究其原因,我们认为很可能源于上海高端装备制造业方面具有良好的市场环境。长三角地区作为我国经济和制造业的中心,集结了汽车、船舶、航空航天、新能源等庞大的产业集群。上海在工程机械、汽车、大飞机、轮船、电子制造等领域的产业优势可以为高端制造装备的应用提供广阔的市场空间。上海市各级政府着力为各类市场主体营造更加良好的法治化、国际化、便利化的营商环境和公平、统一、高效的市场环境,不断增强城市的吸引力、创造力和竞争力。

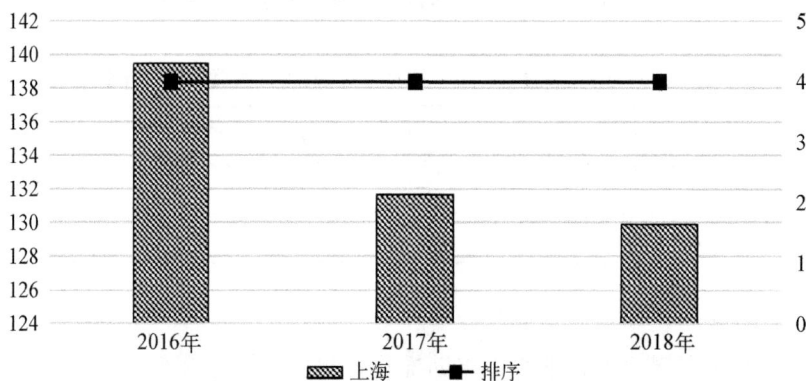

图9　2016—2018 年上海市高端装备制造业价值链指数及排名

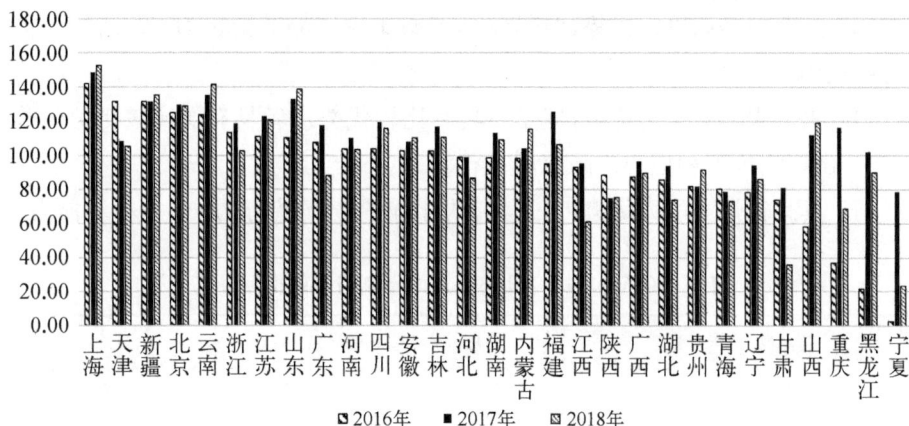

图 10　2016—2018 年 29 个省区市行业增长驱动指标得分

表 8　上海市 2016—2018 年高端装备制造业行业增长驱动指标与排名

年份	2016 年	2017 年	2018 年
上海	142.17	148.59	152.76
排序	1	1	1

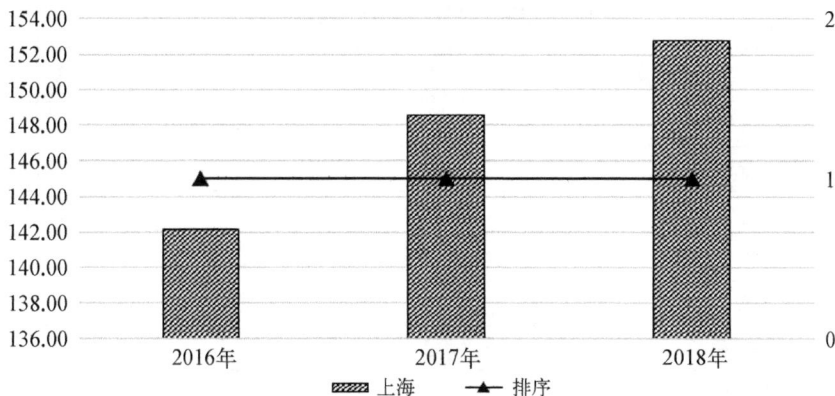

图 11　上海市 2016—2018 年高端装备制造业行业增长驱动指标与排名

3. 三级指标

（1）指数的构成与指标选择

根据上海高端装备制造业国际竞争力的 8 个三级指标测算结果,除贸易特化能力、产业集中度和出口竞争力之外,上海的其余 5 个三级指标均高于全国均值水平。从各个指标所反映的竞争力水平来看:

A. 既具有极强竞争力优势又具有较强比较优势的三级指标主要有:国外市场占有、产业集中度、生产效率和研发强度。

B. 具有较强竞争力优势,但是不具备比较优势的指标主要有:行业盈利能力这一指标。

C. 具有中等竞争力优势,但是仅具有弱比较优势的指标为:贸易特化能力这一指标。

D. 具有中等竞争力优势,但是不具有比较优势或者具有弱比较劣势的指标有:出口竞争力和核心产品市场占有率。

E. 具有较强竞争力优势,但是具有弱比较劣势的指标为:行业盈利能力。

表9　2016—2018年上海高端装备制造三级指标分值

三 级 指 标	2016 年	2017 年	2018 年
国外市场占有	155.18	155.42	155.85
出口竞争力	99.63	97.44	96.89
贸易特化能力	89.83	92.65	92.94
产业集中度	182.55	168.20	167.46
行业盈利能力	108.38	111.27	114.66
生产效率	176.70	193.44	199.99
研发强度	174.24	161.73	158.42
核心产品市场占有率	83.62	83.43	84.18

表10　上海高端装备制造三级指标排名

三 级 指 标	2016 年	2017 年	2018 年
国外市场占有	3	3	3
出口竞争力	17	14	16
贸易特化能力	10	10	10
产业集中度	2	3	3
行业盈利能力	15	16	10
生产效率	1	1	2
研发强度	2	2	3
核心产品市场占有率	20	19	19

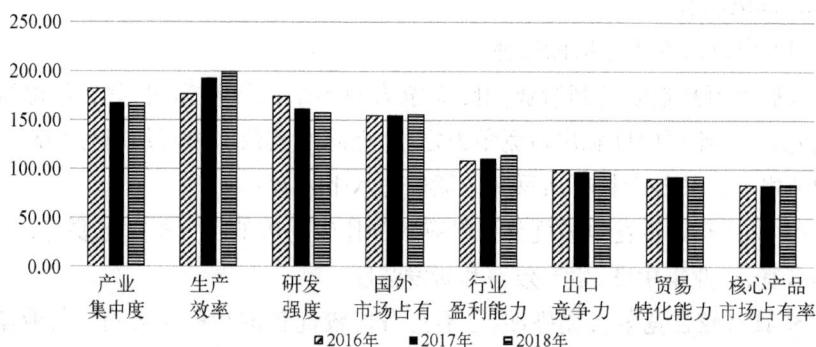

图12　上海高端装备制造业产业国际竞争力三级指标得分

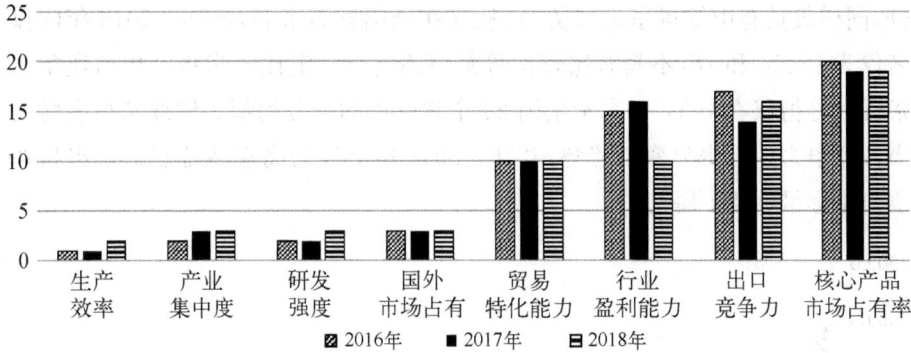

图 13　上海高端装备制造业产业国际竞争力三级指标排名

（2）产业国际化水平持续增强，但是仍有进一步提升空间

上海的国外市场占有指标在 2016—2018 年间始终处于 150 分以上，且得分绝对值仍然处于不断攀升态势，表明上海高端装备制造业在国外市场占有方面具有极强的国际竞争力，同时，上海该指标在 29 个省区市当中连续三年均排在第三位，这也说明上海在国外市场占有方面具有极强的比较优势。上海在 2016—2018 年间的国外市场占有指标得分分别高于 29 个省区市指标均值的 55.18%、55.42% 以及 55.85%，由此可见，上海的高端装备制造业的国外市场占有的比较优势仍然呈不断增强态势。

从上海的贸易特化能力来看，尽管其指标得分呈逐年递增态势，但是其在 2016—2018 年年间仅具有中等竞争力优势，且在全国 29 个省区市当中始终排名第十位，具有弱比较优势，且指标分值在这三年期间全部低于全国平均水平。由此可见，上海的产业国际化水平仍有进一步提升的空间，产业国际化的内部细分结构性指标竞争力表现存在较大差异，国外市场占有竞争力较强，但是贸易特化能力仍有待提高。

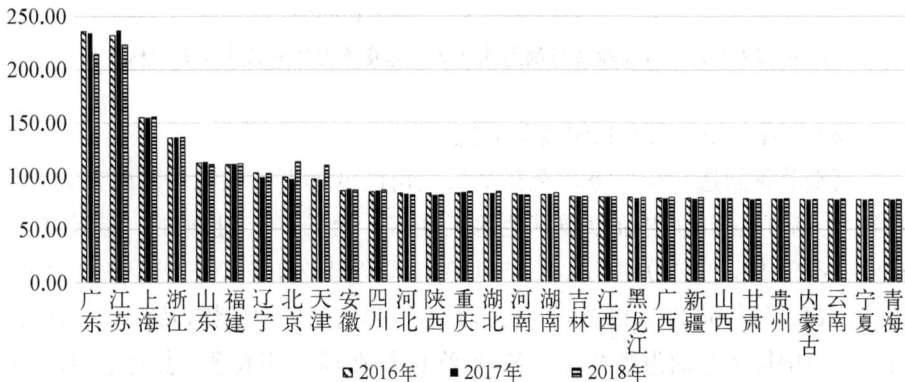

图 14　29 个省区市高端装备制造业产业国际竞争力国外市场占有指标得分

从上海的出口竞争力指标来看，其在 2016—2018 年间的得分低于 100

分,同样仅具有中等竞争力优势,且从其在全国排名来看,2016—2018 年间排名仅为 17、14 和 16,不具有比较优势甚至还具有一定比较劣势。出口竞争力指标的分值仅在 2017 年高于全国 29 个省区市的得分均值。继续考察上海的出口竞争力指标得分变动趋势,2016—2018 年上海的高端装备制造业出口竞争力指标呈逐年下降趋势。

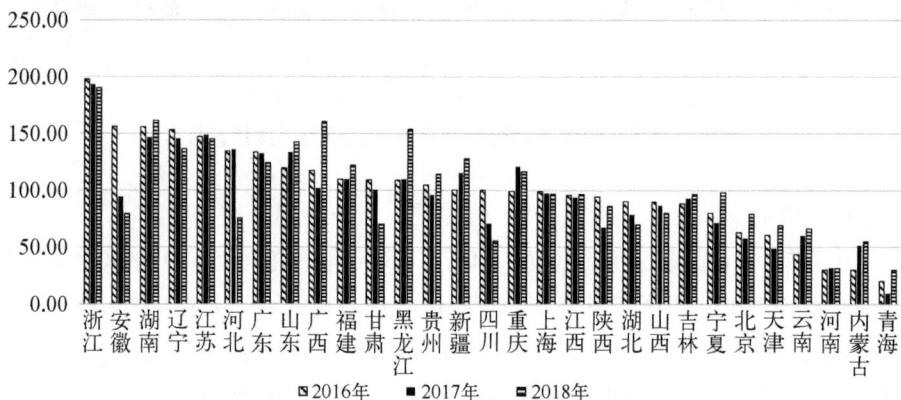

图 15 29 个省区市高端装备制造业产业国际竞争力出口竞争力指标得分

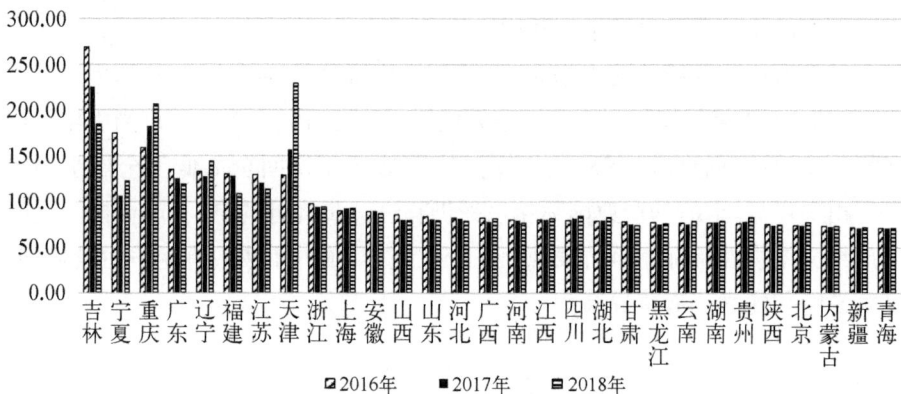

图 16 29 个省区市高端装备制造业产业国际竞争力贸易特化能力指标得分

（3）产业集中度具有极强竞争力优势

高端装备制造业在上海乃至整个长三角区域具有极强竞争力优势,且其竞争力优势在短时间内难以被其他地区赶超。近三年来,上海的高端装备制造业产业集中度得分分别为 182.55、168.20 以及 167.46,高于全国 29 个省区市均值 82.55％、68.20％以及 67.46％,具有极强的竞争力优势,其在全国 29 个省区市当中排名分别为第 2、3、3 名,始终保持在前三甲位置,表明上海的高端装备制造业产业集中度具有极强比较优势。从产业集中度指标的省市排名前六位来看,长三角地区的江苏、浙江和上海均位列其中,且江苏排名第四、浙江排名第六。说明长三角地区的高端装备制造业产业分布和产业经济密度远超全国平均水平,长三角地区强大的高端装备制造业体量为整个长三角地区的经济增长贡献巨大。就上海而言,浦东是上海高端装备制造业的重要集聚区,浦东高端装备制造业集中分布在金桥、康桥、临港等工业园区。金桥的高端装备制造业主要为智能装备产业和半导体制造设备产业,集聚了新松、中微半导体等国内外知名装备制造企业,占据国内工业机器人、刻蚀机市场大部分份额。康桥被列为上海机器人智能制造产业的"2X"空间布局的两极之一,并成为上海机器人产业链最完备产业化基地,集聚了 ABB、昂华自动化、优爱宝机器人、博信机器人等国内外知名机器人企业总部落户。临港作为国家和上海重要的高端装备制造业基地,已基本建成发电及输变电设备、大型船用设备、海洋工程、物流装备与工程机械装备、航空零部配套、装备再制造等产业集群。此外,祝桥航空城已经初具规模,中国自主研发飞机 C919 已在此总装下线。

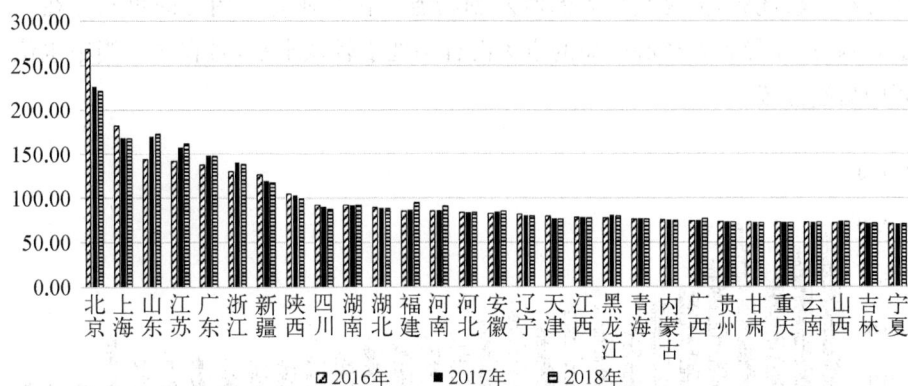

图 17　29 个省区市高端装备制造业产业国际竞争力产业集中度指标得分

表 11　2016—2018 年产业集中度排名前六位省份得分情况

省份	2016 年	2017 年	2018 年
北京	268.85	226.05	221.48
上海	182.55	168.20	167.46
山东	143.69	170.61	173.30
江苏	142.20	157.72	162.31
广东	137.58	148.10	147.21
浙江	130.23	140.42	138.54

（4）显著技术优势仍需进一步强化产业转化效率

上海高端装备制造业的生产效率指标得分在 2016—2018 年间分别为 176.70、193.44 以及 199.99 分,表明上海高端装备制造业的生产效率具有极强竞争优势,从其在全国 29 个省区市的排名来看,其在 2016 年和 2017 年排名第一,2018年稍有下滑,最终排名第二,由此可见其排名始终在前三甲之列,按照本报告的标准,上海高端装备制造业在生产效率方面具有极强比较优势,是全国高端装备制造行业领域的翘楚。

继续来看上海高端装备制造业的研发强度指标,该指标在2016—2018年间得分分别为174.24、161.73以及158.42,始终高于150分,因此具有极强国际竞争力优势,从其在全国29个省区市的排名情况来看,上海高端装备制造业的研发强度指标在2016—2018年间排名分别为2、2、3名,也是始终在前三位,表明上海的高端装备制造业的研发创新水平具有极强比较优势。

接下来分析上海高端装备制造业的核心产品市场占有率指标,该指标得分在2016—2018年间连续低于100分,表明上海仅具有中等竞争力优势,且其在全国29个省区市的排名当仅为20、19、19名,不具有比较优势。由此可见,上海的高端装备制造业尽管在研发强度和生产效率方面具有显著竞争力优势和比较优势,但是其强大的研发创新能力在产业化运用方面仍然存在一定问题,这才导致其核心产品的市场占有率处于较低水平,且在全国当中也位居中后端位置。

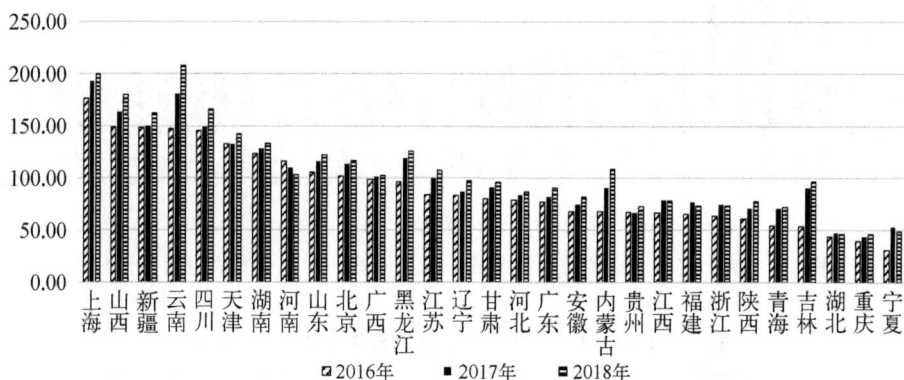

图18 29个省区市高端装备制造业产业国际竞争力生产效率指标得分

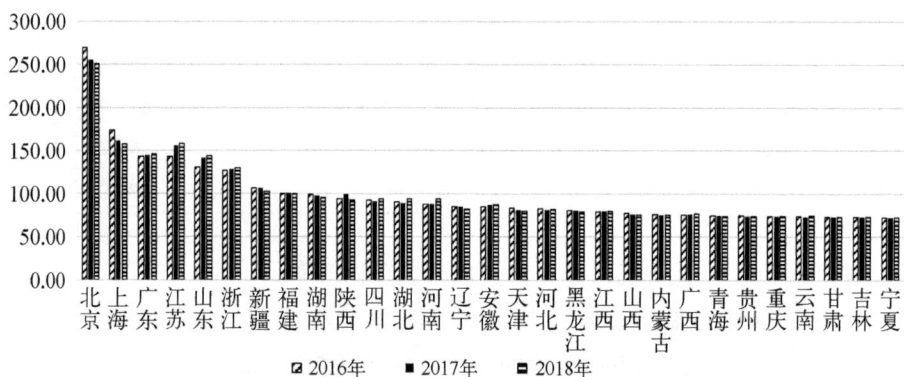

图19 29个省区市高端装备制造业产业国际竞争力研发强度指标得分

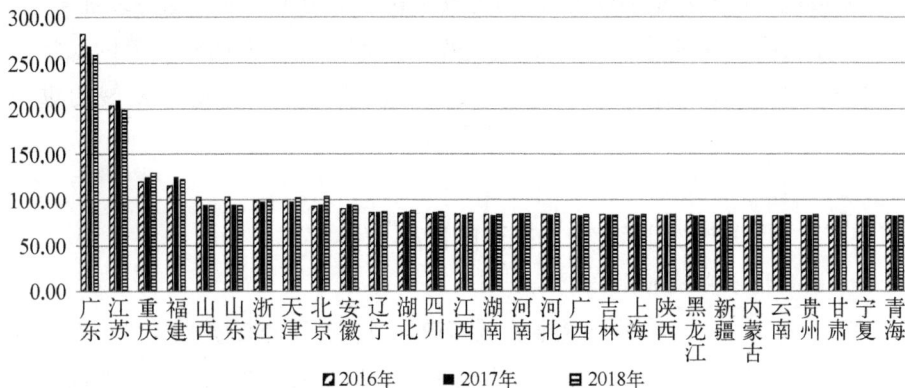

图 20　29 个省区市高端装备制造业产业国际竞争力核心产品市场占有率指标得分

（5）行业盈利能力水平仍有提升空间

上海高端装备制造业的行业盈利能力指标得分在 2016—2018 年间分别为 108.38、111.27、114.66 分，表明该指标具有较强竞争力优势，且从其分值变动趋势来看，该指标呈逐年递增态势，这在当前全球经济下行压力加大，贸易保护主义盛行的背景下，上海具有较高外向型特征的高端装备制造业仍然保持上行的盈利能力，着实不易。但是从其比较优势来看，上海的该指标在全国 29 个省区市当中仅排名第 15、16 和 10 名，表明上海的高端装备制造业盈利能力仅具有弱比较劣势。高端装备制造业作为资金密集型、技术密集型行业，其发展非常倚仗企业自身的内源性融资以及企业的研发创新能力，而企业盈利能力水平将直接决定企业自身内源性资金的充裕度，如果企业盈利水平不理想，那么将会成为掣肘企业进一步发展的瓶颈性障碍，且造成一系列的不利连锁反应。比如，高端装备制造业企业的研发投入也基本倚仗自身的内源性融资，企业盈利水平的不足导致的内源性资金不足必将间接削弱企业的研发创新能力。综上所述，目前上海高端装备制造业的行业盈利能力很可能成为其

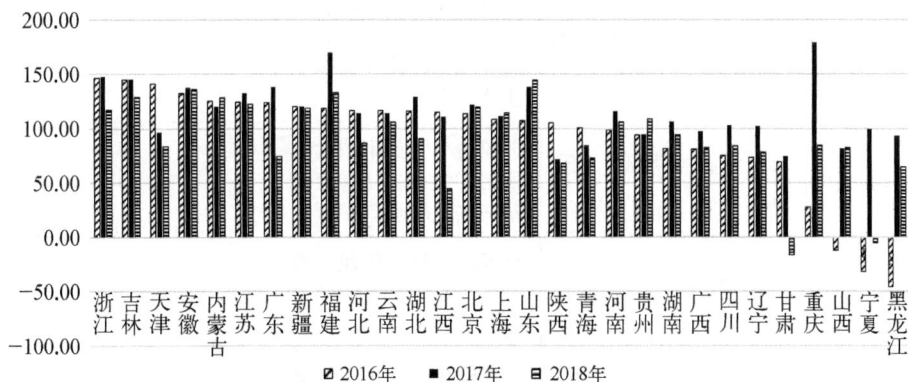

图 21　29 个省区市高端装备制造业产业国际竞争力行业盈利能力指标得分

下一阶段进一步发展的瓶颈性障碍,尤其是在当前中美贸易摩擦持续加剧,贸易保护主义盛行的背景下,应当警惕高端装备制造业企业的资金流的稳定性与安全性,切实提升盈利水平,已经成为该行业实现长远稳定发展的重中之重。

(二)上海产业国际竞争力提升的优势

1.核心技术突破和生产模式创新

2018 年至 2019 年,我国企业在政府政策的支持下不断加强技术创新和技术改造,整体技术水平持续提升,开发出了一大批具有自主知识产权的高端装备。部分重大技术装备取得了核心技术突破。

表 12 2018—2019 年我国部分重大技术装备核心技术突破一览

时　间	装备项目名称	生　产　企　业	交　付　单　位
2018.1	光电显示用高均匀超净面玻璃基板关键技术与设备	东旭集团有限公司、北京工业大学、武汉理工大学等	北京京东方光电科技有限公司
2018.1	45—22 nm 低能大束流离子注入机	中国电子科技集团有限公司、清华大学	中芯国际集成电路制造(北京)有限公司
2018.3	全智能型混凝土喷射机	中国铁建重工集团有限公司	神华集团有限责任公司
2018.4	2 400 吨沸腾床渣油锻焊加氢反应器	中国一重集团有限公司大连加氢反应器制造有限公司	中国石油化工股份有限公司镇海炼化分公司
2018.5	发送端±1 100 kV 高压直流换流变压器	特变电工股份有限公司	昌吉—古泉±1 100 kV 特高压直流输电工程
2018.7	GW 级 HDT 太阳能电池生产线	福建钧石能源公司	福建钜能电力有限公司
2018.9	极地科学考察破冰船"雪龙 2"号	中国船舶工业集团有限公司第七○八研究所、江南造船(集团)有限责任公司等	—
2018.9	自航绞吸挖泥船"天鲲号"	中国船舶工业集团公司第七○八研究所、上海振华重工启东造船厂	—
2018.8	高端超高温成形装备	航天科工集团所属三院二三九厂、机械科学研究总院等	—
2018.9	多轴振动试验平台	中国航天科工集团所属二院二○一所	—

时 间	装备项目名称	生 产 企 业	交 付 单 位
2018.9	多用途摊铺机	陕西中大机械集团有限责任公司、长安大学	"济青高速"四改八道路扩建工程
2018.9	无人驾驶电动轮矿用车	内蒙古北方重工业集团有限公司北方股份	—
2018.10	百万千瓦水电机组导水机构	哈电集团哈尔滨电机厂有限责任公司	三峡集团
2018.10	一体化正电子发射断层扫描及磁共振成像系统	上海联影医疗科技有限公司	复旦大学附属中山医院
2018.10	球床模块式高温气冷堆蒸汽发生器	哈电集团(秦皇岛)重型装备有限公司	石岛湾高温气冷堆示范电站
2019.3	35 万吨/年聚丙烯挤压造粒机组	大连橡胶塑料机械有限公司	中国石油化工集团
2019.4	自升平台式碎石铺设整平船	中交第一航务工程局有限公司、上海振华重工(集团)股份有限公司等	深中通道
2019.4	电驱压裂成套装备	烟台杰瑞石油服务集团股份有限公司	—

2017 年 8 月 18 日,沪东重机有限公司成功交验国内首台带自主研发高压 SCR 的船用低速柴油机。2018 年 3 月 15 日,由中国核动力研究设计院研发设计、上海电气第一机床厂有限公司承制的华龙一号堆内构件,顺利通过验收,该构件是华龙一号反应堆的堆芯"龙骨"设备,采用国际最先进、最严格、全球最高标准设计,为首套国产化率 100% 的百万千瓦级核电站堆内构件。2018 年 9 月,由江南造船有限责任公司承建的中国第一艘中外联合设计、自主建造的极地科考破冰船"雪龙 2"号正式交付,由上海振华重工启东造船厂生产的自航绞吸挖泥船"天鲲号"交付。2018 年 12 月,上海联影医疗科技有限公司生产的我国首台一体化正电子发射断层扫描及磁共振成像系统正式装机使用。

2. 产能扩大和产业链体系完备

第一,产业链逐渐完整。近年来我国新兴产业发展取得重大进展,智能制造装备、海洋工程装备、先进轨道交通装备、新能源汽车等新兴产业发展取得明显成效。我国高端装备制造业产值占装备制造业比重已超过 10%。2017年,按高端装备的销售产值占装备制造业的比例为 20% 来推算,产值超过 10万亿元。保持目前的增长态势,预计到 2022 年有望超过 23 万亿元。

上海装备制造业建立了以轻、重工业并举、工业门类比较齐全、基础雄厚的工业体系,成为中国国民经济发展的装备中心之一,是国家装备制造业重要基地之一,凭借涉及门类多、产业基础好、总量规模大及综合配套强的优势,制造业在行业增长驱动和经济带动方面发挥了巨大的作用。

第二,提质增效作用逐步显现。2018年上海话全年节能环保、新一代信息技术、生物、高端装备、新能源、新能源汽车、新材料等工业战略性新兴产业完成工业总产值 10 659.91 亿元,比上年增长 3.8%,增速快于规模以上工业总产值 2.4 个百分点,占全市规模以上工业总产值比重达 30.6%。其中,高端装备工业总产值达 2 278.30 亿元,增长 5.7%。2019 年上半年,在上海工业战略性新兴产业比去年同期下降 3.1% 的情况下,高端装备总产值增长 0.9%。

表 13 2018 年上海市工业战略性新兴产业总产值及增速

行　　业	工业总产值(亿元)	增长(%)
战略性新兴产业(工业部分)	10 659.91	3.8
生物	1 176.60	9.8
新一代信息技术	3 576.02	5.8
高端装备	2 278.30	5.7
新能源汽车	259.23	5.4
新能源	362.72	2.5
节能环保	679.88	2.1
新材料	2 559.14	—1.9

3. 协同发展下产业园区集聚效应明显

形成了国家级临港装备产业区、民用航空产业基地、长兴岛船舶与海洋工程装备产业基地等一批有特色的高端制造业产业园区,中芯国际、华力二期、和辉光电等一批国家重大战略专项加快在园区实施,产业园区经济产出整体保持稳定增长态势,产业载体功能进一步强化。创新正成为制造业增长的主要动力,形成了高精度光刻机、核电装备、大型民用客机、燃气轮机等一批设计和集成制造较强的重大技术集成,科技创新平台功能逐步加强,首台套政策提升了上海高端自主装备的产业能级。重大工程探索突破显著增加,国家机器人检测与评定中心、国家机器人质量监督检验中心等国家级平台落户,成立了上海智能制造系统创新中心、上海智能制造研究院,国家级企业技术中心、市级企业技术中心持续增加,军民融合产业成为推进上海经济增长和产业转型的重要抓手,到"十三五"末,上海军民融合产业有望突破 5 000 亿元规模。

四、提升上海产业国际竞争力的对策

(一) 上海产业国际竞争力的当前短板

在装备制造领域,我国"引进—落后—再引进"的发展模式由来已久,使我国在知识技术密集、附加值高的高精尖领域一直受制于人。长期以来,我国装备制造业的进出口存在倒挂现象,即装备出口数量大,贸易价值低;而装备的进口量小,贸易价值高。以金属加工机床为例,从 2009—2017 年我国金属加工机床的进出口情况可以看到,我国装备制造业对外贸易较不平衡,出口装备以低附加值产品为主,主要占据低端市场;而进口装备的目的是为了填补空白,以知识技术密集、精密、成套设备为主,导致我国高端装备市场大部分由外国产品垄断。

表 14　金属加工机床进出口数量及金额(2009—2017)

	年　　份	2017	2016	2015	2014	2013	2012	2011	2010	2009
出口	数量(万台)	911	831	841	829	759	745	762	761	648
	金额(亿美元)	32.8	29.5	31.6	34.0	28.6	27.4	24.2	18.5	14.1
进口	数量(万台)	8.9	7.0	9.1	10.6	7.5	11.0	11.5	11.4	6.7
	金额(亿美元)	87.4	75.1	86.1	108.2	100.7	136.5	132.4	94.2	59.0

资料来源:《中国统计年鉴》(2010—2018 年)。

一是缺乏针对高端制造业的专门政策,近年来上海出台了多项制造业发展规划向高端制造业转型,但缺乏对高端制造的属性聚焦,政策的"碎片化、部门化"现象明显,政策着力点缺乏针对性,尚未形成旨在有效打造高端制造业系统创新链的专门政策体系。

二是要素成本持续上涨,挤压了包括外商投资企业在内的制造业企业的盈利空间,有些企业主动进行转型升级的意愿不强烈。要素成本快速上升包括用工成本、宏观税负、企业融资成本和用能成本、流通费用等。

三是工业用地总量受限,上海规划建设用地为 3 185 平方千米,可供开发的增量土地仅 61 平方千米,郊区相当部分存量工业用地产出效率很低,再加上推进土地二次开发又存在缺乏统筹规划和激励机制等问题,土地二次开发的成本很高、难度很大。

四是高端人才短缺明显,上海房价持续攀升,生活居住成本增加,以及政府债务、土地总量、单位能耗、人口控制"四个刚性"约束致使上海制造业出现"空心化"的风险,加剧了高端技术研发人才向周边的江浙一带流失的现象。

五是核心技术受制于人,中高端的制造业优势尚未形成,核心技术对外依存度超过 50%,制造业技术空心化和自主品牌缺失问题凸显,高校人才培养与高端制造业人才供需矛盾突出。

六是科技成果转化率低,尽管上海制造业研发投入强度和专利申报相对较强,但产学研结合成效不显著,市场化的创新成果产业化中介机构不够健全,成果转化率仅为发达国家 30% 左右,科技创新成果本地转化较少,科研优势未能充分转化为产业优势。

(二)提升上海高端制造产业国际竞争力的机遇

一是长三角一体化发展战略助推上海高端装备制造业高质量发展。在长三角一体化发展背景下,未来长三角地区将要紧扣"一体化"和"高质量"两个关键,深入推进重点领域一体化建设,建设现代化经济体系,提升产业链水平。上海的高端装备制造业有望在一体化进程中,通过长三角不同区域的产业协同,最终实现区域内产业间优势互补、互惠共赢。纵观长三角地区的比较优势,可以发现,当前长三角三省一市既有上海作为全球城市的开放优势,又有江苏制造业的基础优势,还有浙江互联网基因的放大优势,更有安徽原始创新积蓄的后发优势,因此,利用长三角一体化的国家战略,通过合理布局高端装备制造业的产业链不同环节,引导高端装备制造业进行跨区域产业协作,将为上海的高端装备制造业以及整个长三角地区的高端装备制造业高质量发展提供难得机遇。

二是自贸区新片区设立提升上海高端装备制造业国际化水平。自贸区新片区之所以设立在上海的临港地区,是因为临港区域内有海、空、铁、路、江5种运输功能,是国际上同类地区运输条件最完善的,可以充分发挥洋山深水港和浦东机场国际货运枢纽对贸易和产业发展的支撑作用。先行启动区域内有海关特殊监管区域,以及装备制造、研发创新等产业园区,有较好产业基础和配套条件,有利于政策制度更快更好地落地见效,此外,在新片区集聚了一批国内外行业龙头企业。《中国(上海)自由贸易试验区临港新片区总体方案》中指出,临港新片区要聚焦强化经济功能,建设具有国际市场竞争力的特殊经济功能区;集聚发展集成电路、生物医药、人工智能、航空航天等我国高质量发展急需产业的关键环节和技术,拓展金融、贸易、航运领域和总部经济的国际市场服务能力,整体提升前沿科技产业能级。由此可见,临港新片区所打造的特殊经济功能区需要高端装备制造业的支撑,同时临港新片区作为特殊经济功能区,其在建设过程中通过一系列制度创新、加快对外开放步伐等改革举措,助力上海高端装备制造业进一步提升其国际化发展水平。

三是设立科创板并试行注册制助力上海高端装备制造业创新发展。2019年7月,科创板正式开市,从目前的申报情况看,高端装备制造行业是申报科创板的"大热门"。近年来,我国制造业发展迅速,装备制造体系日趋完善,但在有着高技术含量、高附加值的高端装备制造领域,实力依然较为薄弱。科创板的推出,无疑是对高端装备制造行业的扶持。高端制造业特指装备工业中的高端领域,表现为技术含量高、处于价值链高端和占据产业核心位置三大基本特征。技术创新推动制造业不断向尖端发展,工艺能力保障高质量产品的生产实现,它们均需要持续的研发投入与积累,具备极高的门槛,非一朝一夕就能够实现突破与超越，而高端制造要求企业同时具备持续的技术创新与超出行业的工艺能力，缺一不可。这些特征与科创板天然契合，未来科创板将为上海高端装备制造业的科技创新活动提供有力金融支持，助力上海高端装备制造业创新发展。

（三）提升上海高端制造业产业国际竞争力的对策

近年来，上海高端装备制造业已处于爬坡过坎、转型升级的关键时期，需要采取强有力的对策推进发展。

1. 强化组织领导，制定高端装备制造业发展中长期战略规划

一是加强组织保障机制，成立协调领导小组，解决因多头管理而导致的各部门职能不清、管理越位和管理缺位等问题，以及高端制造业发展战略、规划、政策等方面的问题，完善财政部门、行业部门等与科技部门之间的协调机制，统筹部门间联动，进一步明确上海高端制造业部际协调的组织责任及工作目标，推动高端制造领域创新成果转化。二是对接和落实"中国制造 2025"，研究制定《上海市高端制造业 2025 发展规划》，明确未来上海高端制造业的发展方向、重点领域和指导原则等，加快布局建设和储备集成电路、新型显示、下一代网络，以及汽车电子、大飞机、工业机器人等引领性强、带动性大、附加值高的产业项目。三是加强战略整合，加快高端制造业的发展与加快具有全球影响力的科创中心建设、深化自贸区改革、产业工人队伍建设等协作互动、共同发展，推进产业结构调整，打破目前按照行政部门不同职能制定相关产业政策的格局，形成高端制造业政策体系，提供一站式政策执行和监管部门，使相关政策能够产生持续效应。

2. 鼓励自主创新，全面提高产业技术水平

一是创新技术交易成本，形成和完善鼓励创新的市场环境和政策体系，引导建立和完善技术产权交易市场、高新技术成果市场、技术交易中介服务等直接促进技术创新成果交易的配套设施，健全和规范技术创新交易秩序制度，从而降低创新技术的交易成本。二是提升技术创新能力，实施产业链、资源合理配置的整合战略，建立高端装备制造业技术改造支撑平台、公共技术服务平台和研发平台，加大对重大技术专项的资金支持力度，对科学研究及实验实行永久性税收抵免政策，加强产学研的配合，形成产业联盟，提高核心技术的自主创新，加快高端装备的更新换代，形成自主的高新技术产业和高端装备制造业。支持建设，对新认定的国家级工程研究中心、工程实验室、重点实验室、工程技术中心、企业技术中心给予奖励，鼓励企业以各种形式引进国外成熟的装备设计、先进制造技术，制定上海市鼓励开发的高端装备制造业技术目录，围绕关键核心技术和"卡脖子"领域持续发力。三是打造吸引高端人才的政策环境，扩充高端装备人才加入"千人计划"和上海"领军人才"计划，注重引进掌握高新技术产业化成套技术的优秀团队,设立人才培养和引进与重大技术装备的联动机制,打通高端人才的绿色通道,进一步提高高端人才待遇等,在高端装备制造基地和产业聚集区建立健全专业特色明显、适合当地产业发展需要的高等职业院校,开展紧缺人才定制式培养。四是推动科技成果转化,强化和突出企业的技术创新主体地位,建立以企业为主体、市场为导向、产学研用紧密结合的高端制造业创新发展体系,聚焦关键项目实施工业强基工程,鼓励和支持企业成立自主独立的研发机构、联合高等院校、研究机构等多方在企业共建研发平台或组建产学研战略联盟,切实解决科研人员"科技成果转化现金奖励税率较高"的问题。

3. 推进供给侧结构性改革,全面降低成本、提高效率

一是加大财政政策支持力度,进一步扩大减税范围和强度,对符合产业发展规划、符合创业创新要求的企业和项目实施减税,进一步加大加快费改税步伐,降低制度性交易成本,降低企业经营成本,重点支持高端装备制造及其关键零部件的研发、配套系统的研发和产业化,实施重大技术装备进口税收等各项优惠政策,对高端装备制造类企业新建项目中常年处于高强度使用状态的固定资产以及技术进步的固定资产,采取加速折旧的方法,加快成本回收。二是加大金融支持力度,完善对重点高端装备制造业的信贷管理,做好金融风险管理,提供政策性担保基金,加强政府、担保公司、银行的联动,成立高端装备制造业的信用联合担保机制,降低高科技企业的发展门槛,推出一系列支持产业转型升级、降本增效的金融政策措施,不断提升高端装备制造业核心企业的经营能力和盈利水平,引导民间资本对高端装备制造业投资。

4. 加速产业开放发展,以工程带动装备、服务的出口

上海应积极对接国家"一带一路"倡议,支持装备制造企业与基础设施承包商、建设商、运营商等相关企业组团出海,通过 BOT、BT、PPP 等投融资方式承接海外工程业务,以工程带动装备、服务的出口。支持有条件的企业并购国内外具备研发实力、核心技术及关键制造能力的企业。鼓励引进一批龙头性、总成式、整机型高端装备制造项目,引导知名跨国公司、中央企业在上海设立总部或区域总部、研发中心、营销中心等功能性机构。健全装备领域的军民融合机制,鼓励装备行业领先民营企业进入军品配套,加快军工高新技术溢出、成果转化和产业化。

5. 加强重点突破,全面加快智能、品牌建设

一是实施高端产品应用示范工程,对于上海市发展的重大工程项目,政府设定采购国产高端装备、自主制造等审批联动机制,引进一批"超级机器人工厂""超级智能工厂"等重大先进制造业项目,打造出一批在国内具有较强竞争力和较大影响力的产业"航空母舰"。二是优先扶持龙头企业,加大对重点高端装备企业的金融扶持力度,增加授信额度,优先安排符合条件的企业以新发

或增发股票、发行企业债券等方式扩大直接融资,培育一批主业突出、核心竞争力强的大型装备制造企业。三是培育促进产业集群,在自贸区新片区内,全力打造集成电路创新高地,聚焦突破上海具有一定优势的高端制造领域,形成新一代信息技术、新能源与智能联网汽车、高端乘用车、智能制造装备、生物医药与高端医疗器械、精品钢材、新材料以及高端都市产业等千亿以上的高端制造产业集群。

执笔:

赵文斌　上海海关直属机关党委副书记、政治部副主任

张伯超　上海社会科学院经济研究所助理研究员

陈　柯　上海社会科学院经济研究所助理研究员

2018 年上海新型材料产业国际竞争力报告

一、产业和贸易政策

（一）国外新材料产业发展计划

近年来，世界各经济体纷纷在新材料领域制定了相关的规划，全面加强研究开发，并在市场、产业环境等不同层面出台政策。美国于 2009 年、2011 年和 2015 年三度发布《国家创新战略》，其中清洁能源、生物技术、纳米技术、空间技术、健康医疗等优先发展领域均涉及新材料；2012 年制定的《先进制造业国家战略计划》，进一步加大对材料科技创新的扶持力度。欧盟为实现经济复苏、消除发展痼疾、应对全球挑战，于 2010 年制定了《欧洲 2020 战略》，提出三大战略重点。德国政府发布了《创意、创新、繁荣：德国高技术 2020 战略》，其中"工业 4.0"是十大未来项目中最为引人注目的课题之一。2013 年英国推出《英国工业 2050》，重点支持建设新能源、智能系统和材料化学等创新中心。日本于 2010 年发布了《新增长战略》和《信息技术发展计划》。韩国于 2009 年公布了《绿色增长国家战略及五年行动计划》和《新增长动力规划及发展战略》。巴

表 1　国外涉及新材料产业的发展计划

国家或地区	发　展　计　划	涉及新材料相关领域
美国	先进制造业国家战略计划 重整美国制造业政策框架 先进制造伙伴计划（AMP） 纳米技术签名倡议 国家生物经济蓝图 电动汽车国家创新计划（EV Everywhere） "智慧地球"计划 大数据研究与开发计划 下一代照明计划（NGLI） 低成本宽禁带半导体晶体发展战略计划	新能源材料、生物与医药材料、环保材料、纳米材料，先进制造、新一代信息与网络技术和电动汽车相关材料，材料基因组，宽禁带半导体材料

国家或地区	发 展 计 划	涉及新材料相关领域
欧盟	欧盟能源技术战略计划 能源 2020 战略 物联网战略研究路线图 欧洲 2020 战略 可持续增长创新 欧洲生物经济 "地平线 2020"计划 彩虹计划 OLED100.EU 计划 旗舰计划	低碳产业相关材料、信息技术(重点是物联网)相关材料、生物材料、石墨烯等
英国	低碳转型计划 英国可再生能源发展路线图 技术与创新中心计划 海洋产业增长战略 合成生物学路线图 英国工业 2050	低碳产业相关材料、高附加值制造业相关材料、生物材料、海洋材料等
德国	能源战略 2050：清洁可靠和经济的能源系统 高科技战略行动计划 2020 高科技战略 生物经济 2030 国家研究战略 国家电动汽车发展规划 工业 4.0	可再生能源材料、生物材料、电动汽车相关材料等
法国	环保改革路线图 未来十年投资计划 互联网：展望 2030 年	可再生能源材料、环保材料、信息材料、环保汽车相关材料等
日本	新增长战略 信息技术发展计划新国家能源战略 能源基本计划 创建最尖端 IT 国家宣言 下一代汽车计划 海洋基本计划	新能源材料、节能环保材料、信息材料、新型汽车相关材料等
韩国	新增长动力规划及发展战略 核能振兴综合计划 IT 韩国未来战略 国家融合技术发展基本计划 第三次科学技术基本计划	可再生能源材料、信息材料、纳米材料等
俄罗斯	2030 年前能源战略 2020 年前科技发展 国家能源发展规划 到 2020 年生物技术发展综合计划 2018 年前信息技术产业发展规划 2025 年前国家电子及无线电电子工业发展专项计划 2030 年前科学技术发展优先方向	新能源材料、节能环保材料、纳米材料、生物材料、医疗和健康材料、信息材料等

续表

国家或地区	发　展　计　划	涉及新材料相关领域
巴西	低碳战略计划 2012—2015 年国家科技与创新战略 科技创新行动计划	新能源材料,环保汽车、民用航空、现代生物农业等相关材料
印度	气候变化国家行动计划 国家太阳能计划 "十二五"规划(2012—2017 年) 2013 科学、技术与创新政策	新能源材料、生物材料等
南非	国家战略规划绿皮书 新工业政策行动计划 2030 发展规划 综合资源规划	新能源材料、生物制药材料、航空航天相关材料等

西、印度、俄罗斯等新兴经济体采取重点赶超战略,在新能源材料、节能环保材料、纳米材料、生物材料、医疗和健康材料、信息材料等领域制定专门规划,力图在未来国际竞争中抢占一席之地。

(二)国家新材料产业战略规划

国家高度重视新材料产业的发展,自 2010 年以来有关部委相继发布了新材料产业及其他战略性新兴产业的相关发展规划。科技部发布了相关科技发展专项规划,其中绿色制造科技发展、半导体照明科技发展、绿色建筑科技发展、洁净煤技术科技发展、海水淡化科技发展、新型显示科技发展、国家宽带网络科技发展、中国云科技发展、医学科技发展、服务机器人科技发展、高速列车科技发展、制造业信息化、太阳能科技发展以及风力发电、智能电网重大科技产业化工程等,都包含了新材料的研发和应用内容。

表 2　国内涉及新材料产业战略规划

年份	发　展　计　划	涉及新材料相关领域
2010	国务院关于加快培育和发展战略性新兴产业的决定	高性能复合材料、先进结构材料、新型功能材料
2011	当前优先发展的高技术产业化重点领域指南(2011 年度)	纳米材料、核工程用特种材料、特种纤维材料、膜材料及组件、特种功能材料、稀土材料等
2011	国家"十二五"科学和技术发展规划	新型功能与智能材料、先进结构与复合材料、纳米材料、新型电子功能材料、高温合金材料、高性能纤维及复合材料、先进稀土材料等
2012	新材料产业"十二五"发展规划	特种金属功能材料、高端金属结构材料、先进高分子材料、新型无机非金属材料、高性能复合材料、前沿新材料

年份	发 展 计 划	涉及新材料相关领域
2012	半导体照明科技发展"十二五"专项规划 高品质特殊钢科技发展"十二五"专项规划 高性能膜材料科技发展"十二五"专项规划 医疗器械科技产业"十二五"专项规划 节能与新能源汽车产业发展规划(2012—2020年) 有色金属工业"十二五"发展规划等	半导体照明材料、高品质特殊钢材料、新型轻质合金、膜材料、生物医用材料、锂离子动力电池材料
2013	国家集成电路产业发展推进纲要 能源发展"十二五"规划 关于加快发展节能环保产业的意见 大气污染防治行动计划 国务院关于促进光伏产业健康发展的若干意见	大尺寸硅、光刻胶等集成电路关键材料、太阳能电池材料、锂离子动力电池材料
2014	关于加快新能源汽车推广应用的指导意见 关键材料升级换代工程实施方案	锂离子动力电池材料,信息功能材料、海洋工程材料、节能环保材料、先进轨道交通材料
2015	中国制造 2025	特种金属功能材料、高性能结构材料、功能性高分子材料、特种无机非金属材料和先进复合材料
2016	关于加快新材料产业创新发展的指导意见	先进基础材料:高品质钢铁材料、新型轻合金材料、工业陶瓷及功能玻璃材料等;关键战略材料:耐高温及耐蚀合金、高性能纤维及复合材料、先进半导体材料、生物医用材料等;前沿材料:石墨烯、增材制造材料、智能材料、超材料等

(三)上海市战略规划

为进一步落实国务院《中国制造 2025》和《关于加快培育和发展战略性新兴产业的决定》,上海制定发布了《上海促进新材料发展"十三五"规划》,明确了"十三五"期间新材料产业发展的指导思想、重点领域、重点任务和发展举措。规划从前沿新材料、关键战略新材料、先进基础材料三个层面提出了发展重点和方向,把满足战略性新兴产业和重大技术装备需求作为主攻方向,着力提升上海新材料产业发展水平和产业核心竞争力,实现创新成果和创新人才的双跨越。

上海研究制定了《上海市首批次新材料专项支持实施办法》。该办法通过资助企业的新材料产品首次销售,加快实现该新材料产品的示范业绩,促进新材料的推广应用。

（四） 上海市平台与园区建设

第一，推进巴斯夫亚太创新园（上海）建设。该研发平台将成为巴斯夫全球三大研发平台之一，研发平台一期建设总投资达 9 000 万欧元。协调解决巴斯夫亚太创新园建设的用地性质问题。完成巴斯夫（上海浦东）1 平方千米新材料创新中心建设规划方案，推进了 A3、D1 用地转型和研发项目落地，制订了区域内企业的并购、关停转为研发中心的计划，为推进巴斯夫全球新材料创新研发中心奠定了基础。

第二，推进临港新材料工程技术中心建设。形成临港新材料工程技术中心发展规划并通过规划论证，规划以临港地区 1 平方千米为临港新材料工程技术中心核心区，与临港集团下属各个园区、上海高校及其他高新技术园区实现区域联动，建成一个创新驱动的科技经济体，具有良好的商业环境和充满机遇的投资环境。

第三，协调推进金山第二工业园区转型升级，重点打造以化工新材料为核心的市级新材料产业园。

二、产业发展现状与趋势

（一） 总体趋势

新材料是指新出现的或正在发展中的，具有传统材料所不具备的优异性能和特殊功能的材料；或采用新技术（工艺、装备），使传统材料性能有明显提高或产生新功能的材料。我国国内市场新材料产量及需求规模均较大，并且保持较高的年均增速，但新材料产业发展任务仍然艰巨。上海依托制造业传统优势，提升新材料产业的研发与高端制造功能，力争通过新材料产业发展引领我国制造业升级创新。

我国一直大力发展战略性新兴产业，根据国务院《关于加快培育和发展战略性新兴产业的决定》，新材料产业被定性为"国民经济的先导产业"。"十三五"规划中，我国将从升级基础材料、发展战略材料以及遴选前沿新材料三个层面出发，促使我国新材料产业整体升级，为制造业和实体经济发展奠定产业基础。

发展新材料产业对我国经济发展有着全面促进作用，对我国经济转型期有着重大意义。新材料产业是我国七大战略新兴产业和"中国制造2025"重点发展的十大领域之一。新材料是整个制造业转型升级的产业基础，同时也和众多新兴产业密不可分。新材料产业和钢铁、有色、石化、轻工、建材、纺织等传统制造行业息息相关，发展新材料产业能够推动传统产业改造升级。新材料产业的发展，还将会对解决产能过剩、提升制造业生产率等重大课题大有裨益。因此，发展新材料产业，对传统产业转型升级、加速新兴产业发展等我国既定战略起到积极推动。

我国作为全球最大的新兴经济体，新材料产业正处于强劲发展阶段，市场空间广阔。统计数据显示，2010 年我国新材料产业总产值仅仅为 0.6 万亿元，截至 2017 年，我国新材料产业总产值增长至 2.6 万亿元。新材料"十三五"规划和"中国制造 2025"等政策将继续推动新材料产业保持快速的发展趋势。

（二）上海新材料产业发展趋势

上海是我国最重要的新材料研发制造基地之一，并且持之以恒地加快发展新材料产业。2017 年上海新材料产业产值达到 2 559.14 亿元。上海早在"十五"规划中就提出重点培育生物医药、新材料、环境保护、现代物流四大新兴产业。

按产业领域看，上海重点发展高端金属结构材料、特种金属功能材料、先进高分子材料、新型无机非金属材料、高性能复合材料、前沿新材料等领域。上海依托"北钢南化"比翼齐飞布局，重点打造宝山金属材料基地和杭州湾北岸石化及精细化工基地。上海聚焦重点产业和重大工程配套"卡脖子"的材料，新材料产业链上下游协同突破的项目，如集成电路装备用关键陶瓷材料、航天工程用碳纤维复合材料、医疗装备用关键射线管理合金等。

"十三五"以来，上海市新材料产业保持稳步发展，目前全市规上新材料企业数达 547 家。在支持新材料产业发展上，上海出台落实了一系列政策措施：一是制定并实施上海市特色首批次政策，《上海市首批次新材料专项支持办法（试行）》于 2017 年 10 月正式发布，并于 2018 年初开展首次年度申报工作；二是落实上海市工业强基关键基础材料研发创新，该专项于 2017 年首年度实施，两年来支持新材料项目 9 个；三是推进国家新材料首批次保险政策落地。

下一步，上海将继续加码扶持新材料产业，力争到 2020 年，培育 1—2 个前沿新材料，初步形成产业集聚，不断加强集成电路、汽车、航空、高端装备等重点产业集群关键材料配套能力，实现钢铁和石化基础材料工业智能化、绿色化转型升级。

（三）上海新材料产业布局

上海新材料产业的发展重点进一步突出特色，构建产业链，加快产业集聚，实现错位发展，形成以宝山区及上海化学工业区核心区为主、4 个扩展区为辅的空间布局：宝山区新型金属材料产业集聚特色非常突出，主要体现在高端金属结构材料和特种金属功能材料上；上海化工区和金山区产业集聚特色也非常明显。

上海市新材料产业主要分布在上海化工区、浦东新区、宝山区、金山区、青浦区、松江区、嘉定区、闵行区、奉贤区 9 个区域，总产值合计占到上海市 2016 年新材料产业工业总产值的 98.8%。

1. 上海化工区

上海化工区新材料产业以先进高分子材料为主,产业集聚度高,2016年新材料总产值340.75亿元,占全市新材料产值的42.0%,排在首位。排名前10位的上海市先进高分子材料企业中,有4家来自上海化工区,包括拜耳材料科技(中国)有限公司、上海巴斯夫聚氨酯有限公司、上海联恒异氰酸酯有限公司、上海亨斯迈聚氨酯有限公司等跨国企业,主要产品均为二异氰酸酯。

2. 浦东新区

浦东新区新材料产业主要以先进高分子材料、特种金属功能材料和高端金属结构材料为主,2016年总产值298.52亿元,其中新型无机非金属材料产值占全市新型无机非金属材料产值的40.6%,排名为各区县最高,特种金属功能材料和先进高分子材料分别占全市的29.9%和15.3%,均排在各区县第二位,高端金属结构材料占全市36.7%,前沿新材料产值占全市前沿新材料产值的56.5%,处在全市第一,在培育新材料上走在全市前列。

3. 宝山区

宝山区因宝武集团的支撑,是高端金属结构材料的集聚地,2016年新材料总产值272.14亿元,其中高端金属结构材料产值占全区新材料产值的93.8%,占全市高端金属结构材料产值的54.1%。宝钢集团是上海市高端金属结构材料规模最大的生产基地,主要产品是冷轧无取向电工钢、汽车用冷轧板和其他汽车用高性能钢等。

4. 金山区

金山区新材料产业主要以先进高分子材料、高性能纤维复合材料和高端金属结构材料为主,分别占全区新材料产值的45.9%、26.7%和26.5%,2016年新材料总产值为266.20亿元,主要产品为铝及铝合金箔带和复合带材和专用铜材等。

5. 青浦区

青浦区新材料产业主要以先进高分子材料为主,2016年新材料总产值208.01亿元,先进高分子材料占全区新材料产值的66.1%,占全市先进高分子材料产值的12.9%,排在第三位,主要产品为改性PP材料,高性能纤维复合材料和前沿新材料在全市均排列第二,主要产品为铜基、镍基复合材料、功能化纤及织物和医用材料等。

6. 松江区

松江区新材料产业主要以特种金属功能材料和先进高分子材料为主,2016年新材料总产值194.31亿元,其中特种金属功能材料产值占全市特种金属功能材料产值的39.2%,排名第一,主要产品是稀土催化材料和稀贵金属材料。

7. 嘉定区

嘉定区新材料产业主要以先进高分子材料、特种金属功能材料和高端金属结构材料为主,2016 年新材料总产值 134.15 亿元,特种金属功能材料占全市特种金属功能材料的 19.3%,排名全市第三,其在稀土材料高端应用领域具有独特的产业和研发优势,是全市唯一的稀土材料产业基地,主要产品为稀贵金属材料和粉末冶金制品等。

8. 闵行区

闵行区新材料产业主要以先进高分子材料和高端金属结构材料为主,2016 年新材料总产值 106.41 亿元,其中,新型无机非金属材料占全市新型无机非金属材料产值的 18.0%,排名全市第二,主要产品为优质黑炭黑和显示器基板玻璃等。

9. 奉贤区

奉贤区新材料产业主要以先进高分子材料为主,2016 年新材料总产值 88.43 亿元,其中先进高分子材料占全区的 90.0%,总产值 79.6 亿元,占全市先进高分子材料产值的 7.5%。

(四) 上海新材料产业重点领域

1. 高端装备制造业材料领域

上海材料研究所的金属粉末增材制造工艺实施方案项目成功列入工信部首批工业强基工程,重点发展增材制造用高性能钛合金材料宏、微观均匀性可控制备工艺,突破制备技术瓶颈,为制备出航空航天增材制造急需的钛合金粉末提供指导,形成高性能钛合金研究队伍与基地,支撑我国航空工业的持续发展,并可用于其他战略性新产业。

宝钢中央研究院镁合金研发团队首次成功试制出超长反挤压高强镁合金无缝薄壁管,产品可用于航空航天、军工、汽车和轨交系统,以及高端户外运动用品等领域,具有广阔的市场需求和应用前景,该产品的试制成功,展现了宝钢在镁合金方面的研发实力,将助推宝钢"从钢铁到材料"战略中新材料业务的快速发展。

中科院上海硅酸盐所研制的 KS-Z 无机白漆热控涂层、耐高温隔热屏、多层隔热材料、导电型 F46 薄膜镀银二次表面镜在内的多种高性能热控材料成功应用于长征五号运载火箭用液氧、煤油高压补燃发动机,以及由远征二号上面级和实践十七号卫星组成的载荷组合体。

2. 新一代信息技术材料领域

中科院上海光机所研制的 50 GHZ 线宽近衍射极限光纤激光器实现 2.5 千瓦功率突破,为大型高功率光纤激光系统奠定了重要的单元技术基础。高亮度窄线宽光纤激光光源在相干通信、激光雷达、高能粒子加速器、聚变点火和激光冷却等领域具有重大的研究价值和广阔的应用前景。该研究成果在关键技术实现了重大突破,相关核心技术达到国际领先水平,对我国窄线宽光纤激光技术的发展和实用化应用具有重要意义。

上海新昇采用直拉单晶(CZ)法成功地拉制出第一根大产率的 300 毫米硅晶棒,受到半导体业界的强烈关注,这表明 300 毫米硅片研发线(产能 1 万片 / 月)贯通,意味着我国将打破国外对集成电路关键材料的依赖,为我国深亚微米极大规模集成电路产业的发展奠定坚实的衬底基础,将基本形成完整的半导体产业链。

3. 新能源材料领域

上海交通大学材料科学与工程学院在三维纳米多孔催化剂研究领域取得了重要进展,成功获得了三维纳米多孔两元金属磷化物并成功用于电催化制氢。受益于大的电催化活性面积以及连续的三维多孔的结构,纳米多孔金属磷化物表现出了优异的催化活性。该工作不仅解决了制备多元金属化合物的技术难题,同时也加深了人们在电解水催化材料的形貌、结构和性能之间的相互关系的认识,为进一步设计和调控非贵金属催化剂的电催化水分解提供了新思路。

三、上海新材料产业国际竞争力的评价

(一)产业国际竞争力指标体系

本研究将产业国际竞争力分为三部分,分别是行业驱动增长、产业国际表现和价值链提升,构成新型材料产业国际竞争力综合指数的 3 个二级指标,指标体系详情见表3。

表3 新材料产业国际竞争力指标体系

综合指数	二级指标	三级指标	指 标 说 明	计 算 方 法
产业国际竞争力	行业驱动增长	行业引领能力	地区引领行业的企业数量	地区新材料上市公司个数占全国比重
		产业集中程度	地区产业的集聚程度	地区规上企业产值占全国比重
		区域集群水平	经济区域的产业集聚程度	所处经济区域的规上企业产值占全国比重
		行业成长速度	地区行业增速的表现	地区行业销售产值增速
		行业盈利能力	地区行业的盈利水平	地区规上企业总资产收益率
		行业生产效率	地区行业的劳动生产效率	地区规上企业单位从业人员产值

续表

综合指数	二级指标	三级指标	指标说明	计算方法
产业国际竞争力	产业国际表现	出口市场占有	地区产业出口市场占有率	地区规上企业出口占全国比重
		出口比较优势	地区产业的出口比较优势	地区行业的 RCA 指数
		核心产品市场占有	地区产业核心产品的出口市场占有率	地区核心产品出口占全国比重
		核心产品比较优势	地区产业核心产品的出口比较优势	地区核心产品 RCA 指数
	价值链提升	研发投入规模	地区行业研发投入的规模	地区规上企业研发费用内部支出
		研发投入强度	地区行业研发投入的强度	地区规上企业研发费用内部支出占主营业务收入比重
		研发人才储备	地区行业研发人才比例	地区规上企业研发人员数量占从业人员数量比重
		研发产出效率	单位研发投入的专利产出	地区专利申请数量除以地区研发内部支出
		新技术生产力	地区产业新技术使用情况	地区规上企业新产品销售额占主营业务收入比重

  行业驱动增长二级指标主要用于衡量地区产业发展前景。地区产业发展的潜力主要来源于该地区产业集群发展以及产业效益水平,对于产业集群发展情况,我们使用该地区的行业引领能力、产业集中程度和其所处大区域集群水平 3 个三级指标来反映。产业效益水平主要体现在三方面,增速、盈利和效率,分别以 3 个三级指标反映。

  产业国际表现二级指标主要用于衡量地区产业的贸易竞争力与其所处全球产业链中的位置。为了既能体现产业总体的国际表现,又能体现处于产业链和价值链关键位置的核心产品的国际竞争力,三级指标中分别纳入出口总体情况和核心产品情况。地区出口总体竞争力包括出口市场占有和出口比较优势 2 个三级指标。核心产品出口竞争力包括核心产品市场占有和核心产品比较优势 2 个三级指标。

  更重要的是,本研究将新型材料产业决定性的价值链提升作为 1 个二级指标,即价值链提升二级指标。我们将价值链提升分为两个阶段,第一阶段是研发投入,由于研发投入的绝对规模、相对水平和研发人才均是研发投入的要素,且都非常重要,因此通过研发投入规模、研发投入强度和研发人才储备 3 个三级指标反映。第二阶段是研发产出阶段,一方面通过单位研发投入的专利产出衡量研发产出效率,另一方面通过地区新产品销售占比衡量新技术生产力。

指标体系对全国 31 个省级行政区的 2016 年、2017 年和 2018 年产业国际竞争力进行评价。数据来源包括各级统计局、海关、第三方数据库等。为与统计局数据统一,当年的评价指标使用上年的统计数据进行计算,如 2018 年竞争力使用 2017 年数据进行计算。指标均采用相应方法进行标准化和指数化,通过变异系数法和主观赋权法计算权重后发现与平均权重差异不大,赋权方法基本不影响地区排名,为便于分析解释,最终采用平均权重法赋权。各级指标加权构成上级指标和综合指数,指数将 2016 年至 2018 年三年的全国平均水平定为 100。

(二)产业国际竞争力综合指数

1. 2018 年上海新材料产业国际竞争力指数达到 118.9,较上年有大幅提升

上海新型材料产业 2018 年国际竞争力综合指数为 118.9,排名全国第 5。上海新材料产业综合竞争力较上年有较大增幅,综合指数较上年增加 15.0。

表 4　新材料产业国际竞争力综合指数

		北京	天津	河北	上海	江苏	浙江	安徽	福建	山东	广东
2016	指　数	95.8	109.3	107.5	120.5	136.6	132.7	112.4	108.9	137.1	145.4
	排　名	15	7	9	5	3	4	6	8	2	1
2017	指　数	83.0	108.0	102.8	103.9	140.2	129.1	100.1	100.2	129.6	140.4
	变化率	−12.8	−1.2	−4.7	−16.5	3.6	−3.6	−12.3	−8.6	−7.5	−5.0
	排　名	22	5	7	6	2	4	11	10	3	1
2018	指　数	117.2	113.6	113.9	118.9	148.2	140.6	115.1	111.6	142.8	152.4
	变化率	34.1	5.5	11.1	15.0	8.0	11.5	15.0	11.3	13.2	12.0
	排　名	6	8	8	5	2	4	7	10	3	1

2018 年新材料产业国际竞争力广东、江苏与山东分列前两位,长三角地区(上海第 5、江苏第 2、浙江第 4、安徽第 7)均进入竞争力排名前十。长三角经济带目前是构成我国新材料产业的最大集群。

从过去三年的情况来看,各地区相对位置基本保持稳定,前十位的省级行政区基本未发生变化。前三位中,2015 年山东和江苏分列二三位,2017 年后两地互换了位置。

2. 上海新材料产业竞争力的主要来源是研发创新带来的价值链提升

进一步将综合指数分解到各二级指标,我们可以将 2018 年综合指数排名

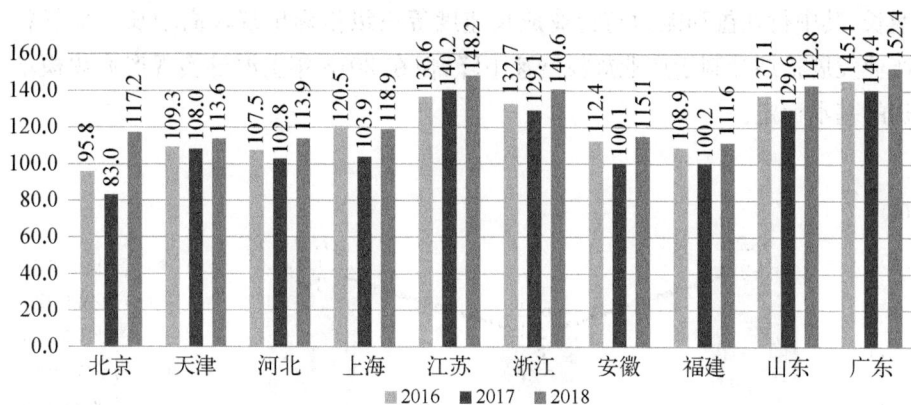

图1 新材料产业国际竞争力综合指数

前十的省级行政区分为三类,一类是更多地承担研发创新的省级行政区,其产业创新表现二级指标在综合指数中的构成超过产业增长和国际表现,主要为北京和上海。第二类为产业增长表现瞩目的省级行政区,包括河北、江苏和山东,其产业增长指标高于创新表现指标在总指数中的构成。第三类省级行政区三项指标构成较为均衡,包括天津、浙江、安徽、湖南和广东。

2018年上海竞争力的增长得益于行业驱动增长的恢复与价值链提升的持续高速增长。2016—2018年,上海新材料产业的价值链提升在总指数中的占比从39.5增长到45.6,也是竞争力中最主要构成。行业驱动增长2018年较2017年增长9.3。

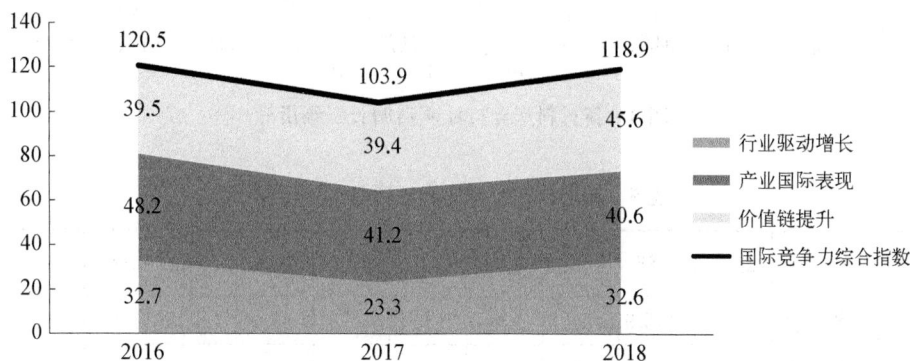

图2 新材料产业国际竞争力综合指数构成

(三)行业驱动增长

1. 2018年上海新材料行业驱动增长实现高速增长,主要是行业增长有所恢复

2018年上海新材料行业驱动增长二级指标为97.9,较上年增长28.0。2016年到2017年,行业驱动增长二级指标出现较大降幅,但2018年实现高速

增长,其中行业盈利能力与行业成长速度等三级指标出现较高增长。新材料产业发展长期受制于产业规模增速下降,但在 2018 年上海已实现产业规模增长的基本稳定。

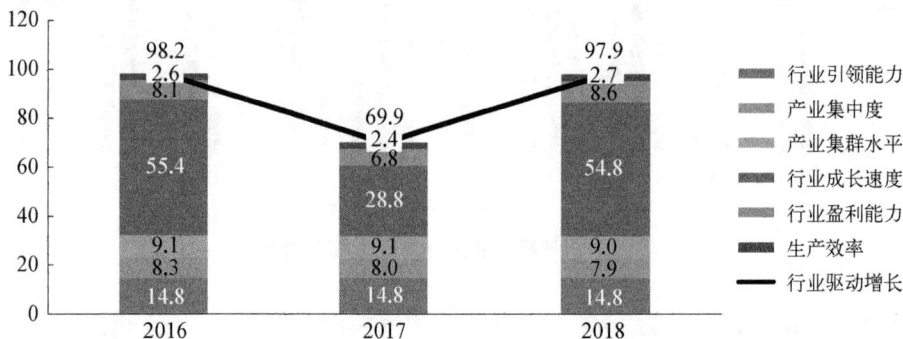

图 3 上海新材料产业行业驱动增长指数及构成

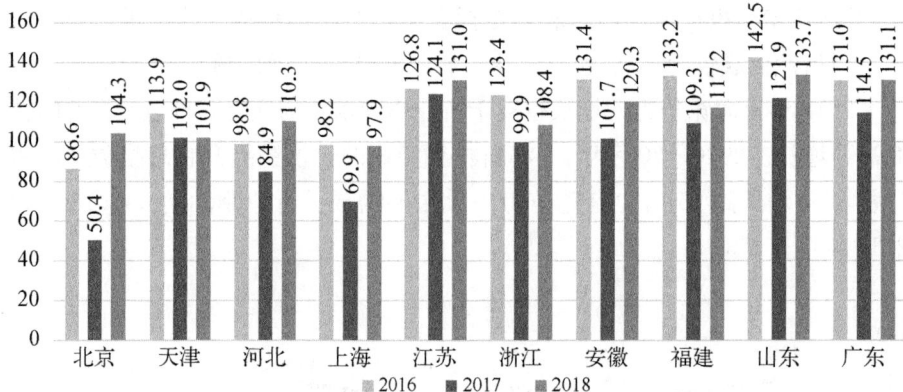

图 4 新材料产业行业驱动增长二级指标

表 5 新材料产业行业驱动增长二级指标

		北京	天津	河北	上海	江苏	浙江	安徽	福建	山东	广东
2016	指　数	86.6	113.9	98.8	98.2	126.8	123.4	131.4	133.2	142.5	131.0
	排　名	26	15	21	24	8	10	5	3	1	6
2017	指　数	50.4	102.0	84.9	69.9	124.1	99.9	101.7	109.3	121.9	114.5
	变化率	−36.2	−11.9	−14.0	−28.3	−2.7	−23.5	−29.8	−24.0	−20.5	−16.5
	排　名	28	12	18	23	2	15	13	6	4	5
2018	指　数	104.3	101.9	110.3	97.9	131.0	108.4	120.3	117.2	133.7	131.1
	变化率	53.9	−0.1	25.4	28.0	7.0	8.5	18.6	7.9	11.8	16.6
	排　名	18	20	16	23	5	17	9	11	2	4

2. 行业引领能力：上市公司数量不断增长，一大批创新企业分布在新材料各个细分领域中

通过上市公司数可以衡量一地新材料产业引领能力。截至 2018 年，上海共 22 家新材料行业上市公司，其中在中小板上市 3 家，创业板 6 家，上交所上市 13 家。上海新材料上市公司主要涉及合金材料、化工新材料、精细化学品、特种玻璃、先进陶瓷、新型建筑材料、纤维及复合材料、生物材料等领域。

表 6　上海新材料上市公司情况

公　司	代　码	新　材　料　产　品
鹏欣资源	600490	阴极铜、镍、化工
丰华股份	600615	镁合金、铝合金
界龙实业	600836	包装印刷业
金力泰	300225	阴极电泳漆、面漆、陶瓷涂料，阳极电泳漆
康达新材	002669	环氧胶、丙烯酸胶、SBS 胶粘剂、聚氨酯胶
普利特	002324	改性聚烯烃类、改性 ABS 类、塑料合金类
三爱富	600636	含氟聚合物、CFC 替代品、CFC 产品
中化国际	600500	橡胶化学品、化工新材料及中间体等
紫江企业	600210	PET 瓶及瓶坯、皇冠盖及标签等包材
上海石化	600688	合成纤维、树脂及塑料、中间石化产品、石油产品
安诺其	300067	分散染料、活性染料、助剂
丹化科技	600844	乙二醇，草酸，催化剂
飞凯材料	300398	紫外固化光纤涂覆材料
氯碱化工	600618	聚氯乙烯、烧碱、氯产品
上海家化	600315	化妆品、个人护理用品、家居护理用品
上海新阳	300236	化学品、设备产品、氟碳涂料、重型防腐涂料
耀皮玻璃	600819	浮法玻璃、加工玻璃、汽车玻璃
斯米克	002162	陶瓷墙砖、陶瓷地砖、特殊用途地砖
棱光实业	600629	岩棉产品、叶片、混凝土制品、军工配件
华峰超纤	300180	超细纤维合成革、超细纤维底坯、绒面革
中纺投资	600061	高强 PE 特种纤维，锦纶涤纶功能性纤维，纺织原材料
凯利泰	300326	骨填充材料等

3. 产业集中程度进一步下降，但降幅有所收窄

上海材料产业集中程度进一步下降，但规模收缩速度有所收敛。从材料行业总体规模而言，2015 年总产值超过 3 400 亿元，2016 年规模减小 400 多亿元，

为3 000亿元左右,2017年减少70亿元,在2 900亿元以上。新材料产业工业总产值在2 559.14亿元,较上年下降1.9%。其中,精品钢材制造业降幅较大,为6.5%。

表7　上海材料产业规模情况

	2015 年总产值(亿元)	2016 年总产值(亿元)	2017 年总产值(亿元)
化学纤维制造业	43.01	31.91	35.49
橡胶和塑料制品业	920.10	860.39	875.38
非金属矿物制品业	573.86	542.94	540.67
黑色金属冶炼和压延加工业	1 481.70	1 186.70	1 098.19
有色金属冶炼和压延加工业	448.48	387.45	383.55
总　计	3 467.15	3 009.39	2 933.28

4. 区域集群程度:长三角产业集群规模超过全国五分之一,产业集群整体实力较强,是上海新材料产业发展的重要支撑

长三角地区材料产业总产值2017年超过4.6万亿元,全国材料行业总产值约21万亿元,长三角地区占全国比重超过22%,并且近年来这一占比稳定在这一水平。

表8　长三角材料产业制造业规模情况

	2015	2016	2017
长三角地区总产值(亿元)	47 221.17	45 976.61	46 889.09
全国总产值(亿元)	212 709.65	206 490.14	212 924.69
区域/全国(%)	22.20	22.27	22.02

5. 在材料产业整体复苏的大背景下,上海材料产业的盈利能力与生产效率得到较大提升

2017年行业利润水平有所上升。材料行业总资产负债率2015年为3.88%,2016年下降至2.61%,2017年有所上升,达到4.57%。

劳动生产率大幅提升,单位用工人数产值从2016年度的127.55万元/人增加至2017年的136.9万元/人。行业生产质效获得较大幅度的提升。

表9　上海材料制造业盈利能力情况

	2015	2016	2017
总资产回报率(ROA)	3.88	2.61	4.57
单位从业人员销售产值(万元/人)	134.94	127.55	136.90

（四）产业国际表现

1. 上海新材料产业国际表现二级指标 2018 年为 121.9,出口规模在全国较靠前,核心产品竞争力突出

2018 年上海新材料产业国际表现二级指标为 121.9,较上年减少 1.6。自 2016 年以来,上海新材料产业国际表现二级指标呈现下降趋势,2017 年下降幅度较大,全国排名也从第五位下降到第七位。2018 年指数基本保持稳定,排名重回全国前五。

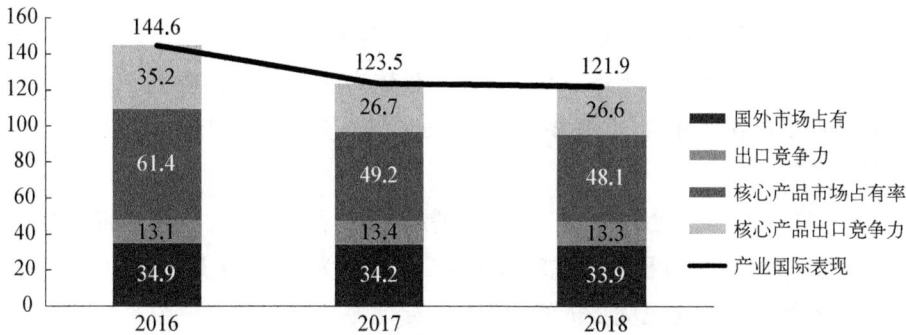

图 5　上海新材料产业国际表现指数及构成

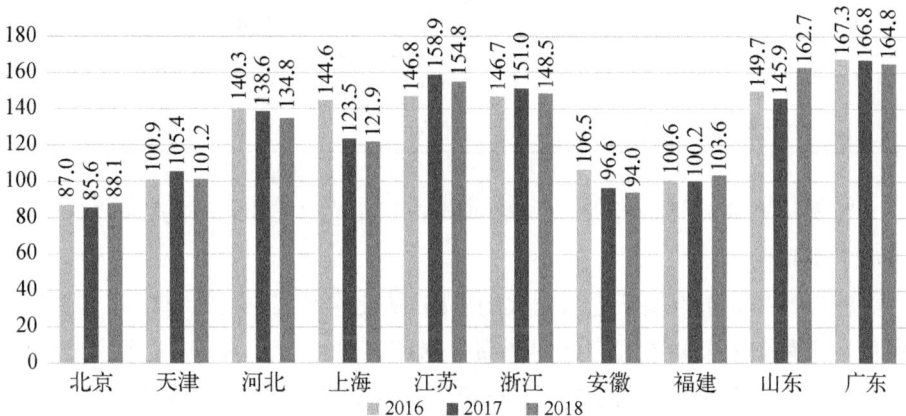

图 6　新材料产业国际表现二级指标

表 10　新材料产业国际表现二级指标

		北京	天津	河北	上海	江苏	浙江	安徽	福建	山东	广东
2016	指　数	87.0	100.9	140.3	144.6	146.8	146.7	106.5	100.6	149.7	167.3
	排　名	20	11	6	5	3	4	9	12	2	1
2017	指　数	85.6	105.4	138.6	123.5	158.9	151.0	96.6	100.2	145.9	166.8
	变化率	−1.3	4.5	−1.7	−21.1	12.1	4.4	−9.9	−0.3	−3.8	−0.6
	排　名	20	10	5	7	2	3	14	12	4	1

		北京	天津	河北	上海	江苏	浙江	安徽	福建	山东	广东
2018	指　数	88.1	101.2	134.8	121.9	154.8	148.5	94.0	103.6	162.7	164.8
	变化率	2.5	−4.2	−3.8	−1.6	−4.0	−2.6	−2.6	3.3	16.8	−2.0
	排　名	18	12	5	6	3	4	16	9	2	1

2. 上海新材料产业出口规模受产业整体规模影响,在全国占比并不高。出口显示性比较优势维持在较强的范围内

从出口交货值占全国比重来看,上海逐年递减,2015年为4.63%,2017年为4.26%。出口市场占有率下降,与上海整体产业规模下降幅度一致。从材料行业的横向比较而言,上海并无规模上的优势,更多的是产品创新与质量方面的优势。

虽然出口交货值占比下降,但上海的新材料行业比较优势依然维持在一定水平。2017年出口显示性比较优势RCA指数为0.55,超过0.5的水平,说明上海新材料产业比较优势依然能保持一定水平。

表11　上海新材料产业出口情况

	2015	2016	2017
出口交货值上海占全国比重(%)	4.63	4.43	4.26
出口显示性比较优势(RCA)指数	0.56	0.56	0.55

3. 核心产品市场占有进一步增加,国内领先地位突出,核心产品比较优势也非常瞩目

核心产品的选取基于进口替代的思路,从化学纤维、橡胶与塑料、非金属、黑色金属和有色金属这五个行业产品中选择2012年至2014年全国进口金额排名前十位的HS6位代码产品。核心产品出口占全国比重保持较高水平,2017年为9.53%,核心产品出口表现较为优秀。

比较优势使用核心产品的显示性比较优势(RCA指数),RCA指数反映贸易竞争力的来源。与出口比较优势相比,上海核心产品比较优势更高,2017年达到3.20,表明上海在新材料核心产品出口上具很强的比较优势。

表12　上海新材料产业核心产品竞争力情况

	2015	2016	2017
核心产品出口占全国比重(%)	9.68	9.92	9.53
核心产品显示性比较优势(RCA)指数	3.51	3.31	3.20

（五）价值链提升

1. 上海新材料产业价值链提升二级指标 2018 年为 136.9,研发效率突出

2018 年上海新材料产业价值链提升二级指标为 136.9,较上年增加 18.6。自 2016 年以来,上海新材料产业价值链提升取得长足进步,指数从 118.5 增长到 136.9,累计增幅达 18.4。价值链提升主要来源于发明效率的大幅提升。

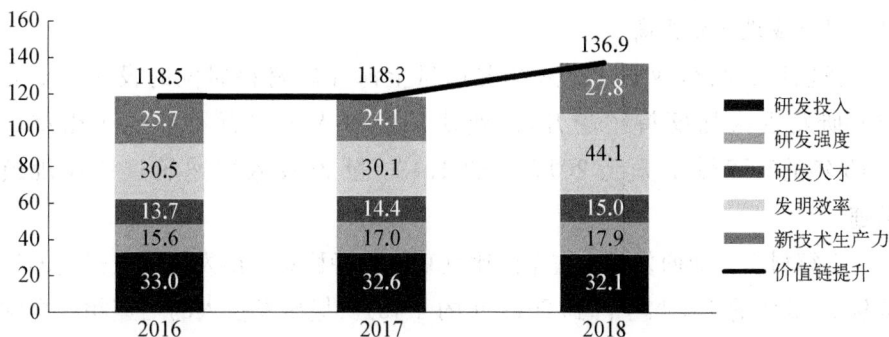

图 7 新材料产业价值链提升二级指标构成

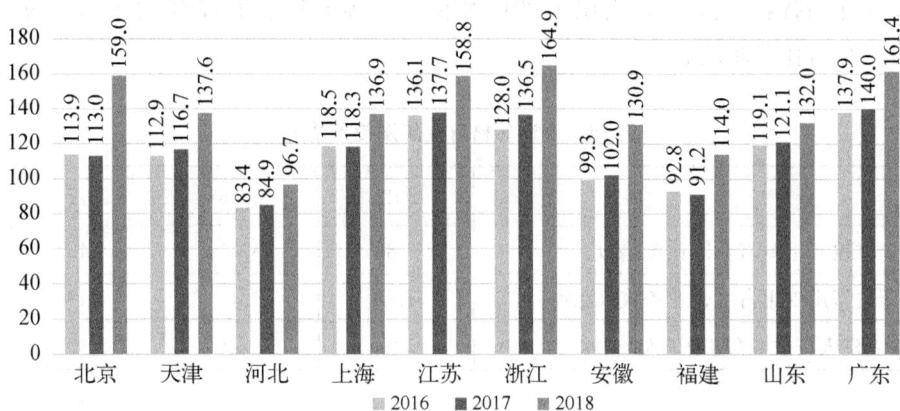

图 8 新材料产业价值链提升二级指标

表 13 新材料产业价值链提升二级指标

		北京	天津	河北	上海	江苏	浙江	安徽	福建	山东	广东
2016	指 数	113.9	112.9	83.4	118.5	136.1	128.0	99.3	92.8	119.1	137.9
	排 名	6	7	17	5	2	3	9	12	4	1
2017	指 数	113.0	116.7	84.9	118.3	137.7	136.5	102.0	91.2	121.1	140.0
	变化率	−0.9	3.8	1.6	−0.2	1.6	8.5	2.6	−1.6	2.0	2.1
	排 名	7	6	16	5	2	3	9	12	4	1

		北京	天津	河北	上海	江苏	浙江	安徽	福建	山东	广东
2018	指　数	159.0	137.6	96.7	136.9	158.8	164.9	130.9	114.0	132.0	161.4
	变化率	46.0	20.9	11.8	18.6	21.2	28.4	28.9	22.8	10.9	21.3
	排　名	4	6	25	7	5	2	9	15	8	3

2. 从材料行业研发要素看,上海材料行业研发投入强度持续增加,但研发投入增速应进一步提高

我们以材料行业研发投入情况衡量上海在新材料研发的投入。上海材料研发投入强度持续攀升,产业研发的投入占主营业务收入比重从2015年的1.27%上升至2017年的1.43。研发投入增速超过产业规模增速。

上海材料行业研发投入占全国比重基本保持稳定。研发投入占去过的比重从2015年的4.85%下降到2017年的4.48%,但研发投入的增速相较全国而言仍不够快。

除了研发经费投入,研发人才也是研发投入的核心要素之一。从上海研发人才储备看,研发人员占比从2015年的5.03%上升至2017年的5.55%,研发人员占比稳步增长。

表14　上海材料行业研发投入情况

	2015	2016	2017
研发投入上海占全国比重(%)	4.85	4.74	4.48
研发费用支出占主营业务收入比重(%)	1.27	1.39	1.43
R&D人员数/平均用工人数(%)	5.03	5.34	5.55

3. 上海材料行业保持较高的研发效率,同时新产品销售占到全国近四分之一

我们通过材料行业的研发效率与新产品销售收入两项指标,衡量新材料产业研发产出。

上海材料行业研发效率较高,2015年每亿研发投入创造104.6个发明专利申请,到2017年上升到111.5个发明专利,研发投入效果与成果转化效率较高。

从材料行业的新产品销售收入来看,上海新产品销售占全国比重较高,并且较2015年有较大增长。2017年达到26.3%,超过全国的四分之一,具备非常强的新技术转化与生产能力。

表 15　上海材料行业研发效率与新产品销售

	2015	2016	2017
单位研发投入发明专利申请数(个/亿元)	104.6	114.6	111.5
新产品销售收入上海占全国比重(%)	23.8	21.9	26.3

四、提升上海新材料产业国际竞争力的对策

（一）加强顶层设计，完善产业政策

上海应进一步加强对新材料基础研究的投入,高度重视当前处于研发阶段的前沿新材料,适度超前安排。着力突破新材料产业发展的工程化问题,提高新材料的基础支撑能力。加快完善有利于推动新材料产业进步的政策体系,制定新材料产业发展指导目录和投资指南,建立相关的技术标准体系,完善产业链、创新链、资金链。遵循"谁投资、谁负责"的原则,加强对国有企业资本投资回报率的监管;突出对重点行业的聚焦支持,防止出现"投资碎片化",集中力量培育和塑造上海名牌新材料产品。

（二）发挥市场的资源配置作用，建设以企业为主体的发展体系

在注重政府对新材料产业发展战略引导作用的基础上,加快营造新材料相关企业自主经营、公平竞争的市场环境,以企业为投资主体和成果应用主体。加强产学研用相结合,充分发挥市场配置资源的基础性作用,提高资源配置效率和公平性。推动优势企业实施强强联合、兼并重组、境外并购和投资合作,提高产业集中度,加快培育具有国际竞争力的企业集团。扩大与国际制造企业的全方位合作,推动新材料快速融入全球高端制造供应链。

（三）加强支撑体系建设，夯实发展基础

进一步加大对新材料制备和检测自动化设备的研发支持,集中力量开发改进产品质量、降低制造成本的核心装备,重视新型低成本制造工艺及其配套技术的开发,深化发展新材料的智能化制造技术。建设材料设计与极端条件下性能预测研发平台,制定材料服役性能和全寿命成本指标体系,全面提升材料应用水平。加强知识产权保护,鼓励新材料研发中的原始创新与集成创新,逐步形成具有自主知识产权的材料牌号与体系,开展协同应用试点示范,搭建协同应用平台,推进新材料产业的结构调整和升级换代。

（四）加强人才培养，积极引进创新人才

实施创新人才发展战略，支持企业加强创新能力建设，不断加大新材料领域创新型人才的培养力度，吸收国外高水平的技术和管理人才，建立适合创新人才发展的激励和竞争机制。同时，鼓励新材料企业积极开展国际合作与交流，引进国外先进技术和管理经验，不断提升我国新材料企业管理水平。充分发挥行业协会、科研单位和大学的作用，共同建立新材料专家系统，加强新材料研发、生产和应用的直接沟通和交流。专家系统定期对国内外新材料研发和应用需求进行调研和评估，发挥思想库作用，就新材料发展和需要关注的重点问题提供咨询意见。

执笔：

施　楠　上海社会科学院"一带一路"信息研究中心副主任

2018 年上海电子信息产品制造业国际竞争力报告

一、背景趋势

（一）全球发展

1. 全球半导体市场保持平稳较快发展，行业寡头之间竞争激烈

根据世界半导体贸易统计（World Semiconductor Trade Statistics）发布数据，2018 年全球半导体市场规模达到 4 688 亿美元（约合人民币 3.15 万亿元），同比上升 13.7%。据 Gartner 研究显示，2018 年全球半导体营收总额为 4 767 亿美元，较 2017 年增长 13.4%，内存芯片仍是最大的半导体类别，占半导体总营收的 34.8%，比上年增加了 3.8 个百分点。全球营收前十的半导体企业所占市场份额接近 80%，其中三星电子 2018 年营业收入达到 759 亿美元，同比增长 26.7%，市场份额为 15.9%，连续两年高于英特尔（2018 年市场份额为 13.8%），位居榜首；英特尔在 2018 年创造营业收入 659 亿美元，同比增长 12.2%；SK 海力士市场份额为 7.6%，排名第三，营业收入为 364 亿美元，增速达到 38.2%，同比增长率为榜单最高。

表 1　全球半导体供应商 2017—2018 年营收排名

2018 排名	2017 排名	供 应 商	2018 营收（百万美元）	2018 市场份额（%）	2017 营收（百万美元）	2017—2018 增长率（%）
1	1	三星电子	75 854	15.9	59 875	26.7
2	2	英特尔	65 862	13.8	58 725	12.2
3	3	SK 海力士	36 433	7.6	26 370	38.2
4	4	美光科技	30 641	6.4	22 895	33.8
5	6	博通	16 544	3.5	15 405	7.4

续表

2018 排名	2017 排名	供 应 商	2018 营收（百万美元）	2018 市场份额（%）	2017 营收（百万美元）	2017—2018 增长率（%）
6	5	高通	15 380	3.2	16 099	−4.5
7	7	德州仪器	14 767	3.1	13 506	9.3
8	9	西部数据	9 321	2.0	9 159	1.8
9	11	意法半导体	9 276	1.9	8 031	15.5
10	10	恩智浦半导体	9 010	1.9	8 750	3.0
		其他	98 648	20.7	95 215	3.6
		合计	476 693	100.0	420 393	13.4

资料来源：Gartner(January 2019)。

2. 全球面板市场呈现新格局、小型面板国际垄断趋势未变,新型面板商业化进程缓慢

在大型电视面板市场中,中国大陆、中国台湾、韩国和日本是最主要的面板供应商。在2019年第一季度,韩国仍然保持了60英寸及更大液晶电视面板出货量的最大份额45.1%,但较上年同期下降了9.7个百分点,同期,我国大陆大型电视面板出货量为224.2万块,显著高于2018年同期的17.7万块,所占市场份额达到33.9%,以京东方为代表的我国面板企业生产线规模持续扩大,替代了韩国的部分市场。在小尺寸面板市场中,2018年第三季度,OLED面板在整个智能手机市场的份额为61.1%,三星占据该市场93.3%的份额,在柔性OLED智能手机面板市场中,占比更是达到了94.2%。[①] 2018年全球智能机面板出货19.1亿片,其中AMOELD面板出货4.4亿片,同比增长3.4%,占据全球智能机面板的23.2%。2018年,三星出货AMOLED手机面板4.1亿片,同比减少1.1%;维信诺出货1 100万片,同比增长247%;乐金显示(LGD)出货880万片,同比增长76%;和辉出货600万片,同比增长58%;京东方出货410万片,同比增长720%;深天马出货274万片,同比增长205%。[②] 三星、华为等智能手机制造商在2019年初推出具有可折叠外形的新款智能手机,2021年,可折叠AMOLED出货量将超过1 700万块,但仅占AMOLED面板总出货量(约7.35亿块)的2.4%。[③] 在2019年中国家电及消费电子博览会(AWE 2019)上,使用Micro LED、QLED、ULED等新型显示技术的电视纷纷亮相,但离商用还有一段差距,2019年micro LED显示器出货

[①] 参见 IHS Markit：第三季度 OLED 屏手机市场份额达到 61%,三星占比 93.3%。
[②] 参见 CINNO Research：从三星/京东方/维信诺/LGD/和辉光电看 2018 年 AMOLED 手机面板出货量如何？
[③] 参见 IHS Markit：预测 2021 年可折叠 AMOLED 面板出货量超过 1 700 万。

量不到 1 000 台。

3. 全球 5G 应用开始逐步启动，4G 仍将占据移动技术主流地位

自 2018 年至 2025 年，亚洲运营商计划投入 3 700 亿美元构建 5G 网络，到 2025 年，亚洲大约 18％的连接将通过 5G 网络运行。[①] 目前，我国三大服务商积极开展 5G 试验网建设，但对 5G 短期内商业化推广持谨慎态度，预计 2019 年三大服务商最多投资 342 亿元建设 5G，[②]移动基础设施领域将在较长一段时间仍是 4G 的天下。2018 年全球 4G LTE 基础设施收入达到 229 亿美元，其中中国的 4G LTE 支出（资本支出）总额为 173 亿美元，比初期计划高出 8.5％。[③]2018 年 2G/3G/4G 移动基础设施市场份额，华为 31％、爱立信 27％、诺基亚 22％、中兴通讯 11％、三星 5％、其他 4％。全球移动通信系统协会（GSMA）的报告指出，2018 年 4G 成为亚洲最主要的移动技术（占总连接数的 52％），到 2025 年将增长到区域总连接数三分之二以上。[④]

4. 中美贸易摩擦等不确定因素深度影响 2019 年半导体市场发展

据世界半导体贸易统计组织（WSTS）2019 年 6 月 4 日发布的预测，2019 年的市场规模为 4120 亿美元，同比缩小 12％。在 2018 年秋季的上次预测中，曾认为市场将增长 2.6％。明显减速的是用于数据中心和智能手机存储介质等的半导体存储器。存储器占半导体市场整体的三成，2019 年的市场规模预计降至 1 095 亿美元，减少 30.6％。2019 年第一季度全球内存芯片价格或下跌 30％。IC Insights 在最近的报告书中预测，在世界半导体贸易统计机构（WSTS）分类的 33 个 IC（集成电路）产品群中，有 25 个产品 2019 年将出现负增长的趋势。其中，三星电子和 SK 海力士的主打产品 DRAM 和 NAND Flash 的销售将比 2018 年分别减少 38％和 32％，是全半导体行业负增长预测值（15％）的两倍以上。IC Insights 预计，DRAM 市场将会出现有史以来最大幅度的减少，DRAM、NAND Flash 以及 SRAM 将成为整个半导体市场销售最为低迷的三大产品。

（二）技术趋势

1. 尖端电子信息产品制造工艺保持稳中有进的技术突破

由于汽车电子、5G 技术、新能源汽车、轨道交通等产业飞速发展，对于半导体领域中的耐高温、高功率、高压、高频等方面技术要求不断上升，第三代半导体发展恰逢其时，碳化硅和氮化镓两类第三代半导体发展已较为成熟。自 2018 年，7 nm 芯片实现量产后不久，台积电已开始探索 5 nm 芯片的突破，追

---

① 参见 IHS Markit：2018 年全球 4G LTE 基础设施收入达 229 亿美元。

② 参见 2019 年三大运营商 5G 投资很谨慎：最多不超过 342 亿，见 http://dy.163.com/v2/article/detail/EASCDJ1N0511SFVH.html。

③ 参见 IHS Markit：2018 年全球 4G LTE 基础设施收入达 229 亿美元。

④ 参见 GSMA 报告：到 2025 年中国 28％移动连接通过 5G 网络运行。

求更低能耗、更加轻质、更高功效。在面板领域,2018年,京东方成功量产第六代柔性 AMOLED 显示屏,打破三星垄断,成为华为面板主要供应商之一。2019年,三星和 TCL 展出了各自利用 QLED[①] 技术,分辨率达到 8K 级别的电视机。在 5G 领域,2019年华为发布全球首款 5G 基站核心芯片——华为天罡,基站尺寸缩小超50%,重量减轻23%,功耗节省达21%,安装时间约为4小时,比安装 4G 减少近一半时间。截至2019年3月,已经发布或已有消息即将发布的 5G 基带芯片共有8款,高通发布三款,英特尔、华为、三星、紫光展锐和联发科各一款。

2. 与新兴领域技术融合发展成为电子信息制造业产能迈上新台阶的重要抓手

VR/AR 技术可以广泛应用于培训模拟、药物治疗和娱乐、教育等领域,据相关调研机构预测,2019年全球 AR/VR 支出规模有望达到168亿美元,2023年将达到1 600亿美元,AR/VR 支出规模在2019年到2023年5年复合年增长率将达78.3%;[②]2019年中国 AR/VR 支出规模为65.28亿美元,在2023年达到652.1亿美元,5年复合增长率将达到84.6%,高于全球市场78.3%的增长率。[③] 其中,VR 全球市场规模有望从2018年的10亿美元增至2025年的126亿美元,AR 市场规模将从2018年的110亿美元增长至2023年的600亿美元,VR 和 AR 都拥有广阔的市场前景。不仅可以继续推动 VR/AR 技术与手机的融合发展,如借助智能手机 APP(比如 Snapchat 和 Pokemon Go)使用 AR 技术,利用手机盒子增强手机播放 VR 能力;而且可以通过加强 VR/AR 设备的开发和推广,小米 VR 一体机、HTC FOCUS 以及爱奇艺的奇遇2等 VR 一体机正受到消费者的青睐。相较之下,目前,谷歌眼镜和微软 HoloLens 等 AR 头戴设备市场需求不足,销量不足"数十万"台。[④] 另外,以与人工智能(AI)技术融合为例,2018年,英伟达(Nvidia)、英特尔(Intel)、恩智浦(NXP)等芯片企业,在2015—2018年期间在研发 AI 和投资 AI 超过600亿美元,计划将 AI 芯片应用到图像处理、云计算、边缘计算、机器视觉等领域。

3. 软、硬结合程度不断加深,推动电子信息制造业服务化转型

在无人机市场中,2019年消费性无人机市场容量将达到51亿美元,约占全球无人机市场规模的四成,无人机市场的大约九成开支流向硬件(包括后续维修替换等部件),其余流向了软件(包括各种系统控制软件和行业专用软件),以此提升消费性无人机的可控性。在自动驾驶领域,出于用户对高安全、高精度的需要,开发者必须加强对自动控制技术、现代传感技术、人工智能技

---

① QLED 电视是 LED 电视(与 OLED 不同,不能自发光)的一种,使用量子点技术来提高关键图像的显示质量,能够提供更好的亮度和更广的色谱。
② 参见 IDC:预计2023年全球增强现实和虚拟现实支出将达到1 600亿美元。
③ 参见 IDC:预测2023年中国 AR/VR 市场支出规模达到652.1亿美元。
④ 参见 Strategy Analytics:增强现实(AR)兴起,但是专用的 AR 头戴设备仍是小众产品。

术以及信息与通信技术等软硬件技术的改进。在电子产品上,西雅图的 AI 初创企业 Xno 在 2019 年 2 月发布了一款完全依靠太阳能供电的 AI 相机样机(不需要电池或外部电源供电),配备了最新的对象识别算法技术。理论上,该相机可以在任何地方,无限期地向用户传输数据。国外已经可以凭借无线射频识别(RFID)技术,从微硅芯片发送数据并实现超快速传输,无须使用条形码技术所要求的瞄准线。

(三) 2018 中国电子信息制造业现状

1. 中国电子信息制造业稳中有进,规模持续扩大

根据工信部数据,2018 年电子制造业与软件业收入规模合计超过 16 万亿元,其中,电子制造业收入规模 10.6 万亿元,同比增长 9%。规模以上电子信息制造业增加值同比增长 13.1%,比全国工业平均水平高出 6.9 个百分点,分行业看,通信设备制造业增加值同比增长 13.8%,电子元件及电子专用材料制造业增加值同比增长 13.2%,电子器件制造业增加值同比增长 14.5%,计算机制造业增加值同比增长 9.5%;规模以上电子信息制造业利润总额 4 781 亿元,利润总额同比下降 3.1%,主营收入利润率为 4.51%。

2. 国际市场多元化发展取得明显成就,头部企业国际竞争力有所增强

2018 年,受错综复杂的国内外形势影响,我国规模以上电子信息制造业出口交货值同比增长 9.8%,增速较 2017 年下降 4.4 个百分点。[①] 值得注意的是,在推进"一带一路"发展过程中,我国通信系统、终端及太阳能光伏等电子信息产品既加强了沿线基础设施建设,又发掘了新的国际市场需求,同时涌现出一批具有国际竞争力的电子信息企业。在智能手机市场,2018 年全球实现手机出货量 14.05 亿台,三星和苹果继续占据出货量前二,分别为 2.92 亿台和 2.09 亿台,市场份额分别为 20.8% 和 14.9%,出货量第三到第五位企业分别为华为、小米和 OPPO 等三家中国企业,出货量分别为 2.06 亿台、1.23 亿台和 1.13 亿台,所占份额分别为 14.7%、8.7% 和 8.1%。在集成电路领域,中芯国际连续多年占据全球第五大芯片制造企业位置;在新型显示领域,京东方电视面板 2018 年出货量跃居全球第一;在通信设备领域,华为、中兴为全球前五的网络设备商;在彩电产品领域,海信、TCL、创维液晶电视出货量均位列全球前五。

3. 研发能力与国际一流水平差距缩小,研发投入与新兴领域结合程度加深

国内主流设芯片计水平达到 16/14 nm,海思麒麟 980 芯片设计能力导入

---

① 数据来源:工信部,见 http://www.miit.gov.cn/n1146312/n1146904/n1648373/c6635637/content.html。

7 nm。2018 年,长江存储公布 3D NAND 新架构 Xtacking,成为全球第五家、国内首家有能力生产 3D NAND 内存芯片的厂家。2018 年,景嘉微自主研发的图形处理芯片 JM7200 测试结果符合设计要求,国产 GPU 发展进程更进一步。2019 年,上海兆芯发布 KX - 6000 处理器,每核主频首次达到 3.0G 赫兹,跑分上可以与 Intel i5 抗衡。2018 年京东方掌握国内领先的第六代柔性 AMOLED 显示屏幕技术,打破三星行业垄断地位。全球十大超算制造商中,占据靠前名次的中国企业分别为联想、浪潮和中科曙光,华为位列第八。

电子信息行业整体技术水平不断提升的同时,行业与新兴领域的融合发展随之不断深入。华正在积极开发用于智能家居、物联网、人工智能和企业服务应用的新芯片平台;阿里自主研发的神经网络芯片 Ali - NPU 和记忆自研潜入式芯片 CPU IP Core—CK902 等两款芯片,有望在 2019 年问世。2019 年4 月,小米将旗下子公司松果电子团队进行重组,部分团队分拆组建新公司南京大鱼半导体,促进人工智能物联网(AIoT)战略加速落地。

4. 电子信息技术加快推动制造业高质量发展,支撑信息化建设迈向新台阶

随着电子信息基础设施不断完善,大数据、物联网、云平台等新一代信息技术发展应用得到强有力支撑。在制造业领域,装备数字化改造、核心业务系统上云、应用"双创平台"等模式正加快推广,我国重点行业典型企业上云比例在 2018 年超过 60%,制造业重点行业骨干企业"双创"平台普及率超过 75%。在构建智能经济体系上,大数据、人工智能、区块链等技术在公共安全、政府服务、智慧城市等领域应用不断深化,商品知识图谱、区块链追溯防伪等新解决方案和产品不断涌现。在促进消费升级方面,信息技术与个人穿戴、家居生活、交通出行等深度融合,形成了技术进步与需求提升相互促进的良好局面,进一步释放了信息消费的发展活力,2018 年我国信息消费规模约 5 万亿元,同比增长超过 11%。[①]

二、指数分析

(一) 上海电子信息产品制造行业发展现状

产业规模稳步增大、供给侧结构性改革持续深化。2018 年,上海电子信息制造业完成工业总产值 6 450 亿元,同比增长 1.9%,占全市工业总产值的 18.5%,占六个重点工业行业的 27%。新一代信息技术中电子信息制造业实现工业总产值 3 062 亿元,增长 5.5%,高出电子信息制造业 3.6 个百分点。华力、和辉光电、中芯国际等企业积极推动重大项目,推动上海电子信息制造业投资增幅明显,成为拉动工业投资的主要力量,集成电路产业占比进一步上

---

① 详见《中国互联网产业发展报告(2018)》。

升,上海电子信息产品制造行业供给侧结构性改革持续深化。2018 年上海集成电路实现销售收入 1 450.5 亿元,同比增长 22.9%,占全国的 1/5。

集成电路行业投资回暖,企业活跃度进一步提升。2017 年,上海集成电路累计投资额达到 337.94 亿美元,比 2016 年累计总额高出 75 亿美元,其中 2017 年净增投资额为 68.22 亿美元,比上年增加约 60 亿美元;累计总注册资金额为 194.84 亿美元,其中 2017 年净增注册资金额为 66.35 亿美元,比 2016 年净增注册资金额增加约 42 亿美元。2017 年,上海从事研究开发、IC 设计、制造生产、推广应用、配套服务和专业教育培训的企事业单位共 523 家,较上年增加 49 家。

行业研发创新能力增长势头向好,带动生产效率明显上升。上海市电子信息制造业企业研发投入逐年增加,2015 年、2016 年和 2017 年 R&D 内部支出分别为 87.91 亿、92.79 亿和 103.71 亿,占主营业务收入比重逐年上升,带动了行业创新能力的提升,多项技术在全国处于领先地位。在芯片领域,芯片制造 12 英寸 14 nm 工艺已实现量产,7 nm 工艺研发正在进行;实现第一片国产 6 英寸碳化硅(SiC)mosFET 晶圆;测试仪器研发实现突破。创新能力提升带动人工智能、移动互联网、云计算、物联网等的进步,生产效率也随之提升,2017 年上海市电子信息产品制造业平均用工人数进一步下降至 39.9 万人,降幅达到 12%;而生产效率(一单位成本所产生的利润)连续 3 年实现增长。

(二)指标体系构成

电子信息制造业国际竞争力指标体系根据波特产业竞争力理论进行简化和发展,从"行业增长驱动""产业国际表现""价值链提升"三个方面来诠释,形成反映国际竞争力的 3 个二级指标,运用定量数据形成 14 个三级指标。选择全国 31 个省级行政区作为测算对象。

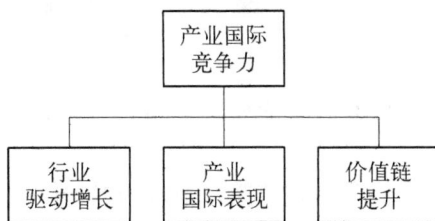

图 1　国际竞争力指标体系

如上图所示,行业驱动增长所衡量的是现阶段我国供给侧改革背景下发展电子信息制造业的能力,其中主要包括电子信息制造业的盈利能力、生产效率、产业集聚以及代表区域产业协同发展情况的区域产业集群水平占比 4 个指标。

产业国际表现则是代表着现阶段电子信息制造业的产品在国际市场上的

竞争力,其主要包括电子信息制造业产品的国际市场占有、显示性比较优势、显示性竞争优势和贸易特化系数的 4 个指标。

价值链提升则是代表着现阶段电子信息制造业对研发的投入和产出以及核心产品的生产能力,衡量着该产业沿着价值链提升其产业高度和发展的速度,其主要包括地区电子信息制造业的研发强度、新技术转化能力、高端人力资源结构[①]、核心产品出口竞争力、核心产品市场占有率和产业相对成熟度这几个方面的指标。

(三)上海电子信息产品制造行业国际竞争力评估结果

1. 国际竞争力综合指数

上海电子信息产品制造业国际竞争力变化表现出"稳有余而进不足"的特征。从上表来看,2015 年、2016 年、2017 年和 2018 年[②]上海电子信息产品制造业国际竞争力综合指数分别为 142、143、149 和 148。与上年相比,国际竞争力综合指数基本未变。从国际竞争力评价的二级指标来看,在产业国际表现和行业驱动增长方面确保了上海电子信息产品制造业国际竞争力的相对稳定,而在价值链提升方面优势因素出现了一定下滑。[③]

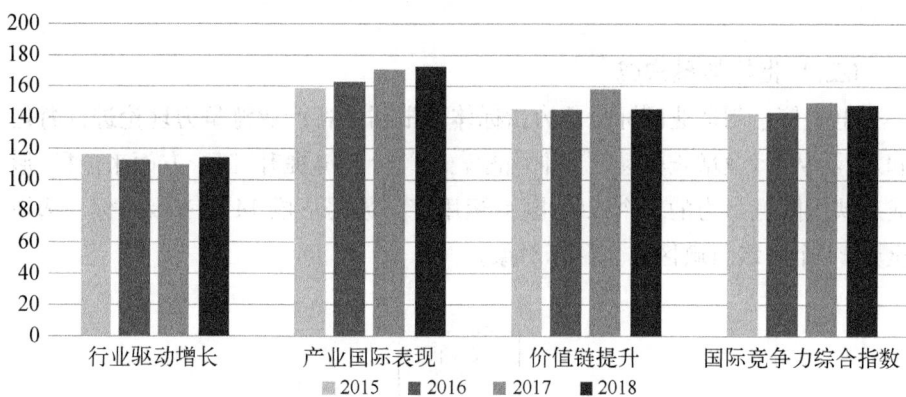

图2　上海电子信息产品制造行业国际竞争力综合指数

值得注意的是,国际竞争力往往暗含不进则退的风险,陕西、安徽、湖北和重庆等省级行政区信息产品制造业的国际竞争力展现出逐年增长的态势。特别是,中部省级行政区土地、工资等生产要素成本相对较低,该区域产业集聚度持续提升,未来上海该产业国际竞争力的发展将面临越来越激烈的外部竞

---

① 2017 年各省级行政区电子及通信设备制造业同口径的 R&D、新产品销售收入和研发人员数据无法获得,该三者数据沿用 2016 年数据测算。
② 评估使用数据为上年数据,广西、海南和新疆的部分数据缺失,未计入评估范围。
③ 上海价值链提升指数下滑与评估使用的 HS 数据口径调整有一定关联,前期使用的核心产品为 8 位代码 HS 数据,本次使用 6 位代码 HS 数据,导致上海价值链提升领域的评估值向下调整。

争环境。

2. 产业国际表现

上海电子信息产品制造业的进出口在上海贸易结构中占据重要地位,产业国际表现方面具有极强的比较优势。就产业国际表现而言,2015 年、2016 年、2017 年和 2018 年上海电子信息产品制造业竞争力分别为 159、163、171 和 173,上海电子信息产品制造业外向型发展模式依然十分清晰。2017 年产业国际表现方面上海信息产品制造业竞争力上升的主要因素是,显示性比较优势和显示性竞争优势出现趋势性上升。以 2015 年为基数,2016 年、2017 年和 2018 年上海电子信息产品制造业显示性比较优势指数(RCA)分别为 100.8、101.1 和 102.8 说明即便在全球需求趋势性下滑的情况下,上海电子信息产品制造业的出口仍具有一定的比较优势。一般而言,导致显示性比较优势指数(RCA)上升的主要原因在于出口产品的价格优势和品质优势,与其他省份相比出口增幅相对较快。同样,显示性竞争优势(CA)分别为 113.04、130.36 和 129.9,这也说明了上海该产业具有一定的国际贸易竞争力。导致该指数相对稳定的直接原因是,与其他省份相比上海电子信息产品进口额增幅相对较小。

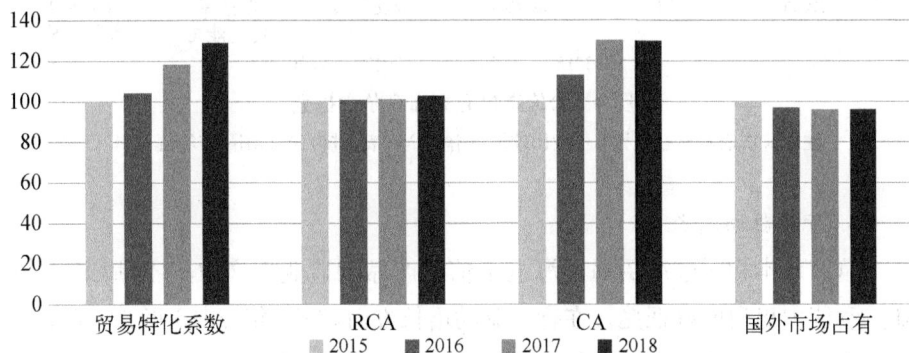

图 3 产业国际表现方面竞争力指数

注:RCA 表示显示性比较优势指数,CA 表示显示性竞争优势。

对外出口是带动上海电子信息产品制造业发展的重要引擎。从产业国际表现的具体指标来看,除国外市场占有之外,其他三个指标都表现出一定的上升趋势,贸易特化系数的上升十分显著,反映了对外出口是带动上海电子信息产品制造业发展的重要引擎,电子信息产品制造业出口对上海制造业出口的贡献度依然十分巨大,产业国际表现越发突出。不过,国外市场占有份额指标的下降也传递出上海部分电子信息产品的国际竞争力在逐渐下滑的现状,例如平板电脑、处理器及控制器等产品国际竞争力就值得今后持续关注。

3. 价值链提升

上海电子信息产品制造业核心产品出口额占全行业产品出口的比重越来

越高,与其他省份相比发展速度略缓。就价值链提升而言,2015年、2016年、2017年和2018年上海电子信息产品制造业竞争力分别为144、145、158和145,反映出上海电子信息产品制造业核心产品出口带动行业整体提升贸易竞争力的能力相对减弱。如图4所示,导致价值链提升方面竞争力微跌的主要因素是,核心产品的国际市场份额和显示性比较优势出现下滑。以2015年为基数,2016年、2017年和2018年上海电子信息产品制造业核心产品国际市场份额指数分别为100、114和98,2016年、2017年和2018年显示性比较优势指数分别为103、119和101。例如,处理器及控制器2017年出口同比下跌10.3%。同样,2017年的存储器和放大器出口同比分别下跌10%和19%。

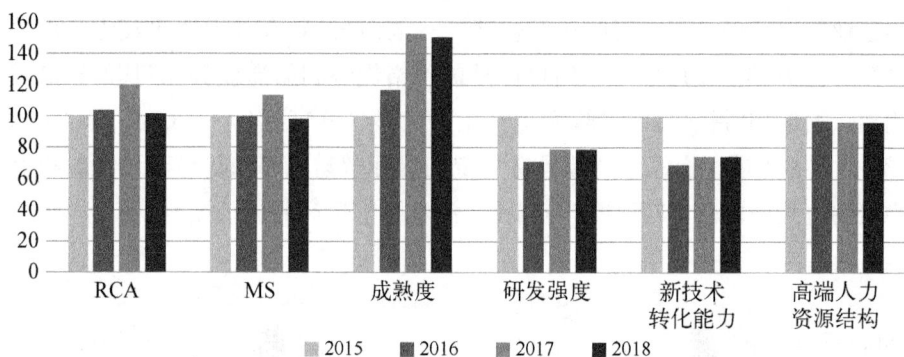

图4 价值链提升方面竞争力指数

注:RCA表示核心产品显示性比较优势指数,MS表示核心产品国际市场占有率。

4. 行业驱动增长

营商成本相对较高倒逼上海电子信息产品制造业生产效率不断提升,行业盈利能力出现向好征兆。在行业驱动增长方面,2015年、2016年、2017年和2018年上海电子信息产品制造业竞争力分别为116、113、110和114,在出现连续下降趋势后,2018年在行业驱动增长方面表现略有回升。如图5所示,带动上海电子信息产品制造业行业驱动增长方面竞争力回升的主要原因是,经过前3年生产效率不断改善的积累效应,上海电子信息产品制造业的资本收益率出现小幅回升的迹象。以2015年为基数,2016年、2017年和2018年上海信息产品制造业的资本收益率指数分别为78、75和106。值得主要的是,产业集中度依然呈现出连续下滑的趋势,这清楚地反映了上海电子信息产品制造业的生产效率虽然在不断改善,但是与其他省份相比,上海营商成本相对较高严重影响了上海电子信息产品制造业集聚能级,不利于未来竞争力的增长。

综上所述,上海电子信息产品制造业国际竞争力处在全国领先地位,在四个直辖市中电子信息产品制造业长期保持首位,其主要因素在于上海开放水平高,嵌入全球产业链的程度深,电子信息产品出口贸易额相对较大。但是,

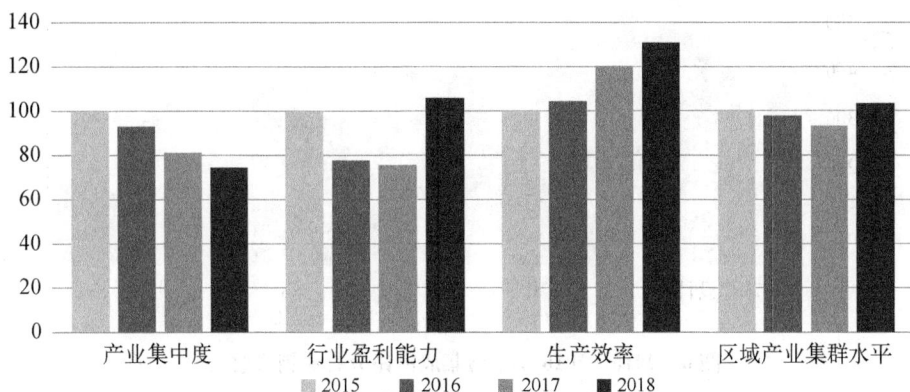

图 5 行业驱动增长方面竞争力指数

需要上海密切关注的是，中部省份的省会城市，不仅具备生产要素的比较优势，而且会借助未来大都市圈的建设热潮，进一步加大对电子信息产品制造业的资源投入，作为其战略性新兴产业发展的主要产能，从而强化产业集聚效应，提升生产效率，在国际竞争力上脱颖而出。

三、发展路径——以集成电路行业发展为核心

（一）产业发展基础

集成电路产业链完整、企业集聚度高、各类人才集中是上海战略性新兴产业发展的关键领域之一，是"上海制造"的重要代表。上海集成电路产业分领域看，2018 年芯片设计业销售规模 482 亿元，同比增长 10.2%；芯片制造业销售规模 398.4 亿元，同比增长 41.3%；封装测试业销售规模 368.9 亿元，同比增长 18.9%；设备材料业为 201.2 亿元，同比增长 33.3%。芯片设计业连续三年在集成电路产业链中占比最高，表明上海集成电路产业链科技含量稳步提高（图 6），部分企业研发能力已达 7 nm，紫光展锐手机基带芯片市场份额位居世界第三；在制造领域，中芯国际、华虹集团年销售额在国内位居前两位，28 nm 先进工艺已量产，14 nm 工艺研发基本完成；在装备材料领域，中微、上微处于国内领先水平。集成电路产业从业人员数超过 15 万人，其中管理人员占比 4.3%，专业技术人员占比 38.2%，生产和其他人员占比 57.5%。[①]

上海集成电路产业发展环境持续优化，领军企业生新产能逐步形成。在园区建设方面，2018 年 7 月，国家集成电路创新中心、国家智能传感器创新中心在沪揭牌成立，中心瞄准国际集成电路前沿器件技术和关键工艺技术，以及

---

① 参见陈爱琳：《2017 年上海集成电路产业发展状况》，载《集成电路应用》2018 年第 10 期。

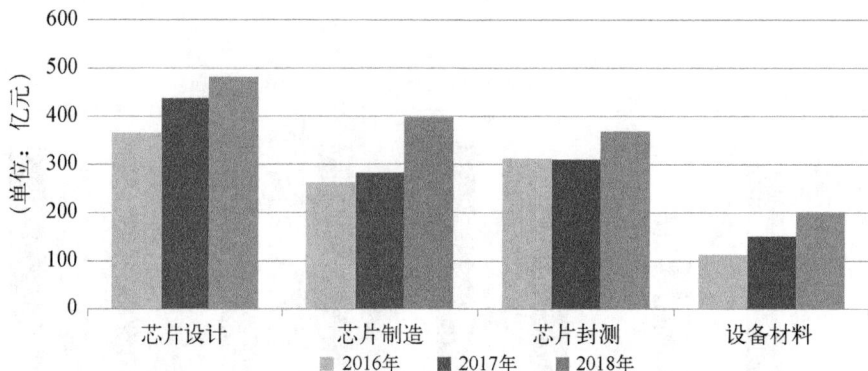

图6　2016—2018年上海集成电路分行业销售收入

数据来源：上海集成电路行业统计网（SICS）。

传感器的设计集成、先进制造和封测工艺。2018年11月，上海市集成电路设计产业园揭牌，旨在推动上海建设集成电路设计产业高地，紫光集团、兆易创新、韦尔半导体、阿里巴巴4家企业为首批入住园区企业。在企业发展方面，2018年10月18日，华力二期项目正式建成投片，标志着华虹集团制造规模进入全球前五，工艺技术进入全球第一梯队；中芯南方项目提前4个月完成全年投资任务，于2018年12月6日完成主厂房结构施工；积塔半导体临港特色工艺生产线于2018年底已完成桩基工程。

上海集成电路产业对外开放与国际合作水平进一步提升。2018年12月11日，首届全球IC企业家大会及第16届中国国际半导体博览会在上海举办，为全球集成电路高端企业精英和行业专家交流搭建了平台。2018年，精测电子全球研发中心和半导体检测设备制造基地正式落户青浦，安谋科技全球人工智能总部落户市西软件信息园。同年，上海集成电路研发中心有限公司与世界领先的芯片制造设备厂商阿斯麦（ASML）签署合作备忘录（MoU），上海集成电路研发中心提供设施与教室作为培训中心，ASML则提供配套的光刻及测量设备，并计划派出经验丰富的光刻工程师参与授课。

集成电路技术发展加快对标国际先进水平，国际市场显示度不断加大。2017年10月，加特兰微电子发布的77 GHz CMOS雷达芯片成为全亚太区第一颗适用于车载雷达的77 GHz收发芯片，也是全球首家采用CMOS工艺并实现量产的77 GHz雷达收发芯片。2018年，中芯国际完成了14 nm FinFET技术的研发，开始相关客户导入的工作，并成功开发出了国内第一套14 nm级光罩，具备了国内最先进的光罩生产能力，2019年，14 nm芯片有望实现生产，同年可为客户提供14 nm光罩制造服务。2019年，兆芯研发出X86处理器，采用迄今国内最先进16 nm制造工艺，真正实现SoC单芯片设计，完整集成CPU、GPU、芯片组。在芯片制造中，用于生产硅晶圆的高纯度硅，全球供应商不足100家，上海新昇半导体位居第10，为国内最高。上海微电子的后道光刻机在全球的市场份额超过了 30％,苹果手机中的 13 个芯片也由其光刻机封装。

(二) 产业发展环境

集成电路一直广泛应用于国民经济的各个领域中,是电子信息技术的基础,是信息社会经济发展的基石。如今,大数据、物联网、人工智能等新一代信息技术飞速发展推动社会智能化转型,集成电路的性能、功能也遇到了更大挑战。据 WTO 统计,集成电路已成为全球多个国家或地区的进出口最大宗商品,如中国内地、新加坡、中国香港等。2017 年全球成电路出口总额约 8 088 亿美元,约占全球货物贸易出口总额的 4％;进口总额约为 9 600 亿美元,约占全球货物贸易进口总额的 5.3％。

我国集成电路产业仍保持较快增长,国际贸易依存度相对较大。据中国半导体行业协会统计,2018 年,我国集成电路产业销售额为 6 531.4 亿元,同比增长 20.7％,比上年下降约 4 个百分点。其中,设计业销售额为 2 519.3 亿元,同比增长 21.5％;制造业销售额为 1 818.2 亿元,同比增长 25.6％;封测业销售额为 2 193.9 亿元,同比增长 16.1％。据中国海关统计,2018 年中国大陆集成电路进口总额达 3 120.6 亿美元,为全球最高,同比增长 19.8％,而出口金额为 846.46 亿美元,贸易逆差进一步扩大到 2 274 亿美元,同比增长 17.7％,其中处理器及控制器进口额为 1 274 亿美元,而处理器来源主要为美国(约占 82％),对外国依赖度高。

我国集成电路研发技术水平与国际一流水平差距较为明显,上海在部分领域紧追国际领先水平。按产业链看,截至 2017 年,IDM 企业均为外国企业(表 2)。芯片设计企业中,华为海思和紫光展锐逐渐在国际市场上崭露头角。晶圆制造企业中,在 2018 年上半年,超过 80％仍由台积电、格罗方德、联电、联华电子等 4 家代工企业供应,中芯国际位列第五,约占 5.9％,华虹宏力半导体进入前十,约占 1.5％。截至 2017 年,全球超过 90％的刻蚀机市场份额由科林研发、东京电子和应用材料三家公司占据。封装领域所用的后道光刻机,上海微电子技术较为成熟,在中国大陆市场份额已经超过 80％。从芯片类型看,计算机芯片上,上海兆芯 KX - 5000 已接近 i3 水平并已经实现量产,KX - 6000 可与 i5 抗衡并将于 2019 年下半年量产。存储芯片上,SK Hynix、美光、三星等有存储芯片业务的企业在 Gartner 评选的年度 Top10 中,均居高位(表 1),三星也因为存储芯片抢走了英特尔长期把持的第一的宝座,国内存储芯片领域代表为长江存储、合肥长鑫、福建晋华,其中长江存储规模最大。通信芯片领域内,高通、华为、三星、联发科、紫光展锐等企业都发布了自家的 5G 基带芯片,上海矽昌通信技术有限公司于 2019 年 2 月量产 SF16A18 路由器芯片,有望打破国外垄断的局面。

表 2　分类型全球主要半导体厂商

IDM	国家\地区	Fabless（设计）	国家\地区	Foundry（制造）	国家\地区	OSAT（封测）	国家\地区	设备	国家\地区
英特尔	美国	高通	美国	台积电	中国台湾	日月光	中国台湾	应用材料公司	美国
三星	韩国	博通	美国	格芯	美国	安靠	美国	ASML奥斯迈	荷兰
SK海力士	韩国	联发科	中国台湾	联电	中国台湾	长电科技	中国大陆	科林研发	美国
美光	美国	英伟达	美国	中芯国际	中国大陆	矽品	中国台湾	东京电子	日本
德州仪器	美国	AMD	美国	力晶	中国台湾	力成科技	中国台湾	科磊半导体	美国
恩智浦&飞思卡尔	欧洲	海思	中国大陆	Tower Jazz	以色列	华天科技	中国大陆	迪恩士	中国台湾
东芝	日本	苹果	美国	先进	中国台湾	通富微电	中国大陆	日立高新	日本
英飞凌	欧洲	迈威	美国	华虹	中国大陆	京元电子	中国台湾	尼康	日本
意法半导体	欧洲	赛灵思	美国	东部高科	韩国	南茂科技	中国台湾	日立	日本
索尼	日本	紫光展锐	中国大陆	SSMC	新加坡	联合科技	新加坡	太平洋技术	荷兰

资料来源：WSTS、SIA、ICinsight（光大证券研究所整理）。

全球半导体行业并购走出高峰期，中国企业成为并购市场主要参与者。ICInsights 数据显示，半导体市场在 2015—2016 年经历了并购重组高峰期，市场交易规模超过 1 000 亿美元，2018 年半导体行业并购规模下降至 232 亿美元，连续三年下降。美国博通收购软件公司 CA Technologies[①]，拓展业务范围，这是 2018 年最大的一笔交易。中国半导体协会评定的 2018 年半导体行业十大并购交易中，四件与中国企业相关，其中一件与上海有关，即上海闻泰科技收购荷兰芯片制造商安世半导体 75.86％ 的股份，有望成为国内首家 IDM 芯片厂商。其他三件为美国赛灵思收购北京人工智能芯片初创公司深鉴科技、北方华创微电子装备有限公司收购半导体设备生产商 Akrion Systems LLC、阿里巴巴全资收购中国大陆唯一的自主嵌入式 CPU IP Core 公司——中天微系统有限公司。

---

① CA Technologies 是专门开发基于云端的和传统的企业软件。

国家及地方政府高度重视集成电路产业发展,上海投入程度在国内处于领先水平。2014 年 6 月,国务院颁布了《国家集成电路产业发展推进纲要》,提出设立国家集成电路产业基金(简称"大基金"),将半导体产业新技术研发提升至国家战略高度。大基金一期规模为 1 387 亿元,撬动地方集成电路产业投资基金(包括筹建中)达 5 145 亿元,收获颇丰(详细见表 3)。大基金二期已于2018 年启动,募集金额规模有望超过 1 500 亿元,将提升对设计业的投资比例,并加强在智能汽车、智能电网、人工智能、物联网、5G 等领域的规划。上海在 2016 年成立集成电路产业基金,规模 500 亿元,投资力度领跑全国(表 4)。2017 年 7 月上海集成电路装备材料基金签约仪式在上海临港举行,标志该基金组建完成。该基金将投入到汽车芯片、智能移动芯片、物联网芯片、AI 储存器芯片、安全芯片以及智能储存器芯片等高端芯片的研发和生产中,截至 2018年 6 月,该基金已经完成签约金额超过 200 亿元的投资。① 国资委 2019 年 5月消息,该基金增资积塔半导体,助力其特色工艺生产线工程建设。

表 3　国家集成电路产业投资基金(一期)成果

领　　域	说　　明	投资占比(%)
设计领域	紫光展锐等展开 5G 通信核心芯片研发,现今设计水准达到 16/14 nm	20
制造领域	中芯国际 28 nm 多晶矽栅极技术产品良率达到 80%;长江存储 32 层 3D NAND 快闪记忆体晶片 2017 年底提供样品,开始研发 64 层技术	63
封测领域	支持长电科技、通富微电、华天科技等展开国际并购,获得国际先进封装技术和产能,长电科技成为全球第三大封测厂,中芯长电 14 纳米凸块封装已经量产	10
装备材料	装备材料业中刻蚀机、12 寸矽片等核心领域已经布局	7

资料来源:《人民邮电报》。

表 4　部分地区集成电路产业基金情况

	时间	规　模	投　　向
北京	2013.12	300 亿元	投资集成电路设计、制造、封装、测试、核心设备等关键环节
上海	2016.1	500 亿元	集成电路制造(300 亿元)、设计(100 亿元)、装备材料(100亿元)
南京	2018.7	200 亿美元	从本土化与专业化两个方向进行引导,更好运用资本力量,致力于建立产业发展资本支持机制,推动资本与产业深度融合发展,在多个细分领域实现领先

① 上海集成电路产业投资基金将着重投资六大方向,见 https://www.tmtpost.com/nictation/3303509.html。

续表

	时间	规 模	投 向
深圳	2015.10	200 亿元	促进深圳在存储器领域的进一步发展,鼓励企业持续技术创新
湖北	2015.8	300 亿元	投资集成电路制造业、兼顾设计、封装等上下游产业
安徽	2017.5	300 亿元	重点投资集成电路晶圆制造、设计、封测、装备材料等全产业领域

资料来源:光大证券研究所整理。

上海拥有国内一流集成电路产业园区。上海已经形成了张江高科技园区、漕河泾开发区、紫竹高新技术开发区等多个实力强大的集成电路产业园区。[①] 张江高科技园区是上海集成电路产业的代表,根据《2018 年上海集成电路产业白皮书》,2017 年张江集成电路企业数达到 197 家,从业人数超过 4.59 万人,汇聚了芯原微电子、紫光展锐、华大半导体、格科微电子等芯片设计企业,[②]中芯国际、上海华虹宏力半导体、上海华力微电子等国内先进芯片制造企业,以及中微半导体、上海微电子等国内领先集成电路装备制造企业。在漕河泾开发区内,已形成从集成电路设计、制造、封装测试到集成电路专用设备和配套生产材料的较为完整的产业链,培育了上海先进这家 CMOS 芯片代工厂,吸引了意法半导体、百利通等研发企业入驻。紫竹开发区则集聚了英特尔、晟碟半导体、爱信诺航芯电子科技有限公司等著名集成电路企业。

(三) 产业发展预期

轻量化、高效率、少耗能始终是集成电路技术发展的目标,技术进步离不开国际高端设备制造商的支撑。目前常用的晶圆工艺在 14 nm /10 nm 区间内,工艺的进一步提升,有利于功耗的下降和性能的提升。2018 年台积电和三星宣布量产 7 nm 工艺,以台积电 7 nm 工艺为例,该工艺较其 10 nm 工艺能提升 35% 的性能,降低 65% 的功耗。台积电和三星工艺研发的成功,离不开 ASML 光刻机的支持。2018 年下半年,ASML 出货最先进的浸润式光刻机 NXT:2000i,符合集成电路制造 5 nm 制程工艺需求,为台积电开发 5 nm 工艺做好了准备。2018 年,中芯国际向 ASML 公司定制了一台 7 nm 工艺的 EUV 光刻机,并于 2019 年初交付,用于 7 nm 工艺的开发。2018 年,浦东新区康桥工业园南区内,华力微电子将 ASML 提供的光刻机(NXT 1980Di)搬入厂房,用于建设和营运 12 英寸先进生产线建设项目,投入 10 nm(14—20 nm)晶圆的

[①] 本段依据《上海集成电路产业园区建设状况分析》整理。

[②] 张江 4 家集成电路企业获选十大中国 IC 设计公司,见 http://dy.163.com/v2/article/detail/EBMRCOL80530JPJ4.html。

出产。

自主研发投入规模将进一步加大,国内集成电路产业链科技含量有望加速提升。目前,集成电路相关技术的"卡脖子"问题已形成加快技术替代的倒逼机制。以通信芯片为例,2018 年 4 月,中兴受到美国封锁,第二季度经营绩效迅速下滑,当季营业收入为 119.1 亿元,不及 2017 年同期的一半。[①] 上海一直在推动集成电路完整产业链建设,除张江和漕河泾两大园区外,2018 年 8 月,临港地区已有 39 家集成电路产业及相关企业落地,涉及设计、制造、封装、测试、材料、装备等全产业链,初步形成了集成电路产业的集聚。在设计领域,格科微电子 CMOS 图像传感器芯片的出货量国内市场占有率排名第一,全球市场占有率排名第二,芯原微电子受到政府及市场认可并成功登陆科创板。在制造领域,2018 年末,中微半导体自主研制的 5 nm 等离子体刻蚀机经台积电验证,将用于全球首条 5 nm 工艺生产线;上海瞻芯电子科技有限公司于 2018 年制作出第一片国产 6 英寸碳化硅(SiC)mosFET 晶圆;2018 年末,中芯国际 12 nm 工艺取得突破,与其 14 nm 工艺,功耗减少 20%,性能提高 10%,面积减少 20%。

与新兴产业、重点产业融合发展将不断深化。在 5G 领域,紫光展锐成为全球第二家成功研发出 5G 芯片的厂商。在汽车电子领域,积塔半导体致力于将其生产线打造成国内领先的汽车电子生产线,并建立国内领先的模拟和功率器件工艺能力。在生物医药领域,上海拥有除北京以外的唯一一家国家级生物芯片工程研究中心,2019 年 2 月引进了 Simoa HD-1 Analyzer™ 数字式单分子免疫阵列分析仪,从此正式启动生物标志物研究并对外承接相关的检测分析服务。在 AI 芯片领域,2019 年,依图科技和 AI 芯片初创团队 Think Force 联合开发云端 AI 芯片 quest core,最高能够提供每秒 15 TOPS 的视觉推理性能,最大功耗仅 20 W,低于普通灯泡功耗;上海深兰科技在 2019 年国际计算机视觉与模式识别会议举办的 Cassava Disease Classification 挑战赛夺魁,该挑战赛有 88 个团队参与,共提交超过 1 300 份方案。

(四) 对策建议

以提升集成电路产业链中设计和制造环节的科创价值为引领,强化上海集成电路全产业链集聚的协同效应。第一,加大高附加值产品设计和制造业环节的投入,逐步打破集成电路设计、制造领域核心技术卡脖子的现状。第二,在提升集成电路设计能力方面,重视开发面向领域专用芯片的高度自动化 EDA 工具,提升对企业进行芯片设计的辅助能力。第三,在制造领域,加大对第三代半导体材料的研发,推动光刻机、刻蚀机等关键装备技术的突破,钻研

---

① 数据来源:CEIC。

FinFET、GAA、CMOS、高迁移率沟道、源漏应变工程等核心制造工艺。

加快电子信息云上转型,推动集成电路与新技术融合发展。云平台可以为企业设计人员提供共享平台,查看和利用云端设计资源和软件,实现企业内部合作共享,同时也打破了地域限制。因而,集成电路企业上云,有利于提高集成电路企业的研发效率。同时,集成电路是云平台建设的基础,集成电路企业上云将更加有利于发现云平台建设过程中的重点、难点,实现集成电路设计、制造与云平台建设的双向互动,对上海的集成电路制造业的价值链提升以及上海信息化水平提高,形成巨大推力。当下,由于存储、传感器等传统芯片领域几乎被国外垄断,进入难度极高,上海应该将注意力重点放在人工智能、区块链、边缘计算、物联网等新兴技术领域所需芯片的研发,提升这类芯片的运算能力和使用寿命,开发人工智能芯片提升安防、自动驾驶、金融等应用领域可靠性,抢占这一轮产业革命的高地。

扩展国际信息交流平台,培养起国际顶尖集成电路人才。上海应当积极跟踪参与国际集成电路相关领域标准修订,牵头国内标准制定,不断加强集成电路应用标准引领。积极举办或承办集成电路相关行业国际论坛,吸引国际顶尖集成电路企业到沪交流。鼓励上海集成电路企业走出去的同时加大对国外一流集成电路企业在沪建设研发中心的奖励,借助"一带一路"将上海品牌推向世界,同时加强与"一带一路"沿线企业组织的交流互助。组建专业技术团队,积极到西方先进公司学习,结合国内产业发展对内部结构加以改革创新,从而提高集成电路企业在市场发展中的竞争性。上海应当充分利用复旦大学、上海交通大学、华东理工大学等在微电子等集成电路相关专业上的优势,鼓励这些学校这些专业的学生从事集成电路相关专业工作,同时鼓励中芯国际、华虹集团等本土集成电路企业加强与高校的合作,为相关专业学生讲学和提供实习机会,增强理论与应用的结合程度。

优化集成电路发展环境,做优对集成电路产业的资金支持。继续加大"一网通办"的建设力度,提升集成电路企业办事效率。进一步开放举报监督平台,鼓励企业家、创新创业者参与,共同识别改进空间,提出优化方案,共商共建、共治共享。进一步强化市场竞争机制,鼓励集成电路企业建立起互助联盟,充分发挥集成电路产业协会的作用,维护好集成电路企业的合法权益。加强集成电路产业园区基础设施建设,吸引更多集成电路企业进入园区发展,扩大集聚效应。在资金支持方面,因为目前上海正处于追赶国际一流水平初期,而国外则处于防范并加快发展阶段,有必要延长上海集成电路产业基金的投资期。此外,政府要结合集成电路企业的发展状况,为其提供更多长期资金贷款机会,并通过税收政策的调整,帮助集成电路企业降低税款成本,通过建设风险投资管理中心,指导集成电路企业寻找更适合的发展融资途径。

附件

2018 国内集成电路领军企业①

排名	设 计 企 业	所 属 地 区
1	海思半导体	深圳
2	紫光展锐	北京
3	豪威科技	深圳
4	北京智芯微	北京
5	华大半导体	上海
6	中兴微电子	深圳
7	汇顶科技	深圳
8	士兰微电子	杭州
9	北京矽成	北京
10	格科微	上海

排名	制 造 企 业	所属国别/地区
1	三星（中国）	韩国
2	英特尔（大连）	美国
3	中芯国际	中国上海
4	SK 海力士（中国）	韩国
5	上海华虹	中国上海
6	华润微电子	中国江苏无锡
7	台积电（中国）	中国台湾
8	和舰新片	中国江苏苏州
9	西安微电子	中国西安
10	武汉新芯	中国武汉

排名	封 测 企 业	所属国别/地区
1	江苏新潮科技集团有限公司	中国江苏无锡
2	南通华达微电子集团有限公司	中国江苏南通
3	天水华天电子集团	中国甘肃天水
4	恩智浦半导体	荷兰

---

① 资料来源于中国半导体行业协会发布的"2018 年中国集成电路各产业环节的十大（强）公司榜单"。

续表

排名	封测企业	所属国别/地区
5	威讯联合半导体(北京)有限公司	中国北京
6	三星电子(苏州)半导体有限公司	韩国
7	全迅射频科技(无锡)有限公司	中国江苏无锡
8	安靠封装测试(上海)有限公司	中国上海
9	海太半导体(无锡)有限公司	中国江苏无锡
10	晟碟半导体(上海)有限公司	中国上海

执笔：

徐　赟　上海社会科学院应用经济研究所副研究员

俞　睿　上海社会科学院应用经济研究所硕士研究生

2018 年上海新能源汽车产业
国际竞争力报告

2018 年，全球汽车市场已经展现了增长停滞的新趋势，而中国市场这一趋势表现得更加明显。但与此同时，在新能源汽车领域，全球依然保持着高速增长，并且在汽车产业中的占比也在不断扩大。特别是在中国汽车产业中，新能源汽车已经成为汽车产业增长的新动力。中国政府对于新能源汽车的相关补助以及准入门槛也已经逐渐放开，新能源汽车市场已经走入了准市场化的竞争环境，中国以及全球的新能源汽车企业将在中国这个世界最大的汽车市场中进行竞争，这对中国本体新能源汽车企业来说是一个重大的机遇与挑战。如何把握好这一机遇是上海新能源汽车产业以及中国新能源汽车产业必须要思考的问题。

一、背景趋势

（一）全球新能源汽车发展概况

1. 全球汽车产业停滞不前

2018 年，全球逆全球化趋势越发严重，中美经贸关系越发紧张，这使得本来就困难的世界经济雪上加霜。受全球大环境的影响，2018 年全球汽车市场结束了连续七年的增长，全球汽车销量为 9 560 万，较上年同比下降 1.24%。与此同时，作为全球最大汽车产销国的中国更是下滑严重。与全球总体相比，巴西、印度、俄罗斯等新兴汽车市场表现良好，在全球汽车市场遇冷的情况下，均有 10% 以上的增长。

2. 跨国车企"弃车保帅"

在全球市场不振以及各国政府对环保要求越来越高的双重挤压下，各大车企纷纷开始了消减成本的尝试。2019 年 6 月，福特发布声明，截至 2020 年底，福特在欧洲的全资工厂以及合并、合资企业将有约 1.2 万个工作岗位受到影响,而这主要通过自愿离职计划实施,约占公司当地员工总数的 20%。具体来看,福特已停止在俄罗斯的三家工厂的生产,正在关闭法国和威尔士的工厂,并削减了西班牙巴伦西亚和德国萨尔路易斯的工厂班次。

此外,2018 年 11 月底,美国第一大汽车制造商通用汽车也发布公告要将通用北美业务裁员,被裁员人数高达 14 000 人,其中包括带薪工人和小时工。通过裁员和关闭工厂,通用希望能够保证公司的盈利能力,提升企业总体的运营效率,为未来可能出现的情况做好准备。

3. 产业增长新动力

与整个汽车产业的发展不同,全球新能源汽车依然保持着较高的增长速度。2018 年全球新能源乘用车销量突破 200 万辆,达到历史性的 2 018 247 辆,相比 2017 年增长 65%,新能源汽车渗透率达到 2.1%(新能源汽车销量占汽车总销量的比重)。

表 1　2018 年全球新能源乘用车销量 Top20 车企(单位:辆)

排名	车　企	销　量	排名	车　企	销　量
1	特斯拉	245 240	11	华泰	51 736
2	比亚迪	227 364	12	雪佛兰	50 682
3	北汽新能源	164 958	13	江淮	49 883
4	宝马	129 398	14	吉利	49 816
5	日产	96 949	15	江铃	49 312
6	上汽荣威	92 790	16	丰田	45 686
7	奇瑞	65 798	17	三菱	42 671
8	现代	53 114	18	东风	39 945
9	雷诺	53 091	19	起亚	37 746
10	大众	51 774	20	沃尔沃	35 994

自 2010 年以来,特斯拉常年成为全球新能源市场销量最高的企业。2018 年,特斯拉累计销量达 24.52 万辆,排在全球首位。而在全球市场上,受益于中国政府的大力推广以及中国汽车企业的大规模投入,中国新能源汽车产业快速发展。在 2018 年全球新能源乘用车前 20 名的排行榜上,中国有 9 家企业上榜,占据榜单将近一半的名额。

(二) 中国新能源汽车产业发展概况

1. 总体发展

在全球汽车产业不振的大背景下,中国汽车产业发展更加艰难。2018 年全年中国汽车产销分别完成 2 780.9 万辆和 2 808.1 万辆，虽然连续 10 年蝉联全球第一，但比 2017 年同期分别下降 4.2％和 2.8％，出现了 28 年以来的首次负增长。2019 年第一季度，中国汽车市场依然持续低迷，汽车零售总量比上一年下滑了 10.4％，批发销量也比 2017 年降低了 13.9％，高达两位数的降幅似乎预示着中国汽车市场逐渐走向存量博弈和逐渐饱和的阶段。

与整体汽车产业相比，新能源汽车产销依旧保持着高速增长，并且逐渐成为中国汽车市场中最重要的增长点。据中国汽车工业协会的数据，2018 年，国内新能源汽车产销量分别完成 127 万辆和 125.6 万辆，分别增长 59.9％和 61.7％，全国新能源汽车产销首次破百万辆，产销规模连续三年位居全球第一。其中新能源乘用车销售 105.3 万辆，同比增长 82％；新能源商用车销售 20.3 万辆，同比增长 2.6％。进一步来看，纯电动汽车销售 98.4 万辆，同比增长 50.8％，占整车销售比重为 78.3％；插电式混合动力汽车销售 27.1 万辆，同比增长 118％，占比 21.6％。

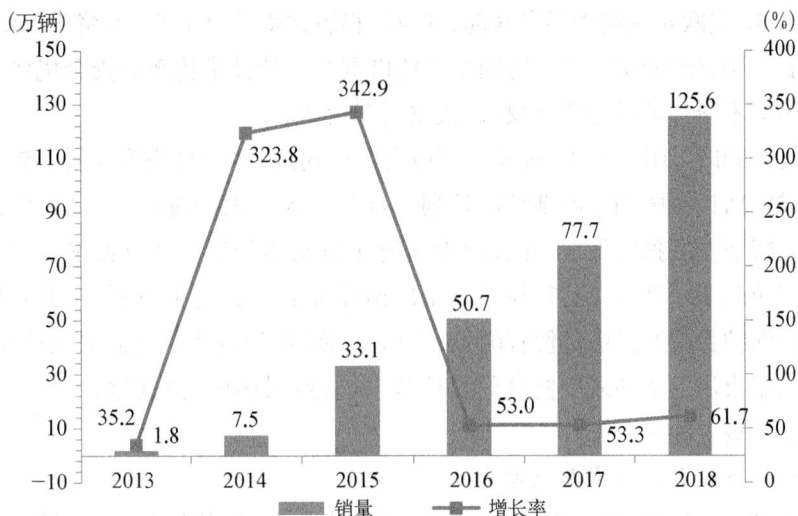

图 1　2013—2018 年新能源汽车销量及增长率

而除了量的提升之外，中国新能源汽车产品质的提升也非常卓越。在全球新能源汽车车型销量的排行榜上，中国汽车品牌车型占据了前 20 名中 11 名的份额。并且相比于前几年上榜的中国新能源汽车品牌的车型而言，当前榜单上的新能源汽车产品无论是从产品单价上，还是产品性能上都得到了长足的进步。原有的依靠政策补贴所推广的低价 A0 级新能源车辆逐渐消失在榜单上，而取而代之的是续航更长、动力更充沛、单价更高的产品。这也与中国消费者对于新能源汽车态度的转变有关。通过几年的推广，新能源汽车技术也逐步走向成熟，使得大众消费者对这一新生事物的接受程度也不断提高，更加乐意去尝试购买以及使用。

2. 市场放开,竞争加剧

改革开放以来,我国的汽车市场一直是处于半开放的状态。外资汽车企业想要进入中国市场、设立生产基地必须与中国国内企业进行合资才能实现,并且中外合资股比大基本都为 50∶50 的比例,结合本地优势,中方在企业中掌握了较大的话语权。

2018 年,工信部和国家发改委分别出台了《道路机动车辆生产企业及产品准入管理办法》和《汽车产业投资管理规定》,这两份文件全面涵盖了中国当前对于汽车产业投资建设发展的具体规则。其中规定中明确中国汽车行业将分类型实行过渡期开放,2018 年取消专用车、新能源汽车外资股比限制;2020 年取消商用车外资股比限制;2022 年取消乘用车外资股比限制,同时取消了合资企业不超过两家的限制。通过 5 年过渡期,中国的汽车行业将全部取消限制,进入充分竞争的时代。

就在这些政策落地之后,跨国车企反应非常迅速。2018 年 10 月 11 日,华晨宝马成了汽车行业股比放开的首位尝试者。华晨与宝马双方宣布,宝马汽车将以 36 亿欧元收购华晨宝马部分股权,将股比提升至 75%,并将于 2022 年完成股权调整的变更工作。跨国车企凭借着自身的技术优势和资金优势在中国市场上不断寻求提升话语权,以获取更多的利润。

与此同时,2018 年,特斯拉(上海)有限公司成立,并且明确规划了将上海打造成特斯拉在中国生产基地的计划。该公司为美国特斯拉 100%控股的子公司。特斯拉的独资设立,并且取得新能源电动车的生产资质也预示着中国汽车产业的不断开放。特斯拉中国工厂预计将于 2019 年年底投产,并且投产的是特斯拉目前产品中最便宜的 Model 3 车型,在经过产业链的本土整合后,中国汽车市场上将迎来更便宜的特斯拉产品,这对国内的新能源汽车企业而言产生了极大的压力。

3. 造车新势力正式登上舞台

在过去几年间,大量的资本涌入新能源汽车领域,他们或自建工厂,或寻找传统车企代工,都在努力尽快推出自身的产品,但在 2018 年之前,中国新能源汽车市场上的产品主要是传统汽车企业所生产的产品,这一情况在 2018 年发生了改变。2018 年,蔚来、云度、威马电咖、新特、哪吒、小鹏等造车新势力纷纷实现了产品的批量交付。特别是蔚来汽车,2018 年全年交付车辆过万辆,成为造车新势力中的销量冠军,并且成功登陆美国资本市场。

然而在 2019 年,蔚来汽车几乎是以"每月一烧"的新闻登上头条,这使得众多消费者对造车新势力的产品都抱有了疑虑。但是,毫无疑问的是,随着众多造车新势力企业产能的不断爬坡,2019 年的交付量将会不断提升。传统车企也势必受到一定程度的市场份额侵蚀。2019 年的新能源汽车市场注定是百花齐放的市场。

4. 中国企业的高端突围

自 2013 年中国政府正式开始对新能源汽车产业进行大规模扶持开始,国内新能源汽车产业的发展逐渐从混乱无序走向标准化体系下的规范发展。虽然中国在 2015 年开始就成了全球最大的新能源汽车产销国之一。但是在全球新能源汽车销量排行榜上,中国自主品牌一直是以 A0 级的小车作为主力出现,而反观国际汽车企业产业则多为高价格产品。在发展上,自主品牌新能源汽车一直被锁定在低端产品的范畴里,在中高端市场少有建树。

而这一情况在中国新能源汽车产业不断发展壮大的情况下有了转变。

表 2   2018 年全球新能源乘用车销量 Top20 车型(单位:辆)

排名	车　型	销　量	排名	车　型	销　量
1	特斯拉 Model 3	145 846	11	雷诺 Zoe	40 313
2	北汽新能源 EC 系列	90 637	12	宝马 530e	40 260
3	日产聆风	87 149	13	奇瑞 eQ EV	39 734
4	特斯拉 Model 5	50 045	14	比亚迪 宋 PHEV	39 318
5	特斯拉 Model X	49 349	15	北汽新能源 EU 系列	37 343
6	比亚迪秦 PHEV	47 452	16	比亚迪 唐 PHEV	37 148
7	江淮 iEV E/S	46 586	17	比亚迪 元 EV	35 699
8	比亚迪 e5	46 251	18	宝马 i3	34 829
9	丰田普锐斯 PHEV	45 686	19	荣威 Ei6 PHEV	33 347
10	三菱欧蓝德 PHEV	41 888	20	北汽新能源 EX 系列	32 810

中国新能源汽车企业已经开始了向中高端产品突围尝试,并且已经取得了显著的成果。在 2018 年全球新能源汽车销量前 20 的排行榜上,中国自主品牌车型有 11 款车型上榜,超过榜单的一半。其中比亚迪秦 PHEV、比亚迪 e5、比亚迪宋 PHEV、比亚迪唐 PHEV、荣威 Ei6 PHEV 车型终端售价都是 15 万元以上,其中比亚迪唐 PHEV 的起售价格更是高达 25 万元。此类中高端车型销量的上升和市场份额的扩大代表着市场对中国新能源汽车产品的逐渐认同,更是代表着自主品牌新能源汽车产品质量的不断提升,市场评价的提高,促进了中国新能源汽车产业国际竞争力的提高。

5. 补贴消减,全产业链接受考验

自中国政府开始下决心发展新能源汽车产业以来,相关的扶持政策中影响最大的莫过于对新能源汽车产业的补贴政策。强大的补贴政策加速着中国新能源汽车产业的发展,使中国几年之间成为全球第一的新能源汽车生产大国。在 2015 年 4 月,在先前一轮新能源补贴政策结束之际,四部委(财政部、科技部、工信部、发改委)公布了全新的 2016—2020 年补贴政策。政策规定了在 2020 年底之后将全面取消新能源汽车的补贴,让市场的归市场管理。

2019 年是补贴结束前的倒数第二年。2019 年 3 月 26 日晚间,四部委联合发布了《关于进一步完善新能源汽车推广应用财政补贴政策的通知》,公布了 2019 年实施的新能源汽车补贴的具体办法。与 2018 年的补贴办法相比,获取补贴的标准更高,补贴额度更低,并且取消地方补贴,平均补贴额度下滑 50% 以上,表现了政府对于让新能源汽车产业发展回归市场的决心。

表3　中国新能源汽车补贴额度(单位:万元)

续航里程 年份	100≤R <150	150≤R <200	200≤R <250	250≤R <300	300≤R <400	R≥400
2019	0	0	0	1.8	1.8	2.5
2018	0	1.5	2.4	3.4	4.5	5
降幅	—	100%	100%	47%	60%	50%

具体来看,对于纯电动车型,政策取消了续航里程在 250 千米以下的产品补助,续航里程在 250—400 千米之间的车型的补贴 1.8 万元,大于 400 千米的补贴 2.5 万元。而插电式混动车型中,纯电续航里程低于 50 千米的不再享受国家补贴,纯电续航里程大于或等于 50 千米的补贴 1 万元。

补贴的下降不仅仅是影响着消费者和新能源汽车生产企业,更加是将成本压力沿着产业链传导到了零部件企业。在资本市场上的相关零部件企业中大洋电机、双林股份、江特电机、信质电机、英威腾、正海磁材、方正电机、云意电气、蓝海华腾 9 家新能源汽车电机电控领域主流企业 2018 年业绩预冷。唯一实现利润增长的信质电机 2018 年全年业绩增长仅 1.7%,而剩余八家企业净利润都出现大幅度下滑,其中江特电机更是以下滑 680.76% 成为行业中的降幅之最。

在新能源汽车火爆的几年中,受益于产业需求的增长,新能源汽车零部件企业的业绩也增长迅速。与此同时,零部件企业的需求增长带动了上游原材料价格的增长。在新能源汽车补贴不断下降的当下,整车企业降低成本的要求传递到了零部件企业,而零部件企业所面临的正是产品降价和原材料上升的双重压力。

在 2019 年补贴进一步大幅减少的情况下,大多数厂家开始实行保价保量的方案来促进新能源汽车的销量,而这一补贴的减少由厂家承担的结果就是厂家在自身承担一部分成本的情况下继续向供应商压价。

就上海新能源汽车的重点生产企业上汽集团来看,上汽集团 2018 年在新能源汽车的总收入中,补贴收入达到 432 227 万元,占到总收入的 18.8% 以上。

具体来看纯电动乘用车和燃料电池商用车收到的补贴力度最大,补贴金额占总收入的 30% 以上,插电式混合动力乘用车则补贴最少。由于上汽集团的销量中,插电式混合动力乘用车的销量和收入占据了一半以上,所以总体补贴占比相对较低。而国内许多以纯电动汽车作为主要产品的企业其补贴占总收入的比重则会高得多,这也导致了补贴政策的退坡对其业绩的影响更为显著。

表 4　上汽集团 2018 年度新能源汽车收入及补贴

车 型 类 别	收入(万元)	新能源汽车补贴金额(万元)	补贴占比(%)
纯电动乘用车	822 763	254 098	31
插电式混合动力乘用车	1 339 374	142 950	11
纯电动商用车	133 176	34 379	26
燃料电池商用车	2 082	800	38
总 计	2 297 395	432 227	18.8

6. 保护政策退坡,电池白名单被废止

除了在整车上的资质放开之外,在新能源汽车的关键零部件上,我国政府也在不断地放开准入。2019 年 6 月 24 日,工业和信息化部发布文件,为深化"放管服"改革的精神,工信部决定自 2019 年 6 月 21 日起废止《汽车动力蓄电池行业规范条件》,在业内存在近 4 年的新能源汽车动力电池"白名单"正式取消。

动力电池白名单是为了保障本土电池企业发展的保护性政策,在售的新能源汽车只有搭载了符合条件、进入"白名单"目录的动力电池,才能享受新能源汽车补贴,搭载目录之外的动力电池则无法获得补贴。工信部先后发布了四批符合《规范条件》的企业名单,共 57 家电池企业入围,包括宁德时代、沃特玛、天津力神、国轩高科等都是中国本土企业,但三星、LG、松下等日韩电池巨头始终未进入目录。

"白名单"制度本意上是在国内电池企业和国际电池企业技术上有一定差距的情况下,给予国内电池企业一定的保护和发展的时间。时至今日,政策补贴已经所剩不多,并且中国电池企业在过去几年的快速发展中,技术上已经逐渐追上了国际电池巨头,在产量上更是成为全球最大的动力电池生产消费国。

但是,白名单的废止也必将意味着动力电池市场上将会出现一波新的竞争浪潮。LG、松下等全球动力电池巨头必然不会放过中国这一全球最大的市场。适当的竞争最终会倒逼国内企业加大研发,提升产品品质,这也是后"白名单"时代政府所希望看到的。

(三) 行业发展趋势

1. 燃料电池逐步成为重点发展方向

在 2019 年年初的全国"两会"上,氢能源产业发展首次被写入了《政府工作报告》,而在这之前,国家已经出台过的《国家创新驱动发展战略纲要》《中国制造2025》《汽车产业中长期发展规划》等重要战略纲要中,也将氢燃料汽车作为重点的发展方向之一。

在过去的两年中,我国氢燃料电池汽车实现了从无到有的突破。但氢燃料电池的车型仅限于客车和专用车,目前国内还没有氢燃料电池乘用车的车型生产。具体来看,2018 年国内产出的氢燃料电池车辆中,客车 710 辆,专用车 909 辆,两类车型产量数据占比约为 1∶1.28。

在电池技术与充电技术迟迟未有革命性突破的当下,传统车企也纷纷押注燃料电池技术,主要有丰田、本田和通用。丰田掌握了大量氢动力汽车专利技术,而本田和通用两家公司在 2002 年至 2015 年间共获得超过 2 220 项燃料电池技术专利。这其中丰田的 Mirai 更是打进了美国市场,成为氢动力汽车的批量生产的代表产品。

与此同时,在补贴不断下降的当下,政府对于燃料电池汽车的补贴并没有大幅下滑,依然保持了较高的补贴力度。锂电池车型补贴的稳定退坡与燃料电池汽车补贴政策的微调形成显著对比,这将促使部分仍想深挖新能源市场的企业包括锂电企业,把更多目光转向对应的氢能和燃料电池领域,这对需要市场关注的氢能和燃料电池产业来说意义重大。

2. 回收利用成为发展方向

随着我国新能源汽车产销的连年上升,新能源汽车的存量也在不断地扩大。与此同时,距离最早开始大规模推广的一批新能源汽车的使用年限也逐渐临近。与传统汽车相比,新能源汽车中涉及更多的电子元器件和大量的电池部件,没有现成的回收方案。特别是动力蓄电池退役后,如处置不当,随意丢弃,一方面会给社会带来环境影响和安全隐患,另一方面也会造成资源的浪费。所以,对新能源汽车的回收再利用成为当前产业发展中所要面对的问题。2018 年到 2020 年,全国累计报废的动力电池体量将达到 12 万到 20 万吨。

为此,2018 年 7 月 3 日,工业和信息化部正式发布《新能源汽车动力蓄电池回收利用溯源管理暂行规定》,要求建立"新能源汽车国家监测与动力蓄电池回收利用溯源综合管理平台",对动力蓄电池生产、销售、使用、报废、回收、利用等全过程进行信息采集,对各环节主体履行回收利用责任情况实施监测。自 8 月 1 日起,对新获得《道路机动车辆生产企业及产品公告》的新能源汽车产品和新取得强制性产品认证的进口新能源汽车实施溯源管理,对梯次利用电池产品实施溯源管理。

在国家层面上,对新能源汽车关键零部件的回收利用一方面保证了报废电池的安全无害化处理,另一方面动力电池的梯次利用更是能够使得原本不适于新能源汽车使用的电池继续发挥作用,在一定程度上降低了电池的使用成本。

3. 无人驾驶市场扩容

近年来,国外以谷歌、苹果为首的互联网企业,国内则是以百度、阿里巴巴、腾讯等为首的互联网企业纷纷跨界进入汽车智能网联相关领域的研发。传统汽车厂家也不甘落后,以奔驰、宝马、福特、沃尔沃等为代表的整车企业在早已产业化的辅助驾驶系统上不断推陈出新,智能升级,从原有的基础上向智能互联汽车发展。另外,非传统汽车企业,如特斯拉已经完成了初步的无人驾驶系统,并安装在了自身旗下的特斯拉 Model S 车型上,可以说特斯拉已经在这方面走在了世界的前列。

从国家层面来看,欧、美、日等发达国家已经基本完成了 V2X 通信和控制的大规模道路测试评价,并从国家法国方面提出了 ADAS 系统的强制装配时间表,即将进入产业化和市场化的部署阶段,智能网联化在电动汽车领域的全面推广已然指日可待。汽车智能化技术的研究与应用可以显著提高车辆控制水平与安全水平,极大地保障车辆行驶安全,提高道路的通行效率。

2018 年 1 月谷歌母公司旗下的无人驾驶公司 Waymo 在亚利桑那州交通部门获得了许可,将在该州提供交通网络服务。在国内,北京和上海也已经开辟了无人驾驶测试许可申请和具体要求,这对未来上海新能源汽车产业发展有着极大的助力。

可以说,无人驾驶技术已经成为汽车产业未来明确的发展方向。

4. 后补贴时代,行业迎来洗牌期

经过多年的行业补贴推广之后,中国新能源汽车市场年产销也已经突破了百万辆的大关。预计在未来几年,中国新能源汽车产业还将延续较为高速的增长速度。而各地政府多年的扶持和市场不断的扩容吸引着全社会资本的关注,除了传统汽车企业扩大对新能源汽车产业的投入之外,其他领域的投资也纷纷涌入。各大企业都纷纷公布自己的生产规划,根据各企业的当前公开数据统计,计算上现有产能、在建产能和规划产能,到 2020 年底,全国将拥有超过 2 000 万辆的新能源汽车产能,而按照当前新能源汽车市场的增长速度来看,2020 年中国新能源汽车市场的总消费量大约在 200 万辆左右,其产能将会是销量的十倍。所以说,这必将出现全行业的产能过剩,届时又将出现更加激烈的行业竞争情况。为了维持新能源汽车销量,各家厂家必定在产品价格上进行竞争。

二、指数测算与分析

(一) 总体情况

2018 年全年,上海全市规模以上工业总产值 34 841.84 亿元,比上年增长 1.4%。在全国汽车产业负增长的背景下,上海汽车制造业取得了 0.8% 的微增长,在上海六大重点行业中增长垫底。与传统汽车产业相比,上海新能源汽车产业增长率略强,全年产值增长达到 5.4%。

除了产量上的增长之外,上海新能源汽车市场推广再创新高。据上海市新能源汽车公共数据采集与监测研究中心数据,截至 2018 年年底,上海市共有 237 253 辆获得补贴的新能源汽车。其中,乘用车共 217 971 辆,占比 92%。仅在 2018 年,上海市新注册的电动汽车数量就达到了 73 185 辆,较上年同比增长 19%。

上海的新能源汽车产业在过去几年中成长迅速,一方面,不断有相关企业入驻上海,特别是 2018 年特斯拉选址上海临港作为其首个海外生产基地,预计于 2019 年年底实现特斯拉上海工厂开始生产。另一方面,上海本土的企业也发展迅速,产品不断丰富。从上海新能源汽车企业中的上汽集团来看,2018 年上汽集团整车销售 705.2 万辆,同比增长 1.8%,国内市场占有率达到 24.1%。而在新能源汽车的销量上,2018 年全年销售新能源汽车 14.2 万辆,同比增长 120%,连续第五年实现"翻番式"增长。在新能源汽车的销量中,有 9.7 万辆为自主品牌荣威和名爵的新能源汽车。此外,上汽大通品牌燃料电池轻客产品在上海等国内 3 座城市率先实现商业化批量运营,全年实现燃料电池商用车突破 300 辆,达到 310 辆,增长达 264.71%。

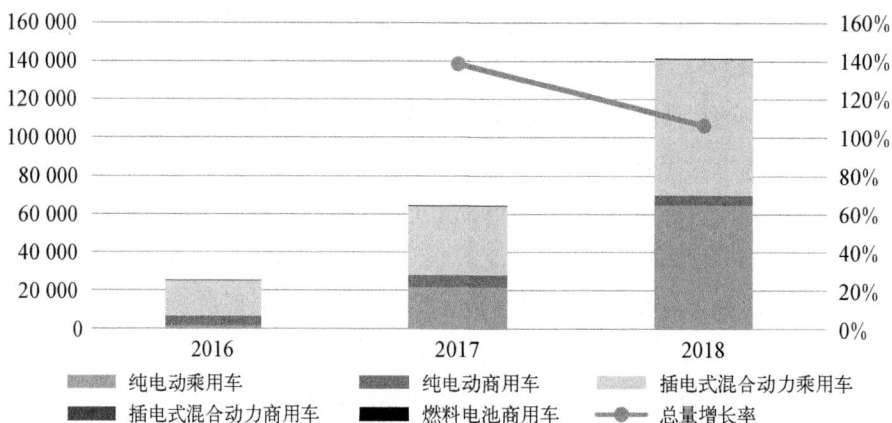

图 2　上汽集团新能源汽车销量(单位: 辆)

在产品上,上汽大众、上汽通用、上汽荣威、上汽名爵等上汽集团旗下的合资品牌和自主品牌都在不断推出新能源汽车产品。其中全球首款量产电动智能网联汽车荣威 Marvel X 上市销售，AR 增强现实智能导航、智能辅助驾驶等"黑科技"得以在量产车上实现。

在上汽集团新能源汽车的销量中，乘用车是主要部分，而其中纯电动乘用车的占比也在不断提升，这一方面反映了消费者对纯电动汽车的接受程度不断提升，另一方面也代表着上海新能源汽车产业中纯电动车辆技术的不断成熟。

但是与上汽集团传统燃油车业务相比，14.2 万辆的汽车销量仅占 2018 年全年新能源汽车销量的 11.3%，与传统燃油车 24.1% 的市场占比相比还存在着较大的差距，相对落后的情况依然存在。

对样本地区新能源汽车产业按照构建的指数体系进行数据收集和计算后得到 2016—2018 年的指数，其结果如下图所示：

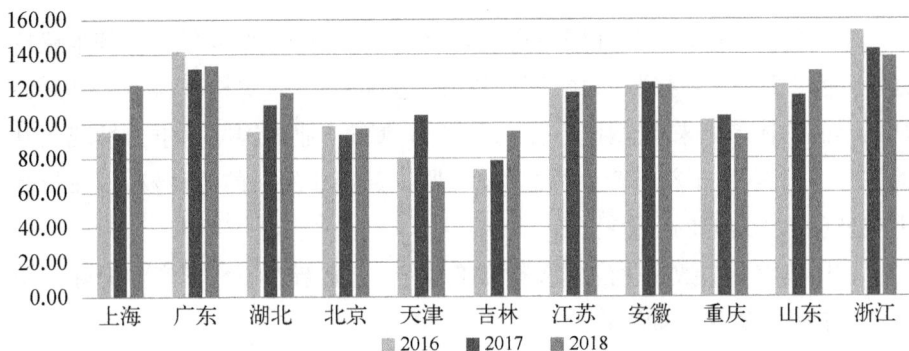

图 3 全国重点省级行政区新能源汽车产业国际竞争力指数

受中美贸易摩擦影响，全国重点省级行政区新能源汽车产业国际竞争力指数在过去三年间波动较大，特别是上海、天津、吉林等汽车产业作为重点产业的地区影响显著。综合来看，长三角地区和珠三角地区作为我国新能源汽车产业发展两大增长极，引领着中国新能源汽车产业的发展。

2018 年上海新能源汽车产业国际竞争力指数为 122.15，排名全国第 4，排在浙江、广东和山东之后。浙江和广东分别是长三角和珠三角产业发展中的领头羊。从全国的指数情况来看，新能源汽车产业的发展主要还是依靠大型企业为核心，一大群配套企业作为协同的发展模式。在传统汽车产业转型而来的新能源汽车产业的发展上，原有较为良好产业基础的吉林和江苏等地并没有发挥出原有的产业优势，在新能源汽车的发展上处于国内倒数的位置。

（二）综合指数

经过测算，上海 2016 年至 2018 年新能源汽车产业国际竞争力指数及其变化如下图所示：

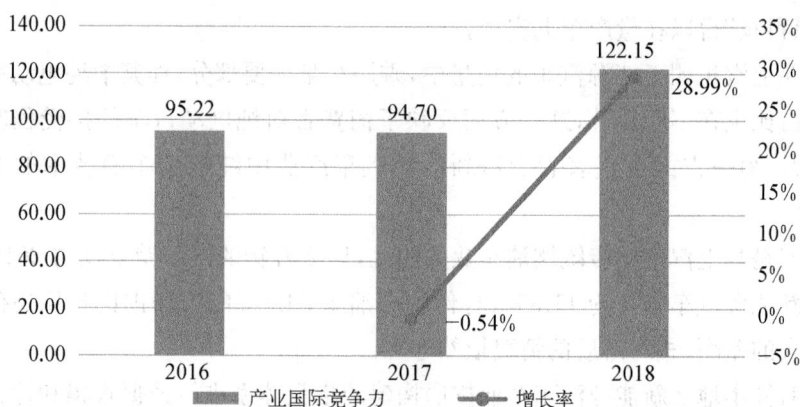

图 4   上海新能源汽车产业国际竞争力综合指数

上海的新能源汽车产业国际竞争力指数 2017 年与 2016 年相比基本保持稳定,而在 2018 年得到了大幅度的提升,达到 122.15,增长率高达 28.99%。从三年的总体趋势来看总体上,上海新能源汽车产业的国际竞争力呈现上升的态势。但是,由于新兴产业的总量小,所以其产业发展的波动较大,在指数上也呈现出了这样的一个特征。

在影响综合指数变化的二级指数变化上,上海新能源汽车产业国际竞争力二级指数计算结果如下:

表 5   上海新能源汽车产业国际竞争力指数表

年　　份	2016	2017	2018
产业国际竞争力	95.22	94.70	122.15
行业驱动增长	90.12	92.49	123.07
产业国际表现	104.30	92.58	118.52
价值链提升	87.13	99.39	126.30

从二级指数的变化来看,行业驱动增长指数和价值链提升指数在三年间一直保持上升态势,而产业国际表现指数在 2017 年出现了下滑,但是在 2018 年反弹回升。值得注意的是,2018 年,三大二级指标都有大幅度的提升,最低增速都在 27% 以上,这一方面的确反映了上海新能源汽车产业快速发展的态势。但在另一方面,由于在指数测算上有相对比较的概念,也反映出了其他地区产业发展放缓的情况。再结合中国重点省级行政区新能源汽车国际竞争力指数的分布来看,中国新能源汽车产业的发展逐渐走向集聚的方向,并且出现了强者恒强、弱者恒弱的马太效应现象。

（三）产业国际表现

产业国际表现主要反映产业的出口能力,用行业 RCA、TC 等指数进行加权衡量,是产业在国际上竞争力上最直接的表现。

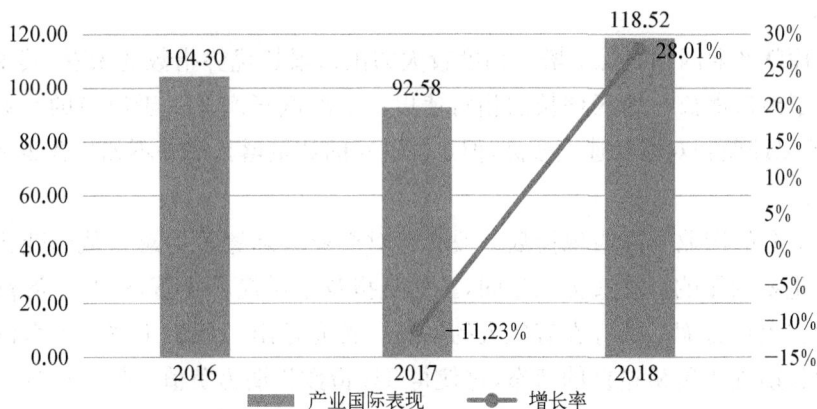

图 5　上海新能源汽车产业国际表现

上海新能源汽车产业国际表现指数由 2016 年的 104.3 上升至 2018 年的 118.52,上升趋势显著,整体增幅为 13.6％,其中在 2017 年指数经历了较大的下滑,而 2018 年的大幅增长使得指数重回升势。上海新能源汽车产业国际表现指数的这一波动性主要是由于近年来中美贸易摩擦不断加剧,市场充满了不确定性导致。此外,全球汽车产业放缓更是加重了上海产业发展的压力。

表 6　上海市新能源汽车产业国际表现指数三级指标

产业国际表现指标	国外市场占有	RCA 指数	TC 指数	出口增长优势指数
2016	0.30％	0.33	−0.59	15％
2017	0.29％	0.30	−0.63	−1％
2018	0.36％	0.38	−0.52	23％

从产业国际表现的具体指标来看,四个指标都取得了一定的增长。产业的国外市场占有不断上升、RCA 指数和 TC 指数也在不断优化,出口增长优势更是在 2017 年出现低谷之后迎来了大幅反弹,表明汽车产业在上海出口的带动作用下提升显著。

但是,当前上海汽车产业对外贸易上依然存在着“量”和“质”两方面的问题。一方面上海汽车产业的主要市场是国内市场,虽然在全国来看,汽车产业的出口量仅次于浙江、山东和江苏,但是和上海庞大的产业基数相比,出口仅占了非常小的一部分。此外,由于出口额较小,更导致了上海汽车产业在上海总出口中占比较小。在 2013 年至 2018 年的五年间,上海汽车产业整车及零部件总出口额仅占上海总出口额的 2.46%,远低于浙江、山东、吉林等汽车大省。这也是 RCA 指数长期处于较低水平的原因。

而就产业国际表现中增长幅度较大的出口增长优势指数的来看,其主要衡量了出口增长与地区增长的相对速度。上海汽车产业由于出口的基数较小,所以即便相对增长速度较高,但是其绝对的数量增长却并不如指数表现的显著。

上海的产业国际表现指数的波动性对产业国际竞争力总指数的变化起到了重要的影响。在过去三年间,虽然从指数上看提升显著,但是上海汽车产业在出口方面依然存在着较大的困难。首先是出口的量不够。上海汽车产业长期处于贸易逆差的状态,这使得 TC 指数长期为负值。但上海汽车产业的贸易逆差并不全是产业的因素,更多地是上海作为贸易中心的地位,其他地区的产业进口从上海流入的原因;其次,在进出口的结构上,上海出口产品中低附加值产品占比较高,进口产品中则高附加值产品较高。在上海汽车产业总的出口额中,机械类零部件占了绝大部分,整车出口占比非常小,并且大多是都是小排量的经济型轿车。在进口上则是以附加值较高的电子零部件为主,这种结构上的差异严重拖累了上海汽车产业的国际竞争力的提升;最后是汽车产业出口模式的转变,汽车产业的出口早已从单纯的货物出口逐渐演变为"投资+货物"出口的模式,即通过在出口地设立加工工厂,从国内出口关键部分加上出口地采购部分零部件进行加工、生产、销售的模式。在中国企业走出去的过程中,外国政府更加愿意接受能给当地带来就业和税收的贸易模式。如上汽通用五菱建立的印尼工厂、名爵的印度工厂都是以这种模式走向世界。

(四) 行业增长驱动

行业驱动增长指数主要基于地区现有产业基础,对新能源汽车产业发展的产业基础进行评价,主要衡量了上海传统汽车产业的发展状态以及当前新能源汽车产业中表现出的产业水平。由于新能源汽车产业是传统汽车产业的转型升级,优质的传统汽车产业基础可以给新能源汽车产业的发展提供良好的配套环境,所以,行业驱动增长指数就是以此为出发点构建的指数。

上海在过去三年间,其行业驱动增长指数从 90.12 上升至 123.07,在指数上大幅上升,而 2018 年的增长是指数增长的主要来源。行业驱动增长指数的上升体现出了上海新能源汽车产业的产业发展基础有所增强。

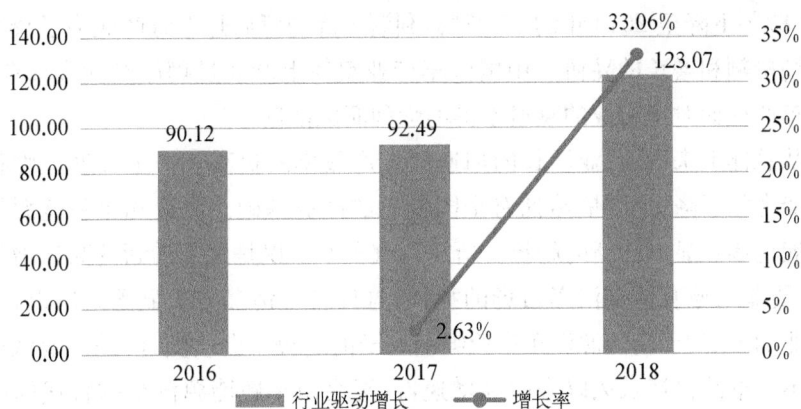

图 6　上海市新能源汽车行业驱动增长指数

但是,同样由于在指标的计算和指数的计算上引入了相对比较的概念,所以在 2018 年上海行业驱动增长指数大幅的增长中,除了如生产效率的绝对指标的增长外,还有产业集中度、新能源汽车占比等相对指标的增长,这代表了上海新能源汽车产业发展相与国内其他地区相比发展的基础正在优化,产业基础优势逐渐突出。

表 7　上海市新能源汽车行业增长驱动指数三级指标

行业增长驱动指标	产业集中度	行业成长速度	行业盈利能力	生产效率	新能源汽车占比	产品多样化
2016	7.41%	38.16%	17.87%	227.82	4.20%	0.00%
2017	7.24%	81.61%	16.23%	259.41	1.20%	2.62%
2018	8.00%	424.56%	14.27%	269.57	2.55%	5.61%

从上海行业增长驱动指数三级指标来看,除行业盈利能力指标和新能源汽车占比指标有所下降之外,上海的产业集中度、行业成长速度、生产效率和产品多样多指标都稳步上升。特别是行业增长速度指标,它衡量了上海行业增长相对于全国平均增长速度的指标。2017 年上海相对于全国的增长速度大幅提高,使得 2018 年行业成长速度指标达到了惊人的424.56%,领先全国。这代表着在全国行业增长放缓的情况下,上海依然保持了相对高增速,上海的产业竞争力由此表现。相对增速提高的背后是产业集中度的提高,相对于 2017 年,2018 年的产业集中度指标提升了0.75%。除了行业成长速度大幅提升外,产品多样化指数也提升显著,这背后所代表的是上海新能源汽车产品类型的不断推出,市场的接受程度不断提升的情况。

但是,在上海行业盈利能力指标上,上海表现出了显著的下降,从2016年的17.87%下降至2018年的14.27%,利润下降的背后是上海产业为了继续保持市场份额和增长的妥协。中国汽车产业整体上产能过剩已经摆在面前,上海汽车产业面对全行业的衰退不得不舍利润保销量。

从总体上来看,行业增长的加速和生产效率的提高在一定程度上弥补了盈利能力的下降,上海依然拥有全国领先的产业基础。而近几年新能源的产业发展也逐步显示出新的趋势。新能源汽车不仅仅是独立的新的高速增长的市场,更是对原有传统汽车市场的替代,这种替代情况愈发显著。所以,在未来产业的发展上,新能源汽车产业继续增长的趋势不会改变,但是传统汽车产业并不会继续保持长久以来的高增速,甚至会由于新能源汽车的替代而出现下滑的现象。

并且,上海产业发展的优势并不在生产上,而是在全产业链的整合上。上海的资源约束注定了本土产业发展在量上全球竞争,但是在产品的质上却可以通过对产业链的整合进行提升。此外,在许多国际企业中,本土的产业只占其一部分。更为庞大的产业发展则是全球化布局,贴近于市场。上海新能源汽车汽车的发展也应走类似的道路,在产业链中掌握话语权,引导产业链服务于上海产业的全球布局。

(五)价值链提升

在价值链提升的主要评价了地区的在价值链上提升的程度,主要用科研投入的能力和核心产品出货量和性能指标进行评价。在核心产品的选择上,电机电控是新能源汽车的关键,新能源汽车作为传统燃油汽车的替代品,其主要电气系统即为在传统汽车"三小电"(空调、转向、制动)基础上延伸产生的电动动力总成系统"三大电"(电池、电机、电控)。其中,电机、电控系统作为传统发动机(变速箱)功能的替代,其性能直接决定了电动汽车的爬坡、加速、最高速度等主要性能指标。

此外,电机的能耗直接决定了固定电池容量情况下的续航里程。因此,电动汽车驱动系统在负载要求、技术性能和工作环境上有特殊要求:其一,驱动电机要有更高的能量密度,实现轻量化、低成本,适应有限的车内空间,同时要具有能量回馈能力,降低整车能耗;第二,驱动电机同时具备高速宽调速和低速大扭矩,以提供高启动速度、爬坡性能和高速加速性能;第三,电控系统要有高控制精度、高动态响应速率,并同时提供高安全性和可靠性。而电池的储能则决定了电动汽车巡航的极限,所以在核心产品的选取上分别选取了电机、电控和电池的相关技术指标与国际一流的产品作对比,体现了国际差距。

上海新能源汽车产业价值链提升指数如图7所示:

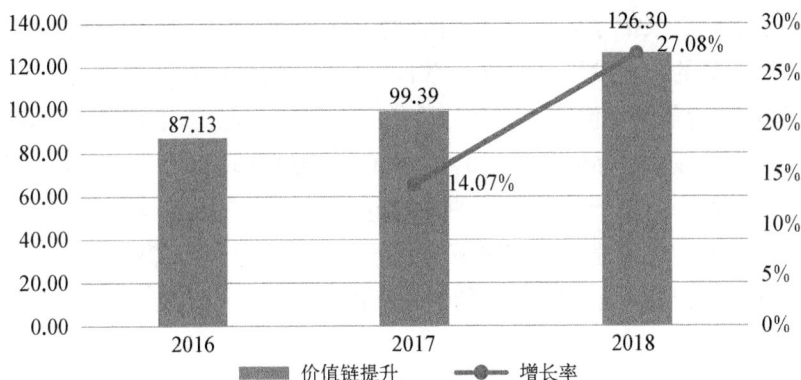

图 7　上海新能源汽车产业价值链提升指数

上海新能源汽车价值链提升指数是二级指数中最为稳定增长的一个指数，并且已经进入了加速增长的轨道。并且，价值链提升指数由于是直接衡量上海核心产品数量和质量的指数，所以它最能直接反映上海新能源汽车产业的国际竞争力。在 2016 年至 2018 年年间，上海新能源汽车产业价值链提升指数由 87.13 上升至 126.3，上升幅度达到 44.67％，反映了上海在新能源汽车关键零部件领域的大踏步前进。

上海新能源汽车产业价值链提升指数三级指标如下：

表 8　上海市新能源汽车产业价值链提升指数三级指标

价值链提升指标	核心产品市场占有（电机）	核心产品市场占有（电池）	核心产品市场占有（混合动力发动机）	核心产品市场占有（充电设施）	核心产品竞争力（电机）	核心产品竞争力（电池）	核心产品竞争力（电控）	产业发展相对成熟度
2016	12.19％	1.77％	8.57％	0.32％	0.23	0.59	0.54	113.43％
2017	11.54％	2.14％	9.97％	6.43％	0.62	0.56	1.28	93.69％
2018	11.79％	2.95％	31.88％	8.50％	0.60	1.33	1.68	203.30％

有价值链提升的具体指标中可以看出，上海新能源汽车产业价值链的提升主要有两个方面的原因，一方面是上海新能源汽车产业核心产品即电机、电池、混合动力发电机以及充电设施市场份额的不断提升，特别是混合发动机的出货量占到了全国近三分之一的份额。这与产业链的本地化有关。在上海的新能源汽车产品中，混合动力汽车一直占据了一半以上的产品份额。这也与地方政府的产业政策有关，上海地区对于混合动力汽车认定为新能源汽车，同样发放新能源汽车专用牌照，而北京则并不将其认作新能源汽车。所以，上海在混合动力发动机上的产业优势显著。而在电机和电池以及充电设施方面，

上海的核心产品也是出于输出状态。从 2018 年的价值链提升三级指标以及行业驱动增长三级指标来看,2017 年上海共生产了 2.55% 的新能源汽车产品,但是核心产品的出货量均高于这一数值,其中电机和充电设施更是大量供应其他区域,从价值链上渗透进其他地区的产业发展。但是,上海在动力电池产业的发展上是核心产品中最落后的,这也跟上海地方政府的产业布局有关,对这种电池企业并不是十分友好。外来的电池企业落户上海困难重重,如上汽与全球最大的动力电池供应商宁德时代的合资公司上汽宁德,其选址于江苏溧阳而并没有选址上海就是很好的例子。而上海本土也没有发展出有影响力的电池企业。

另一方面,在核心产品质量的提升上,上海的数据则没有那么显著。当前新能源汽车产业的技术处于渐进式发展的道路上,每年在核心产品性能上都有进步,但都不会特别显著。从电机和电控的指标发展就可以看出这一趋势。在电池上的性能提升则是由于前几年前的落后,2018 年的指数大幅上升是对这一弱项的补齐。这也比较符合产业发展的规律。只有将产业体量做大后,企业才有资金进行研发升级,提升产品质量,产业再扩大的良性循环。显然电机、混合动力发动机以及充电设施正在展现这一规律,而动力电池的发展则欠缺较大。

虽然在产业规模上以及产品性能上实现了稳步的提升,但是在某些领域,特别是电子电控领域中上海还是受制于一些跨国巨头的钳制,这些领域往往不是汽车产业本身的问题,而是中国电子信息产业薄弱所导致的。但是往往这些领域附加价值高、专利保护完善、企业突破困难。特别是当前新能源汽车正在不断走向电子化、电动化的发展趋势,汽车上的电子零部件将会进一步的增加。所以,汽车电子产业的突破是上海新能源汽车产业突围的重点,也是上海新能源汽车国际竞争力提升的短板。

三、上海新能源产业所面临的挑战

(一) 国补减半,地补取消,新能源汽车推广承压

根据上海市的大数据平台中心的数据,2018 年上海共推广 7.3 万台新能源汽车,自 2013 年开始上海已经累计推广新能源汽车 23.9 万辆,成为中国新能源汽车第一大推广和保有的城市。2018 年,上海地区汽车上牌量为 50.32 万辆。新能源汽车占上海汽车总销量的 14.5% 以上,成为上海汽车消费增长的主要来源。

补贴和专用牌照是上海新能源市场增长的两大推动力量,而随着政府补贴的不断降低,各大汽车厂商虽竭力控制产品售价,但在一定程度上新能源汽车产品价格还是会有一定程度的上升。但在新能源汽车专用牌照

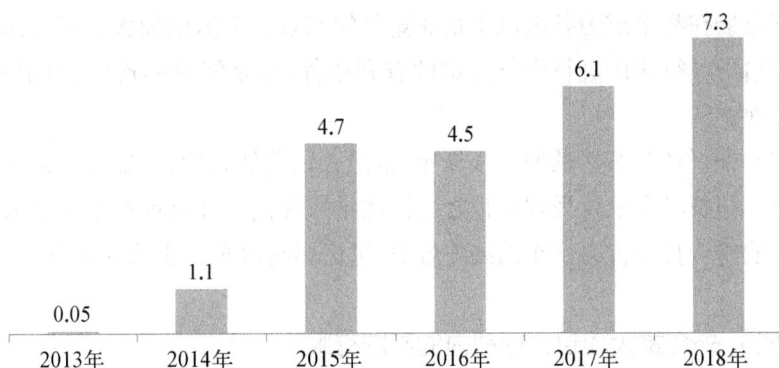

图 8　上海新能源汽车推广量（万辆）

的政策依旧保留的情况下，上海新能源汽车市场的增长依旧还有动力可以挖掘。

（二）关键技术领域突破的政策保障不到位

在当前上海所出台的所有政策中，重点集中在于保障针对性技术的投入和对未来技术方向的把握。通过科技项目、产业补贴等形式进行实际的资金投入，确保了研发在未来汽车产业的关键领域中，如无人驾驶技术、氢燃料电池技术等在物质层面的保障。

但是在人才层面上，政策的保障却非常弱。新能源汽车关键技术领域突破不仅需要原有的上海本土人才的投入，更加需要从全国乃至全球吸引人才。在吸引人才的政策上，落户又是政策的核心。但上海当前的落户政策除了对于应届毕业生较为容易之外，对于一些从业多年，在行业内有着资深技术背景的人才都是非常困难的。2018 年上海发布的《关于服务具有全球影响力的科技创新中心建设实施更加开放的国内人才引进政策的实施办法》中，对于落户的五类人才的要求，关键技术领域团队中的人员往往达不到。而无法落户的背后意味着在教育、医疗、社保等一系列方面得不到保障，更不可能使得人才在上海安家。这造成了产业发展、前端技术研究等的不可持续，应引起重视。

所以，上海想要在高端技术领域取得前沿地位，必须要在吸引人才之后还能留得住人才，给予人才一个稳定的发展环境，使得全国以及全球的青年才俊想要来、留得住。

（三）后新能源汽车市场将成为竞争焦点

截至 2018 年底，全球新能源汽车存量超过 400 万辆，而中国新能源汽车存量占全球的一半以上。而上海则成为全国乃至全球新能源汽车保有量最大的城市之一。存量的增大也在不断拓展着后新能源汽车市场，除了传统的保养、美容等服务之外，充电、充氢、电池再回收等新能源汽车产业特有的后新能源汽车市场在将来成为各大汽车企业竞争的焦点。上海的较大的新能源汽车保有量给予了行业内进行先行先试的有利条件,也是能够体现"上海服务"的重要方面。

在此外,传统4S店的服务领域中,依然存在着消费欺诈、虚假承诺等不诚信现象。消费者在权益受到损害之后往往维权无门。而这种汽车流通渠道的不良影响将会直接侵害汽车的品牌效益,进而影响汽车产业的竞争力。

(四)外资重大项目在短期内的影响有限

上海特斯拉项目在短期内对上海新能源汽车产业国际竞争力的提升极为有限,能否以主机厂为契机,实现特斯拉产业链在上海以及周边本土的布局才是提升产业竞争力的根本。按照当前的进度来看,特斯拉上海工厂将于2019年年底投产,虽然在最终产品上,特斯拉的投产会成为上海新能源汽车产业中的亮点。但是,在特斯拉公布的方案中,特斯拉在上海工厂一期将会以CKD(Complete Knocked Down)的模式进行生产,也就是说由特斯拉总厂提供所有零部件,而在上海仅进行组装工作,在特斯拉中国工厂的生产中,只用到了组装的人工成本和厂房资源。这种生产模式对上海乃至中国本土的新能源汽车产业并不存在带动作用,所以,在初期,特斯拉中国工厂对上海新能源汽车产业的影响有限,仅仅在中国国内产业中起到了一条"鲶鱼"的作用。

但就长期来看,特斯拉为了降低成本势必在中国本土寻找供应商,或者要求其供应商落户中国,在这一情况下才有可能对上海以及中国的新能源汽车产业的国际竞争力有提升作用。

(五)产业竞争力的提升不仅仅能够产品出口、推动经济增长,更能够提升产业安全

近年来,全球逆全球化浪潮涌动,特别是最近两年间,中美之间发生了较大的贸易摩擦,且有愈演愈烈的趋势。在美国挥舞起贸易保护主义的武器之后,美国在部分关键领域如芯片中实行对中国企业的封锁,中国企业也为此付出了惨重的代价。然而相对于美国而言,我国面对这种情况却没有有力的反制措施,这暴露了我国在部分产业上缺乏关键技术把控的短板。这些短板正是产业国际竞争力中最核心的组成部分。

所以说,提升产业国际竞争力的核心之一就是要掌握产业链中不可替代的核心技术。在当前全球化分工的生产模式下,任何一个国家都不可能掌握如集成电路、汽车等长产业链产业中的所有技术,而是根据自身的原有禀赋进行优势领域的技术开发。通常而言,越是前沿而不可替代的技术,在价值链中的地位也越高,其带来的附加价值也越高,并且能够在全球分工中占据主导地位。产业国际竞争力的提升就是提升技术,推动产业向价值链两端移动的过

程。只有自身产业技术在国际上拥有竞争力的时候，整个产业才会有竞争力，整个产业的抗外部风险能力也就越强，产业安全才能够得到保障。

四、政策建议

（一）在政策布局上，要围绕未来关键技术和产品进行政策配套，抢占发展先机

提升上海新能源汽车产业国际竞争力的关键在于对新能源汽车产业关键零部件产品的质量和产量的提升，并且不仅要把握当下，更要提早布局未来。

2019 年的《政府工作报告》中提出了"推进充电、加氢等设施建设"，这是氢能首次被写入《政府工作报告》。

氢能已经被公认为是下一代的主要能源，燃料电池拥有能量转化效率高、噪声低、无污染、发电性能优秀等一系列优点。氢燃料电池被认为是未来新能源汽车里理想的动力来源。但是我国的氢燃料电池产业发展缓慢，技术落后，与国际领先企业的差距非常大，这是当前我国新能源汽车产业中的最大薄弱项。

事实上，氢燃料电池技术并不是近几年才出现的技术。1939 年，时年 28 岁的英国物理学家威廉·葛洛夫在科学杂志上发表了一篇论文，证明了氢氧反应发电原理，并在 1942 年发表氢氧发电装置草图，因此 1939 年被视为燃料电池诞生年。在燃料电池诞生之后，各国都进行了研究和应用，燃料电池在航空航天领域有着较为悠久的应用历史。但是，燃料电池推广的最大的困难在于技术难度高，生产成本高。

氢燃料电池车的优势毋庸置疑，劣势也是显而易见。随着科技的进步，曾经困扰氢燃料电池发展的诸如安全性、氢燃料的贮存技术等问题已经被逐步攻克并不断完善，然而成本问题依然是阻碍氢燃料电池车发展的最大瓶颈。氢燃料电池的成本是普通汽油机的 100 倍，这个价格是市场难以承受的。

在技术上，当前燃料电池的关键部件中，双极板、气体扩散层、催化剂质子交换膜基本上被国外公司所垄断，并且设置专利壁垒和技术壁垒，中国企业仅在电池堆的组装和储氢罐上占有一定的份额。可以说，在燃料电池的产业链上，中国基本处于全面落后的状态。即便是从国际上看，燃料电池的关键技术也掌握在美、日、韩、德等仅有的几个国家的企业中。中国作为一个产业大国，下一代汽车能源技术的发展决定着中国未来新能源汽车产业的核心竞争力，并且这对于提升产业安全也有着极为重要的意义，在贸易摩擦的情况下，中国要能拥有反制措施。所以要对未来的前沿技术进行明确的扶持和补贴，此外在上海重点发展领域中，如上海科创板、临港新片区的发展中将关键发展领域纳入优先考虑和发展领域。

（二）上海新能源汽车产业国际竞争力的提升需要基础产业的支撑，化工、电子等产业需要有针对性的政策配套

经过近十年的发展，中国以及上海的新能源汽车产业已经形成有规模的电机、电池、电控以及新能源汽车整车产业，并且掌握了相关的生产制造技术。但是从产业链上来看，关键零部件的产业链的前端依然处于落后状态。特别是在汽车电子领域中，当前使用的各类汽车电器控制器，中国企业以及中外合资企业仅仅进行终端产品的生产，在设计、前端基础芯片等原料上都得依靠外资企业元器件的进口，这也意味着产业链中的关键环节依然长时间被外资企业所把控，不仅掣肘了上海新能源汽车产业国际竞争力的提升，也对新能源汽车的产业安全造成了严重的隐患。

而从中国新能源汽车的产业链中来看，这些基础领域是差距最大，也是最不引起重视的领域。这一部分的科研投入和收益在短期也并不会显著，所以更加需要以政府为主导的项目的投入，结合国有企业、大学、科研院所进行科研攻关。此外，还必须改变当前围绕着新能源汽车主机厂的产品指标的产业政策，将前端的技术开发和基础学科的研究纳入到整体的产业发展政策的制定中，从源头上给产业发展和产业国际竞争力注入动力。

（三）产业竞争的背后是服务的竞争，要建立企业服务信息公示系统，畅通市场信息，提升上海服务品质

相对于快消品，汽车作为耐用品存在着使用周期长，更换次数少等特点。产品的生产和销售并不是产业的终点，而是产业的起点，十数年的使用周期中更加需要主机厂和经销商的服务。纵观世界上一流汽车企业，如丰田、本田、大众、通用、宝马等，除了优质的产品构成了企业以及当地产业的核心竞争力之外，其对于售前以及售后的服务更是能够体现一个企业的综合实力。优良的服务品质塑造着品牌口碑、增加了消费者的黏性，这些消费者接受的服务会转化为对该品牌的消费，进而成为企业的竞争力，变成产业的竞争力。

但是，恰恰是由于汽车耐用品的这一性质使得消费的间隔较长，消费者很难从过往的消费经验中获得市场信息。部分汽车流通和售后服务领域的经销商和服务商就利用了这一信息优势对消费者进行诱导甚至欺诈。在中国消费者协会每年公布的消费者投诉中，汽车及零部件常年成为全国消费者投诉的首要事项，由此可见，中国本土的经销商和服务商在服务水平和专业化上存在着较大差距。虽然这些经销商和服务商并不属于汽车企业旗下企业，但是不良的经营会影响到品牌乃至企业的形象。

上海新能源汽车产业的发展离不开优秀品牌的建立，而优秀品牌的建立则必须以优质的售前售后服务作为支撑。上海必须先培养起一批本地的优质服务性企业对上海的新能源汽车产业进行配套，才有可能使上海新能源汽车产业的

国际竞争力有所提升。而对这些服务型企业的培育则需要以市场化的手段进行,基于行业中的信息不对称特征,应该借鉴类似于已经实行于餐饮行业的卫生公示牌制度,建立企业服务信息公示牌,使得每个进店的顾客对商家的过往消费者的投诉情况有所了解,利用市场机制对行业进行优胜劣汰的筛选。

(四) 上海提升产业国际竞争力的关键在于借助长三角一体化的机遇,提升资源调动能力

上海新能源汽车的发展不仅是上海单个地区的发展,更加是区域产业的合作发展。在新能源汽车产业国际竞争力上,浙江和江苏的产业国际竞争力均强于上海,一方面是由于这两个省是中国经济最活跃的地区,也是新能源汽车产业的先发地区。另一方面,江苏与浙江在资本、土地和研发资源的体量上都位列全国一流,这些都支撑着江浙地区新能源汽车产业的发展。

自 2019 年开始,长三角一体化正式成为国家战略,这是上海产业发展的大契机。特别是在长三角一体化发展的重点领域中,新能源汽车成为重点发展产业之一。就在长三角一体化背景下,上海要找准在新能源汽车产业发展上上海的战略地位。上海受制于环境和资源约束,必然在未来的发展上存在较大的局限性,所以上海在产业发展上要立足于产业链,向价值链的两端延伸,布局长三角,利用长三角的资源发展自身。为此,政府应该在中央推动长三角一体化的政策大背景下,努力与江浙地区政府和监管机构互动,化解行政层面上的市场割裂和限制进入与合作的情况,如对于非本地区企业的非明文的歧视等。另一方面,依靠上海本地企业去江浙地区设立分公司或者培养供应商,充分利用当地资源优势,在工业中间产品的流动上获得收益,从产业层面实现长三角地区区域产业的一体化。

(五) 以上海自贸区扩区为机遇,引入龙头企业,带动产业链发展

2019 年上海自贸区的扩区成为上海产业发展的新契机。与此同时,全球著名电动车企业特斯拉也早已入驻自贸区新片区的临港。特斯拉项目的引进是中国新能源汽车产业逐步走向市场的重要一步,也是中国新能源汽车产业链完善的契机。

对于上海本土新能源汽车产业的发展而言,特斯拉的引入只是第一步,如何将特斯拉的产业链和供应链建立起来,并且以此来提升上海新能源汽车产业国际竞争力才是重点。所以在临港自贸区的发展上,对新能源汽车产业相关企业引进的重点应该是产业发展中的弱项,也就是汽车电子控制系统、高端驱动电机等上海产业链中还欠缺的部分。

执笔:

蒋程虹　上海社会科学院应用经济研究所博士研究生

2018 年上海生物医药产业国际竞争力报告

一、产业发展现状与趋势

（一）总体趋势

全球医药产业规模预计将持续高速发展,据估计,2017 年到 2021 年全球健康支出年均增速预计为 5.4%,健康支出将从 7.7 万亿美元增长至 10.1 万亿美元,约占全球 GDP 的 10.4%。

医药行业是我国国民经济重要组成部分之一,具有高投入、高产出、高风险、高技术密集等特点,有很强的技术壁垒。同时医药行业是传统产业和现代产业相结合,一、二、三产业为一体的产业。医药行业对于保护和增进人民健康、提高生活质量,为计划生育、救灾防疫、军需战备以及促进经济发展和社会进步均具有十分重要的作用。

我国医药行业市场规模巨大,经过几十年的行业积累,我国已逐渐形成了一批具备一定的科研能力、较为先进的管理和生产经验的优秀制药企业,但由于长期无序发展,市场竞争整体激烈,制药行业的集中度较低。

另一方面,我国将进入深度老龄化阶段,老年人口占比预计将从 2022 年的 18.9% 增长到 2036 年的 29.1%。我国医保基金总收入与支出均为万亿级别,增速均超过两位数,市场潜力巨大。

随着我国医药改革持续推行,未来资源将向优势企业集中,医药行业产业呈现总体整合提升的大趋势。

我国医药制造业一直处于快速发展阶段,收入规模从 1999 年的 1 324 亿元,快速增长到 2017 年的 28 186 亿元,年复合增速 18%,远超全球医药行业平均增速。2014 年中国药品市场规模达 1 073 亿美元,全球(9 761 亿美元)占比 11%,位列第三,仅次于美国(39%)和日本(18%)。以中国、印度、巴西等为代表的新兴市场正在崛起,预计 2019 年中国药品市场规模全球占比提升至 14%,超过欧洲五国总和(12%),仅次于美国(38%)。

(发展规模：亿元)

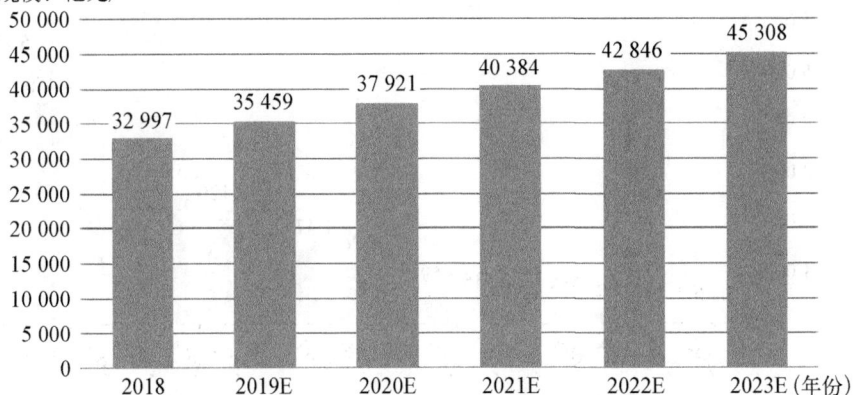

图 1　2018—2023 年中国医药行业发展规模预测

仿制药仍是国内医药消费市场的主体,中国已有的药品批准文号总数高达 18.9 万个,95％以上为仿制药。国内仿制药市场规模达 5 000 亿元,但是行业集中度极低,中国 CR8 占比仅 18.82％,对比印度 CR8 占比 52.31％、美国 CR8 占比 52.96％;低水平仿制和恶性低价竞争现象严重,例如在 3 244 个化学药物品种中,262 个品种占据了注册文号总量的 70％;而且由于过去我国批准上市的药品没有与原研药一致性评价的强制要求,导致有些药品在疗效上与原研药存在很大差距,行业盈利能力差,平均 5％—10％毛利率,远低于国际 50％左右平均水平。

（二）药品行业发展趋势

我国化学药与生物药中,专利药销量占比为 9％(2017 年美国、日本分别为 10％、18％),销售额占比为 14％(美、日分别为 77％、56％),仍低于美国、日本等地区。专利药仍有较大增长潜力。创新药受医保、药品目录等优先纳入利好,同时由于不占药占比、定价高等因素将加速受益。

一方面面临审评审批提速,仿制药供给增加,另一方面一致性评价推动,也对存量仿制药加大了压力。药品招采购政策的实行,"最低价＋唯一一家中标＋一年一招"的规则,预计仿制药价格将持续下跌,根据《2018 医药行业发展状况蓝皮书》估计,仿制药价格预计降幅在 80％左右。

（三）医疗器械行业发展趋势

2018 年国医疗器械约为 5 250 亿元,医用医疗器械销售约 3 700 亿元,占全部医疗器械销售的 70.48％,家用医疗器械销售约 1 550 亿元,约占 29.52％。

近年来,我国正加快医疗器械临床试验机构建设,对其管理理念由事前向事中事后转型,管理方式由资质认定向备案制管理转变。截至 2018 年

(销售规模：亿元)

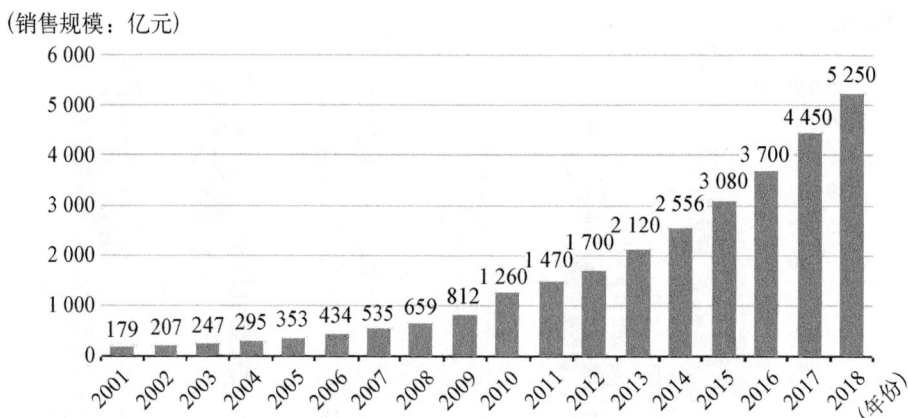

图2 2001—2018年中国医疗器械市场销售规模

末,全国共676个机构完成临床试验医疗器械机构备案(其中北京50个、天津25个、河北25个、上海50个、江苏51个、浙江41个、山东40个、广东68个)。

(四) 区域发展趋势

我国生物医药产业布局呈现出地理选择性,产业布局主要集中在自然资源丰富、科技水平高、人才聚集度高的地区。我国生物医药产业起初主要集中在北京、上海和珠三角地区,由于其经济水平较高、研发创新能力较强、投融资环境较好,吸引了众多生物医药企业聚集形成产业园区。随着我国生物医药产业的稳步发展,长沙、成都等内地省会城市以及东北地区生物医药产业也先后步入了成长期。我国生物医药产业形成了以北京、上海为核心,以珠三角、东北地区为重点,中西部地区点状发展的空间格局。

截至2017年底,我国生物医药产业园区数量约为450个。从产业园区分布情况来看,我国生物制药产业园区主要集中分布在长三角地区、环渤海地区和珠三角地区。其中珠三角和长三角两个地区园区数量总和占比近六成,为59%。

(五) 上海生物医药产业发展状况

2017年上海市生物医药工业总产值首次突破1000亿元,同比增长6.9%,另据上海市科委数据显示,上海2017年全市生物医药产业的经济总量达到3046.42亿元,增长5.82%。

上海市形成了以张江为核心,以金山、奉贤、徐汇等园区为重点的"聚焦张江、一核多点"生物医药产业空间格局。当前上海正在积极推动张江与金山、奉贤等园区错位互补、联动发展。

经过十多年发展,张江构建了完善的生物医药创新体系和产业集群,已成为国内生物医药领域中研发机构最集中、创新实力最强、新药创制成果最突出的基地之一。2017 年,张江高科技园区集聚国内外生物医药企业 613 家,实现营业收入 593.1 亿元,从业人员数为 4.2 万人。2018 年,勃林格殷格翰全新亚洲动物保健研发中心在张江启用,齐鲁上海研发中心落户张江,江西济民可信集团研发中心在张江启用,罗欣药业上海新研发基地落户张江。

金山工业区作为上海市六大生物医药产业基地之一,生命健康产业占地 2.78 平方千米,被国家发改委及国家商务委命名为国家生物医药产业基地及国家科技兴茂创新基地。近年来,金山区生物医药产业基础不断夯实、特色逐步显现,已成为金山区的主导和支柱产业之一。2018 年 1 月至 10 月,金山区 23 家规上生物医药企业总产值 42.4 亿元,同比增长 10.17%。

上海市奉贤区依托奉贤经济开发区生物科技园区,打造以化妆品生产和生物科技产业为核心的"东方美谷"。奉贤经济开发区生物科技园区重点发展药物制剂、生物制品和血液制品,以及疫苗诊断试剂和医疗仪器设备等领域,目前已有上海莱士、上海铭源数康生物芯片、上海海利生物医药、上海本庄生物科技、赛可赛斯药业等生物医药企业落户于此。

徐汇区作为上海市核心城区之一,依托医疗资源和高等教育资源,已经发展成为全国重要的生命健康产业集聚区。目前徐汇枫林园区共建有土地载体资源约 600 000 平方米,拥有枫林国际大厦、聚科生物园、徐汇软件园和普天信息产业园等空间载体,用以支持大健康产业的集聚。徐汇区作为全国范围内生命健康研发机构和医疗机构最为集聚的地区之一,拥有上海医药临床研究中心和国家中医临床研究基地,以及强生、默沙东、昆泰、海正辉瑞等一批世界 500 强企业的研发中心。徐汇区通过整合区域资源优势,旨在建设国际一流的医疗保健、健康管理、研发孵化和学术交流中心,对标波士顿,努力打造"中国一流的生命健康产业城"。

目前,上海市初步形成了生物药、创新化药、高端医疗器械等共同发展的产业格局,同时在医疗服务、人工智能、医疗大数据等领域实现了特色化发展,集聚了一批行业龙头企业。

未来,上海将聚焦重点领域,在生物制品领域,重点推动抗体药物、新型疫苗、蛋白及多肽类生物药等产品研发和成果产业化;在创新化学药物领域,重点推动肿瘤、心脑血管疾病、糖尿病、神经退行性疾病、呼吸系统疾病、重大传染病等领域药物研发,加快推动成果产业化;在医疗器械领域,重点聚焦数字医学影像设备、高端治疗设备、微创介入与植入医疗器械、临床诊断仪器等创新性强、附加值高的产品,加快实现产业化。

二、产业和贸易政策

(一) 国家生物医药产业改革

2019年3月13日,国务院机构改革方案公布。与医药行业紧密相关的卫计委、食药总局、医改办三大部门被撤销,同时:

1. 组建国家医疗保障局

承担拟订医疗保险、生育保险、医疗救助等医疗保障制度的政策、规划、标准并组织实施,监督管理相关医疗保障基金,完善国家异地就医管理和费用结算平台,组织制定和调整药品、医疗服务价格和收费标准,制定药品和医用耗材的招标采购政策并监督实施,监督管理纳入医保范围内的医疗机构相关服务行为和医疗费用等职责。

政策对产业影响:

医保局将承担定价、采购、支付三项责任,同时担当统筹三医联动改革的重任。根据2017年6月28日国务院颁布的《关于进一步深化基本医疗保险支付方式改革的指导意见》,到2020年,医保支付方式改革将覆盖所有医疗机构及医疗服务。药企靠回扣制胜的传统营销模式时日不多。

医保局整合医药产品与服务的定价、采购、支付职能,实现医疗费用的合理把控。医保支付改革(按病种付费、DRGs等)有望加速推进,未来医保资金运行效率将提升,医保控费将进一步深入。组建医保局对产业影响深远,一是创新型企业以及能够满足临床需求的企业,二是低成本高质量仿制药企,将获得更大市场空间。

结构上,医保控费对刚性用药影响较小,辅助用药将成为降费主要对象,高价值创新药和高质量刚需仿制药相对受益。

2. 组建国家卫生健康委员会

承担拟订国民健康政策,协调推进深化医药卫生体制改革,组织制定国家基本药物制度,监督管理公共卫生、医疗服务、卫生应急,负责计划生育管理和服务工作,拟订应对人口老龄化、医养结合政策措施等职责。

政策对产业影响:

组建卫健委是健康中国战略的重要顶层设计,体现医疗卫生工作重心由治疗转向治疗与预防结合的"大健康"构想。健康中国战略的推行将推动医药产业向多元化发展,预防和健康产业比重有望增加,康养、疾病防控相关新技术、分级诊疗相关新业态将成为重要发展方向。

3. 组建国家药品监督管理局

由国家市场监督管理总局管理。市场监管实行分级管理,药品监管机构只设到省一级,药品经营销售等行为的监管,由市县市场监管部门统一承担。

政策对产业影响：

组建国家药监局，体现药品监督管理思路上的变化，避免以往严准入轻监管的问题。药品、器械研发和生产方面的准入、审批和监管上将更为科学规范。

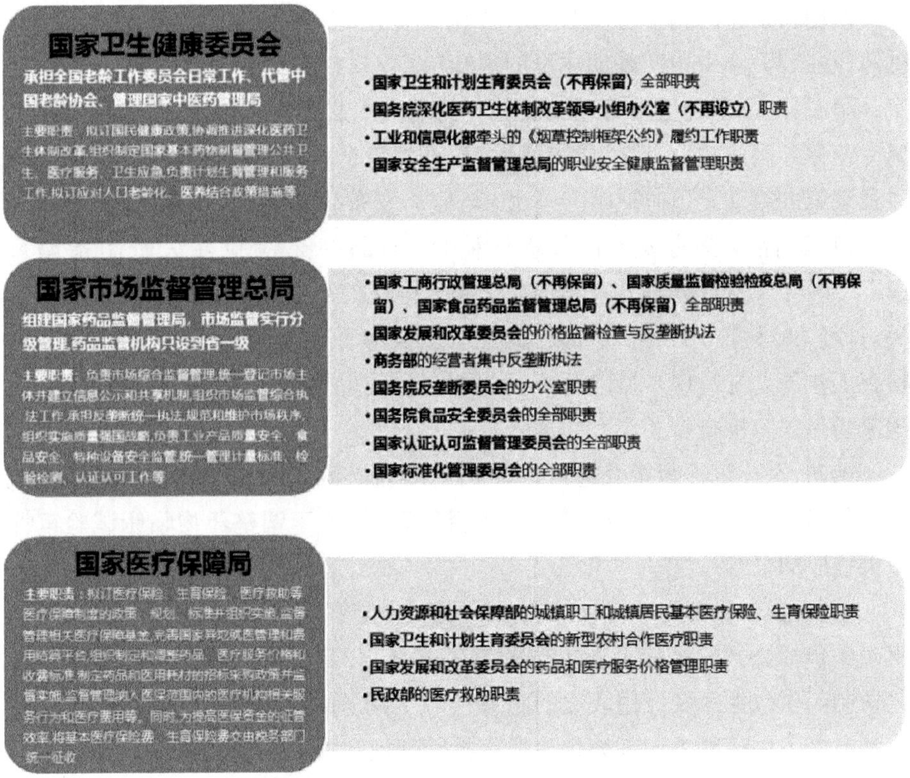

国家卫生健康委员会

承担全国老龄工作委员会日常工作、代管中国老龄协会、管理国家中医药管理局

主要职责：拟订国民健康政策，协调推进深化医药卫生体制改革，组织制定国家基本药物制度等公共卫生、医疗服务、卫生应急，负责计划生育管理和服务工作，拟订应对人口老龄化、医养结合政策措施等

- 国家卫生和计划生育委员会（不再保留）全部职责
- 国务院深化医药卫生体制改革领导小组办公室（不再设立）职责
- 工业和信息化部牵头的《烟草控制框架公约》履约工作职责
- 国家安全生产监督管理总局的职业安全健康监管职责

国家市场监督管理总局

组建国家药品监督管理局，市场监管实行分级管理，药品监管机构只设到省一级

主要职责：负责市场综合监督管理，统一登记市场主体并建立信息公示和共享机制，组织市场监管综合执法工作，承担反垄断统一执法，规范和维护市场秩序，组织实施质量强国战略，负责工业产品质量、食品安全、特种设备安全监管，统一管理计量标准、检验检测、认证认可工作等

- 国家工商行政管理总局（不再保留）、国家质量监督检验检疫总局（不再保留）、国家食品药品监督管理总局（不再保留）全部职责
- 国家发展和改革委员会的价格监督检查与反垄断执法
- 商务部的经营者集中反垄断执法
- 国务院反垄断委员会的办公室职责
- 国务院食品安全委员会的全部职责
- 国家认证认可监督管理委员会的全部职责
- 国家标准化管理委员会的全部职责

国家医疗保障局

主要职责：拟订医疗保险、生育保险、医疗救助等医疗保障制度的政策、规划、标准并组织实施，监督管理相关医疗保障基金，完善国家异地就医管理和费用结算平台，组织制定和调整药品、医疗服务价格和收费标准，制定药品和医用耗材的招标采购政策并监督实施，监督管理纳入医保范围内的医疗机构相关服务行为和医疗费用等。同时，为提高医保资金的使用效率，将基本医疗保险费、生育保险费交由税务部门统一征收

- 人力资源和社会保障部的城镇职工和城镇居民基本医疗保险、生育保险职责
- 国家卫生和计划生育委员会的新型农村合作医疗职责
- 国家发展和改革委员会的药品和医疗服务价格管理职责
- 民政部的医疗救助职责

图 3　国务院机构改革医药相关部门与职责

总体而言，生物医药行业监管体系日趋专业化，进一步推进准入监管改革。国家局负责药品审评审批，省局负责监管药品生产，基层监管部门负责监管药品流通。

（二）国家医药产业政策

在医改的持续推进下，我国医药行业正加速洗牌，一些落后的、缺乏临床疗效与安全性的药品将逐渐被淘汰，而临床疗效显著、具备性价比优势，产品质量安全有保障的药品将得以保留，其市场份额也将进一步扩大。总的来说，医改的深化将间接推动我国医药行业内部的"优胜劣汰"，未来我国医药行业集中度将不断提升，强者恒强的时代即将到来。

2018 年我国政府相继出台多项政策，内容涉及"药品上市许可持有人制度""仿制药一致性评价""加快审评审批""抗癌药品进口零关税"等,在以上一系列政策的催化下,我国医药产业正加速创新升级。

第一,加强罕见病管理。(1)2018年5月11日国家卫健委等五部门发布《第一批罕见病目录》;(2)加快罕见病药品器械审评审批;(3)加强罕见病药品数据保护和市场独占期。

第二,鼓励促进创新。(1)药监局和科技部发布《关于加强和促进食品药品科技创新工作的指导意见》;(2)工信部等发布《四部门关于组织开展小品种药(短缺药)集中生产基地建设的通知》。

第三,加强医药监督管理制度化。药品准入监管改革持续,新药研发面临更专业化和高效的监管,优质的研发/生产外包企业将受益于监管环境的改善以及政策的鼓励。(1)2018年1月,药监局发布《药品数据管理规范(征求意见稿)》《药品监察办法(征求意见稿)》《药品补充检验方法研制指南》;(2)2018年4月,药监局发布《药品试验数据保护实施办法(暂行)》(征求意见稿);(3)2018年5月,药监局发布《关于加强化学仿制药注射剂注册申请现场检查工作的公告》;(4)2018年5月,国家药品监督管理局《关于开展2018年国家药品跟踪检查有关事宜的通告》。

第四,医药审评审批及进口。(1)国家药监局《接受药品境外临床试验数据的技术指导原则》;(2)国家药品监督管理局《关于调整药物临床试验审评审批程序的公告》。

第五,其他。(1)2019年3月23日,国家监察委员会在北京正式揭牌,监察对象包括公办的医疗事业单位的管理人员;(2)国务院办公厅关于改革完善仿制药供应保障及使用政策的意见;(3)国家药品监督管理局《关于发布古代经典名方中药复方制剂简化注册审批管理规定的公告》。

(三) 上海医药产业政策

1. 战略规划

2018年12月5日,上海市科委和上海市政府办公厅共同发布的《促进上海市生物医药产业高质量发展行动方案(2018—2020)》提出,到2020年,上海市生物医药产业规模要达到4 000亿元,到2025年,基本建成具有国际影响力的生物医药创新策源地和生物医药产业集群。

2. 两票制

进入2018年,全国全面实施两票制,浙江、上海、山东均已正式执行。2018年1月3日,上海发文《关于推进本市公立医疗机构药品采购"两票制"工作的通知》,进一步对两票制的推行做出部署和要求,加大两票制监督检查力度。同时公布了57家未上传承诺书流通企业名单。两票制的目的是通过压缩流通环节,降低虚高药价,打击药品回扣。

政策对产业影响：

单靠两票制这一项政策难以降低虚高的药价。2018 年公立医疗机构药品销售达 1.32 万亿元,较 2016 年 1.15 万亿元增加 13.9%。两票制无法解决药价虚高的原因是,药价由药品集中招标采购确定,减少流通环节并不能改变虚高的中标价。流通环节多是集中招标采购定价与零差率政策导致的结果。两票制只能倒逼药厂以"高价"应对"两票"。

但两票制可以提高分销链的透明度,建立起一个更好地对代理商利润和潜在欺诈行为进行控制的环境。两票制后,药企实行高开票,底价结算,高开高返后销售费用多以学术营销费用、终端推广费用形式体现

两票制将对代理商带来巨大挑战,市场将会呈现整合。对生产商来说,与现行的多级分销模式相比,两票制政策意味着在生产商将产品投放到医院的过程中仅允许使用单级代理商。另一方面,代理商也面临着大量挑战,市场将会呈现整合趋势。

另外,两票制带来的销售模式转变,对企业造成短期影响,库存及销售费用可能短期波动较大。

3. 扩大开放

全面推进药品医疗器械进口枢纽口岸建设。争取境外已上市的抗肿瘤新药或正在开展临床试验的医疗器械,在上海先行定点使用。

按照我国相关法律规定,境外上市药物进入我国需要重新进行临床试验,在临床试验阶段及药品审评审批环节往往耗时长。而对于肿瘤患者而言,时间就是生命。按照本条规定,对于现有诊疗规范下无更多可供选择的治疗手段的晚期肿瘤患者来说,在上海指定的医疗机构,可以探索性地使用已被美国、欧盟、日本等国家和地区药品监管机构批准上市,但在我国尚无同品种产品获准的药品。

将医疗器械注册人制度改革试点推广到全市,并逐步复制推广至长三角地区实施。 2017 年 12 月,上海发布《中国(上海)自由贸易试验区内医疗器械注册人制度试点工作实施方案》,在全国率先实施医疗器械注册人制度。

支持推广"一次进境、分批清关"等柔性入境管理模式,提高药品医疗器械通关效率;筹建内外贸一体的国际医药供应链平台。 (1)"一次进境、分批清关",按照现行规定,进境和清关需要同步进行,而按照本条规定,药品医疗器械可以一次进境,分批清关,分批放行,这样赋予进口企业更大的灵活性。(2)筹建内外贸一体的国际医药供应链平台,有利于把上海建设成为地区乃至国际重要的医药供应节点。

政策对产业影响：

随着药品持有人制度、医疗器械注册人制度的推行,医药研发行业有望出现爆发式地增长,便捷的通关制度无疑将会给该行业的发展提供强有力的后

勤支持。

随着药物研发全球化进程的加速,越来越多的跨国公司和国内企业通过开展国际多中心临床试验用于支持全球的注册申请。药品境内外同步研发可减少不必要的重复研究,加快药品在我国上市的进程,更好地满足患者的用药需求。

柔性入境管理模式的推广应用,可以大大提升药品医疗器械产品的通关效率,降低购销环节的交货时间。

医疗器械注册人制度的推广,有望进一步释放医疗器械行业的研发活力,整合长三角区域内的研发、生产资源,具备研发能力的小微企业可以专注研发,而非必须在生产端投入巨额资金进行生产基础设施建设。

具备一定数量及有影响力的药品医疗器械国家重点实验室,将从制度、监管层面推动上海医药业的发展以及在全国范围内的话语权。

在上海全面推进药品医疗器械进口枢纽口岸建设,争取境外已上市境内未注册的抗肿瘤新药在上海先行定点使用等措施,将加速境外先进药品及医疗器械进入国内市场,有助于为国内医药产业 注入更多创新动力,将进一步激发药企提升创新能力。

这意味着按照全新的医疗器械注册人制度,在上海自贸区内的注册人不具备相应生产资质与能力的,可以委托上海市医疗器械生产企业生产产品,注册证和生产许可由此"解绑"。上海试点医疗器械注册人制度的改革措施主要包括:允许医疗器械注册人直接委托上海市医疗器械生产企业生产产品和样品;允许注册人多点委托生产;允许上海的受托生产企业提交委托方持有的医疗器械注册证申请生产许可等。而此次政策中明确医疗器械 MAH 试点不仅在上海全市推广,还将复制推广至长三角地区,试点范围的扩大,将会为企业带来更多的参与机会。

(四) 美国重点医药产业政策

1. 中美贸易摩擦

2018 年 4 月 3 日,美国政府依据 301 调查单方认定结果,宣布将对原产于中国的进口商品加征 25% 的关税,涉及约 500 亿美元中国对美出口。6 月 16 日,国务院关税税则委员会发布公告,决定对原产于美国的 659 项约 500 亿美元进口商品加征 25% 的关税。中国对美国加征关税采取反制措施,核磁共振、心电图、CT、超声波与 X 光影响设备成为加征对象。

政策对产业影响:

美国医疗影响与技术协会认为,贸易战对生产力的影响是显著的,加征关税会导致减产和缩减研发。美国贸易代表办公室的清单中的医疗产品目前对中国有贸易盈余,贸易摩擦会导致贸易额减小和盈余缩小。

部分企业由于部件与整机往返两国,因此面临双重关税。贸易战对影响行业影响重大,2017 年西门子占中国心电图设备市场 35.1%,GE 占 30.4%,飞利浦占 22%。一方面加征关税,另一方面本土生产的优势,预计外国企业可能在中国本土化生产。中国一直在鼓励合同生产并加强知识产权保护。中国客户可能会减缓从美国的影像设备进口,转而向欧洲竞争对手进口。

2. 压低药品价格

2018 年 5 月 11 日,美国总统特朗普发布了美国患者优先计划,目标为降低药品价格和自付费用。计划主要包括四方面:

一是增加市场竞争。通过建立成本更低,更直接和更及时的审批流程,降低新药品和生物制品的进入壁垒,鼓励更有活力的新疗法。FDA 将发布指导,解决延迟或阻止仿制药竞争的某些做法。同时,FDA 将发布新的政策,仿制药批准程序有望加速。

二是通过谈判降低价格。计划将药品的报销与结果捆绑在一起,并通过医疗保险,付款人和州提供额外杠杆的其他政策,管理高成本疗法。计划将调整处方集,对处方集制定要求,例如对于特定类别或类别的处方集必须包括两种等效药物的规定,为与药物生产商谈判创造空间。另外,美国可能会重新审视药品贸易政策,增加"公平性"。

三是降低上市价格。计划将重点关注价格透明度,政府可能要求 FDA 评估包括上市价格,主管部门可以指示 CMS 使医疗保险和医疗补助药品价格透明,限制最大回扣金额。

四是减少患者自费支出。将增加向受益人提供有关药品价格上涨和替代治疗的更多信息。

政策对产业影响:

美国压低药品价格,可能从两方面影响国内医药产业。一是 FDA 对新药,特别是仿制药的审批将可能提速,标准也可能相应放宽。FDA 的政策转变,可能影响仿制药的研发与供给,促进仿制药创新。二是美国认为美国消费者为进口药品支付的利润超过其出口药品获取的利润,可能通过贸易政策或是针对外国药企的政策,影响药品贸易价格。

三、上海生物医药产业国际竞争力的评价

本研究将产业国际竞争力分为三部分,分别是行业驱动增长、产业国际表现和价值链提升,构成生物医药产业国际竞争力综合指数(一级指标)的三个二级指标,指标体系详情见表 1。

行业驱动增长二级指标主要用于衡量地区产业发展前景。地区产业发展的潜力主要来源于该地区产业集群发展以及产业效益水平,对于产业集群发

展情况,我们使用该地区的行业引领能力、产业集中程度和其所处大区域集群水平三个三级指标来反映。产业效益水平主要体现在三方面,增速、盈利和效率,分别以三个三级指标反映。

产业国际表现二级指标主要用于衡量地区产业的贸易竞争力与其所处全球产业链中的位置。为了既能体现产业总体的国际表现,又能体现处于产业链和价值链关键位置的核心产品的国际竞争力,三级指标中分别包括出口总体情况和核心产品情况。地区出口总体竞争力包括出口市场占有和出口比较优势两个三级指标。核心产品出口竞争力包括核心产品市场占有和核心产品比较优势两个三级指标。

更重要的是,本研究将生物医药产业决定性的创新能力作为一个二级指标,即价值链提升二级指标。我们将价值链提升分为三阶段,第一阶段是研发投入,由于研发投入的绝对规模和相对水平均非常重要,因此通过研发投入规模和研发投入强度两个三级指标反映。第二阶段是临床研究与新药开发,分别通过临床研究水平和新药研发能力两个三级指标反映。第三阶段是创新的产业化,通过新技术生产力这个三级指标反映。

指标体系对全国 31 个省(直辖市)的 2016 年、2017 年和 2018 年产业国际竞争力进行评价。数据来源包括各级统计局、海关、第三方数据库等。为与统计局数据统一,当年的评价指标使用上年的统计数据进行计算,如 2018 年竞争力使用 2017 年数据进行计算。指标均采用相应方法进行标准化和指数化,通过变异系数法和主观赋权法计算权重后发现与平均权重差异不大,赋权方法基本不影响地区排名,为便于分析解释,最终采用平均权重法赋权。各级指标加权构成上级指标和综合指数,指数将 2016 至 2018 年三年的全国平均水平定为 100。

表 1　生物医药产业国际竞争力指标体系

一级指标	二级指标	三级指标	指标说明	计算方法
产业国际竞争力	行业驱动增长	行业引领能力	地区引领行业的企业数量	地区医药上市公司个数占全国比重
		产业集中程度	地区产业的集聚程度	地区规上企业产值占全国比重
		区域集群水平	经济区域的产业集聚程度	所处经济区域的规上企业产值占全国比重
		行业成长速度	地区行业增速的表现	地区行业销售产值增速
		行业盈利能力	地区行业的盈利水平	地区规上企业总资产收益率
		行业生产效率	地区行业的劳动生产效率	地区规上企业单位从业人员产值

续表

一级指标	二级指标	三级指标	指标说明	计算方法
产业国际竞争力	产业国际表现	出口市场占有	地区产业出口市场占有率	地区规上企业出口占全国比重
		出口比较优势	地区产业的出口比较优势	地区行业的 RCA 指数
		核心产品市场占有	地区产业核心产品的出口市场占有率	地区核心产品出口占全国比重
		核心产品比较优势	地区产业核心产品的出口比较优势	地区核心产品 RCA 指数
	价值链提升	研发投入规模	地区行业研发投入的规模	地区规上企业研发费用内部支出
		研发投入强度	地区行业研发投入的强度	地区规上企业研发费用内部支出占主营业务收入比重
		临床研究水平	地区临床医学研究水平	国家批准的地区临床医学研究中心个数占全国比重
		新药研发能力	地区获批生产创新药物数量	地区获批生产创新药物数量占全国比重
		新技术生产力	地区产业新技术使用情况	地区规上企业新产品销售额占主营业务收入比重

（一）产业国际竞争力综合指数

第一，2018 年上海生物医药产业国际竞争力指数达到 167.0，上海是全国生物医药产业发展的领军地区。

2018 年上海生物医药产业国际竞争力指数为 167.0，较上年增加 8.5，继续排名全国首位。自 2016 年以来，上海生物医药产业国际竞争力已连续两年实现 8% 以上的高速增长。

表 2　生物医药产业国际竞争力综合指数(2018 年排名前十省级行政区)

		北京	天津	上海	江苏	浙江	山东	湖北	湖南	广东	四川
2016	指　数	145.4	105.6	148.8	143.4	127.7	136.4	117.4	110.4	107.9	103.8
	排　名	2	9	1	3	5	4	6	7	8	10
2017	指　数	142.6	113.3	158.5	135.0	124.9	135.2	122.7	102.3	114.0	100.7
	变化率	−2.8	7.7	9.7	−8.4	−2.8	−1.2	5.3	−8.1	6.2	−3.1
	排　名	2	8	1	4	5	3	6	9	7	11

续表

		北京	天津	上海	江苏	浙江	山东	湖北	湖南	广东	四川
	指　数	144.3	108.6	167.0	131.0	138.2	134.9	100.7	102.4	111.8	101.2
2018	变化率	1.7	−4.7	8.5	−4.0	13.3	−0.3	−22.0	0.1	−2.2	0.5
	排　名	2	7	1	5	3	4	10	8	6	9

从增速上看,上海是全国生物医药产业增长的龙头地区。目前长三角地区是全国最大的生物医药产业集群,从集群上领先全国。而上海在集群中的领导作用非常显著,近年来综合指数增速在全国瞩目。指标的连续高速增长,也显示生物医药产业是上海产业竞争力的重要新动能来源。

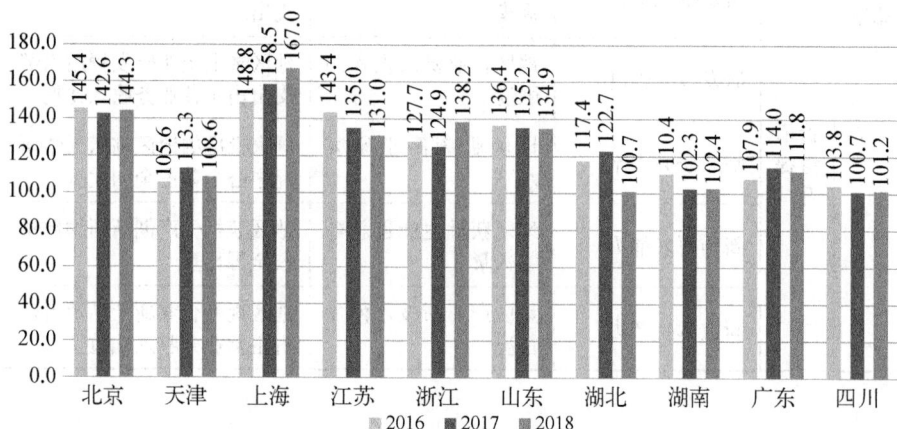

图4　生物医药产业国际竞争力综合指数

第二,上海多年在生物医药产业价值链提升上的持续投入,逐步转化为有价值链驱动带动产业过激表现与行业驱动增长同步提升的新增长特征。

从生物医药产业竞争力增长的三大驱动因素分析,2018年上海竞争力的增长得益于三大驱动力的同步高速增长。上海领先全国进入后工业时期,产业规模增长放缓,行业驱动增长长期处于较慢时期,在竞争力中的占比也较低,但在创新引领产业升级上的投入带动持续积累。2016—2018年,上海生物医药的价值链提升在总指数中的占比从54.4增长到64.4,也是竞争力中最主要构成。2016—2018年,行业驱动增长与产业国际表现也摆脱L型取得了较快增长,2018年较2016年分别增长4.3与3.8。

(二)行业驱动增长

第一,2018年上海生物医药行业驱动增长实现高速增长,体现质量提升带来的规模突破。

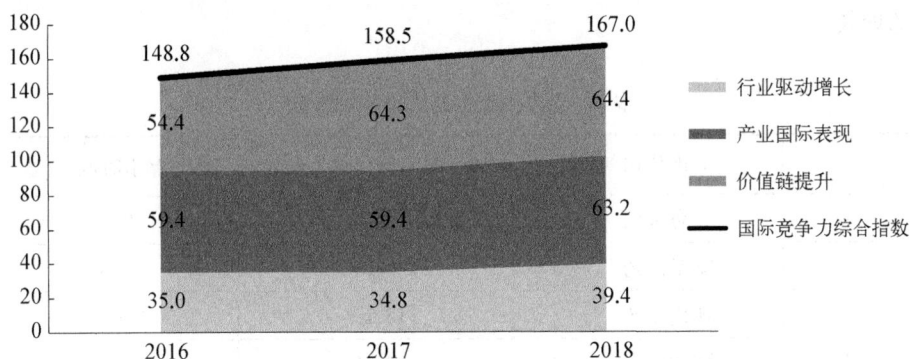

图 5　生物医药产业国际竞争力综合指数构成

2018 年上海生物医药行业驱动增长二级指标为 118.1,较上年增长 13.0。2016 年到 2017 年,行业驱动增长二级指标增速较低,但 2018 年实现高速增长,其中行业引领能力、行业成长速度等三级指标出现较高增长。生物医药产业发展长期受制于产业规模增速不快,但在 2018 年上海已实现质量提升带来的规模突破。

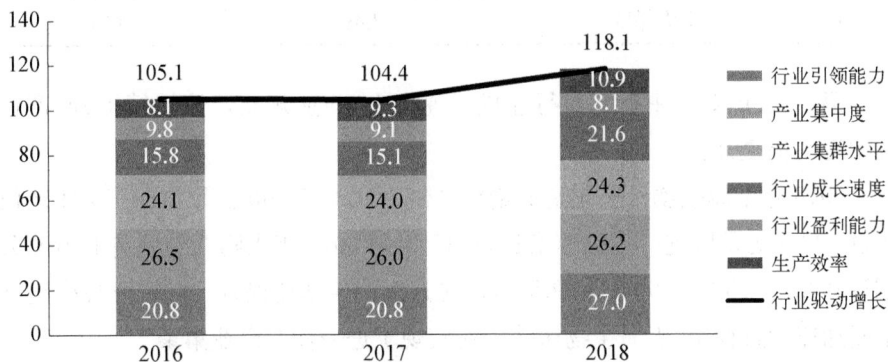

图 6　生物医药行业驱动增长指数及构成

第二,在行业引领能力上,上市公司数量不断增长,龙头企业在行业供给侧结构性改革大背景下引领作用更为突出。

行业引领能力三级指标由地区生物医药上市公司占全国比重构成。目前上海已有 12 家生物医药上市公司,其中包括像上海医药和复星医药这样的生物医药制造销售旗舰企业,上海莱士、上海凯宝等细分行业的龙头企业。同时,近年来上海生物医药上市公司数量持续增加,2015 年有润达医疗在上交所上市,2017 年透景生命在创业板上市,一批医药新兴龙头企业迅速成长提升上海医药产业引领力。同时上市公司业绩实现突破性增长,2018 年上海医药、复星医药和现代制药营收分别增长 21.58％、34.45％和 33.25％,在国内医药产业开展大改革的背景下,龙头企业在研发、营销上的优势得以发挥,实现了高速增长。

表3　上海生物医药上市公司情况

	上市公司	2018年营业收入(亿元)	上市时间
1	上海医药	1 590.84	1994
2	复星医药	249.18	1998
3	现代制药	113.50	2004
4	润达医疗	59.64	2015
5	科华生物	19.90	2004
6	神奇制药	18.53	1992
7	上海莱士	18.04	2008
8	上海凯宝	15.03	2010
9	第一医药	11.77	1994
10	海欣股份	10.99	1994
11	透景生命	3.65	2017
12	交大昂立	2.49	2001

第三,在产业集中程度与行业成长速度上,产业规模增速持续提升,产业集中度大幅提升。

2018年上海生物医药制造业销售产值达到1 176.60亿元,自2017年产值超过1 000亿元后进一步提速增长,2015年到2018年生物医药制造业增速分别达到2.0%、5.9%、6.9%和9.8%,已是连续四年增速提升。在产业规模提升不断加速的过程中,上海生物医药产业实现了进一步的产业集聚。

表4　上海生物医药制造业情况

	2015	2016	2017	2018
上海生物医药制造业产值(亿元)	904.89	958.63	1 067.32	1 176.60
增速(%)	2.0	5.9	6.9	9.8

第四,在区域集群程度上,长三角产业集群规模也进一步提升,产业集群的提升是上海生物医药产业引领作用的体现,也是上海生物医药产业进一步发展升级的依托。

长三角地区医药制造业工业销售产值占全国比重从2015年的23.12%上升至2017年的23.73%。

表 5　长三角生物医药制造业规模情况

	2015	2016	2017
长三角地区医药制造业工业销售产值占全国比重（%）	23.12	23.36	23.73

第五，在行业盈利能力上，行业盈利能力维持在较高水平。

2017 年上海生物医药制造业总资产回报率为 8.79%，自 2015 年以来一直保持在 8% 的水平以上，产业效益水平较高。

表 6　上海生物医药制造业盈利能力情况

	2015	2016	2017
上海生物医药制造业总资产回报率（ROA）	10.46	9.76	8.79

第六，在行业生产效率上，行业生产效率大幅提升。

单位从业人员销售产值已从 2015 年的 93.57 万元上升至 2017 年的 108.3 万元。这也印证了行业效益在持续提升。

表 7　上海生物医药制造业生产效率情况

	2015	2016	2017
医药制造业工业销售产值（亿元）	655.99	686.0	769.88
平均用工人数（万人）	5.99	5.68	5.63
单位从业人员销售产值（万元/人）	109.51	120.77	136.75

第七，医药产业、商业领域等改革背景下，原生物医药制造大省行业驱动增长力有所下降，上海、北京、浙江、广东等创新引领的地区生物医药行业驱动力有所加强。

传统医药制造大省持续增长面临一定的挑战，山东和江苏的行业驱动增长 2017 年较上年出现小幅下降。相反，研发和国际产业链整合能力较强的北京、上海和浙江等地 2017 年行业驱动增长二级指标呈现增长。尤其是北京和上海，一度面临制造业退化的大趋势，但在新常态下，产业增长要求进一步提升创新和产业化的结合，拥有创新引领作用的地区成为产业的新增长极。

通过生物医药行业驱动增长二级指标的构成可以总结出三类增长模式。

一是规模型增长，主要为江苏、山东和湖南，其表现为较高的产业集中度和较高的生产效率，原因是该地区产值较高，无论是与其他地区相比（产业集中度）或者相较人员投入（生产效率）来看，指标均较高。

二是均衡型增长,各三级指标在行业驱动增长中的比例较平均,产业化发展的各方面较为均衡,这类地区包括天津、上海、湖北和四川。

三是引领型增长,这类地区有北京、浙江和广东,其主要特征是行业引领能力三级指标较强,占行业驱动增长二级指标的比重较大。这些地区的龙头企业对产业增长的带动作用较大。

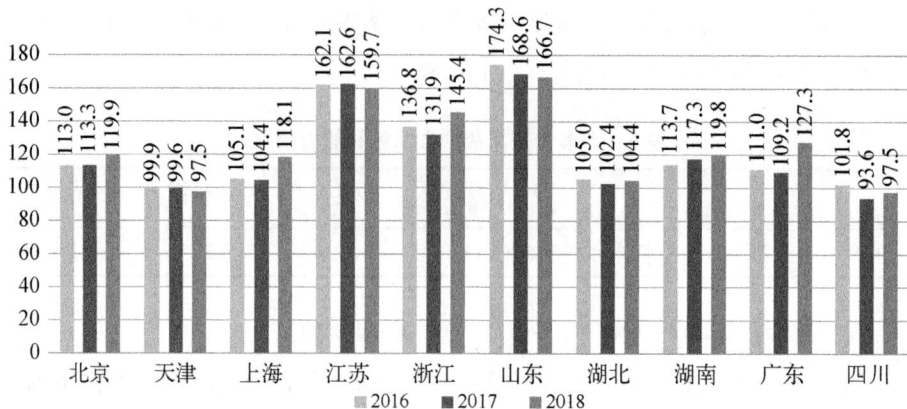

图7　生物医药行业驱动增长二级指标

表8　生物医药行业驱动增长二级指标

		北京	天津	上海	江苏	浙江	山东	湖北	湖南	广东	四川
2015	指　数	113.0	99.9	105.1	162.1	136.8	174.3	105.0	113.7	111.0	101.8
	排　名	8	15	11	2	3	1	12	7	10	13
2016	指　数	113.3	99.6	104.4	162.6	131.9	168.6	102.4	117.3	109.2	93.6
	变化率	0.3	−0.3	−0.7	0.5	−4.8	−5.6	−2.6	3.6	−1.8	−8.2
	排　名	8	15	12	2	3	1	14	7	9	18
2017	指　数	119.9	97.5	118.1	159.7	145.4	166.7	104.4	119.8	127.3	97.5
	变化率	6.6	−2.1	13.8	−2.9	13.5	−1.9	2.0	2.4	18.1	3.9
	排　名	5	15	7	2	3	1	11	6	4	14

(三)产业国际表现

上海生物医药产业国际表现二级指标稳居全国第一,2017年更是实现两位数增长。

2018年上海生物医药产业国际表现二级指标为189.7,较上年增长11.5。上海生物医药产业国际化发展的优势体现在两方面,一是企业出口份额和比较优势明显,二是上海作为医药进出口重要关口,是核心产品贸易的重要桥头堡。自 2016 年以来,上海生物医药产业国际表现一直是全国第一。

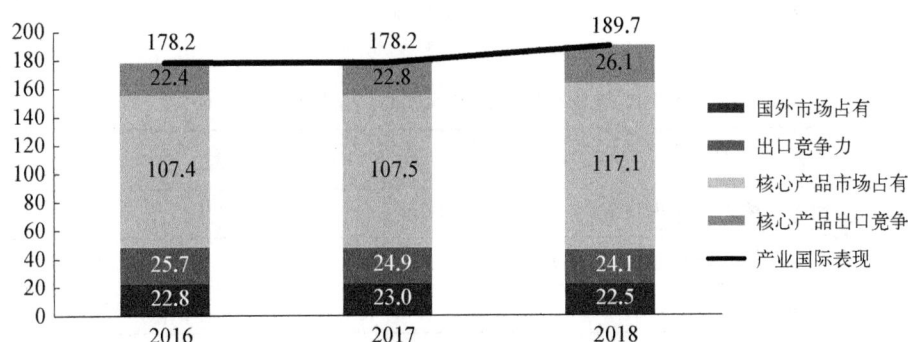

图 8　生物医药产业国际表现指数及构成

第二,在出口市场占有上,与国内其他地区相比出口市场份额较大,同时医药制造业出口占上海总出口比重较大,出口比较优势仍然较强。

2017 年上海医药制造业出口交货值规模为 53.29 亿元,出口份额占全国比重为 3.65%,规模与占比较上年小幅下降。

RCA(显示性比较优势指数)[①]能够反映上海医药制造业比较优势的指标。近年来上海医药制造业 RCA 指数虽然有所下降,2017 年指数仍有 1.23,由于医药制造业出口占上海总出口比重较大,总体比较优势仍然较强,上海应进一步提升医药出口规模,提升比较优势。

表 9　上海生物医药产业出口情况

	2015	2016	2017
上海医药制造业出口交货值(亿元)	50.56	53.45	53.29
全国医药制造业出口交货值(亿元)	1 316.58	1 344.87	1 460.25
上海占全国比重(%)	3.84	3.97	3.65
上海医药制造业 RCA 指数	2.07	1.66	1.23

第三,核心产品市场占有进一步增加,国内领先地位突出,核心产品比较优势也非常瞩目。

上海生物医药产业核心产品出口较为突出,并且近年来有进一步加强趋势。核心产品出口额 2017 年达到 8.71 亿美元,占全国比重一半以上,达到51.37%。

---

① RCAij=(Xij/Xtj)/(XiW/XtW)。其中,Xij 表示地区 j 出口产品 i 的出口值,Xtj 表示地区总出口值,XiW 表示出口产品 i 的总出口值,XtW 表示总出口值。

与上海医药制造业 RCA 指数不同的是,核心产品 RCA 指数自 2015 年以来呈现增长,反映行业核心竞争力与增长质量的提升。核心产品 RCA 从 2015 年的 2.07 上升至 2017 年的 2.66,已达到具备非常强比较优势的水平。

表 10　上海生物医药产业核心产品出口情况

	2015	2016	2017
上海生物医药核心产品出口额(美元)	6.14	7.11	8.71
全国生物医药核心产品出口额(美元)	13.46	15.57	16.96
上海占全国比重(%)	45.60	45.66	51.37
上海生物医药产业核心产品 RCA 指数	2.07	2.13	2.66

第四,上海在生物医药产品出口升级上领先全国,国际认可度不断提升。

过去我国出口产品多为低端产品,出口量最大的是低利润率的医药中间体及西药原料药。随着国家和地方政策引导,药企正沿着"原料药—特色原料药—仿制药—创新药"的路径前进。其中上海的带头作用明显,上海药企正在以多种方式实施国际化战略,包括从非规范市场转向拓展规范市场,从独立研发到借力全球资源,从产品认证到海外建厂、设立研发机构,进行专利授权与转让等。

2018 年国内医药企业获 FDA 批准 ANDA 批文 99 项,上海共获得 10 项,约占全国的 10%。其中复星医药获批 9 项,2016 年到 2017 年复星医药通过海外并购拓展海外销售,加强仿制药生产,在 2018 年取得仿制药研发重大突破,位列 2018 年国内获批 ANDA 第四名。上海迪赛诺获 1 项 ANDA 批文,另外恒瑞医药有一项 ANDA 批文实际为上海恒瑞获得。

第五,上海生物医药产业核心产品出口竞争力优势较大,生物医药在上海重点发展战略性新兴产业中的作用明显。

上海生物医药产业国际表现的优势主要来源于核心产品份额和比较优势,体现上海自贸区建设带来的开放优势与科创中心建设带来的创新优势的叠加。核心产品市场占有三级指标为 117.1,核心产品出口竞争三级指标为 26.1,两项指标综合远超全国其他地区。

根据海关数据统计,2017 年上海口岸生物医药产业核心产品出口占到全国 51.4%,主要由于上海在两方面的优势,一是自贸区的开放优势为生物医药产品进出口业务发展带来效率,二是科创中心建设成果在生物医药产业得以重点显现,由创新引领的生物医药产业价值链的控制,主要在集中了外企、国企、民企、高校和医院的上海。

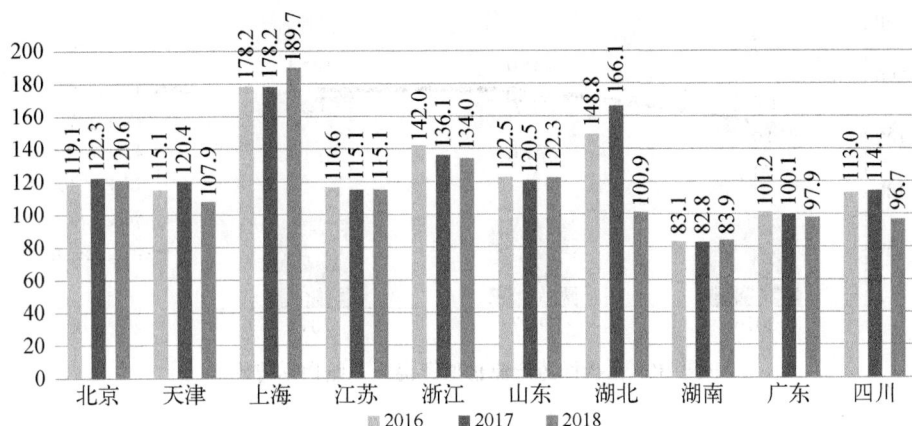

图 9　生物医药产业国际表现二级指标

表 11　生物医药产业国际表现二级指标

		北京	天津	上海	江苏	浙江	山东	湖北	湖南	广东	四川
2016	指　数	119.1	115.1	178.2	116.6	142.0	122.5	148.8	83.1	101.2	113.0
	排　名	5	7	1	6	3	4	2	25	12	8
2017	指　数	122.3	120.4	178.2	115.1	136.1	120.5	166.1	82.8	100.1	114.1
	变化率	3.2	5.3	—0.1	—1.5	—5.9	—1.9	17.3	—0.4	—1.2	1.2
	排　名	4	6	1	7	3	5	2	24	12	8
2018	指　数	120.6	107.9	189.7	115.1	134.0	122.3	100.9	83.9	97.9	96.7
	变化率	—1.6	—12.4	11.5	0.0	—2.1	1.8	—65.2	1.1	—2.2	—17.4
	排　名	5	7	1	6	2	4	8	24	10	11

（四）价值链提升

第一,上海生物医药价值链提升二级指标继续保持增长势头,研发投入、产出和效率均衡发展。

2018 年上海生物医药价值链提升二级指标为 193.1,较上年增长 0.2。自 2016 年以来,上海生物医药价值链提升取得长足进步,指数从 163.1 增长到 193.1,累计增幅达 30.0,排名从全国第二上升至全国第一。创新上领先全国其他地区优势明显。

第二,研发投入规模增速加快,上海市全国生物医药产业研发投入高地。

从研发投入来看,上海医药制造业研发投入增长出现加速,2018 年达到 24.51 亿元,上海医药制造业研发投入占全国比重维持在 5%,占比不断提高,在全国保持了较高水平。

上海医药制造业研发强度近年来持续加强,研发投入占营业收入比重从

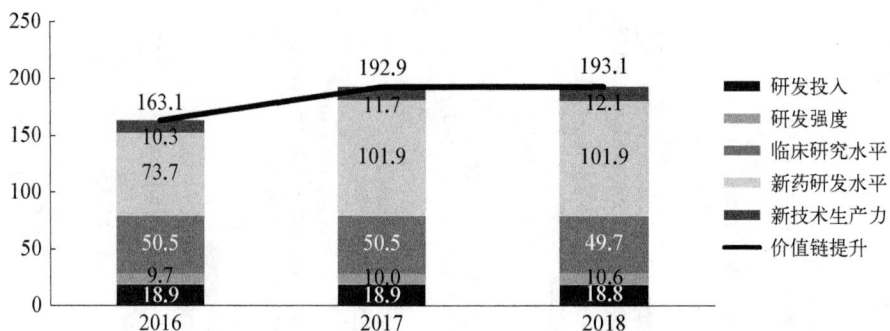

图 10　生物医药产业价值链提升二级指标构成

2016 年的 3.03％增长到 2018 年的 3.34％。研发规模增长超过营收,并有加速的迹象,企业创新投入得到很大加强。

表 12　上海生物医药产业研发投入情况

	2016	2017	2018
上海医药制造业研发投入(亿元)	19.98	22.39	24.51
全国医药制造业研发投入(亿元)	441.46	488.48	490.59
上海占全国比重(％)	4.53	4.58	5.00
上海医药制造业研发投入占主营业务收入比重(％)	3.03	3.13	3.34

　　第三,上海已经成为除北京外全国临床研究水平最高地区,医药产业基础研发支持水平高。

　　从临床研究水平分析,目前全国大部分临床医学中心集中在北京。截至 2018 年底,上海共有 6 家临床医学中心,其中 2 家为 2018 年第四批获批。上海临床医学中心占全国比重约为 12％,上海是除北京外全国临床医学中心最为集中的地区。

表 13　全国各地临床医学中心

第一批	心血管疾病	中国医学科学院阜外心血管病医院	北京
		首都医科大学附属北京安贞医院	北京
	神经系统疾病	首都医科大学附属北京天坛医院	北京
	慢性肾病	中国人民解放军南京军区总医院	南京
		中国人民解放军总医院	北京
		南方医科大学南方医院	广东
	恶性肿瘤	中国医学科学院肿瘤医院	北京
		天津医科大学附属肿瘤医院	天津

续表

第一批	呼吸系统疾病	广州医学院第一附属医院	广东
		卫生部北京医院	北京
		首都医科大学附属北京儿童医院	北京
	代谢性疾病	中南大学湘雅二医院	湖南
		上海交通大学医学院附属瑞金医院	上海
第二批	精神心理疾病	北京大学第六医院	北京
		中南大学湘雅二医院	湖南
		首都医科大学附属北京安定医院	北京
	妇产疾病	中国医学科学院北京协和医院	北京
		华中科技大学同济医学院附属同济医院	湖北
		北京大学第三医院	北京
	消化系统疾病	第四军医大学西京医院	西安
		首都医科大学附属北京友谊医院	北京
		第二军医大学长海医院	上海
第三批	口腔疾病	上海交通大学医学院附属第九人民医院	上海
		四川大学华西口腔医院	四川
		北京大学口腔医院	北京
		第四军医大学口腔医院	西安
	老年疾病	中国人民解放军总医院	北京
		中南大学湘雅医院	湖南
		四川大学华西医院	四川
		北京医院	北京
		复旦大学附属华山医院	上海
		首都医科大学宣武医院	北京
第四批	病毒性肝炎	浙江大学医学院附属第一医院	浙江
		中国人民解放军第三〇二医院	北京
	结核病	深圳市第三人民医院	广东
	儿童疾病	浙江大学医学院附属儿童医院	浙江
		重庆医科大学附属儿童医院	重庆
	骨科疾病	中国人民解放军总医院	北京
	眼部疾病	温州医科大学附属眼视光医院	浙江
		上海市第一人民医院	上海
	耳鼻咽喉疾病	中国人民解放军总医院	北京

续表

第四批	皮肤	北京大学第一医院	北京
	免疫疾病	中国医学科学院北京协和医院	北京
	白血病、贫血等	苏州大学附属第一医院	江苏
		北京大学人民医院	北京
		中国医学科学院血液病医院	北京
	重大慢病	中国中医科学院西苑医院	北京
	特色疗法	天津中医药大学第一附属医院	天津
		中国医科大学第一附属医院	北京
	介入治疗	复旦大学附属中山医院	上海
	病毒性肝炎	浙江大学医学院附属第一医院	浙江
		中国人民解放军第三〇二医院	北京
	结核病	深圳市第三人民医院	广东
	儿童疾病	浙江大学医学院附属儿童医院	浙江

第四,2018年上海外资与本土企业研发成果均非常突出,新产品销售占比进一步提高,新药品及医疗器械研发能力位居全国首位。

2018年CFDA批准新药上市48项,其中上海获得29项,超过全国一半,主要为外资生物医药企业新药在国内获批上市。

2018年医疗器械技术审评中心(CMDE)一共公示了15批创新医疗器械特别审批申请审查结果,一共同意将50个申请项目纳入创新医疗器械特别审查程序,除进口医疗器械外,上海有9项申请获纳入,与北京并列全国第一。

新技术转化能力逐渐加强。新产品销售占主营业务收入比重进一步提升,从2016年的23.87%上升至2018年的29.93%。

表14　上海生物医药企业新产品销售情况

	2016	2017	2018
上海医药制造业新产品销售占主营业务收入比重(%)	23.87	28.47	29.93

第五,上海拥有国内最为完善的创新链,平台、资本、人才等创新要素充沛,生物医药创新成果显著。

上海集聚了一批全球顶尖的大型科研机构和企业研发中心,包括中科院蛋白质中心、上海药物研究所、复旦大学、同济大学、上海交通大学等一批研究机构与高校,以及诺华、罗氏、辉瑞等全球顶尖药企的研发中心。

上海拥有全国最突出的创新成果。截至 2018 年,上海市累计获批国产药品 3 943 件,其中包括化药 2 894 件、生物制品 166 件、中药 665 件。累计获批国产医疗器械 14 523 件,其中包括一类医疗器械 3 760 件、二类医疗器械 8 372 件、三类医疗器械 2 391 件。

上海医药创新资本成熟,PE/VC 投资活跃。2018 年,上海市生物医药产业累计发生融资事件 130 起,融资金额高达 263.1 亿元,同比增幅 111.2%,生物医药领域融资额全国第一,亿元以上融资 15 起。

医药创新人才与产业领军人才在上海高度集聚。上海依托张江药谷等产业载体,形成了四大人才群体。一是海外高层次专家和科学家人才群体,二是创新型企业家群体,三是研发人才群体,四是工程师和高级技能人才。这四类人才群体为整个上海生物医药产业发展提供了国际化、专业化人才支撑。

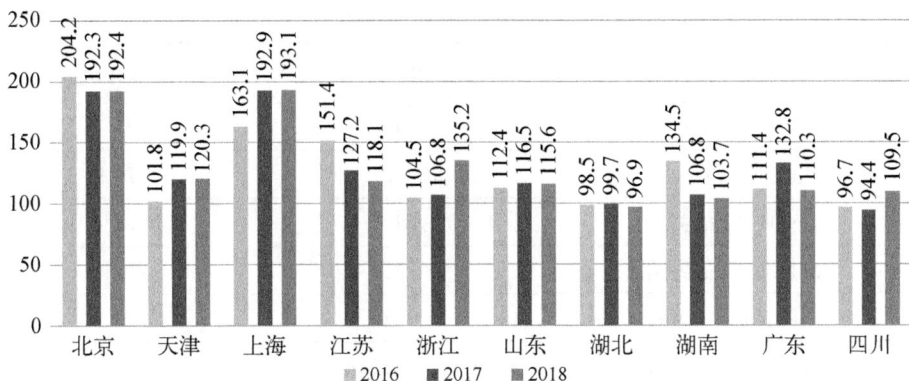

图 11 生物医药产业价值链提升二级指标

表 15 生物医药产业价值链提升二级指标

		北京	天津	上海	江苏	浙江	山东	湖北	湖南	广东	四川
2016	指　数	204.2	101.8	163.1	151.4	104.5	112.4	98.5	134.5	111.4	96.7
	排　名	1	9	2	3	8	5	10	4	6	11
2017	指　数	192.3	119.9	192.9	127.2	106.8	116.5	99.7	106.8	132.8	94.4
	变化率	−11.9	18.2	29.8	−24.2	2.3	4.1	1.1	−27.6	21.4	−2.4
	排　名	2	5	1	4	8	6	10	7	3	11
2018	指　数	192.4	120.3	193.1	118.1	135.2	115.6	96.9	103.7	110.3	109.5
	变化率	0.0	0.4	0.2	−9.1	28.4	−0.8	−2.7	−3.2	−22.5	15.1
	排　名	2	4	1	5	3	6	13	10	7	8

四、上海生物医药产业竞争力国际比较(对比美国加利福尼亚州)

美国无疑是现在全球生物医药产业竞争力最强的国家,而加州又是美国生物医药产业竞争力最强的地区。加州的产业竞争力体现在以下三方面:

(一) 加州生物医药产业集聚情况

加州生物医药产业规模不断扩大,增长速度远超其他产业,是美国经济增长重要新动能。

2018年加州从事生物医药产业的企业共3 418家,较上年增加169家;从业人员31.1万人,增加1.2万人;营业收入1 777亿美元,增长187亿美元;出口金额252亿美元,较上年增加25亿美元。

表16 加州生物医药产业发展状况

	2018 年	2017 年
企业个数(个)	3 418	3 249
从业人员(万人)	31.1	29.9
营业收入(亿美元)	1 777	1 690
出口金额(亿美元)	252	227
风险投资(亿美元)	76	67
NIH 拨款(亿美元)	39.0	38.5
在研新药(种)	1 332	1 274
FDA 新药批准(个)	5	23
医疗器械批准(个)	454	433

加州生物医药产业是美国吸引研发投入,创造研发产出的重要集聚地。2018年加州吸引生物医药产业风险投资76亿美元,较上年增加9亿美元,获得NIH拨款39亿美元,较上年增加0.5亿美元。研发产出上,虽然或新药审批有所下降,但共有1 332种在研新药,较上年增加68种,有454种医疗器械获批,增加21种。

(二) 加州生物医药产业创新资源

加州集聚了美国最多的生物医药创新资源,资金与人才积累远超美国其他地区。

风投资本是生物医药创新链的重要因素,不仅为创新提供资金支持,更带来成熟的产业化和商业化经验，美国又拥有全球发展最为成熟的风险投资市场，加州的生物医药产业与风险投资相得益彰，是全美生物医药创新与产业资本联合的领头羊。同样，NIH 拨款是生物医药学科基础及创新发展的重要资金支持，2018 年加州是全美获 NIH 拨款最多的州。

人才基础上，加州拥有 10 所世界排名前 100 位的大学，每年为其提供大量高素质高等教育人才。特别是决定生物医药研发的科学与工程博士，加州 2018 年录取 4 954 位科学与工程博士生，排名全美第一，是其产业创新力持续不断的源泉。

表 17　2018 年美国主要地区生物医药创新资源情况

	吸引生物医药风投资金（亿美元）	获得 NIH 拨款（亿美元）	世界前 100 名大学个数（个）	科学与工程博士录取（人）
加利福尼亚州	76	39.0	10	4 954
马萨诸塞州	62	27.1	3	2 353
北卡罗来纳州	8.6	12.6	2	1 408
马里兰州	8.2	——	2	——
纽约	8.1	24.7	4	3 050

（三）加州生物医药产业布局

加州形成了以湾区为核心，洛杉矶与圣迭戈为中坚，橙县及其他地区为快速增长点的梯队式区域布局，同时湾区也是引领创新的龙头。

加州范围内形成了以湾区为生物医药产业集聚的高地，其他地区成为增长新来源的梯队式的区域布局。2018 年湾区生物医药产业从业人员约 8.3 万人，占加州生物医药产业从业人员的 26.5％，是加州生物医药产业最为集聚的地区。而洛杉矶、圣迭戈等地也集聚了较多企业与人员。橙县等其他地区则成为生物医药产业高速增长的地区，吸引了大量小型创业企业与周边多所高校的学术资源。

表 18　2018 年加州生物医药产业从业人员分布及平均工资

	人数（万人）	占比（％）	平均工资（美元）
湾区	8.3	26.5％	164 123
洛杉矶	5.7	18.4％	88 523
圣迭戈	4.8	15.6％	118 719
橙县	4.5	14.4％	91 523

	人数(万人)	占比(%)	平均工资(美元)
其 他	7.8	25.1%	63 104
总 数	31.1	100.0%	

湾区不仅仅是产业高度集聚的地区,更是引领加州以及美国生物医药产业最新发展方向的地区。以数字健康领域为例,湾区吸引了区域内绝大多数相关领域的风险投资。2018年湾区获得数字健康领域的风险投资金额为36亿美元,较2017年翻了一倍,远超加州其他地区。

五、提升上海产业国际竞争力的对策

(一) 提升创新能力,加大原创研发

医药行业是受政策影响最大的行业之一,随着新药审批提速、仿制药有效性评价、GMP认证管理体系、上市许可人制度等一系列重要政策将陆续落地,创新将驱动产业转型升级和产业发展。

上海应坚持把优化产业结构作为转型发展的助攻方向,着力将服务创新与科技创新结合起来。以攻克严重危害人类健康的多发病、慢性病以及疑难重病为目标,开展致病机理和预防、诊断、治疗、康复等方面技术的联合攻关,在基因诊断和治疗、肿瘤定向治疗、细胞治疗、再生医疗、个性化药物等领域开展个性化精准治疗示范。开发医学影像诊疗、介入支架等重大医疗器械产品,实现关键核心技术重大突破,推动在国内广泛应用,进一步扩大在国际市场的份额。

(二) 创建医药信息平台,提供专业化服务

根据《上海系统推进全面创新改革试验加快建设具有全球影响力科技创新中心方案》要求,开展转化医学和精准医疗前沿基础研究,建立百万例级人群(跟踪)队列和生物信息数据库。同时建议建立医药研发数据和公共资源平台,实现数据和资源开放共享,为全行业医药研发提供服务。

(三) 抓住机遇,培育"互联网+"新增长点

"互联网+"正在强势进入医疗行业,传统药企也纷纷"触网",掘金互联网医疗蓝海。培育发展"新产业、新技术、新业态、新模式"("四新")是上海推进产业转型升级发展的主攻方向,目前已形成一批值得关注的发展领域和颇具活力的企业。"四新"经济中的新模式,对上海医药产业来说,就是如何创建

"互联网＋"上海生物医药产业"弯道超车"的新模式。上海应加强互联网和医疗、养老、健身等领域的融合，创新互联网医疗服务模式，推进医疗模式的变革。建立新型医疗服务体系，构建医疗机构的综合预约和转诊体系，实现就诊前、就诊中和就诊后服务的全覆盖；基于健康物联网和可穿戴设备建立慢性病综合健康管理体系、妇幼保健综合健康服务体系和中医健康保障管理服务体系。建立互联网配药及购药服务平台，对接区域卫生信息平台，实现患者电子处方的信息交换，探索基于执业药师的互联网购药服务模式。建立健康养老服务体系，建立全市统一的综合为老服务平台、为老服务门户和为老服务数据库，完善养老服务供给、行业管理等信息系统；建立养护医结合的养老服务体系，满足市民日益增长的养老服务需求。

医药工业"十三五"发展规划任务之一就是拓展新领域发展新业态，大力推动"互联网＋医药"，发展智慧医疗产品。上海具备雄厚的工业和现代服务业基础，在信息基础设施、智慧城市等要素资源上具有比较优势，推进"互联网＋"发展基础扎实，要抓住机遇，加快实施。

执笔：
施　楠　上海社会科学院"一带一路"信息研究中心副主任

关键产业领域

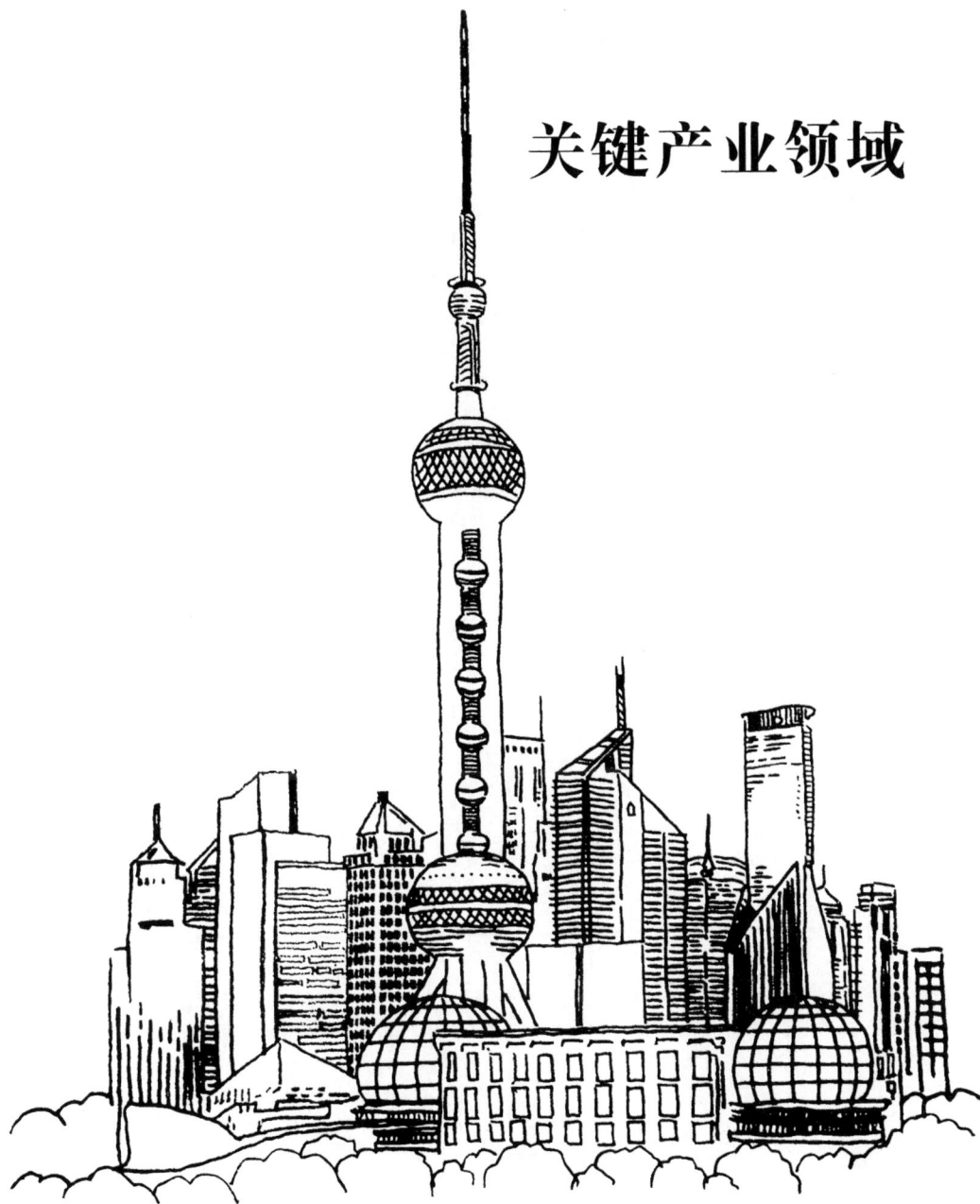

2018 年上海高端船舶与海洋工程装备产业国际竞争力报告

一、2018 年世界船舶与海洋工程装备产业发展动态

（一）船舶制造

2018 年，世界经济格局发生较大变化，贸易摩擦不断升级，在全球经济增长基础不稳、国际油价持续下跌的宏观经济背景下，全球航运市场和能源市场对运力的增量需求严重萎缩；同时，世界经济疲软累及航运市场复苏动能减弱，新船市场又深度调整，即使是知名的造船企业也面临融资难、盈利难、接单难和倒闭、欠薪等问题，整个船舶工业发展形势严峻。

2018 年，尽管我国船舶出口仍然取得了较好成绩：出口总额 250.36 亿美元，同比增长 10.2%，平均出口价格同比增长 12.4%；出口船舶分别占全国造船完工量、新接订单量、手持订单量的 91.5%、87.4% 和 89.1%。从船舶制造来看，全国造船完工 3 458 万载重吨，同比下降 14%；承接新船订单 3 667 万载重吨，同比增长 8.7%。从出口类型看，集装箱船、散货船、油船占出口额前三位，比重分别为 23.0%、22.0% 和 14.5%，高端船型的出口量偏小（表 1）。

表 1　2018 年世界造船完工量、新接订单量和手持订单量一览表

指标/国家		世界	中国	韩国	日本
2018 年造船完工量	万载重吨	8 012	3 471	1 972	2 012
	占比重（%）	100	43.3	24.6	25.1
	万修正总吨	3 022	1 090	770	753
	占比重（%）	100	36.1	25.5	24.9

续表

指标/国家		世界	中国	韩国	日本
2018年新接订单量	万载重吨	7 685	2 998	3 185	1 214
	占比重(%)	100	39.0	41.4	15.8
	万修正总吨	2 900	933	1 246	370
	占比重(%)	100	32.2	43	12.7
2018年手持订单量	万载重吨	20 758	8 833	6 076	4 480
	占比重(%)	100	42.6	29.3	21.6
	万修正总吨	7 990	2 865	2 084	1 372
	占比重(%)	100	35.9	26.1	17.2

数据来源:英国克拉克松研究公司(https://www.clarksons.com/services/research/)。

从国际市场份额看,2018年我国造船行业继续保持领先地位,全年造船完工量、新接订单量和手持订单量在全球市场所占份额按载重吨计分别为43.3%、39.0%和42.6%;船舶行业产业集中度持续提高,全国前10家企业造船完工量占全国总量的69.8%,比2017年提高11.5%。

2018年,由于"一带一路"倡议的深入推进和实施,亚洲以59.2%的份额成为我国船舶最大出口目的地,同比增长24.1%;拉丁美洲占比12.7%,同比增长109.6%。相比之下,欧洲和北美地区出口占比下滑:欧洲市场占比14.3%,同比下降18.9%;美国市场出口份额占比由5.0%大幅下降到0.6%。

从具体产品看,完成了2万TEU级集装箱船批量交付;建成全球首艘40万吨智能超大型矿砂船、全球首艘安装风帆装置的30.8万吨超大型原油船、8 000车位汽车滚装船、极地凝析油船、LNG双燃料1400TEU集装箱船、35万吨海上浮式生产储卸油装置(FPSO)等一批高端船舶和海工项目;国产大型豪华邮轮建造进入正式实施阶段、自主建造的极地科考破冰船下水、"深海勇士"号载人深潜器完成深海试验,骨干企业技术创新和攻关力度持续加大,产品研发和建造能力不断增强。

(二) 海洋工程装备

2018年对于海工装备市场来说也是困难的一年。尽管新造海工装备价格较稳定、市场利用率和海工产品租金有所回升,但大量海工装备库存问题仍未得到实质性解决,多数船东对市场仍处于观望之中,订造新产品意愿不强。这导致生产厂商之间的竞争更加激烈,订单日益向优势大厂集中。

从市场份额看,2018年全球海工市场共成交海工装备91座/艘,较2017年减少5座/艘,同比下降5.2%;金额约92亿美元,较上2017年减少43亿美元,同比下降 31.0％。国际市场上,中国、韩国、新加坡三大传统海洋工程装备制造强国市场份额总计约 83.0％。我国共获得订单 47 座/艘,接单金额约 52.5 亿美元,凭借多艘 FPSO 订单再夺首位,接单金额占比 58.3％;韩国获得订单 11 座/艘,接单金额约 15 亿美元,接单金额占比 16.7％;新加坡获得订单 4 座/艘,接单金额约 9 亿美元,接单金额占比 8.0％。

从装备类型看,与 2017 年相比,除钻井平台外,几乎所有类型海工装备的成交数量和金额均出现不同程度下降。钻井平台继 2017 年零成交后在 2018 年出现转机,2018 年 3 月吉宝与挪威船东 AwilcoDrilling 签署"1＋3"座半潜式钻井平台建造合同,单价约 4.25 亿美元;招商局重工也获得国内唯一一座中深水半潜式钻井平台订单。

2018 年,生产装备仍然是成交的主力,但成交金额大幅回落。全年共成交金额约 38 亿美元,同比下滑约 55％;交船数量 9 座/艘,包括 2 座半潜式生产平台、1 座自升式生产平台和 6 艘 FPSO。储存运输装备方面,成交金额约 17 亿美元。包括:FSRU(浮式 LNG 储存及再气化装置)2 艘、浮式存储装备 3 艘、系泊系统 2 套、转塔 1 座、穿梭油轮 12 艘;海工支持船共成交 18 艘,包括 15 艘平台供应船、1 艘三用工作船和 2 艘多用途应急响应和救援船。

二、高端船舶与海洋工程装备产业发展新趋势

(一)产业竞争格局深度调整,并购重组成行业发展趋势

当前,全球船舶制造业正处在深度探底调整过程中,能否更好更快地去除过剩产能、加快产业结构升级成为各国造船行业在危机中生存、实现价值链跃升的关键。近年来,国外和国内的船企都加快了船舶制造与海工装备的企业战略性重组与专业化整合,目的是减少同质化竞争。可以说,大集团的(如南船北船)内部资源整合再次成为船舶制造产业下一步产业调整的重点。

就船舶制造产业而言,国外已经具备船企重组整合的成功案例。如全球最大军舰厂商亨廷顿英格尔斯(HII)就是由两大造船部门——诺斯罗普·格鲁曼公司船舶系统和诺斯罗普·格鲁曼公司纽波特纽斯于 2008 年 1 月 28 日合并而来的。合并后的亨廷顿英格尔斯不仅建造了超过 70％的海军战舰舰队任务,更拥有美国唯一的新核航母建造能力和为现役核航母提供大修改造的船坞,同时也是美国两大核潜艇工业基地之一。此外,亨廷顿英格尔斯还以军舰业务为基础,延伸出船舶海洋工程、船舶系统评估、物流服务、核电站等一系列军民领域相关产品及服务。

从收购的主要国家和地区来看,近年韩国加速船舶行业整合的步伐较快。2019 年 3 月 8 日,现代重工与韩国产业银行签署正式收购协议,拟收购韩国产业银行持有的大宇造船 55.7％股份,交易价值预计将超过 2 万亿韩元(约合

17.8亿美元)。若现代重工收购大宇造船成功,韩国造船业将迎来两巨头竞争格局。根据克拉克森数据,合并以后,两家造船厂总体合计手持订单量将达365艘、1 700万修正吨,占全球总手持订单量约20.2%,远远高于全球排名第二的今治造船(166艘、525万CGT)。

从国内情况看,近年来央企重组的方式大致分为三类:第一类是战略性重组,目的是化解过剩产能,提高企业发展质量。典型案例是宝钢集团与武钢集团合并,化解钢铁过剩产能超过1 500万吨,重组以后钢铁产量居世界第二,特别是高端碳钢产品产量超过了3 000万吨,具备了与韩国浦项、日本新日铁住金竞争的实力。第二类是产业链上下游整合,目的是实现一体化运营。典型案例是中国国电与神华集团合并成立国家能源投资集团,通过一体化运营解决长期以来困扰行业发展的煤电矛盾。第三类是专业化整合,目的是有效减少重复投资,提升产业运行效率。典型案例是中国铁塔整合三大运营商铁塔及及附属资源,通过减少重复投资更好地发挥规模效应、协同效益、提升产业综合竞争力。

近年来,我国船舶制造产业的行业集中度不断提升,2018年全国前10家企业造船完工量和新接订单量分别占全国总量的69.8%和76.8%,同比增长11.5%和3.4%。但是,与同是造船大国的韩国相比,我国船舶制造的集中度仍有较大的提升空间。2018年,以手持订单修正总吨计算,韩国前三大船企(现代重工、大宇造船与三星重工)的国内占比高达94%,我国同期前三大船企(中船集团、中船重工与中远海运)的国内占比仅为60%。2019年3月28日,中船工业旗下两大上市平台中国船舶、中船防务发布《拟对重大资产重组项目进行调整的停牌公告》,资产重组项目共涉及4大造船厂、1个船舶造修以及4个动力装置与制造公司及研究院,具体内容为:

中国船舶(上海)拟置入江南造船(上海)、广船国际(广州)、黄埔文冲(广州),置出沪东重机(上海);中船防务(广州)拟置入沪东重机(上海)、中船动力(镇江)、中船动力研究院(上海)、中船三井造船柴油机(上海),置出广船国际、黄埔文冲。中国历史最悠久的军舰制造厂江南造船则拟注入中国船舶上市平台;而中船重工早在2009年就开始进行内部资产整合,目前,其旗下三个专业化平台(中国重工(北京)(海洋装备总装平台)、中国动力(保定)(综合动力平台)、中国海防(北京)(海洋信息及船舶电子平台))的整合已初显成效。

中船工业对自身内部资产的专业化整合,实际上是为"南北船"更加深入的资产调整铺平了道路。未来,以"南北船"资产重组为代表的中国船舶企业并购,将在很大程度上规避同业竞争,形成合力应对国内外风险从而提高产业国际竞争力,有利于持续提升国内船舶制造产业集中度,实现高质量发展,确保供给侧改革和"三去一降一补"在船舶产业更好的执行。

（二）加速融合新一代信息技术，高端船舶与海洋工程装备建造智能化

随着新一代信息通信技术的快速发展，数字化、网络化、智能化日益成为未来制造业发展的主要趋势，世界主要造船国家纷纷加快智能制造步伐。船舶制造是典型的离散型生产，由于船厂空间尺度大、船舶建造周期相对较长、工艺流程复杂、单件小批量、中间产品种类非标件数量多、物理尺寸差异大、作业环境相对恶劣，对数字化、网络化、智能化技术应用提出了特殊要求。我国船舶产业正值由大变强的关键时期，造船企业建立现代化造船模式，促进船舶设计、建造、管理与服务数字化网络化集成，加快提升船舶建造技术水平，是船舶产业提升国际竞争力的关键因素。

从国内的实践来看，骨干造船企业逐步建立起以中间产品组织生产为特征的现代总装造船模式，不同程度开展了智能化转型探索工作，已取得一定成效。早在 2014 年，中国船舶工业系统工程研究院就推出了智能船舶运行与维护系统（SOMS），以感知、思考、决策和学习能力来评估设备健康状况，取得了阶段性试验成果。海工装备制造方面，中船重工集团通过厂所合作、研用结合的模式，逐步提升智能制造装备国产化能力。振华重工完成了海上钻井平台装备制造智能化焊接车间的改造，成为国内重工装备领域第一个自动化焊接车间。但是，总体而言我国船舶制造业仍处于数字化制造起步阶段，存在三维数字化工艺设计能力严重不足、关键工艺环节仍以机械化、半自动化装备为主等诸多问题。

为引导造船企业加快推进船舶总装建造智能化转型，提高造船质量、效率和效益，打造国际竞争新优势，2018 年 12 月 27 日，工业和信息化部、国防科工局印发了《推进船舶总装建造智能化转型行动计划（2019—2021 年）》，《行动计划》提出了五大方面 15 项重点任务，并设置了 5 个专栏任务：

一是攻克智能制造关键共性技术和短板装备。突破船舶智能制造关键共性技术，研制关键环节智能短板装备。二是夯实船舶智能制造基础。推进基础管控精细化、数字化，构建船厂信息基础设施，建立船舶智能制造标准体系。三是推进全三维数字化设计。推进基于模型的数字化设计体系建设，推进船舶产品数据管理信息化，推进三维数字化交付。四是加快智能车间建设。持续优化造船工艺流程，加快中间产品智能生产线建设，建设车间制造执行系统，推动数字化车间应用示范。五是推动造船数字化集成与服务。推进设计生产管理一体化信息集成，加强造船产业链信息集成，探索造船大数据分析与决策。

《行动计划》三年后的主要目标包括初步建立船舶智能制造技术创新体系和标准体系，大幅降低切割、成形、焊接和涂装等脏险难作业过程劳动强度，减少作业人员，显著提高造船企业管理精细化和信息集成化水平；2—3 家标杆企业率先建成若干具有国际先进水平的智能单元、智能生产线和智能化车间，骨干企业基本实现数字化造船，实现单位修正总吨工时消耗降低20％以上，单位修正总吨综合能耗降低10％，建造质量与效率达到国际先进水平，为建设智能船厂奠定坚实基础。

（三）加速智能化、绿色化船舶研发

受世界经济和航运市场复苏动能减弱、新船市场深度调整的影响，融资难、盈利难、接单难等深层次问题仍然存在，船舶工业面临的形势依然严峻。实际上，从2008年国际金融危机爆发至今，我国船舶工业一直处于转型阶段，无论是从船舶工业长远发展的角度出发，还是以国家政策引导来看，智能化无疑是首选之路。

智能船舶通过将现代信息技术、人工智能技术等新技术与传统船舶技术进行融合，从而达到安全可靠、节能环保、经济高效的目的。不同国家对于智能船舶进行了差别化定义，中国船级社所描绘的智能船舶是指利用传感、通信、物联网等技术手段，自动感知和获得船舶自身、海洋环境、物流、港口等方面的信息和数据，并基于计算机技术、自动控制技术、大数据技术、智能技术，在航行、管理、维护保养、货物运输等方面实现智能化运行的船舶，以使船舶更加安全、更加环保、更加经济、更加可靠。

尽管智能船舶已成为国际海事界研发和关注的新热点，但仍处于平台规划搭建和功能模块验证的探索阶段。但从目前智能船研发进展来看，船舶智能化水平还处在提升船舶感知能力的阶段。船舶智能化研发遇到的瓶颈包括：船舶外部数据环境支持、港口智能船舶管理规范、智能船舶运营规范（特别是船员配额的问题）、高可用的通信导航服务、信息安全问题、法律责任问题等。

2018年12月27日，工业和信息化部、交通运输部、国防科工局日前联合印发《智能船舶发展行动计划（2019—2021年）》。《行动计划》提出了9项重点任务：一是全面强化顶层设计，包括研究制定我国智能船舶中长期发展规划、研究制定智能船舶规范和标准体系建设指南、完善法律、法规和相关政策性文件的制修订；二是突破关键智能技术，重点围绕智能感知、智能航行系统等研制需求，着重提升船舶总体、动力、感知、通信、控制、人工智能等多学科交叉的集成创新能力；三是推动船用设备智能化升级，推动船舶航行、作业、动力等相关设备的智能化升级，研制信息和控制高度集成的新型船用设备，全面提升船舶智能化水平；四是提升网络和信息安全防护能力，加强网络与链路安全、系统硬件与软件安全、数据安全等方面应用研究，全面提升智能船舶网络和信息安全防护能力，确保安全、可靠、可控；五是加强测试与验证能力建设，建设满足多场景实船测试要求的水上综合试验场，构建虚实结合、岸海一体的综合测试与验证能力，打造智能船舶试验、验证、评估、检验的服务体系；六是健全规范标准体系，逐步构建覆盖设计、建造、测试与验证、运营等方面的智能船舶规

范标准体系;七是推动工程应用试点示范,以技术发展为牵引,以市场需求为导向,统筹推进内河、沿海、远洋各类智能船舶的试点示范;八是打造协同发展生态体系,推进船舶设计、建造、配套、营运、检验等相关环节协同发展,逐步构建和完善智能船舶发展生态体系;九是促进军民深度融合,加强智能船舶军民通用规范标准体系建设,统筹智能船舶研发、设计、制造、配套及关键元器件资源,推进创新平台、综合测试与验证平台及综合测试场的规划布局和共建共享。

目前,中国、欧洲和日本的智能船舶研发上步伐较快。2018 年 1 月,商船三井与 Rolls-Royce 共同开展船舶智能识别系统的测试工作,首先在三井公司的客运轮渡上安装测试。2018 年 3 月,海兰信和扬子江船业签署《基于智能船与智能装备的合作协议》,合力推动智能船装备标准制定、获得权威船级社证书。2018 年 4 月,挪威 Yara 集团以及 Marin Teknikk 公司联手开展了全球首个采用电力推进的零排放无人船舶项目。2018 年 5 月,韩国大宇造船、Naver Business Platform(NBP)及英特尔韩国公司(Intel Korea)进行合作,共同建立智能船舶 4.0 服务基础设施(Smart Ship 4.0 Service Infrastructure)。2018 年 11 月中船工业集团旗下外高桥造船交付的全球首艘智能矿砂船,则标志着中国智能船舶全面迈进 1.0 时代。

与智能化船舶类似,绿色船舶近年来也是船企的重点发展方向。绿色船舶在船舶设计、制造、营运到报废拆解的整个寿命周期内,通过应用"绿色"技术,在确保船舶质量、满足船舶的使用功能基础上,最大程度上实现低能耗、低排放、低污染、高能效、安全健康的功能目标。

船舶绿色化是应对近年日趋严格的生产排放标准而生。国际海事组织(IMO)针对船舶污染问题的公约和标准不断推陈出新,如"目标型船舶建造标准"《压载水管理公约》《国际安全与环境无害化拆船公约》"新船设计能效指数"和"船舶能效管理计划"两项船舶能效标准(EEDI)等。在严苛的海事环保公约和标准的"倒逼"之下,欧盟和中日韩等造船强国纷纷采取措施,加快推进新能源、新技术及新材料等领域的研究和推广速度,制造符合要求的新型绿色船舶,帮助本国造船和航运企业尽快掌握并践行环保规约,以期在新一轮船舶及航运市场的竞争中取得优势。

从国内情况看,2018 年以来,国内相关部门相继出台了《长江经济带船舶污染防治专项行动方案(2018—2020 年)》《打赢蓝天保卫战三年行动计划》《船舶大气污染排放控制区实施方案》等与船舶行业相关的环保政策,强化船舶污染源头的管理,从而使得绿色船舶逐渐成为船舶建造的内在要求。目前的绿色船舶新技术主要包括发动机余热回收技术、废气处理设备、新能源应用技术、船舶减阻新技术以及环保新材料的使用等五方面。未来,随着技术水平的不断提升,混合动力船(可再生能源和非可再生能源一起作为动力推进的船舶)、新能源推进船(以 LNG、燃料电池、纯电力为推进动力)将会成为市场的主流,从根本上解决船舶污染问题。

(四) 聚焦高端船型开发,提升高附加值产品国际占有率

2018 年,国际新船市场的各细分船型均发展较好。按修正总吨计,油船、散货船、集装箱船和 LNG 船新船订单量分别占全球总量的 17.8%、21.4%、20.5% 和 19.8%,成交结构由原来的散货船、油船占主导向散货船、油船、集装箱船、液化气船占比均衡转变。在三大主力船型国际竞争力方面,我国仅在在散货船建造上拥有较强竞争力,共承接散货船订单 1 900 万载重吨,占散货船订单总量 82.7%;日本船企也承接了 287 万载重吨,占散货船订单总量12.5%。韩国船企继续保持在超大型油轮上的竞争优势,共承接油轮新船订单 1 505 万载重吨,占油轮订单总量 75.7%。在集装箱建造上,韩日船企包揽了绝大部分大型集装箱船订单,其中韩国船企承接订单 74.6 万 TEU,占集装箱船订单总量 63.3%;日本船企承接订单 26.7 万 TEU,占集装箱船订单总量 22.7%;中国仅扬子江船业承接了 5 艘 13000＋TEU 新船订单。

我国船舶企业在散货船和支线集装箱船市场上保持领先优势,但在具有相对竞争优势的大型原油船领域和已经取得技术突破的大型集装箱船领域表现不尽人意。特别是近两年,在国际市场上较为活跃的大型 LNG 船领域订单数较少。主要原因是中国骨干船舶企业在高附加值船型的科技创新能力和产品品牌质量等方面的竞争力仍需持续提升。根据克拉克森数据:2018 年全球超大型 LNG 船新船订单量共计 76 艘,其中韩国船企接获了 66 艘,占比近87%;剩余 10 艘由中国、日本和新加坡船企接获。

此外,发展邮轮经济是我国船舶行业下一阶段的重点攻关领域之一。2018 年 9 月 17 日,多部门联合印发了《关于促进我国邮轮经济发展的若干意见》,指出,到 2035 年我国邮轮市场将成为全球最具活力市场之一,邮轮自主设计建造和邮轮船队发展取得显著突破,体系完善、效率显著的邮轮产业链基本形成。豪华邮轮作为高端船型单船建造高达几十到上百亿人民币,属于高附加值船型,也是唯一基本没有受此轮船市危机影响的船型。中国是豪华邮轮旅游增速最快的新兴市场,豪华邮轮需求旺盛,一旦具有本土建造能力将为企业带来巨大的成长空间,对行业也会有较强的整体带动作用。对上海而言,外高桥造船有望成为国内第一家生产豪华邮轮的企业,公司已同中投公司、嘉年华集团、芬坎蒂尼集团、中船邮轮科技公司等签署了 2＋2 艘 13.35 万吨Vista 级豪华邮轮建造意向书,豪华邮轮建造进入实质性阶段。

在海工装备领域,国内船场在低迷的形势下获得多艘高附加值订单,在2018 年全球成交的 5 艘 FPSO 中,中国船厂获得了其中 4 艘。同时,国内船厂积极推进新产品研发与产业化,不断开拓新市场。一方面,在传统油气装备领

域纷纷加注 LNG 相关装备研发,满足全球能源清洁化需求。如沪东中华成立 LNG 技术研究所,提出力争到 2025 年 LNG 船研发能力达到世界一流;中集来福士与西门子签战略合作协议,在模块制造、海上风电安装、发电船、海水净化、FLNG、FSRU 等领域展开合作。另一方面,国内船厂积极拓展新市场,如利用海工装备建造优势进军深海养殖装备领域,中集来福士、中船重工等船厂持续推进产品研发:中集与挪威 NordlaksHavfarmAS 公司签署战略合作协议,共同开发建造新一代"Havfarm"系列工船;中船重工全球最大深海智能渔场"海南陵水深远海渔业养殖平台"也已开建。

三、指数分析

(一)整体情况

上海是我国几个主要的造船基地之一,拥有江南造船、外高桥、沪东中华等多家具备核心竞争力的高端船舶制造企业,不论在国内还是在国际上都具备较强的产业竞争力。本文构建上海高端船舶与海洋工程装备产业国际竞争力指标体系,包括"行业增长驱动""产业国际表现""价值链提升"3 个二级指标,下设 12 个三级指标,使用标准差标准化法(Z-score 方法)对数据做规范化处理,采用变异系数法和主观赋权法相结合的方法确定权重,逐级加权平均得到船舶产业国际综合竞争力指数(表 2)。

表 2　上海高端船舶与海洋工程装备产业国际竞争力指标体系构成

一级指标	二级指标	三级指标	计 算 方 法	数 据 来 源
产业国际竞争力	行业增长驱动	产业集中度	规上企业产值/全国工业总产值	船舶工业统计年鉴
		行业成长速度	地区新增订单增速/全国新增订单增速	船舶工业统计年鉴
		行业盈利能力	规上企业利润总额/规上企业资产总额	船舶工业统计年鉴
		生产效率	规上企业产值/年末从业人数	船舶工业统计年鉴
	产业国际表现	国内市场占有	手持订单量/全国总订单量	船舶工业统计年鉴
		国外市场占有率	规上企业出口额/行业全球出口额	船舶工业统计年鉴;WTO 数据库
		行业 RCA 指数	行业 RCA 指数	海关统计
		行业 TC 指数	行业 TC 指数	海关统计
		贸易特化能力	地区产业贸易出口值全国占比/地区产业产值全国占比	船舶工业统计年鉴

续表

一级 指标	二级 指标	三级指标	计 算 方 法	数 据 来 源
产业 国际 竞争 力	价值 链提 升	发展成熟度	核心产品年增长率	船舶工业统计年鉴
		科技竞争力	地区行业获奖数	船舶工业统计年鉴
		核心产品市场占 有率	核心产品出口额/产品出口 总额	船舶工业统计年鉴

计算结果显示,2016—2018 年,上海高端船舶与海洋工程装备产业综合竞争力一直处于国内第一梯队,水平平稳且在 2017 年得到较大提升。2017 年,综合竞争力指数达到 140,同比增加 10.46%(见表 3、图 1)。

表 3　2016—2018 年上海高端船舶与海洋工程装备
产业国际竞争力综合指数得分

指　标	年份/ 地区	广东 省	江苏 省	天津 市	浙江 省	上海 市	辽宁 省	山东 省	福建 省	河北 省
综合竞 争力指 数	2016	95.84	149.36	81.41	109.65	128.10	111.14	83.64	70.71	74.98
	2017	99.02	146.78	78.82	101.07	127.13	111.09	85.95	79.09	75.54
	2018	95.09	150.57	81.05	89.78	140.44	110.20	84.63	74.14	78.78

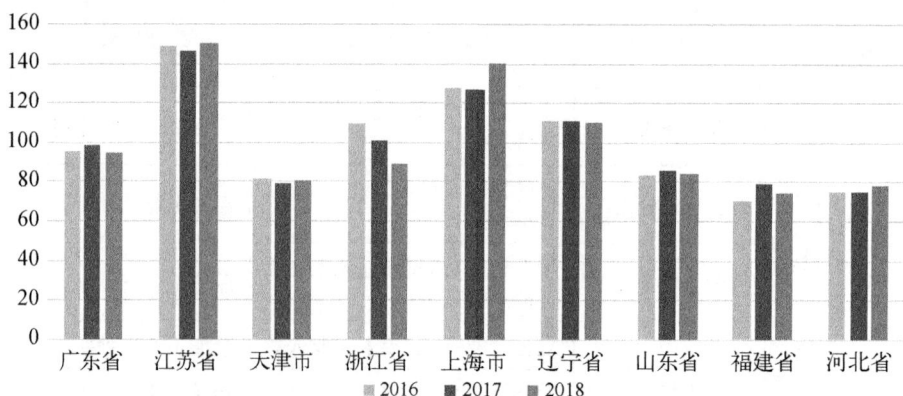

图 1　2016—2018 年上海高端船舶与海洋工程装备产业国际竞争力综合指数得分

从 3 个二级指标看,受产业发展大势所累,在其他许多省份行业增长驱动指数下降的情况下,上海依然保持高水平平稳。产业国际表现和价值链提升指数增长幅度较大,分列全国第二位和第一位,具有绝对竞争优势(表 4)。

表4　2016—2018 年上海高端船舶与海洋工程装备
产业国际竞争力水平二级指标得分

指　标	年份/地区	广东省	江苏省	天津市	浙江省	上海市	辽宁省	山东省	福建省	河北省
行业增长驱动	2016	101.96	159.10	63.46	122.92	137.18	115.05	84.89	53.07	77.28
	2017	93.51	150.67	74.66	106.35	133.76	98.02	114.72	78.83	64.68
	2018	93.32	156.19	105.01	104.59	136.91	104.91	90.84	60.02	64.17
产业国际表现	2016	86.56	147.09	97.83	97.16	107.10	113.29	83.61	73.82	93.55
	2017	87.81	140.45	76.34	96.03	117.19	122.66	80.81	81.93	96.77
	2018	84.87	146.52	76.37	89.19	125.25	118.50	81.98	78.15	99.17
价值链提升	2016	100.77	141.64	80.46	110.81	144.39	104.24	82.34	85.98	49.38
	2017	117.83	150.88	85.74	102.28	133.05	109.19	65.33	75.89	59.82
	2018	109.04	150.32	64.81	76.97	161.97	105.01	82.16	82.19	67.53

（二）行业增长驱动

上海高端船舶与海洋工程装备产业增长驱动指数由产业集中度指数、区域产业集群指数、行业成长速度指数、行业盈利水平指数和国内市场占有率6项三级指标计算得出。2016—2018 年,行业增长驱动指数一直稳定在 130 以上,仅次于江苏,在国内具备较强的竞争优势(见表5、图2)。

表5　2016—2018 年上海高端船舶与海洋工程装备
产业国际竞争力水平三级指标得分

三级指标		年份/地区	广东省	江苏省	天津市	浙江省	上海市	辽宁省	山东省	福建省	河北省
行业增长驱动	产业集中度	2016	84.70	175.49	107.60	112.60	199.88	65.42	72.26	66.83	89.72
		2017	81.67	179.49	107.32	110.08	197.79	67.66	77.27	68.79	85.87
		2018	82.12	180.10	109.02	111.26	195.75	66.69	76.50	67.01	91.38
	行业成长速度	2016	112.44	102.09	40.56	137.57	107.64	164.16	54.26	52.86	128.42
		2017	73.42	72.65	108.81	75.61	79.90	69.88	161.82	181.22	76.69
		2018	84.74	86.31	212.01	82.89	83.25	101.46	82.14	83.31	83.89
	行业盈利能力	2016	111.07	158.76	45.45	128.44	130.70	124.07	105.39	41.16	54.97
		2017	106.95	153.41	38.60	122.21	134.49	124.20	120.41	52.78	46.94
		2018	100.59	162.40	69.84	115.23	138.75	125.56	104.71	54.39	28.53

续表

三级指标		年份/地区	广东省	江苏省	天津市	浙江省	上海市	辽宁省	山东省	福建省	河北省
行业增长驱动	生产效率	2016	113.47	156.98	56.95	126.66	134.42	118.92	108.86	38.07	45.67
		2017	121.33	153.23	57.64	121.03	129.25	122.25	114.07	28.98	52.22
		2018	116.34	152.63	63.59	119.31	138.57	124.62	105.34	27.67	51.93
	国内市场占有	2016	88.13	202.17	66.73	109.34	113.26	102.67	83.67	66.43	67.60
		2017	84.16	194.56	60.92	102.81	127.37	106.09	100.04	62.36	61.68
		2018	82.82	199.52	70.60	94.29	128.22	106.20	85.53	67.71	65.12
产业国际表现	国外市场占有	2016	88.13	202.17	66.73	109.34	113.26	102.67	83.67	66.43	67.60
		2017	84.16	194.56	60.92	102.81	127.37	106.09	100.04	62.36	61.68
		2018	82.82	199.52	70.60	94.29	128.22	106.20	85.53	67.71	65.12
	行业TC指数	2016	110.93	191.47	75.60	113.70	124.68	90.25	83.51	61.80	48.07
		2017	114.35	179.10	47.98	113.77	140.12	103.55	71.67	72.80	56.67
		2018	103.32	186.11	60.22	98.86	148.63	95.44	78.34	67.82	61.26
	行业RCA指数	2016	63.48	115.04	145.81	84.74	110.08	180.01	86.21	66.61	48.02
		2017	70.80	107.78	106.24	85.73	119.01	200.08	72.43	78.51	59.43
		2018	69.42	117.63	89.21	80.69	140.39	190.55	81.60	71.59	58.91
	贸易特化能力	2016	83.68	79.67	103.18	80.85	80.38	80.26	81.05	100.44	210.50
		2017	81.93	80.35	90.23	81.83	82.27	80.93	79.11	114.03	209.32
		2018	83.92	82.81	85.45	82.92	83.76	81.82	82.44	105.49	211.40
价值链提升	科技竞争力	2016	77.51	89.42	75.13	98.94	201.32	132.27	75.13	75.13	75.13
		2017	82.24	108.00	70.12	89.06	204.95	112.54	92.85	70.12	70.12
		2018	94.72	114.43	82.18	84.87	202.23	115.33	68.74	68.74	68.74
	核心产品市场占有率	2016	124.88	190.67	64.42	103.65	124.04	87.40	87.06	60.24	57.64
		2017	126.28	190.27	63.56	101.98	124.03	95.01	78.16	62.14	58.57
		2018	97.76	190.60	67.10	92.90	147.64	86.62	87.27	65.88	64.24
	发展成熟度	2016	78.19	94.89	118.47	135.77	128.60	108.82	80.83	147.84	6.59
		2017	136.81	114.36	144.53	114.34	81.44	132.08	17.29	107.88	51.28
		2018	145.39	105.59	42.29	36.48	150.15	129.59	91.13	126.82	72.55
	核心产品出口竞争力	2016	122.48	191.59	63.81	104.87	123.60	88.45	86.34	60.70	58.16
		2017	125.98	190.89	64.73	103.75	121.79	97.13	73.02	63.42	59.30
		2018	98.27	190.68	67.65	93.65	147.86	88.51	81.51	67.31	64.58

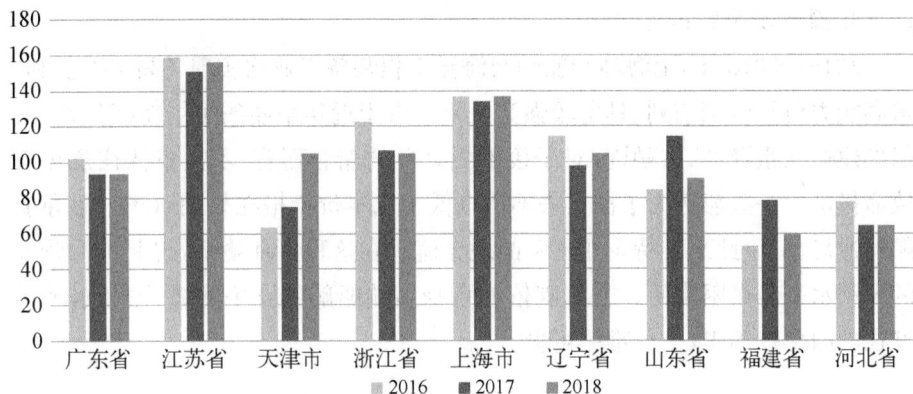

图 2 2016—2018 年上海高端船舶与海洋工程装备产业增长驱动指标得分

具体到三级指标,产业集中度指数和生产效率指数对行业增长驱动指数贡献较大。

1. 产业集聚优势明显

2016—2018 年,上海高端船舶与海洋工程装备产业集中度指数在全国处于绝对绝对领先地位,一直保持在 190 以上,竞争优势突出。在 2017 年全国造船企业完工量排名中,上海外高桥造船和沪东中华均进入前十名;外高桥造船全年造船完工量 625.2 万吨,是国内排名第二的大连船舶重工造船完工量的两倍。外高桥造船、沪东中华、江南造船三家船企合计造船完工量占整个上海市的 93.2%,产业集聚度非常高。

2. 生产效率具有绝对领先优势

2016—2018 年,上海高端船舶与海洋工程装备制造生产效率指数一直居于全国首位。一方面,上海主要的三家造船厂外高桥造船、沪东中华和江南造船本身历史悠久、建造能力突出、接单和出单周期短;另一方面,2017 年,上海市经济信息化委员会印发了《上海促进高端装备制造业发展"十三五"规划》,对高端船舶与海洋工程装备制造产业的智能化升级做出了具体要求,造船企业积极推进数字化、网络化、智能化先进技术在船舶制造领域的应用,推动了生产效率的持续提升。

3. 行业增长速度波动较大

2016—2018 年,受船舶与海工行业国际市场低迷的影响,国内高端船舶与海洋工程装备产业增速均出现了显著波动,总体趋势走低。与国内其他造船大省相比,上海的船舶制造企业主要走技术水平引领的造船道路,始终聚焦高端船型建造,与国外一些大型船企争夺市场,造成增速相对不快。如沪东中华大型 LNG 船、大型集装箱船和上海外高桥船厂承接的首艘国产邮轮的设计建造,都集中在高端领域,使其能够以差异化竞争的方式在船市低迷的情况下扎实前进。

4. 盈利水平突出

2016—2018 年,上海高端船舶与海洋工程装备产业均实现了高水平盈利,盈利能力位于全国前列,具备较强竞争力。由于近年来船舶市场持续低迷,而船舶建造又重资产、重融资,对于接不到订单的船企而言,不接单往往意味着致命打击。一些船企为了活下去不惜以低于成本价价格在船舶市场上争夺船舶建造订单,以此来维持企业正常的现金流。在这种大环境下,想要维持较高的盈利水平是很困难的。上海则依靠自身高端船舶的竞争优势,盈利水平始终在国内保持领先,十分难能可贵。

(三) 产业国际表现

上海高端船舶与海洋工程装备行业产业国际表现指数由国外市场占有率指数、出口竞争力指数、贸易竞争力指数和贸易特化能力 4 项三级指标计算得出。2016—2018 年,产业国际表现指数仅次于江苏,居于全国领先水平(见图 3)。

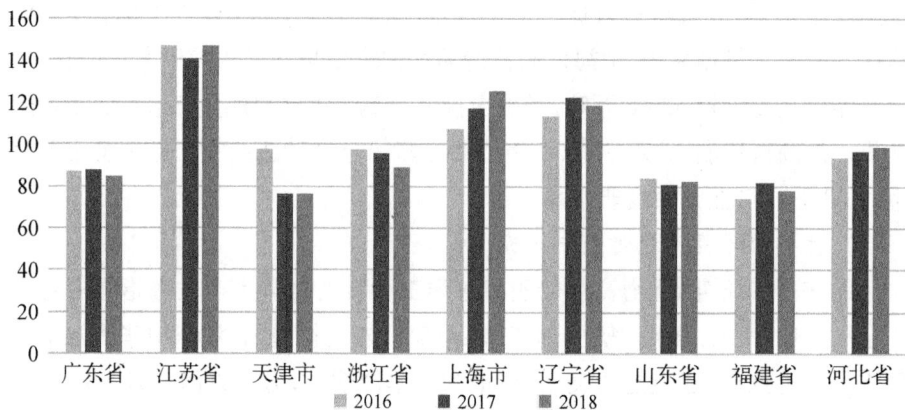

图 3　2016—2018 年上海高端船舶与海洋工程装备产业国际表现指标得分

具体到三级指标,除贸易特化能力较弱以外,国外市场占有、行业 TC 指数、行业 RCA 指数表现均较好。

1. 国际市场占有率增长较快

2016—2018 年,上海高端船舶与海洋工程装备产业国际市场占有率指数保持了较快增长水平,具备较强的竞争优势。国际市场占有率的快速提高离不开上海的三家造船厂对高水平船型市场的开拓。目前,江南集团已成为设计及建造我国舰船及大型液化气体运输船(VLGC)的佼佼者;沪东中华则是国内唯一能够建造大型 LNG 船的企业,迄今为止已建成 13 艘大型 LNG 船,代表了中国造船业的最高水平;外高桥造船公司在各类钻井平台以及超大型集装箱船等大型船舶的设计及建造领域取得了突破;公司主推的好望角型散货船、油轮、40 万吨 VLOC 船、20000TEU 集装箱船、18 600 吨化学品船、沥青船等拳头产品在船舶市场上始终处于领先地位,公司承接的 21 艘好望角型散货船;按载重吨计,其全球市场占有率高达 26%。

2. 出口竞争力较强

2016—2018 年,上海高端船舶与海洋工程装备行业出口竞争力指数实现了较大幅度的增长。实际上,受全球经济增长趋缓、航运市场低位徘徊的影响,我国船舶产业出口交货值近年一直走低。对于一些中小型船厂,其船舶产品较为单一、产品附加值低、技术含量不高,在国际市场上很难形成较强的竞争力,受此影响最大的是浙江、广东等省份。对于上海来说,受益于三家主要造船企业紧跟行业发展需求,聚焦于高附加值船型,其产品在国际市场上仍然具备较强的竞争力。2018 年,外高桥造船与沪东中华船厂在出口船舶数量上分列全国第 1 和第 9。

同期,上海高端船舶与海洋工程装备行业 TC 指数与 RCA 指数提速明显,贸易竞争力提升显著。尽管高端船舶与海洋工程装备行业受宏观经济波动和航运市场景气度影响特别大,但船企自身竞争条件也至关重要。2017 年8 月,法国达飞轮船(CMA - CGM)分别与沪东中华集团、外高桥造船公司签署了超大型集装箱船建造意向书,订单共计 9 艘 22000TEU 级双燃料动力集装箱船,每艘造价最高可达 1.6 亿美元,9 艘船的总订单额达到了约 96 亿元人民币。面对韩国顶级船厂的强势竞争,七〇八所、沪东中华、外高桥造船与中船集团贸易公司密切合作,最终,在总计五轮的竞标过程中,中船集团先后击败日韩的今冶造船、韩进重工、大宇造船海洋、三星重工和现代重工等五家强有力的竞争对手,成功与达飞集团签订建造合同,凸显出沪东中华、外高桥造船在国际造船市场的竞争话语权。

3. 高端船舶进口需求仍较大

2016—2018 年,上海高端船舶与海洋工程装备行业贸易特化能力指数三年来一直维持在偏低水平,在国内位列中等。主要原因是由于高端船舶进口量相对较大。作为我国重要的航运港口,国内规模靠前的海运公司(如中远海运、中谷物流集团、上海海华轮船等)总部多坐落于上海。2017 年,上海高端船舶与海洋工程装备行业进口额为 2.8 亿美元,占全国总进口金额的18.3%。

(四) 价值链提升

上海高端船舶与海洋工程装备行业产业价值链提升指数由科技竞争力指数、核心产品市场占有率指数和产业发展成熟度指数 3 项三级指标计算得出。3 项指数整体位居全国前列,其中,科技竞争力指数得分最高(见图 4)。

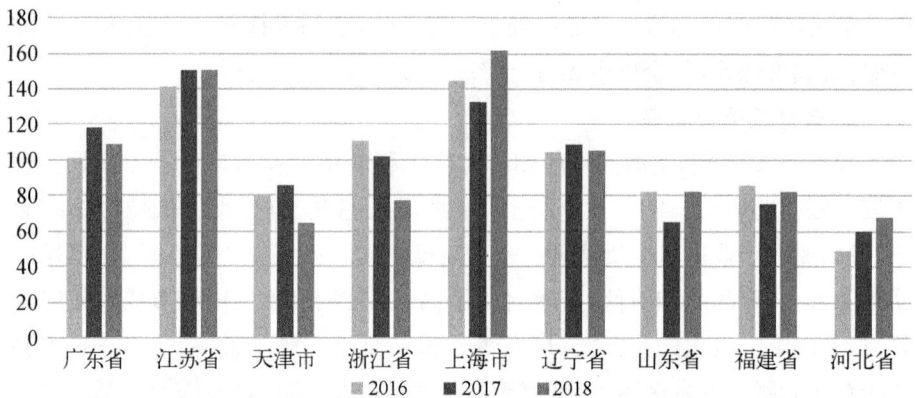

图4　2016—2018年上海高端船舶与海洋工程装备制造价值链指标得分

1. 科技竞争力领先优势突出

2016—2018年,上海高端船舶与海洋工程装备制造科技竞争力指数均在200以上,遥遥领先于第2、第3名110分左右的得分水平,科技竞争优势十分突出。上海交通大学、外高桥造船、中船工业708研究所等院所,均是国内船舶行业顶级科研机构,在理论上与操作上具有很强的科技研发与攻关能力。此外,外高桥造船、江南造船、中船工业七〇八研究所均属中船工业集团体系,在科研项目合作上具备得天独厚的产研优势,助推了行业科技进步。

2. 核心产品市场占有率与出口竞争力稳步提高

2016—2018年,上海高端船舶与海洋工程装备产业核心产品市场占有率与出口竞争力在国内具有较大的竞争优势,且优势提升明显。上海三大造船企业的核心产品均已基本明确:江南集团主要以设计及建造我国舰船及大型液化气体运输船(VLGC)为主;沪东中华是国内唯一能够建造大型LNG船的企业;外高桥造船公司则在各类钻井平台以及超大型集装箱船等大型船舶的设计及建造领域领先。三家企业分工明确,对国内其他船厂形成了较高的产品生产壁垒。值得注意的是,高端船舶与海洋工程装备制造具有单一产品建造周期很长的典型特征,从开始生产到下水交付需要1—2年,而从订单签约到最后完工交付往往需要2—4年的时间;且单一产品订单数额较高,少数产品订单波动往往会带动核心产品出口值的变化,属于正常现象。

3. 产业发展成熟度高

从上海高端船舶与海洋工程产业发展成熟度来看,同样具备较大竞争优势。2016—2018年,发展成熟度指数稳步提升。上海高端船舶与海洋工程装备制造的三大造船企业产品特色鲜明、技术含量高、建造壁垒高,使得沪东中华造船厂的大型LNG船、外高桥造船的超大型集装箱船等成熟型高端产品的下游市场需求相对稳定。

四、发展路径

（一）产业基础

上海是我国现代船舶工业的诞生地，经过中华人民共和国成立以来 70 年的发展，特别是改革开放 40 年的快速发展，上海船舶工业取得了飞速成长。总产值连年快速增长，船舶建造速度快速提升，在造船完工量、产品结构优化、整体布局、品牌形象以及体制改革等方面取得了重大突破，上海已成为我国船舶与海洋工程装备产业综合技术水平和实力最强的地区之一。

从生产能力看，江南造船（集团）有限责任公司、沪东中华造船（集团）有限公司、上海外高桥造船有限公司、上海船厂船舶有限公司以及上海振华重工（集团）股份有限公司、中海工业（上海）有限公司、华润大东船务工程有限公司是目前上海市几家大型造修船企业。尽管船厂数量较少，但三大船厂的总体产能加之其他修船厂的修造实力在国内名列前茅，即便在世界范围内，这些船企也极具竞争力。从研发能力看，上海船舶工业整体研发实力也走在全国前列，共有包括中船动力研究院、中国船舶重工第七〇四、七〇八、七二六研究所、中国船舶及海洋工程设计研究院、中国海洋装备工程科技发展战略研究院、江南研究院等在内的 12 家船舶研究领域的科研院所。从功能平台看，上海有海洋工程装备制造业创新中心、海洋工程国家重点实验室、国家能源 LNG 海上储运装备重点实验室、航运技术与安全国家重点实验室（建设中）、国家深海技术试验大型科学仪器中心等 19 家船舶与海洋工程装备相关的服务与研究中心。

自 2009 年以来，国际船市就陷入了持续的低迷，不仅船价一落千丈，新船订单也稀贵如金。面对恶劣的外部生存环境，上海船舶工业适时转变发展方式、调整产品结构，在部分高端海洋装备制造领域取得了突破，确定了全新的品牌定位。至今，江南集团成为我国设计及建造舰船及大型液化气体运输船（VLGC）的佼佼者；沪东中华作为国内唯一能够建造大型 LNG 船的企业，目前已建成 13 艘大型 LNG 船，代表了中国造船业的最高水平；2017 年 6 月 29 日，其与日本商船三井公司签订了 4 艘 17.4 万立方米大型液化天然气（LNG）运输船建造合同，合同总价超过 50 亿元；外高桥造船公司则在各类钻井平台以及超大型集装箱船的设计及建造领域取得了突破：2017 年 12 月 25 日，其下属长兴重工建造的 21000TEU 集装箱船顺利出坞，这艘钢铁巨无霸是迄今为止国内在建主尺度最大、载箱量最大的超大型集装箱船，标志着国内最大集装箱船建造纪录再一次被刷新，成功立足于超大型集装箱船国际"建造俱乐部"。

海洋工程装备方面，上海临港装备基地已吸引徐工集团、三一重工等工程机械行业龙头投资建设研发中心及大型产业化项目,先进重大装备、清洁高效发电和输变电设备、大型船舶关键件、海洋工程装备、民用航空配套产业的产业集群已初具规模;长兴船舶及海洋工程装备基地一期工程顺利建成,已迅速形成生产能力,二期工程建设正在加快进行。

(二)产业发展方向

尽管在过去几年中,上海船舶与海洋工程装备产业的发展取得了巨大成就,但在高速发展过程中也积累了不少矛盾和问题。主要表现在:造船完工量屡创新高,但在全国所占份额却逐年走低;在液化天然气(LNG)船等高端船舶的建造领域全国领先,但在豪华邮轮、大洋钻探船、高级游艇等方面技术储备尚不完善;在钻井平台、海上浮式生产储油装置(FPSO)等主流海洋工程装备的设计、建造领域有了一定突破,但在前期设计能力、工程总包能力、海洋工程配套能力等方面仍与韩、日、欧美等先进造船国家存在相当差距,仍未形成产业规模;配套产业门类较局限,优势产品不多,仅呈点状发展,产业链有待完善。

2017年2月23日,上海市经济信息化委印发了《上海促进高端装备制造业发展"十三五"规划》,提出上海要率先在我国建成规模实力雄厚、创新能力强、质量效益好、结构优化的船舶海洋工程装备现代化产业体系,成为我国高端船舶产业的龙头基地和有全球影响力的研发中心和建造中心之一。不仅明确了高端船舶与海洋工程装备制造在上海制造业体系中的重要地位,更为产业发展指出了具体路径与方向。

在高技术船舶制造方面,以聚焦高端、发展配套为重点,发展LNG船、LPG船、高档化学品船、豪华客滚船、豪华游船、万箱以上集装箱船、冰区加强型船舶、大型工程船、大型公务船、科学考察船及高性能远洋渔船、豪华游艇等高技术高附加值船舶;突破满足新船能效设计指数(EEDI)和IMOTierⅢ排放要求的节能、环保、智能型船用中低速柴油机及其关键零部件(如电控模块、共轨系统、电子调速器、大型排气阀杆、大型薄壁轴瓦等);发展船用锅炉、油水分离机、压载水处理系统、液化天然气船用双燃料发动机、吊舱推进器、大型高效喷水推进装置、大功率中高压发电机、船舶通讯导航及自动化系统等船舶配套设备。

在海洋工程装备制造方面,以深海开发、系统配套为重点,提升半潜式和自升式钻井/生产平台、钻井船、深海浮式生产储卸装置(FPSO)等油气勘探开发装备的设计建造实力,突破浮式天然气储卸和再气化装置(LNG-FRSU)、浮式天然气生产储卸装置(LNG-FPSO)等前沿型装备空白;开发钻井、水下生产、动力定位、海洋平台控制、油气水处理等核心系统和配套设备,发展全自动码头及新一代港口机械,拓展全球港机服务链。

2018 年 1 月 22 日,上海市政府再次印发《上海市海洋"十三五"规划》,其中提出发展目标:全市海洋生产总值占地区生产总值的 30%左右(预期性指标),形成以海洋战略性新兴产业和现代海洋服务业为主的现代海洋产业体系。按照建设"全球海洋中心城市"的要求,对上海优化海洋产业空间布局提出了新设想:在临港地区,建设海洋高新技术产业化基地,加快海洋科技资源集聚、研发孵化和成果转化。在长兴岛,建设海洋产业发展核,打造海洋装备岛,主要是通过长兴海洋装备基地的建设,加快高端船舶制造、海洋工程装备等产业发展。在中心城区的宝山区和虹口区,建设邮轮母港,组建本土邮轮公司,打造邮轮产业链。

(三)提升路径

1. 以创新促船舶产品结构优化

从近年来国际船舶市场的需求来看,成交结构已由原来的散货船、油船占主导向散货船、油船、集装箱船、液化气船占比均衡转变,并向绿色、节能、环保方面发展,新的市场增量主要来自技术复杂的高端船型。

针对结构性产能过剩的情况,上海船舶行业可考虑以技术创新为引领,适当降低三大主力船型所占比重,提升高附加值船与特种船的比重,推动船舶产品转型升级。一是优化三大主力船型制造。散货船、油船、集装箱船应加快推出一批自主研发的绿色环保船型,促进低碳船型研发与生产。二是保持优势品牌船型生产。在大型液化天然气(LNG)船、支线型 LNG 船、超大型集装箱船、超大型液化气船、钻井平台、大型铺管船、全回转起重船和十二缆物探船等高端船型制造上,努力保有和稳定现有优势品牌船型;三大造船厂之间需坚持合理分工协作,实施差异化竞争,在各自的专业化领域实现特色化发展。三是继续向高端产品领域进军。在保持大型液化天然气(LNG)船、万箱以上级集装箱船、液化石油气(LPG)船、大型化学品船、高等级海峡客滚船等高端船舶开发建造优势的基础上,继续向极地破冰科学考察船、大洋钻探船、大型疏浚船等特种船舶以及大型豪华邮轮、豪华游艇、新能源船舶等高技术船舶的设计与建造发力。

2. 加强船舶智能制造技术研究

智能制造可有效缩短建造周期,提高生产效率和产品质量,船厂智能化是船舶与海洋工程装备产业发展的大势所趋。20 世纪 90 年代末,现代重工就开发出了 HICIMS 集成制造系统,使平均设计周期缩短约 25%、平均建造周期缩短约 10%;新世纪初,又全面采用 Tribon 智能系统。现今,包括三星重工、大宇造船、川崎重工和三菱重工等在内的许多国际知名造船企业都在积极建设智能船厂,已经带来了生产效率和产品质量不同程度的提升。

从国内情况来看,大连船舶重工集团有限公司、江南造船(集团)有限责任公司、沪东中华造船(集团)有限公司、上海外高桥造船有限公司以及南通中远川崎造船厂等国内船厂也都在积极建设智能船厂。其中,智能化进程最快的船厂是南通中远川崎造船厂,其智能船体车间已被工信部认定为国内首个船舶智能制造试点示范项目。大连船舶重工集团于 2016 年成功研发了多功能舱室焊接机器人,成功打破了国外垄断,使我国成为世界上第 4 个拥有该先进技术装备的国家。自此,我国船舶的分段制造能力接近日韩先进船舶企业水平,车间能耗降低 10.8%,设备有效利用率提高 30%。

对于上海船企而言,在世界船舶制造竞争进入白热化阶段的当下,各船型在接单价格上已无下降空间,要与日韩等造船强国同场竞技,就必须在船舶建造质量、建造效率、建造周期等方面取得突破,向高技术、高附加值的海洋工程设备模块设计和智能制造转移是上海船舶与海洋工程装备制造业发展的重点。在实施的路径上,除利用好智能制造技术重大专项的政策与资金支持外,应遵循边改造边生产的原则,分阶段稳步实现智能船厂建设。

3. 大力发展船舶配套产业

船舶配套设备包括动力系统、螺旋桨、辅助锅炉、甲板机械、舱室机械、通讯导航、测量控制、信息系统等,是船舶高附加值的主要载体,目前其低水平发展已成为制约我国船舶工业做大做强的瓶颈,这一问题对于船舶制造走在国内前列的上海而言尤为突出。

从上海的三大船企来看,船舶制造的关键技术基本都从欧洲引进,核心设备及关键零部件多从日本、韩国进口,国产配套率仅有 30%,高新技术船舶和海工装备国产配套率更是只有 20%左右。如外高桥造船制造的海工标志性产品"海洋石油 981"号深水半潜式钻井平台的发电机、动力系统、DP3 动力定位系统等均从国外进口;发动机生产一般采取与国外企业合作的方式,或者通过生产许可证获得运营,专利技术多被他人掌控;而高精度位置传感器、控制系统、特种焊接材料、钛合金材料、雷达磁控管、测深仪探头、计程仪探头等产品和技术更是为国外企业垄断。目前,上海船舶配套产业主要集中在动力系统的建造方面,以沪东重机有限公司和上海中船三井造船柴油机有限公司的船舶动力产业为代表,形成了自有品牌,但在其他船舶配套产品方面未能实现重大突破。

未来,上海应该积极鼓励相关企业加大对船舶配套产品的研发投入,走"专、精、尖"的发展道路,改变船舶总装和配套产业发展不平衡的状态,为自身、也为我国船舶制造提供有力支撑。在产品方向上,应在船舶自动化控制和系统集成等方面取得重要突破;拓展核心系统和配套产品系列,推进陆用配套设备向海洋工程装备配套领域发展。可加快自主品牌船用柴油机研发和产业化,推动船用动力系统、电站系统、舱室设备等优势配套产品进入高端产品市场,扩大市场占有率;建设船用柴油机二轮配套产业基地,完善本土化二轮配套体系。

4. 聚焦高端海洋工程装备领域

习近平总书记在党的十九大报告中明确要求"坚持陆海统筹",为建设海洋强国再一次吹响了号角。提高海洋资源开发力度,保护环境和发展经济,都需要强大的海洋装备产业体系,这是作为建设海洋强国的必要支撑。

上海是我国海洋工程装备生产的主要基地,为响应中央"加快建设海洋强国"的号召,应坚持将发展高端海洋工程装备作为上海船舶制造业转型发展和结构调整的重点,开展高端产品的预研与超前研究,提升创新引领力。

(1) 加快主力装备系列研发,提高国际市场份额。通过引进消化吸收再创新,开展自升式钻井平台、自升式修井作业平台、半潜式钻井平台、半潜式生产平台、半潜式支持平台、钻井船、浮式生产储卸装置、半潜运输船、起重铺管船、风车安装船、多功能海工船等主力海洋工程装备的系列化研发,着力攻克关键技术;加强技术标准制定,注重研发全过程的知识产权分析,形成具有自主知识产权的品牌产品,提高主力海工装备的国际市场份额。重点开展自升式钻井平台、自升式修井作业平台、半潜式钻井 / 生产 / 支持平台、钻井船、浮式生产储卸装置(FPSO)、海洋工程船等装备系列化研发,重点突破其自主开发设计的关键核心技术,保有概念设计、基本设计和详细设计能力。

(2) 加强新型海工装备开发,提升设计建造能力。通过集成创新和协同创新,加强浮式钻井生产储卸装置、自升式生产储卸油平台、浮式液化天然气储存和再气化装置、平台式海上天然气液化工厂、立柱式平台、张力腿平台、半潜式起重船等装备开发,逐步提高研发设计建造能力;在原始创新上,加强海上大型浮式结构物、深海工作站、大洋极地调查及深远海环境探查设备的设计建造关键技术研发,做好技术储备。重点突破浮式钻井生产储卸装置、自升式生产储卸油平台、浮式液化天然气生产储卸装置、浮式天然气储存和再气化装置、浮式天然气液化再气化存储装置、平台式海上天然气液化工厂、立柱式平台、张力腿平台、半潜式起重船、海上大型浮式结构物和海底生产系统的总装建造技术,逐步提高集成设计能力。

(3) 开展前沿海工装备研究,提高技术开发能力。前沿海洋工程装备将改变当前海洋资源的开发模式,主要包括:天然气水合物、金属结核、钴结壳、硫化物和稀土等矿产资源开采设备,潮汐能、波浪能、温差能、盐差能、海流能等海洋可再生能源开发装备,海水提锂、海水提氢等海洋化学资源开发装备以及其他新型装备。开展前沿海工装备研究的重点是开展概念性技术研究,并做好技术储备工作。

五、政策建议

（一）提高船舶重装领域的自主创新能力

船舶与海工作为典型的重型装备制造行业,建造国之重器,提高自主创新能力的战略意义深远。一是支持行业领军企业建立或扩容自有高水平研发机构,加快开展基础性和前沿性核心技术的创新研究。二是推动造船行业强强联合协同攻关,支持龙头船企整合科研院所、高等院校力量,建立创新联合体,推动上下游力量集体攻关重大科研项目和最新前沿技术,以加强战略、技术、标准、市场等方面的协同创新。三是向船舶制造行业扩大科技领域的对外开放,开辟更多国际创新资源交流与多元化合作渠道。2018年国务院办公厅颁发的《关于扩大进口促进对外贸易平衡发展的意见》就是一个积极的信号,将对绿色环保与节能型船舶设计技术、高端船舶配套设备等关键技术、设备的引进产生促进作用。四是推动建立知识布局与产业链相匹配的知识产权集群管理模式,建立船舶制造长产业链全过程的知识产权分析评议制度,加强知识产权发现和预警。

（二）加快船舶与海工制造技能型人才培养

船舶与海工都是巨型制造工程,不仅需要从事研发的高精尖知识型船舶专业人才,对具备实践与操作能力的技能型人才需求量也很大。作为国内船舶与海工制造领头羊的上海船企,一是应着眼于制造基地的需求,培养船舶修造、海洋工程、游艇制造、船舶配套、船舶机械等细分门类的各类技能型人才;培养重点放在增强对技术的领悟和改进上,在掌握熟练技术和从事熟练劳动的基础上,具备工艺革新、技术改良、流程改革和发明创造能力。二是,随着智能船舶和绿色船舶的兴起,应加大船舶制造技能人才对精密技术和高端技术的理解力;在船企(尤其是以三大造船厂为代表的旗舰型船企)内部,实行"一企一策""一岗一策"的船舶制造人才评价体系,打破身份、学历、资历限制认定行业高精尖技能人才,做精制造。

（三）健全船舶制造的政策支撑体系

健全的产业政策与法律法规支撑体系是完善高端船舶与海工制造保障机制的重要内容。一是在财政政策方面,应重点扶持高端造船及其关键零部件及支持体系的研发与产业化,优势拳头产品和重点骨干企业的技术改造贷款、贴息贷款,主要技术装备和关键技术的引进、消化、吸收和创新补贴等。二是建立财政资金优先采购自主创新高端船舶制造业产品制度,优先采购本地企业生产和政策支持的相关产品。三是在税收政策方面,实施重大技术装备进口税优惠；企业新技术、新产品、新工艺的研发支出参照有关税收法律、政策予以扣减；对于造船企业新建项目中因技术进步或长期高强度使用的固定资产，可以采用加速折旧法加速成本回收；对于长期参与校企合作的造船企业，给予减税或补贴，使企业在合作中产生的成本得到补偿；对于规模小、技术水平高、发展潜力大的船舶配套企业，通过研发费用加计扣除等形式给予优惠待遇。

（四）加大财政支持力度，营造良好的金融环境

高端船舶与海工制造是典型的资本密集型产业，融资支持对于船舶企业获得订单、维持生存十分重要。一是加大银行等金融机构对船企特别是骨干船企的扶持力度，实行差别化管理，扶优扶强，向有品牌、有市场、有订单的船企提供信贷、融资、担保等金融服务，帮助骨干船舶企业顺利度过市场低迷期。二是针对单只舰船造价高昂的产业特性，在船舶出口方面，加强对船企的财务管理，严格控制汇率风险。三是通过融资促进船舶与海工制造企业并购，助力船舶产业战略性重组，支持企业加快"走出去"，参与更广泛的国际市场竞争。四是开展船舶与海工的产品融资租赁业务，推进租赁资产证券化试点。健全多层次资本市场，提高重型制造的资源配置效率。

执笔：

  林 兰 上海社会科学院城市与人口研究所研究员

2018 年上海民用航空装备产业
国际竞争力报告

航空装备制造产业主要是指对航空器的研发、生产制造及维修等相关工业，属于国家战略性产业，是一个国家科技水平、国防实力、工业水平和综合国力的集中体现和重要标志，在军事和经济上具有重要的地位和作用。航空装备制造产业属于技术密集型产业，处于装备制造业的制高点，与其他高端装备制造业面向的对象只是传统产业的高端部分不同，几乎整个航空装备的产业链都属于高端装备和新材料的范畴。航空装备制造产业是经济持续发展的一支重要力量，对国民经济其他产业具有很强的辐射带动作用，是国防实力的重要支撑。在新的国际形势下，航空工业的发展不仅对我国经济持续健康发展具有重要意义，而且对我国国防现代化的发展具有战略性意义。

世界主要经济发达国家都具有强大的航空工业。不仅美、欧发达国家加快发展民用航空工业，巴西、日本、韩国、印度等国家也将民用航空工业作为战略性产业重点发展。总体上看，美国的航空工业在全球遥遥领先，欧洲国家（除俄罗斯以外）的航空工业实力强大，是继美国之后的第二大集团。全球航空市场被欧美国家垄断，自航空工业出现以来，美国与欧洲一直居于垄断地位，凭借先进的科学技术，垄断了航空工业中的高端产品。世界干线飞机市场基本被美国波音公司和欧洲空客公司瓜分，支线飞机市场主要由庞巴迪宇航公司、巴西航空工业公司所垄断。通用飞机市场排名前十位的制造商占据全球总产量的 90% 以上，高端公务机市场被庞巴迪、塞斯纳、湾流等公司垄断，民用直升机市场被贝尔公司、罗宾逊公司、西科斯基公司等占领。

中华人民共和国成立以来，在政府的支持下我国的航空事业不断发展，随着整体经济实力的日益强大，航空工业正在成为我国重要的战略性产业和国防现代化的强大保障力量，已经在世界航空制造行业占有了一席之地。从航空行业的整体规模就运行情况看，整个行业资产规模稳步上升，固定资产投资规模，产值规模新开工项目持续增长，主营业务收入主营业务成本增速放缓，但利润快速增长,盈利能力和偿债能力有所增加,按行业看,飞机制造行业资产规模最大。

预测未来 20 年,世界干线飞机需求超过 3 万架,价值 3 万亿美元,支线飞机需求超过 1.2 万架,价值 6 000 亿美元。未来 10 年,全球通用飞机需求超过 5 万架,价值 4 000 亿美元。面对如此广阔的市场需求,全球各大航空制造商一再提升产能,加速生产,同时不断加快技术更新和突破进程。航空制造业产业结构在技术和市场的作用下发生着巨大变化,技术架构和产业格局将延续之前的变革性发展态势。《〈中国制造 2025〉重点领域技术路线图(2015 版)》提出,在航空装备领域,加快大型飞机研制,适时启动宽体客机研制,鼓励国际合作研制重型直升机;推进干支线飞机、直升机、无人机和通用飞机产业化。突破高推重比、先进涡桨(轴)发动机及大涵道比涡扇发动机技术,建立发动机自主发展工业体系。开发先进机载设备及系统,形成自主完整的航空产业链。

航空装备制造业的产品研制周期长、成本高、风险大,且市场空间有限、寡头垄断严重,因此企业的市场研究和定位以及核心技术的更新与突破尤其重要。我国航空装备一直处于贸易逆差,我国未来航空产业前景广阔,但随着更多的国家在航空工业不断增加投入,竞争也更加激烈。在当前中美贸易摩擦背景下,航空装备制造业作为中美贸易的重要领域,很有可能成为中美贸易摩擦下一步的波及领域。因此,在当前国际经济背景下,大力发展航空装备对我国制造业的整体提升有重大意义。

一、航空装备制造业增长新趋势

(一)重要核心技术突破与生产模式变革

1. 核心技术正发生新突破

随着人类对航空领域的不断探索,科技水平不断取得进步,全球航空装备制造业的核心技术正发生着新的突破。

一是智能技术正从装配领域向其他领域延伸。近年来,人工智能技术、机器人技术和数字化制造技术等相结合的智能制造技术正催生智能制造业。航空智能制造主要有数字线索技术、赛博物理生产系统技术、智能人工增强系统技术三类核心技术,航空装备大部件装配领域首先运用智能技术,GKN 公司、空客和波音正尝试使用自适应加工、增强现实和可穿戴等技术。未来,飞机装配领域将率先实现智能技术的大规模应用,并延伸至其他制造以设计领域。

二是航空发动机正迎来新革命。航空发动机因具有高技术、高投入、长周期、高风险等特点,呈现出典型的寡头垄断格局,以燃气涡轮为基础的喷气发动机占据主导地位。目前,传统航空发动机正在向变循环发动机、多电发动机、间冷回热发动机和开式转子发动机发展,变循环发动机将更好地适用各种飞行条件和工作状态,多电发动机技术可全面优化燃气涡轮发动机的结构和性能并降低寿命期成本,智能发动机技术将使推进系统结构更紧凑、效率更高,超燃冲压发动机、脉冲爆震发动机等新概念发动机具有结构简单、成本低、性能好等特点,正引发新的革命。

三是新材料正颠覆原有概念。目前,增材制造已经进入发动机核心部件生产环节,陶瓷基复合材料发动机应用取得重要突破,非热压罐工艺已经进入热固性复合材料主承力结构制造领域,热塑性复合材料越来越多地被使用到承力部件。未来,随着各种材料技术的成熟,顶尖新技术的新材料不断涌现,现有发动机设计和制造概念将被颠覆。

四是信息化正渗透到航空制造全过程。先进制造技术的信息化、数字化对于航空产业提高质量和效率、实现资源有效共享,以及降低成本非常重要。目前,数字化已经渗透到航空产品的设计、制造、试验和管理的全过程中,涌现出大批航空产品数字化定义、虚拟制造、仿真等技术,不仅缩短了产品的研发周期,降低了生产成本,还改变了传统的设计、制造、试验、管理模式、方法和手段,以及生产流程和组织方式。

2. 生产模式正发生新变革

一是集群化。产业集聚是指在某一特定产业领域内的、地理位置上呈相对集中特征的若干企业与相关机构,在产业发展过程中,由于相互之间具有的共性、替代性与互补性等原因形成的一组相互依赖、彼此竞争、互为支撑的产业集群的现象。航空制造业的产业集聚,使得产业链上的各相关企业之间呈现出一个横向扩展或者是纵向延伸的专业化分工布局,有利于实现技术、信息等资源共享,从而降低企业的生产成本,节省交易和学习费用,提高经济运行效率。各相关企业之间的溢出效应也进一步推动整个航空制造业的技术升级,大为提高航空制造业集群的整体竞争力。另外,产业的空间集聚使得集聚于该区域的相关企业获得规模经济,进而降低了单位产量的整体平均生产成本,取得超额经济利润。各个民用航空制造业企业之间由于实行专业化分工而得到外部范围经济、处于产业链不同环节上的各个制造企业之间的密切协作,降低了原材料与零部件的搜寻与运输成本,进一步产生了极佳的产业集聚效应。航空制造业的关联效应得到极大发挥,带动了当地机械制造、材料加工、电子设备等行业的发展,这些关联产业技术水平的进步也反过来助力当地航空制造业更好、更快的发展。

二是国际化。在当今经济全球化时代,航空制造业属于典型的"合作型工业",国际合作已成为航空产业的一个重要模式。例如,空客就是欧洲进行航空企业整合背景下英、法、德多国合作的产物,机翼和发动机的研发工作由英国分工负责,法国负责机身设计以及飞机总体整合装配,德国则专门分工负责尾翼的生产制造。同样,波音飞机的大部分零部件生产也是在包括中国在内的世界上多个国家和地区,通过转包生产方式完成的,最后运到美国进行整机总装。

三是融合化。制造业和服务日趋融合,围绕有形产品为用户提供越来越多的服务,服务收入在总收入中的比例越来越高。对产品功能进行全面的开发,并指导用户正确地使用产品,为用户提供全面、稳定的保障和服务,成为现代装备制造企业实现产业增值和竞争力提升的有效手段。另外,以信息技术为代表的高新技术与制造过程相融合,推动装备制造业向全面信息化的方向迈进,柔性制造系统、计算机集成制造系统、制造智能化技术给装备制造业带来深刻的变革。新一代信息技术与制造业的融合,制造业应利用互联网建立开放性的平台,通过这个平台鼓励内部的员工和社会资源聚集到这个平台,来为企业服务。同时,也鼓励互联网、通信企业、工业的大企业搭建面向广大小微企业服务的另一个公共服务平台。

四是服务化。制造业服务化是指制造企业从满足客户需求、实现价值增值、提升企业竞争力等动因出发,由提供产品为中心向提供服务为中心转变的一种动态过程,是当今全球装备制造产业发展的重要趋势。制造业服务化有两个层次,一是投入服务化,即服务要素在制造业的全部投入中具有越来越重要的地位;二是业务服务化,也称为产出服务化,即服务产品在制造业的全部产出中占据越来越重要的地位。两大产业体系在全球范围内的交叉融合,帮助传统制造业由"生产型制造"向"服务型制造"的革命性发展。以国家为标度细分服务类型,设计和开发服务依然是最常见的制造业服务化形式,紧随其后的是系统和解决方案、维护和支持服务,以及零售和分销服务。这些板块构成了最主要的制造业服务化形式,是当今制造业强国发展服务化生产的主流形式。

(二) 核心企业产业链重构进程加快

航空装备产业属于技术密集型先进制造业,产业链长,带动效应强,在促进科技进步、产业升级、发展方式转变中发挥重要作用。据国际航联统计,航空工业每 1 美元的投入,将拉动 60 多个相关联行业 8 美元的产出。

1. 波音公司

自 2017 年开始,波音公司加快产业链整合和重构的步伐,其主要目的是降低其生产成本,同时通过一系列并购、成立合资公司等措施,开拓全新市场业务,提升其在上下游领域的影响力。其具体产业链整合措施如表 1 所示。

表1 波音公司2017—2018年产业链整合主要措施情况

时 间	产业链整合目标	具 体 举 措
2017年7月	加速削减成本	加紧留存现金,削减工厂零部件库存,放慢对供应商的付款。
2017年8月	降低生产成本	建立一个以开发和建造航空电子系统的新单位,扩大其关键技术的"内包战略"。
2017年8月	全面开启供应链紧缩管理和垂直整合	"合作伙伴关系计划"引入苛刻条款和新供应商,挤压原供应商联合技术公司航空系统的商业空间。
2017年10月	促使供应商大幅降低成本	"合作伙伴关系计划"旨在让供应商大幅降低成本,迫使供应商接受更苛刻的条款。
2018年1月	减少生产交付延迟所产生的成本	对供应商实施垂直整合战略,计划与汽车座椅生产商安道拓组建合资公司来生产飞机座椅。该合资公司将向航空公司和租赁公司出售座椅,并负责相关研发工作,同时为波音安装全新座椅和改装部分座椅,支持波音公司对供应商的垂直整合战略,以提供更好的产品和增值的服务。
2018年4月	扩大在增材制造领域的影响力	投资Morf3D,专门从事金属添加剂工程和制造。Morf3D的技术可为航空航天应用提供更轻的3D打印部件。该公司主要还为波音提供飞机制造的自动系统、先进材料、混合动力和物联网链接技术。
2018年5月	扩大飞机服务业务	斥资42.5亿美元收购航空零部件厂商KLX Inc.。并与波音旗下零部件公司Aviall合并,一同纳入波音全球服务部门中。
2018年6月	拓展辅助动力装置市场	与赛峰集团成立合资公司,联合为飞机开发辅助动力装置(APU)。该公司将由两家公司平等拥有,将为航空航天企业量身定制产品和服务。目前,赛峰集团已经向波音公司提供LEAP-1B发动机,为其737MAX系列飞机提供动力。

2. 空客公司

2016年9月开始空客公司加快产业链重构,面对全新的全球竞争环境和全球产业链分工体系,一方面加强对供应商体系的整合力度,另一方面不断开拓供应链空间范围,不断加强开扩加拿大航空领域。此外,空客公司还不断改善产业链模式,很多业务逐渐由"外包"转入"内包",战略部署中的竞争意识不断增强。空客公司的产业链重构举措详见表2。

表2 空客公司产业链重构主要举措情况

时 间	产业链整合目标	具 体 举 措
2016年9月	避免延迟交付带来的损失,加强整合供应商体系的力度	筹划新的重建供应商体系和削减成本的计划,最大限度地挽回在A400M、A350和A380项目上因延迟交付而造成的损失。重建供应商体系旨在调整民航部门和集团其他成员之间的关系。

时 间	产业链整合目标	具 体 举 措
2017 年 9 月	质疑 UTC 收购 Rockwell Collins	波音和空客对 UTC 以 230 亿美元收购 Rockwell Collins 表示担忧。两家公司合并后，将成立一个 Rockwell Collins 航空航天系统的独立部门，主要生产座椅、起落架和飞行控制等一系列产品。波音和空客一直以挤压供应商的方式获取折扣价格，其表示 UTC 和 Rockwell Collins 的合并将有可能威胁到自己的业务。
2017 年 10 月	拓展加拿大航空领域	空客 SE 和庞巴迪公司签署协议，在 C 系列飞机项目上成为合作伙伴。单通道飞机占全球未来飞机需求的 70％，100 到 150 个座位的 C 系列飞机高度互补了空客现有单通道飞机的市场，庞巴迪的 C 系列将更专注于高端的单通道飞机市场(150 至 240 个座位)。
2017 年 10 月	产业链模式逐渐由"外包"转向"内包"	将一些机舱或飞机发动机外壳的设计业务转向公司内部，而不是留给其他供应商。取消 UTC 为 A320neo 飞机提供的发动机外壳设计的业务。
2018 年 2 月	大型 OEM 逐步进行产业链的整合工作	考虑到公司成本元素，波音采取新的策略，进一步推动产业链整合，进入航空售后市场。
2018 年 4 月	助力罗罗发动机的飞行测试，为未来新机型的开发铺路	和劳斯莱斯签署合作协议，空客将提供发动机外壳和发动机／飞机集成架构，以支持 UltraFan 系列发动机的飞行测试。该合作项目使空客能够将整个发动机系统(包括发动机的外壳和架构)应用到未来远程和短程的航空器产品上，为空客开发新的机型提供更多的参考性。

3. 中国商飞公司

中国商用飞机责任有限公司利用研制 C919 大型客机的宝贵机遇，用了近 10 年时间串起国内外一条完整的飞机制造产业链，覆盖机械、电子、材料、冶金、仪器仪表、化工等几乎所有工业门类，涉及数百个学科。凭借大飞机项目，中国商飞聚合了以中航工业、GE 为代表的全球 15 个国家和地区的 200 家一级供应商，促成国外系统供应商与中航工业、中电科等国内企业组建 16 家合资企业，建成以中国商飞为核心，联合中航工业，辐射全国，面向全球的我国民用飞机产业体系。C919 大型客机的生产、配套、组装涉及 200 多家企业、22 个省(区、市)，数十万人参与其中，推动建立了 16 家航电、飞控、电源、燃油和起落架等机载系统合资企业。

(三) 北美和西欧牢牢占据价值链高端

1. 全球贸易表现

2018 年，全球交付 2443 架通用飞机，比 2017 年上升 5.08％，其中单引擎活塞飞机 954 架、多引擎活塞飞机 185 架、涡轮螺旋桨飞机 601 架、涡轮喷气式飞机 703 架,总成交价 205.64 亿美元,比 2017 年增长 1.8%。2019 年一季度全球制造商共交付通用飞机 512 架,交易金额 42.36 亿美金。

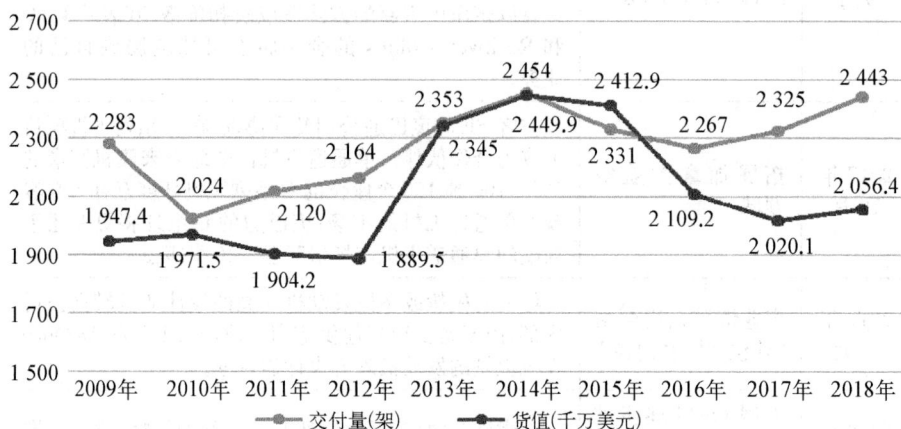

图 1　2009—2018 年全球通用飞行器交付趋势图

2018 年,北美交付量继续占据着主导地位,其中美国通航飞机交付量达到 1 746 架。欧洲次之,交付 600 架。

表 3　2018 年全球区域交付通用飞行器占比

区　　域	活塞飞机	涡轮螺旋桨飞机	商务喷气飞机
北美	61.5%	49.8%	65.1%
欧洲	10.8%	12.9%	15.4%
亚太地区	18.5%	15.1%	10.0%
拉丁美洲	5.0%	14.9%	5.8%
中东和非洲	4.1%	7.2%	3.7%

2. 全球价值链

肯锡研究院将航空航天装备制造业归为全球创新价值链当中,分析认为航空装备制造等行业催生了价值最大、贸易强度最高、知识最密集的商品贸易价值链。民用航空制造业全球价值链可分为四个环节:一是原材料生产及设备供应;二是零部件供应,零部件又分为关键零部件、核心零部件、重要集成部件、一般零部件;三是;四是销售及服务。以系统研发集成和整机组装为价值链的核心环节,美国和欧洲占据价值链的高端。

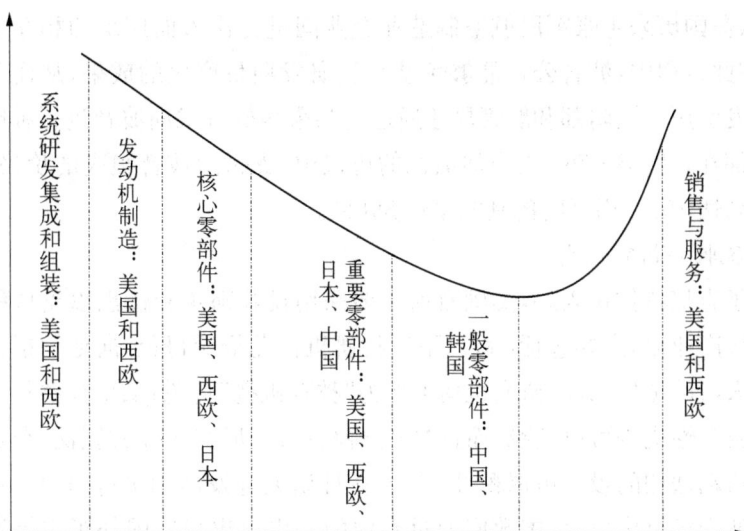

图 2　航空产业全球价值链分布

表 4　大飞机主要零部件及其地位

部　　件	零　　件	在整机中的地位	主要供应商	占成本比例
动力装置	发动机及附属设备	关键部件	美国、西欧	25%
航天设备	航电系统、通信导航灯	核心部件	美国、西欧、日本	30%
机载设备	控制系统、液压系统	核心部件	美国、西欧、日本	
机体部件	机翼、尾翼、机身等	重要部件	日本、韩国、中国等	30%
起落装置	起落架等	重要部件	美国、西欧、日本等	
一般部件	标准件、内饰等	一般部件	中国、韩国等	15%

二、各国产业和贸易政策新导向

世界各国直接参与航空产业核心技术攻关的同时,大多采取税收减免优惠支持技术和生产模式创新。

(一) 美国产业和贸易政策

1. 直接科技投入

美国国防部和美国航空航天管理局是美国航空制造组织领导和实施机构,既是项目的承担者又是委托者,承担概念研究和关键项目研制,并将 80% 以上的研制项目委托给工业界、政府其他部门、高校、学术界和民间机构。

2. 隐蔽补贴

美国国防部和国家航空航天管理局利用军事研发项目向波音公司提供隐

蔽补贴,美国历来主张军民航空制造业企业间进行深入而广泛的相互学习与合作,在此过程中,波音公司能够免费享受研发项目产生的成果,从而节约高额的研发费用。国防部和航管局还通过公共采购的方式向波音进行补贴。美国国防部在订购 B-767 空中加油机的协议中,支付给波音很高的价格,使其利润率高达 15%,而平时的利润率仅为 6%。

3. 税收和信贷优惠

除了直接科技投入外,美国政府主要采用税收豁免和优惠以支持科研和科技成果产业化,主要包括:政府下属科研机构免征所得税,向他们捐款的单位和个人可减免税;大学研究机构可作为"教育机构"免税;从事公益行科研活动的非营利性机构可以免税,而且"公益性科研活动"界定非常宽泛;企业商业性研究活动增加的投入可退税 20%;商业性研究开发活动实行退税政策。为了促进波音客机出口,美国政府通过专门的进出口银行向国外买主提供低息贷款,以及向海外买家的私人银行贷款提供担保,帮助美国客机出口争取更多的商业订单。华盛顿州、堪萨斯州也对波音实施税收优惠、豁免政策。

4. 设置壁垒

美国通过设置壁垒保护本国民用航空制造业发展,一方面,利用外贸谈判限制其他国家政府对本国航空工业的补贴,促使其他国家降低乃至取消民用航空产品的进口关税;另一方面,利用国家标准、适航性审查、认证制度来限制外国航空产品进入美国市场。与之同时,为了给波音公司产品打开海外销路,美国政府通过提供诱人的条件或对贸易伙伴施压的方式来换取对方的商业订单。

(二)法国产业和贸易政策

1. 立法保障

法国以立法形式确立科技研发政策,保障政策的持续性。面对蓬勃发展的新技术革命,为推动科技进步,带动经济发展,法国国民议会先后制定和颁布了 2 部科技指导和规划法,以立法形式规定了科技投入占国民经济总值的比例、国家和企业研究与开发经费的年增长速度、重大科研项目和优先发展领域、促进科技成果转化的一系列方针和政策。

2. 设立孵化器和启动基金

法国国民教育、研究和技术部与财政、经济和工业部共同出资,设立孵化器和启动基金。法国的科研机构、高校和私人投资者都可以申请这项资助,项目由科技界、企业界和金融界人士组成的委员会进行评审。法国航空城图卢兹,除完整的航空制造产业链外,还是法国航空航天人才的教育培训基地,法国最重要的 3 所航空航天大学(法国国立高等航空航天学校、法国国立民航学院和法国国立高等航空工程学校)均设于此,源源不断地向图卢兹输送航空产业高端人才。

3. 引导互助储蓄投向风险资本

法国引导互助储蓄投向风险资本,推动技术创新。法国财政法规定,如人寿保险合同认购者将 50% 的款项投资股票,其中 5% 投资风险资本企业、风险公共基金和发明公共投资基金,认购者将继续享受人寿保险税收优惠政策,即持股 8 年后享受税收豁免。

4. 设立发明援助基金

为分担中小企业开发新产品的风险,法国设立了发明援助基金,认可 2 000 名雇员以下的中小企业在开发新产品时都可向法国发明署申请发明援助金,用于支付实验室科研费、雇员工资、专利申请费、发明产品研制费等,该资助为无息贷款形式,企业在产品投放市场后归还全部借款。每年约有 1 000 家企业享受发明援助金。

(三) 加拿大产业和贸易政策

1. 鼓励科技研发

加拿大航天航空和国防工业投入大量资金,针对广泛的研发开支加拿大政府提供抵免税和加速减税手段,大力鼓励研发和创新。联邦和省政府的税收优惠政策还表现在可以使企业以在加拿大直接投资或合同分包的形式投资研发,极大地减少了研发成本。加拿大政府向航空科技研发提供资助支持,主要项目有加拿大技术合作项目——向主要技术的战略性研发提供资助,工业和地区利益项目——利用联邦政府采购教育国际企业,推动加拿大工业;研究所还和加拿大及外国宇航公司合作,参与成本分担项目。

2. 产业聚集

在加拿大蒙特利尔超过 50% 的业务集中在航空航天领域,航空器产业集中在方圆 30 千米的经济圈内,几所航空航天专业学校和大学提供航空航天训练,许多与产业相关的国际组织也都聚集在蒙特利尔。

3. 提供资金支持

加拿大出口开发公司对民用航空工业的支持表现在融资、保险、担保三大类,其账户下的风险完全由加拿大联邦政府承担。庞巴迪公司商业飞机销售的 35%—40% 是由加拿大出口开发公司提供融资支持的。

(四) 巴西产业和贸易政策

1. 加大科技投入

巴西通过开发生产支线客机而打开国际市场,成为世界上生产支线客机、教练机和通用航空飞机的主要国家之一。巴西航空工业公司成立后,巴西政府对其采取了许多优惠和扶持政策。巴西政府曾颁布法令,允许巴西各企业用本该上缴国家的 1% 的税收购买巴西航空工业的股票,仅此项规定就使该公司每年获得 2 千万美元左右的投入。巴西政策对航空产业的发展初提供财政激励措施外,也利用政府采购、技术转移和技术支持条款等特殊规定,促进航空制造业发展。同时联邦政府还通过巴西国民经济与社会化发展银行为飞机销售安排融资。巴西航空技术中心和航空技术学院的建立,为巴西发展和获得现代飞机制造业所必需的技术、能力与人才奠定了基础。在进军国际市场方面,巴西飞机制造公司采取的一个重要措施是加大科技投入,实现高科技管理。公司为适应现代化需求,投资建立了虚拟现实设计室,在设计方面达到了世界最先进水平。

2. 加强对外合作

巴西通过与外国公司合作引进大量有价值的设计和生产技术。巴西政府与美国通用电气成立合资公司——塞尔玛公司,大大提升了巴西的飞机发动机维修能力。巴航工业通过仿制、补偿贸易和合作研制等多种国际合作方式学到了金属胶接、复合材料、计算机辅助设计等先进航空研制技术。巴西政府规定,向巴西出口飞机的公司必须以飞机售价的 10% 在付款期间(通常为 10—15 年)购买巴西生产的飞机零部件。

3. 关税保护

在巴西飞机制造业的成长过程中,巴西政府采取了一系列的产业促进措施来扶持飞机制造业发展。在巴西,不论国营还是私营航空公司,购买航空产品必须经政府批准。在通航制造业发展初期,提高外国同类飞机的进口关税,以保护本国产品成长空间,将与国产飞机相竞争的飞机进口关税由普遍的 7% 提高到 50%。实行优惠价格和补贴,鼓励本国企业购买国产飞机,并通过国有银行向购买本国飞机的外国用户提供低息贷款。巴西政府对出口飞机免征工业产品税和商品流通税,减少所得税;对进口原材料、零部件、设备和机械免进口税。

(五) 航空业发达国家产业政策共性

1. 注意加快科研成果的产业化和商品化

政府采取有效的财务税收措施,刺激企业发展高新技术产品,支持科技人员将成果转化为生产力;通过建立各种研究发展制度,加强对科技发展的导向,运用经济杠杆对民间企业的科技活动进行指导;对基础技术研究使用的资产进一步实行低息贷款;把国有实验室研究设备低价提供给企业使用,把国有基础技术专利无偿或低价转移给民间企业。

2. 注意协调政府、企业、研究机构各方资源

国家关键技术的研究开发要求高投入强度大,必须由政府来组织研究机构和企业共同完成。政府的组织能够分担技术开发的风险,保证研发能得到

有力的政策支持。研究机构与企业的合作，则保证了研发的效率，成功更加符合市场的要求，加快了科技成果向现实生产力转化。其主要做法：一是政府资助研究开发机构与企业家合作。二是政府和企业、研发机构共同组成技术开发联合体或研发中心。三是政府通过实施专门计划促进研究机构与企业合作。各国政府在发展高新技术实现产业化的过程中，始终把企业作为创新的主体，通过扶持和增强企业的技术创新能力，实现国家的发展目标。

3. 政府提供市场支持与保护

各国政府对高新技术产业的扶持很重要的方面是为它们创造一定的市场空间，这对本国高新技术产业有着极好的引导、扶持和促进作用。一是实行政府采购政策，扶植本国高新技术企业发展。二是实现买（卖）方信贷政策，西方国家大型高新技术成套设备制造业，由于买（卖）方信贷支持，正在开拓市场时占有优势和主动权。这些政策措施比直接投资更有效，能减少企业技术创新及市场开发的风险，能营造和培育市场需求。

4. 建立有效的科技投入机制

各国政府都在积极探索科技投入的有效方式，选择投入的重点，建立有良好回报的科技投入机制。建立政府法规，鼓励企业增加研发的投入。在一些发达国家，高新技术产品的高附加值及其企业的高收益，吸引了大批风险资本。政府不断完善和规范市场，为高新技术的发展提供了市场融资的条件。

三、上海产业国际竞争力调研、测算和分析

（一）产业国际竞争力指数测算

1. 产业国际竞争力总体水平

民用航空装备产业国际竞争力指标体系从"行业增长驱动""产业国际表现""价值链提升"三个方面来诠释，形成反映国际竞争力的三个三级指标，运用定量数据形成 16 个四级指标。选择全国 27 个省市区作为测算对象。

表5　国际竞争力指标体系

三级指标	权重	四级指标
行业增长驱动	0.25	产业集中度指数
		区域产业集群指数
		行业成长速度指数
		行业盈利能力指数
		生产效率指数
		国内市场占有率指数

三 级 指 标	权 重	四 级 指 标
产业国际表现	0.5	国际市场占有率指数
		出口竞争力指数
		贸易竞争力指数
		贸易特化能力指数
价值链提升	0.25	有效专利数指数
		研发强度指数
		新技术生产力指数
		核心产品市场占有率指数
		核心产品出口竞争力指数
		核心产品发展成熟度指数

上海民用航空装备产业国际竞争力呈现以下特点:

一是具有较强竞争优势。民用航空装备产业国际竞争力大于150,表示具有极强竞争优势;介于150—100之间,表示具有较强竞争优势;介于100—50之间,表示具有中等竞争优势;小于50,表示具有弱竞争优势。2018年,上海民用航空装备产业国际竞争力为104.45,表现为较强竞争优势。

二是竞争优势总体下降。2017年上海民用航空装备产业国际竞争力同比下降11.76%,2018年同比下降3.46%,呈现下降趋势。

三是没有比较优势,高端装备制造产业国际竞争力在27个省市区中居前三位,表示具有极大比较优势;在第四至第六之间,表示较大比较优势;在第七至第十之间,表示弱比较优势;在第十一至第十六之间,表示没有比较优势;在第十七至第二十一之间,表示有弱比较劣势;在倒数第六至倒数第四之间,表

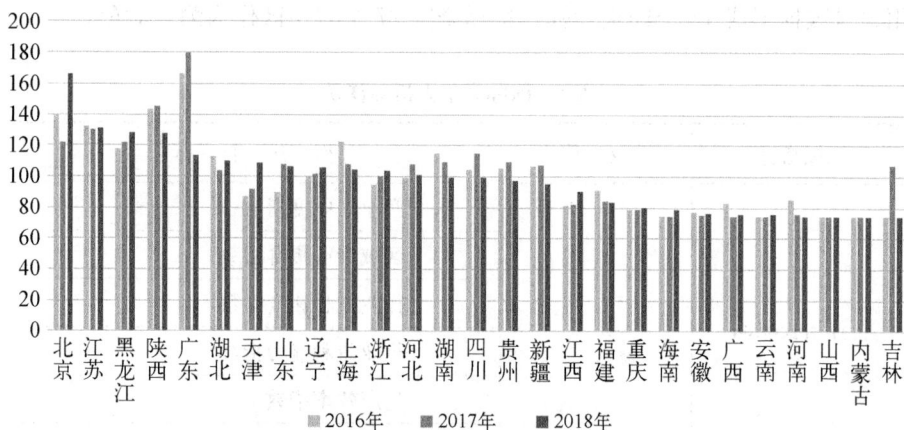

图3　27个省区市民用航空装备产业国际竞争力

示具有较大比较劣势;在后三位,表示具有极大比较劣势。2016 年上海位居 27 省区市第六名,表现为较大比较优势;2017 年位居第九,2018 年位居第十,表现为弱比较优势。

三年来,27 省区市总体水平基本稳定。2018 年,北京、江苏和黑龙江三省市位居前三名。

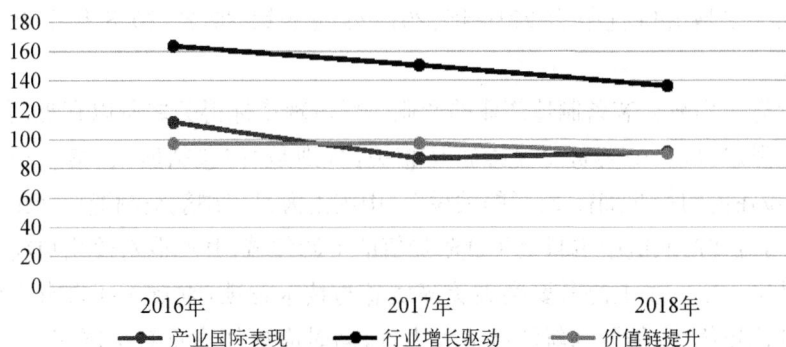

图 4　上海市民用航空装备产业三级指标分值

表 6　上海市民用航空装备产业三级指标分值比较

		行业增长驱动	产业国际表现	价值链提升
2016 年	上海市	163.69	112.16	97.18
	27 省区市均值	98.83	101.29	100
2017 年	上海市	150.48	86.81	97.40
	27 省区市均值	99.52	103.57	100
2018 年	上海市	136.90	91.75	90.77
	27 省区市均值	101.63	95.13	100

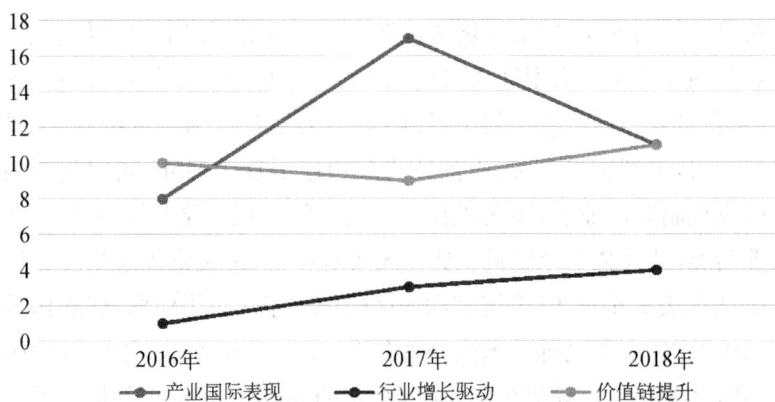

图 5　上海市民用航空装备产业三级指标名次

2. 产业国际表现

三年来,上海航空产业国际表现总体呈现下降趋势。2016年具有较强竞争优势,2017年和2018年仅具有中等竞争优势。2016年位居27省区市第8名,2017年一度滑倒第17名,2018年反弹至第11名。其中两个增长性的指标,一是上海航空装备制造业国外市场占有率和出口竞争力在27个省市区排名呈现上升趋势。国外市场占有率2016年、2017年位居第9名,2018年跃居第5名。二是出口竞争力2016年、2017年位居第20名,2018年上升至第15名。

上海民用航空装备制造产业的产业国际表现指标得分之所以在近两年呈显著下滑趋势,与中美贸易摩擦密切相关,特别是"向包括航天、信息通信技术、机械在内的行业加征25%的关税"。中国上海是美国航空制造产业链的环节之一,且在产业链中也只处于低附加值的下游领域,其产业对美出口将受到直接冲击。下一步上海若要突破美国贸易与技术封锁,重新夺回自身在国际市场的比较优势,仍需创新领域下大力气,同时应更加注重对接国家"一带一路"倡议等,主推本地民用航空装备产业企业积极"走出去",积极开拓国际市场。

3. 行业增长驱动

上海行业增长驱动具有较强竞争优势。三年来,上海行业增长驱动指数高于27个省市区均值,但总体呈现下滑趋势,2016年、2017年具有强竞争优势,2018年具有较强竞争优势;2016年位居27个省市区首位,2017年位居第3名,2018年位居第4名,前三位是浙江、陕西、山东。其中,在行业增长驱动中,上海生产效率表现最好,在27个省市区中始终保持第一。产业集中度表现优秀,在27个省市区中保持第二,仅次于广东。行业盈利能力表现一般,在27个省市区中保持第14名。

上海民用航空装备制造产业快速发展,与其本地龙头企业的锐意创新、积极进取密切相关。位于上海的中国商用飞机责任有限公司自主研制的C919大型客机已经首飞成功,凭借其优越性能,目前其国内外用户已经达到28家,订单总数达到815架。大型客机被誉为"现代工业的皇冠",是目前世界上最复杂、技术含量最高的产品。利用研制C919大型客机的宝贵机遇,从设计研发到总装下线,再到实现首飞,中国商飞公司用了近10年时间串起国内外一条完整的飞机制造产业链,覆盖机械、电子、材料、冶金、仪器仪表、化工等几乎所有工业门类,涉及数百个学科。凭借大飞机项目,中国商飞还聚合了以中航工业、GE为代表的全球15个国家和地区的200家一级供应商,促成国外系统供应商与中航工业、中电科等国内企业组建16家合资企业,建成以中国商飞为核心,联合中航工业,辐射全国,面向全球的我国民用飞机产业体系。C919大型客机的生产、配套、组装涉及200多家企业、22个省(区、市),数十万人参与其中,推动建立了 16 家航电、飞控、电源、燃油和起落架等机载系统合资企业。

4. 价值链提升

麦肯锡研究院将全球贸易价值链区分为了 6 种,根据其分析认为,汽车、航空装备制造等行业催生了价值最大、贸易强度最高、知识最密集的商品贸易价值链。这些行业的产量仅占全球总产出的 13%,但贸易占比高达 35%,它们需要一系列环环相扣的步骤,以及大量的组装配件。事实上,这些价值链上一半以上的贸易都与中间产品有关。此外,这一类别 1/3 的劳动力具备较高的技能,该比例仅次于知识密集型服务业。在研发和无形资产的平均支出占到营收的 30%,是其他价值链的 23 倍。通常情况下,只有少数发达经济体参与此类价值链,不过目前,中国的影响正在加大。

三年来,上海航空装备制造业价值链提升总体表现为中等竞争优势。2016 年位居 27 省区市第 10 名,2017 年位居第 9 名,2018 年位居第 11 名。其中,研发强度呈增长态势,2016 年位居 27 省区市第 14 名,2017 年位居第 6 名,2018 年位居第 8 名;核心产品市场占有率 2016 年、2017 年位居 27 省区市第 12 名,2018 年微升至第 11 名。

(二) 上海民用航空全球产业链布局

1. 全球民用航空重点企业在上海的布局

欧美民用航空产业链重点企业在上海的布局具有以下特点:一是在上海布局的航空企业数量还不太多。123 家企业中,仅有一半企业在中国经营业务,44 家企业在上海有分公司,其中部分并不从事航空航天相关业务。二是相对优势产业链环节为服务环节,航空维修企业位居前列,在上海已经有多家企业经营,这主要与上海民用航空产业的繁荣有关,而与民用航空制造业关联度不太大。由于上海电子行业为产业发展重点,有多家航空公司电子企业落户上海,但相对比重仍偏低。三是相对劣势环节为研发制造及航空租赁环节,尤其是研发/设计、航空材料、部件生产。四是上海民用航空产业链企业分布零散,没有形成产业合力,从这 44 家企业的分布看,一半在浦东,其他分布在上海各个区。

表7　全球民用航空重点企业在中国和上海的产业链分布

产业链环节	全球企业数量(家)	中国分布企业数量(家)	上海分布企业数量(家)	上海分布企业名称
研发/工程设计	7	3	2	福陆、Belcan
综合/总装	13	7	4	庞巴迪、德事隆、波音、联合技术

产业链环节	全球企业数量(家)	中国分布企业数量(家)	上海分布企业数量(家)	上海分布企业名称
发动机	4	2	3	赛峰、GE、霍尼韦尔*
航空材料	7	3	1	氰特
航空电子	28	16	9	安奈特、天弘、CSC、柯斯蒂赖特、伟创力、HCL、捷普、美高森美、罗克韦尔·柯斯林
部件	26	11	6	伊顿*、凯基恩*、洛德*、穆格、派克、势必锐
其他	2	2	2	3M*、PPG*
航空维修	8	6	4	新加坡科技宇航、港机工程、AAR、北京飞机维修公司
航空咨询	15	9	8	埃森哲、CADENAS、德勤、安永、毕马威、Orcal、普华永道、SAP
航空租赁	8	4	3	Aercap、SMBC、Aviation Capital
航空培训	2	1	—	
航空物流	1	1	1	联合包裹
安全/其他服务	2	1	1	塞科利达 AB
合计	123	66	44	

注：* 表示已知中国总部在上海的公司。

2. 中国商用飞机有限责任公司

中国商用飞机有限责任公司(简称"中国商飞公司")总部设在上海,是中央管理的我国大飞机产业核心企业和骨干中央企业,经国务院批准成立,是实施国家大型飞机重大专项中大型客机项目的主体,也是统筹干线飞机和支线飞机发展、实现我国大飞机产业化的主要载体,主要从事大飞机及相关产品的科研、生产、试验试飞,从事大飞机销售及服务、租赁和运营等相关业务。该公司四大中心均设在上海,分别为设计研发中心——上海飞机设计研究所、总装制造中心——上海飞机制造有限公司、商飞客户服务中心——上海飞机客户服务有限公司、中国商飞基础能力中心——上海航空工业(集团)有限公司。

3. 中航商用航空发动机有限责任公司

该公司是中国航空工业集团公司旗下的直属子公司之一,是我国大型客机发动机项目的责任主体和总承制单位。公司于 2009 年 1 月 18 日在上海成立,是由中航工业、上海电气集团、上海国盛集团共同出资组建的股份多元化企业。公司研制的 CJ－1000A 涡扇发动机的推力达 13 吨,与目前 C919 原型机使用的美国 LEAP 发动机性能一样,特别是油耗和可靠性上指标也基本接近。在噪声和排放上也采用了一些新的技术,达到欧美国家的标准。2017 年 12 月 25 日,首台整机在上海完成装配,核心机实现 100％设计转速稳定运转。

4. 中国航空无线电电子研究所

中国航空无线电电子研究所始建于 1957 年,主要从事航空电子综合技术研究,军民机航空电子、航空无线电通信导航系统及产品研制;同时,按照"技术同源、产业同根、价值同向"产业化发展思路,从事相关民用电子产品研发和成果转化,是集科研、生产、经营、服务一体化高新技术单位。上电所作为中航工业旗下承担飞机"大脑"和"中枢神经系统"研制的重点科研单位,截至目前,全所从业人员 2 600 余人,通过"成长驱动、绩效导向、事业牵引"的人力资源战略,力争打造出一支朝气蓬勃、结构合理的高学历研究型人才队伍。在航空电子系统综合、座舱显示控制、核心处理、无人机一体化控制、无线电通信导航、工程与制造等专业技术领域已达到了国内领先水平,并正在不断缩短与国际先进水平之间差距。依托上电所建设的航空电子综合技术系统国家级重点实验室,已成为引领国内航空电子技术发展的关键力量。同时与国内外企业合作,建成了 20 个国际先进水平专业实验室,形成了产品核心技术研究环境、产品全寿命周期开发环境和产品测试与验证环境,有效促进了国内第三、第四代航空武器装备的研制以及民机产业的快速发展。

5. 上海东方航空设备制造有限公司

前身为中国民用航空 102 厂,创建于 1960 年,现为东航实业集团有限公司全资公司。该公司拥有完善的产品开发、技术管理、生产运营、质量保证和售后服务体系。1992 年获中国民航总局颁发的行李处理系统、特种车辆等多类机场设备制造生产许可证,1998 年取得挪威船级社(DNV)颁发的 ISO9001 质量体系认证。公司目前主要设计制造四大类产品:机场地面特种车辆,航站楼旅客交运行系统设备,快递公司货物分拣系统及航空货运仓库物流输送线,航站楼服务柜台、座椅、手推车等辅助设施。

(三) 上海产业国际竞争力变化趋势

1. 核心技术突破和生产模式创新

2017 年 5 月 5 日,C919 成功首飞。2018 年 10 月 27 日,C919 大型客机第二架机从山东东营胜利机场起飞,历经 2 小时 6 分,平稳降落在南昌瑶湖机场,圆满完成转场飞行任务。2018 年 12 月 28 日,C919 第三架机从上海浦东国际机场第四跑道上起飞,完成首次飞行。2019 年 7 月 30 日,C919 大型客机 104 架机在上海浦东机场第五跑道完成中、高速滑行试验。2019 年 8 月 1 日,

C919 大型客机 104 架机在上海浦东机场完成首次飞行试验。C919 机体从设计、计算、试验、制造等均为中国自主进行,在设计研制中有多项重大技术突破,如超临界机翼、新材料应用等。

2018 年 7 月 4 日,完全由中国人设计和制造的水陆两栖轻型运动飞机——上海奥科赛公司的"风翎号"在浦东滴水湖成功首飞,起飞距离 200 米,续航超过 1 000 千米。第一次实现了在空域资源极其紧张的超大型城市的通航飞行,为上海通航发展的龙头地位奠定基础。

2. 核心企业产业链重构

从企业空间布局来看,上海航空产业打造"2+X"空间布局,"2"指的是浦东高新区、闵行区,提升浦东地区辐射带动效应,强化闵行紫竹集聚功能。"X"指长宁区、青浦区和金山区。从产业定位来看,各行政区产业各不相同,从飞机研发设计到维修服务形成相对完整的产业链。

表8 上海航空产业"2+X"空间布局

序号	类型	行政区	区　　域	产　业　定　位
1	2	浦东新区	张江高科技园	飞机研发设计
2	2	浦东新区	大飞机总装产业基地	飞机总装
3	2	浦东新区	临港地区	发动机制造
4	2	闵行区	紫竹高新区	发动机研发、航空电子、客户服务
5	X	长宁区	虹桥临空经济示范区	航空服务
6	X	青浦区	青浦工业园区	航空维修
7	X	金山区	无人机试飞基地、幸福通航水上机场	通用航空

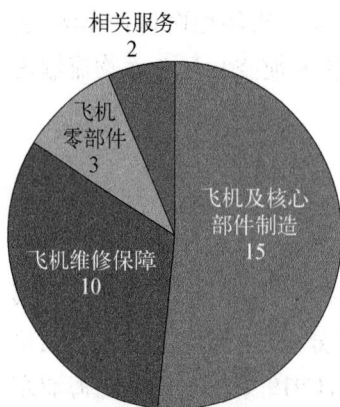

图6 上海市航空细分领域企业数量情况

上海航空领域企业数量有 30 家,其中飞机及核心零部件制造企业数量最多为 15 家,其次是飞机维修保障 10 家,飞机零部件 3 家,相关服务 2 家。

3. 产品贸易表现和价值链变化

2018 年上海航空制造业产品出口额为 14.16 亿元,比 2017 年增长66.98%。其中,核心产品出口额为 5.62 亿元。C919 客机已收获来自亚洲、非洲、美洲等多地累计 28 家客户 815 架订单,ARJ21 新支线飞机已正式投入航线运营,市场运营及销售情况良好,累计收到

24 家客户 528 架订单。

上海初步建立了以大型客机和民用航空发动机研制、新支线飞机量产为代表的民用航空产业体系,"以中国商飞为主体,市场为导向,产学研相结合"的民用飞机技术创新体系构建成形,国内 47 所高校参与型号技术攻关,攻克了新技术、新材料、新工艺等 100 多项关键技术。产业带动迈出重要步伐,形成"以中国商飞为核心,联合中航工业,辐射全国,面向全球"的我国民用飞机产业体系。商飞聚合了全球 15 个国家和地区的 200 家一级供应商,全国 22 个省市、200 多家企业、20 万人参与项目研制,提升了我国民机产业配套能级。目前,正加快建设集设计、研发、制造、认证、维修、运营、服务在内的航空制造完整产业链体系。

4. 政策环境变化

近年来,随着我国政府的高度重视和国内强大的市场需求,航空工业面临着前所未有的发展机遇和良好环境。《民用航空工业中长期发展规划(2013—2020 年)》《中国制造 2025》等规划,为我国航空产业发展指明方向,将推动我国航空工业实现快速发展。从现有中国国家层面的产业政策和贸易政策导向来看。产业政策方面,航空装备制造产业属于国家重点发展的战略性产业,从《中国制造 2025》的政策内容来看,我国航空装备制造产业的发展目标是形成自主完整的航空产业链,因此,中国制造 2025 对航空装备制造业的发展重点集中在核心技术和关键产品的研发方面。贸易政策方面,在继续扩大对外开放背景下,我国对航空装备制造产业的相关核心产品和零部件施行低关税策略,以充分利用国际的技术溢出效应来提升本国航空装备制造业的发展和升级。

表 9　中国政府航空装备制造业政策

时　间	政　策	要　点
2013 年 5 月	《民用航空工业中长期发展规划》	提出现代航空工业体系的发展目标、重点发展领域、重大专项任务以及相关政策扶持。
2015 年 5 月	《中国制造 2025》	提出加快大型飞机研制,适时启动宽体飞机研制,鼓励国际合作研制重型直升机,推进干支线飞机、直升机、无人机和通用飞机产业化。突破高推重比、先进涡桨发动机技术,建立发动机自主发展工业体系。开发先进机载设备及系统,形成自主完整的航空产业链。
2015 年 9 月	《〈中国制造 2025〉重点领域技术路线图 2015 版》	提出围绕经济社会发展和国家安全重大需求,选择十个战略性产业实现重点突破,力争到 2025 年处于国际领先地位或者先进水平。其中航空航天装备包括四个方向,分别是飞机、航空发动机、航空机载设备与系统、航天装备。围绕四个方向,路线图明确了阶段性发展目标、重点产品及应用示范重点工程。

续表

时　间	政　　策	要　　　点
2016 年 5 月	《关于促进通用航空业发展的指导意见》	提出到 2020 年,通用航空器达到 5 000 架以上,年飞行量 200 万小时以上,通用航空器研发制造水平和自主化率有较大提升,国产通用航空器在通用航空机队中的比例显著提高。
2019 年 1 月	中国降低 814 项品类进出口关税,航空航天和高端制造业在列	新规继续对航空发动机、汽车生产线焊接机器人等资源性产品实行较低的进口暂定税率(比如,航空发动机 2019 年的暂定税率仍为 1%,最惠国税率则是 15%)

资料来源:作者自行整理绘制。

2018 年 6 月,上海市发布《上海市航空制造产业链建设三年行动计划(2018—2020 年)》,确定总目标为:2020 年,上海航空制造产业链建设取得实质性进展,主制造商自身能力不断增强,产业集聚效应凸显,平台建设取得突破,力争实现航空制造业总产值 500 亿元。为 2035 年实现航空制造业总产值 3 000 亿元,并在上海打造具有全球影响力的航空制造产业集群奠定坚实的基础。行动计划要求,加强用地保障,推动产城融合。围绕航空龙头企业,优化全市产业空间布局,以浦东祝桥地区为重点,集聚航空制造产业功能,预留产业链配套项目发展空间,引进和培育产业链高附加值企业和结构件企业落户。纳入市重大项目的航空制造产业链重点项目,用地指标由市级统筹予以保障,出让年限与航空制造业主体项目保持一致。统筹重点园区空间资源合理优化配置,优化航空制造标准厂房供给,提高产业链项目入驻和集聚效率。

2019 年 8 月 6 日,国务院印发的《中国(上海)自由贸易试验区临港新片区总体方案》显示,将在上海大治河以南、金汇港以东以及小洋山岛、浦东国际机场南侧区域设置新片区。对新片区内符合条件的从事民用航空等关键领域核心环节生产研发的企业,自设立之日起 5 年内按 15% 的税率征收企业所得税。建设民用航空产业集聚区,以大型客机和民用航空发动机为核心,加速集聚基础研究、技术开发、产品研制、试验验证等配套产业,推动总装交付、生产配套、运营维护、文旅服务等航空全产业链发展。

四、提升上海产业国际竞争力的对策

(一)上海产业国际竞争力的短板和 2019 年的突破重点

1. 产业集中度有待提升

从产业集中度来看,上海市民用航空装备制造业的产业集中度得分基本在 80—85 分之间徘徊,仅具有中等竞争力优势,在全国范围内并没有比较优势。上海尽管拥有极具竞争力和具有行业龙头地位的航空装备制造产业企业,但是其产业集中度,航空产业园区的建设仍需进一步提升与发展。目前上海的祝桥航空城已经初具规模,中国自主研发飞机 C919 已在此总装下线。中国商飞上海浦东总装制造中心是国内最大、最先进的民用飞机总装制造基地,在此基础上,上海应顺应趋势,加快发展,大力提升本市航空装备制造产业的集聚水平。

2. 研发强度效率逐年降低

上海的民用航空装备制造产业在技术创新方面仍存在明显短板,以民用航空装备制造较为集聚的浦东新区为例,民用航空装备制造领域未能全面掌握核心关键技术,浦东大部分制造装备企业技术对外依存度高,自主创新能力和消化吸收能力相对不足,与国际先进水平仍有较大差距。产业链"中低端化",生产型服务业发展不足;主机装备"空壳化",原料和配套产业有待发展;配套环境"单一化",创新生态环境有待优化。

就指标测算结果来看,上海市民用航空装备制造产业的研发强度仍有提升空间,2016—2018 年的研发强度指标得分分别为 84.73、86.62 和 90.01,尽管呈逐年递增态势,但是其研发强度整体国际竞争力仅为中等竞争力水平。从其比较优势情况来看,上海民用航空装备制造业的研发强度在全国 29 个省市当中仅排名第 12 位左右(2016 年和 2017 年为 12 位,2018 年为 11 位),处于没有比较优势的位置。

3. 关键技术成果转化力不强

从其核心产品市场占有率指标得分情况来看,上海市民用航空装备制造业在该指标得分为 109.92、108.44 和 91.57,三年间由较高国际竞争力优势逐渐下滑为具有中等竞争力优势。表明上海尽管研发强度在不断提升,但是其核心产品市场占有率水平和竞争力却在不断下降,上海民用航空装备制造产业的研发创新投入产出效率以及市场成果转化水平可能仍然存在较为严重的障碍因素。

航空发动机等核心技术还有较大差距,航空发动机距离世界先进水平差距依然很大,如果不能够加快攻关,差距有可能进一步拉大。CJ - 1000A 风扇系统采用英国罗罗式的空心钛合金宽弦风扇叶片,距离 LEAP 有明显差距,仅相当于国际第三代大发的风扇材料水平。在无人机领域基本上处于空白,缺乏形成与航空工业现状以及未来发展相适应的适航技术知识储备,适航审定人员不足,人才缺口相当大,科研水平和人才储备远不能满足日趋活跃的民航适航管理需求。厂房、场地等高成本制约航空制造业发展,如何吸引更多优质的企业和项目落户上海成为一道难题,这就意味着构建完整的产业链面临着一定的挑战。空域资源紧张,限制了航空器在研发完成后的试飞,大大增加研发成本,降低了上海对研发制造企业的吸引力。上海有飞机及核心零部件制造企业数量15家,飞机维修保障10家,飞机零部件3家,距离建设集设计、研发、制造、认证、维修、运营、服务在内的航空制造完整产业链体系还有很长的路要走。而上海市航空企业主要分布在浦东新区、闵行区,位置相对分散。

(二) 提升上海产业国际竞争力的对策

习近平总书记指出,我们要做一个强国,就一定要把装备制造业搞上去,把大飞机搞上去,起带动作用、标志性作用。中国是最大的飞机市场,过去有人说造不如买、买不如租,这个逻辑要倒过来,要花更多资金来研发、制造自己的大飞机,形成我们独立自主的能力。上海发展民用航空装备制造业,不仅要算经济账,更要提高政治站位,算战略发展账,将其作为上海服务国家发展的重要举措。

1. 目标定位在于打造具全球影响力的航空制造业集群

航空制造的产业链长,注定了不可能局限一地,必须走大合作的道路,要将上海航空制造业放在全国乃至世界的格局中考虑。一是立足上海。加快建设大飞机产业体系,推动航空产业布局合理、区域配套、企业集聚,努力把大飞机打造成拳头产品,提升上海高端制造的能级水平。二是联通全国。中国在航空产业的区域分工布局还不甚合理,不能够充分发挥各区域的分工与协调效应,在整体上限制了航空产业的国际竞争力。上海要通过航空关键性的突破,实行合理分工、优化发展的格局,不断推进和长三角乃至全国的合作,带动全国制造业发展升级,提升整个产业链水平,形成上下游企业产业协同和技术合作攻关。三是融入全球产业链。上海航空器产业虽然参与了部分国际分工,但所的位置依然是产业链的低端环节,主要还是依靠制造的低成本优势。融入全球产业链条,意味着市场机制将发挥更加强大的作用,可以促进各区域间加强分工与合作,因为只有这样才能提升上海国际竞争力,并在国际分工中占据有利位置。不断创新贸易模式,充分发挥航空全产业优势,按照国家走出去的战略布局,抓住国际航空产业产品和技术发展这条主线,发挥市场的主导作用,通过提供航空服务、金融投资、直接产品销售、投资建厂、建立境外研发中心、联合运营、租赁销售、兼并重组等模式,利用好国内外比较优势,挖掘国外市场和资源潜能,让上海航空国际化转化为国家竞争优势和国家影响力。

2. 发展关键在于实现技术发展、摆脱进口依赖

航空强国首先是一个技术强国,航空是典型的高新技术产业,具有知识密集、技术密集的特点,没有独立自主的技术创新,就不可能培育出真正强大的产业体系。上海的航空制造业正处于快速发展的阶段,而且,航空制造业的技

术进步将会对上海的科技进步起到引领作用。一是大力支持自主创新。目前,上海航空产业自主创新能力不足,部分核心关键技术亟待突破。发动机、复合材料、航电系统是发展航空产业的三大关键技术,其中飞机发动机的研制成为制约航空事业发展的主要瓶颈。上海必须自主开发攻破核心技术,增大研发成本,掌握独立知识产权,引导在沪央企、本地大型国企提升质量管理和适航意识,培育和提升其参与结构件制造、航电系统、航空发动机、设备工装等方面的能力,提升结构件和关键零部件本地化配套能力、机载系统本地化配套能力。二是大力组织航空重大工程和重大科技项目。推动航空科技跨越发展,带动科技整体跃升。在重大、关键项目程序上,健全"绿色通道",确保项目准点实施;在税收优惠上,落实国家及本市已明确的支持大型客机发展的相关优惠政策;建立产业发展资金,聚焦民用航空制造业重大项目,积极支持国家批准实施项目和大型客机配套项目以及国内外民用航空企业在本市的集聚发展。明确各类创新主体功能定位,建立政产学研用一体的协同创新体系,构建航空技术创新联盟和产业创新联盟,围绕产业链打造创新链。加强航空技术二次开发,推动航空科技成果转化应用,辐射带动国民经济发展。推动首台(套)支持政策和激励政策落实实施,让更多的企业得到实惠,鼓励企业加大研发投入。三是加快人才引进。加强航空业企业管理、研发、技术、行销、品管、专利等相关人才的引进、培养和使用。建立人才引进基金、创业扶持基金,对人才给予政府专项津贴,对一些特殊人才不惜重金以特殊的方法引进。加强技术工人的技能培育和素质提升,筹集技术工人培养专项资金,对相关企业的技术工人培训提供资金补贴。依托国内外高校、大型企业集团,加强高端装备制造业技术工人和经营管理人才的培养。完善人才激励机制,推动企业通过持股、技术入股、提高薪酬等方式,吸引优秀企业家、经营管理人才和技术骨干。四是加强对外合作。支持上海企业通过对外合作,形成航空产业核心竞争力。鼓励上海企业通过收购兼并、合资合作等,积极争取参与研制工作的国内外企业落户上海,尽快掌握关键核心技术,并通过收购后回国投资设厂降低研发和生产成本,成为有竞争力的合格供应商。

3. 重要途径在于构建航空制造业发展平台,不断提高集成水平

上海的优势在于集成,在于平台建设,上海航空制造业起码构建四大平台。一是建设航空领域研发平台。整合目前上海四所高校的航空产业院系和五家科研所,鼓励并支持企业创办研发机构,加强联动、突出重点,全面整合研发力量,超前部署战略性、基础性、前瞻性科学研究和技术攻关,大幅提升原始创新能力,重点突破芯片、航空发动机、工控系统等关键环节的"卡脖子"问题,打造上海科技创新高地。二是建设整合上下游企业的工业互联网平台。在工业互联网系统架构、标准体系、示范测试等制高点竞争中,逐步形成一定的影响力和话语权;在人工智能领域,不仅要发挥智能装备等方面

的基础优势,推动机器人的运用和企业的智能化系统集成,而且要在机器深度学习优化制造、人机融合协同制造等前沿领域率先确立发展优势。三是建设综合配套平台。加强适航审定技术研究和适航验证基础建设,着力开展完善适航审定组织体系建设,强化适航资源的配置,加快培养适航审定人才,建设一流的适航审定人才队伍。推进机载系统共性与前瞻性技术的研究与发展,吸引国内外知名企业落户,构建机载系统研制与产业化发展平台,培育一批具有全球竞争力的关键配套企业,打造具有自主知识产权的机载系统供应链。四是全面构建融合发展平台。以上海现有航空产业园区为支撑,以制造业和服务业融合发展为导向,推动产业链关联企业向民用航空产业园区集聚,加快提高区域产业融合度,培育优势产业集群,构建协同优化、竞争力强的产业生态。尝试以"全产业链"为路径导向,规划、引导企业集聚,以系统理念创新发展模式,推动园区产业集群化走向端化、高质化、高新化。通过试点和示范效应,培育多个良性循环的产业群落,形成两业融合互动的发展环境。与之同时,加速航空制造产业军民融合的步伐,提升该产业对区域经济的拉动效应,增加各区域间的产业分工和经济联系,促进各区域经济的共同发展。

4. 重要手段在于加大政策支持和资金保障

上海乃至中国航空制造业发展优势依然在于性价比,短期内离不开政府的支持。一是拓宽融资渠道。突破民间资本进入航空制造领域的体制机制障碍,进一步明确政府投资范围,优化政府投资安排方式,规范政府投资管理,保持政府经费支持的持续稳定。进一步完善准入和退出机制,建立航空投资项目清单管理制度,鼓励引导民间资本和社会力量有序参与建立航空科研生产等活动。推动政府与社会资本合作,完善政府购买航空产品与服务机制。二是加强财政支持。完善财税、人才、土地出让、知识产权保护等方面的政策措施,加快完善航空制造业产业发展的政策体系,为航空制造业集群的持续发展创造良好的政策环境。加大对航空制造业的税收减免力度,加强对产业核心部件、关键技术研发的财政补贴扶持,鼓励航空制造业企业增加研究开发的投入与力度;积极推进科技成果转化与技术创新平台建设,建章立制,规划好、建设好有良好回报预期的科技投入机制;可以通过土地出让、收费减免简化审批手续等方面制定一系列的优惠政策,吸引外来资金,强化对民用航空制造业投资的引导和支持。三是加强法律保障。出台相关的法律法规,加快航空立法,保障航空产业的有序发展,建立商业航空市场准入退出机制、公平竞争机制、保险与赔偿机制、安全监管机制等,创造有序、良性竞争的市场环境。

附件

民用航空产业对城市群及首位城市的产业推动作用

京津冀城市群、长江中游城市群、成渝城市群、哈长城市群、长三角城市群、中原城市群、珠三角城市群、关中平原城市群,国家级城市群正式升级为 8 个。航空装备制造业在大多数城市群中均发挥着推动作用。一般国际运营经验表明,一个航空项目发展 10 年后给当地带来的效益产出比为 1∶80,技术转移比为 1∶16,就业带动比为 1∶12。

1. 京津冀城市群

2009 年 7 月 29 日北京航空产业园成立,建设用地 3 000 亩,规划建筑面积 160 万平方米,主要发展航空发动机研发、试验、部件制造、维修项目和国际交流,为顺义工业贡献千亿产值,带动了机场西南部"国门商务区"等产业园发展,"中航系+上下游企业"模式亦不断为产业园、区域经济发挥作用。2010 年末北京顺义区人口为 87.7 万人,2018 年末增长至 118.8 万人。2010 年顺义区 GDP 为 867.9 亿,2018 年末达 1 830 亿。

2006 年 10 月,在天津建立空客 A320 系列飞机总装线的框架协议签署。在空客 A320 项目的吸引下,目前已有 60 多家国内外知名航空制造企业和 120 多家航空服务企业在天津港保税区聚集,初步形成以整机组装为龙头,以研发、维修、部附件组装、零部件制造、租赁、物流、培训、会展等为主的全产业链。航空产业拉动了天津生产总值增长,预计到 2020 年产业增加值将达到 2 000—3 000 亿元,占全市工业增加值 15%,占全市国内生产总值 10% 左右。航空产业有助于发挥京津冀地区技术密集的优势,推动京津冀航空产业链条的形成,有效带动整个环渤海地区的配套产业,促进区域经济合作。航空产业提升了天津城市的影响力和发展空间。

2. 长江中游城市群

长江中游城市群是我国重要的制造业基地,为建设现代化经济体系提供重要支撑。2009 年 12 月南昌国家航空高技术产业基地成立,总占地面积 25 平方公里,总投资 300 亿元人民币。2017 年,南昌被确定为国家首批通航产业发展综合示范区,进一步释放通用航空市场潜力,有力助推通航产业发展,发挥着辐射带动作用,以航空装备产业的发展壮大带动高端装备制造业发展升级。洪都集团、洪都商飞公司、冠一通飞公司、鸿鹄航空公司、华夏九州通航公司、天祥通航公司、中航天信公司、海空行公司等 10 余家公司先后落户南昌,形成了集群效应。2018 年实现总收入 1 000 亿元,南昌航空装备产业园发挥现有研发制造优势,进一步完善制造、研发、服务功能体系,逐步建立"制造能力全球知名,引领产业集聚;研发创新能力国内突出,助推产业升级;配套服务国内一流,促进产业增值"的完整航空产业体系,成为江西省崛起的重要

"引擎"。

3. 成渝城市群

《成都制造2025规划》将航空产业确定为未来十年突出发展的五大重点产业之一提出构建"1＋N"的军民融合产业发展体系,其中"1"就是航空产业。经过多年发展,成都市初步建立起较完整的航空产业体系,形成了飞机、航空发动机、航空设备与系统研发制造,以及航空维修与运营服务的能力。《西部大开发"十三五"规划》将重庆天骄航空动力产业基地列入"十三五"西部大开发重大工程项目储备。成渝航天航空产业上的合作,可助推成都进一步发展,重庆可借力前行。航空装备制造业将推动成渝城市群共赢合作,成为推动城市群形成的最好助推剂。

4. 哈长城市群

航空产业是哈尔滨市重点发展的六大战略性新兴产业之一,目前依托哈尔滨民用航空产业基地,已初步形成了产品技术研发、生产制造、航空材料、通用航空服务及相关配套产业协调发展的航空产业链条。航空装备制造业发展有利于促进老工业基地的振兴,带动和促进新材料、电子、通信、能源、精密制造等大批相关产业的发展,在东北地区形成新的产业聚集区。

长春通用航空产业园占地25平方公里,主要建设航空制造、通航服务及综合配套三个功能区,其所在的长春新区功能定位为新一轮东北振兴的重要引擎、图们江区域国际合作开发的重要平台和体制机制改革先行区。

5. 长三角城市群

长三角城市群结合C919大飞机总装需求和自身产业现状,目前已经形成以上海为中心,镇江、丹阳、京口、官塘等地为支撑的长三角航空产业集群,逐渐形成相互间的产业协同,为长三角航空产业集群的成形和做大做强奠定了基础。至2020年,浦东将着力发展航空及相关企业200家,实现航空主营业务产值1000亿元,形成大型客机年产150架的能力,累计投资规模将达1200亿元。C919、ARJ2等国产客机的发展,对其上下游配套企业经济效益发挥带动作用,助力长三角一体化发展,也给中国工业的转型升级注入了一剂"强心针",对于中国制造业的发展具有重要的意义。

6. 珠三角城市群

珠三角加快推进低空空域管理试点改革,完善通用航空基础设施体系规划布局,持续改善通用航空基础保障环境,逐步建立功能齐全、服务规范、作业范围宽广的通用航空服务体系,推动飞机制造、维修、运营服务、租赁、总装、培训、专业服务等通用航空产业协调发展。珠海航空产业园核心区、加工区和配套区总计用地5171公顷,总投资3100亿元。2007年12月,广东省发改委正式复函批准创设珠海航空产业园,2008年11月4日,正式开园。2009年12月,航空产业园正式获国家发改委批复成为"航空产业国家高技术产业基地"。

重点发展飞机总装、飞机零部件加工制造、数控中心、航空维护、航空维修与大修、航空服务和航空物流等项目。

7. 关中中原城市群

西安阎良国家航空高技术产业基地是国内首个国家级航空高技术产业基地，规划面积 40 平方公里。2010 年 6 月，国务院批准将西安航空基地升级为中国唯一以航空为特色的国家级"陕西航空经济技术开发区"。2017 年 2 月国务院批复同意西安航空基地综合保税区设立，为航空产业对外开放开辟了深层次、宽领域、多渠道的发展空间，提升西安航空产业的国际合作水平，带动机械、电子、信息、材料等相关产业发展，推动地区产业结构升级。西安航空基地综合保税区建成后 3—5 年，将吸引近百家航空企业特别是外资企业入驻，提供近万个就业机会，达到 10 亿美元左右的年进出口规模，以及超过 150 亿元的年产值。同时，带动相关产业的快速发展，形成功能先进、分工合理、协作配套、优势互补的新型区域发展模式，为大西安、国家中心城市、国际化大都市建设开辟全新对外经济增长点。

执笔：

张伯超　上海社会科学院经济研究所助理研究员

陈　柯　上海社会科学院经济研究所助理研究员

赵文斌　上海海关直属机关党委副书记、政治部副主任

2018 年上海化工产业国际竞争力报告

一、2018 年化工行业发展动态

2018 年对于化工行业来说，不论是外部发展环境还是国内发展条件，都发生了很大变化。在外部环境上，美国极力推行所谓的"美国优先"单边主义霸权政策，对经济全球化和多边合作框架机制发起冲击，给全球经济发展带来极大不确定性，已经波及以化工、汽车为首的制造业。长期以来，中美两国早已形成你中有我、我中有你、优势互补的经济利益格局，近年来，贸易摩擦却不断加深。2017 年 10 月至 2018 年 10 月，世贸组织成员共实施 137 项新的贸易限制措施，平均每月新增约 11 项；覆盖贸易总额达 5 883 亿美元，较 2017 年扩大了 7 倍多。其中，对基础性行业的影响最为深刻。从上海的情况来看，2018 年，上海六个重点制造行业呈现四升两降的格局：生物医药制造业增长9.8％，成套设备制造业增长 4.8％，电子信息产品制造业增长 1.9％，汽车制造业增长 0.8％，石油化工及精细化工制造业下降 1.5％，精品钢材制造业下降 6.5％。

在外部环境发生深刻变化的情况下，全球石化市场出现了剧烈波动。2018 年上半年，全球对于原油的需求延续前三年的惯性增长，仍然达到供需平衡；下半年，随着沙特阿拉伯、美国、俄罗斯持续增产，加上经济需求走弱，世界原油价格在 2018 年第四季度大幅下挫，对整个石油化工行业的发展带来了不利因素，严重挫伤了市场的信心和预期。

石油化工行业的国内运行条件也面临诸多挑战。首先是安全问题，2018 年全国化工类安全事故有 60 多起，伤亡约 300 人，引起了社会高度关注。其次是环保政策不断收紧，随着"蓝天保卫战"和"防治污染攻坚战"持续发力，一系列环保新政策和新标准公布实施，石油和化工企业作为重点整治对象，企业运行压力不断加大，运营成本也不断增加。企业需投入大量资金用于有害物质的治理，并在安全生产处理技术和员工安全保护方面持续投入。

总体而言,2018 年国内石油化工行业运行状况呈下行趋势。尽管主营业务收入 12.4 万亿元,比上年增长 13.6%;利润总额 8 393.8 亿元,比上年增长 32.1%,分别占全国规模工业主营收入和利润总额的 12.1% 和 12.7%。但是,主营收入全年增长 13.6%,较上年下降 2.1%;利润全年增长 32.1%,较上年下降 19.8%。另一表现是下半年效益增速逐月放缓,7 月至 12 月同比增长分别为 50.36%、46.24%、45.19%、41.76%、35.92% 和 32.1%。

从产品结构看,随着我国制造业结构进一步调整,石化产品消费市场重心继续东移,石化产业结构优化升级的潜力仍然十分巨大,"低端产能过剩,高端供给不足"的结构性矛盾仍未得到改善,高端聚烯烃、专用树脂、特种工程塑料、高端膜材料等化工新材料,功能材料、医用化工材料、高端电子化学品等专用化学品,以及催化剂、特种助剂(添加剂)等特种化学品,其国内市场仍长期供给不足,严重依赖进口。

从销售渠道看,由于中美贸易战的影响,精细化工行业的发展还面临来自销售端的挑战。作为专用性强的化工产品,精细化工往往依赖特定销售渠道,并努力与客户保持长期业务合作关系。贸易战对精细化工产品形成了强大的销售渠道壁垒。在此情形下,提高产品的品质和提供一流的服务是赢得化工领域贸易争端的有效途径。

二、国内化工行业发展趋势

(一) 确保安全成为化工行业可持续发展的前提

2019 年 3 月 21 日,一声巨响拉开了全国化工行业深度整顿的序幕。化工行业的安全问题由来已久,"十二五"期间,仅 2015 年一年,就发生了化工和危险化学品生产安全事故 97 起,死亡 157 人。"十三五"期间的前两年,仅 2017 年前 11 个月,化工行业就发生事故 203 起、死亡 238 人。在 2017 年 12 月和 2018 年 7 月又相继发生了江苏聚鑫生物科技"12·9"重大爆炸事故、四川恒达科技"7·12"重大着火爆炸事故。

在此前提下,全国各省级行政区纷纷加快行业结构调整,陆续启动了化工安全生产整治的专项行动,通过关停、转移、升级和重组等方式,降低主要污染物排放总量、加大化工生产企业入园进区率。继江苏响水"3·21"爆炸重大事故之后,山东、浙江、河南、河北等化工大省也加大了对当地化工企业、园区的排查力度,全力防范和遏制突发环境事件发生,严守生态环境安全底线。未来,系统性重构符合产业发展规律、产业链完善、循环发展的绿色、精细化工行业的步伐将会加快,即使在中西部地区,也将加速淘汰安全系数低、污染严重的化工园区和企业。

（二）绿色环保奠定行业发展基调

2018 年是我国环保制度加快完善的关键年,也是环保从口号标语到真正落地执行的关键年。2018 年以来,国家陆续发布了《蓝天保卫战三年行动计划》《5 项肥料行业标准》《环境影响评价公众参与办法》《京津冀及周边地区2018—2019 年秋冬季大气污染综合治理攻坚行动方案》等一系列政策。其中《蓝天保卫战三年行动计划》明确在"大气十条"目标如期实现、空气质量总体改善的基础上,以京津冀及周边地区和长三角地区等重点区域为主战场,通过3 年努力进一步明显降低细颗粒物浓度、明显减少重污染天数、提高过剩产能淘汰标准。在一些环境污染较为严重地区(如京津冀),在污染源方面,对于化工行业有部分工序和环节达到超低排放要求的,仍然要纳入错峰生产实施方案;有组织及无组织排放、物料及产品运输全面达到超低排放要求的才可不予错峰,橙色及以上重污染天气预警期间仍需限产。

表 1　2018 年中国化工行业重点环保政策一览

时　间	颁布部门	政　　策	主　要　内　容
2018.01	生态环境部	《关于京津冀大气污染公告》	将在京津冀大气污染传输通道城市(2＋26)执行大气污染物特别排放限值
2018.01	环境保护部	《排污许可管理办法(试行)》	将"排污"纳入了税收监管范围内,更确定了"多排多缴,少排少缴,不排不缴"的法治地位
2018.03	中共中央政治局	《长江经济带发展规划纲要》	确立了长江经济带"生态优先、流域互动、集约发展"的思路,提出了"一轴、两翼、三极、多点"的格局
2018.06	国务院	国务院部署实施蓝天保卫战三年行动计划	以京津冀周边地区和长三江地区等重点区域为主战场,通过三年努力进一步明显降低细颗粒物浓度,明显减少重污染天数
2018.07	中国石油和化学工业联合会	《石油和化工行业绿色工厂、绿色产品、绿色园区认定管理办法(试行)》	发布绿色工厂、绿色产品、绿色园区认定标准体系
2018.12	中国石油和化学工业联合会	《关于开展石油和化工行业安全环保提升专项行动的通知》	标志着以提升行业环保工作的专项行动正式启动

（三）聚焦国产化,提升关键化工产品自给率

化工行业作为国民经济重要支柱产业之一,加之当前国际环境错综复杂、全球一体化遭遇重大阻碍、国家之间贸易摩擦不断,重要化工产品和生产环节

实现国产化将是必然趋势。目前,石油炼化、烯烃原料轻质化、高端精细化工品、功能高分子材料方面仍有较大的国产化空间。特别是近年来随着国家开放民营企业原油进口权以及进口配额使用权,以原油为原材料的基础化工品以及下游衍生品国产化率迅速提升将是短期内变化最为明显的趋势。

在基础化工原料方面,烯烃、芳烃、乙二醇、苯乙烯等石油化工原材料仍需大量进口。缺口较大的乙烯,尽管从 2013 年以来产量一直保持增长趋势,年均增长率 4.18%,但消费量年均增长率 4.61%,进口依赖度较高,缺口显著。近年来,每年的进口量均保持在 100 万—200 万吨左右,2017 年达 216 万吨。未来,大炼化项目仍将是发展精细化工的准备工程之一,新建方向为油制烯烃、煤/甲醇制烯烃和乙烷制烯烃等。2018 年,随着国家之间贸易争端的兴起,加征关税对化工行业的影响之一是可能会导致全球乙烯价格战,首当其冲受影响的是欧洲,其次是以中国为代表的新兴国家。

在精细化工方面,我国的产品自给率与国外相比仍有很大差距。精细化工率指精细化工值与化工行业总产值的比重,是衡量一个国家或地区化学工业发达程度和化工科技水平的重要指标。目前欧、美、日发达国家和地区的精细化工率已超过 70%,而我国精细化工率只有 45% 左右。目前国内精细化工行业具有细分领域众多、相关企业规模较小的特点,大部分精细化工企业仅能掌握少数的有机合成反应,行业整体技术研发层次较低。但部分细分领域的重研发以及技术积累龙头企业具备较强的成长潜力,部分精细化工产品已经能够实现进口替代。

在新材料方面,化工新材料将围绕航空航天、高端装备、电子信息、新能源、汽车、轨道交通、节能环保、医疗健康以及国防军工等领域加快布局,主攻开发高性能碳纤维及复合材料、特种橡胶、石墨烯等高端产品。根据工信部对全国 30 多家大型企业 130 多种关键基础化工新材料调研结果显示,32% 的关键材料在中国仍为空白,52% 依赖进口。例如,新能源领域的锂电池材料,在锂电池的五大原材料中,正极、负极、电解液以及隔膜的国产化程度已有大幅提高,唯独软包锂电池铝塑膜由于技术难度高,仍然长期大量依赖进口,全球市场基本被大日本印刷、昭和电工、凸版印刷三家企业垄断。近期处于贸易战漩涡中的半导体领域,一些关键的化学材料如光刻胶、湿电子化学品、CMP(化学机械抛光)抛光材料等仍然被国外公司所垄断,国内仅有少数企业有能力生产且产品先进程度不高。对于新兴的化工新材料领域来说,伴随下游产业如新能源、医药、高端消费电子、半导体等产业的发展,下游需求端将会对化工新材料产生巨大需求,在自给率较低的情况下,精细化工产品的进口替代仍将是未来较长一段时间的主要趋势。

(四) 创新仍然是提升产品核心竞争力的核心要素

创新是精细化工行业高质量发展的关键支撑。精细化学品由于其难以替代性,应用范围不断向纵深扩展,产品更新快不断推出发展专用和高档化的产品,多品种和系列化是精细化工高级化的重要标志;加之精细化工新技术含量高,是技术密集型与知识综合性强的行业,需要将不同学科、不同行业的先进技术综合交叉、开发新产品;精细化学品又为功能高分子材料、生物工程、电子信息、环保能源等高新技术服务,互相渗透,因此,创新是未来精细化工是提升产品核心竞争力的核心要素。

从化工行业整体情况看,国内主要以基础和大宗原料生产为主,处于产业链中低端,2018 年全行业主营业务收入 12.4 万亿元,其中精细、绿色高端化学品制造占比不足 10%;合成氨、甲醇、乙烯等重点产品平均能耗水平与国际先进相比,普遍存在 10%—20% 的差距。

从精细化工领域看,由于技术不成熟,成品率低,"无材可用、有材不好用、好材不敢用"的现象仍然十分突出。精细化工的短板主要集中在为新能源汽车、轨道交通、航空航天、国防军工等重大战略需求服务的材料领域,"卡脖子"的技术环节主要在 α-烯烃及聚烯烃弹性体(POE)、茂金属聚乙烯(mPE)、耐刺薄膜专用树脂等高端聚烯烃材料生产领域,己二腈、聚苯醚、热塑性聚酯(PBT)等通用及特种工程塑料关键中间体和产品领域,纤维用大丝束腈纶长丝等新型(特种)合成纤维、子午胎用高级性与高气密性溴化丁基橡胶等新型(特种)合成橡胶、5G 通信基站用核心覆铜板用树脂材料等高端电子化学品等领域。在制高点技术领域,如聚砜、聚苯砜、聚醚醚酮、液晶聚合物等高性能工程塑料,电子特气、电子级湿化学品、光刻胶、电子纸等高端电子化学品,石墨烯材料和 3D 打印材料的研发和应用研究,都必须奠定未来行业发展基础。

三、上海化工行业发展竞争力分析

(一)指标体系的建立与数据处理方法
本报告采用的指标体系如表 2 所示:

表 2　上海化工行业国际竞争力指标体系构成

一级指标	二级指标	三级指标	计算方法	数据来源
产业国际竞争力	行业增长驱动	产业集中度	规上企业产值/全国工业总产值	地方统计年鉴
		区域产业集群水平(全国八大区域,同区域数据一致)	区域规上企业产值/全国工业总产值	地方统计年鉴
		行业成长速度	地区产业增速/全国产业值增速	地方统计年鉴

续表

一级指标	二级指标	三级指标	计 算 方 法	数 据 来 源
产业国际竞争力	行业增长驱动	行业盈利能力	规上企业利润总额/规上企业资产总额	地方统计年鉴
		生产效率	规上企业产值/年末从业人数	地方统计年鉴
	产业国际表现	国外市场占有	规上企业出口额/行业全球出口额	地方统计年鉴、WTO 数据库
		出口竞争力	行业 RCA 指数	海关统计
			行业 TC 指数	海关统计
		贸易升级水平	地区产品出口/全国总出口	地方统计年鉴
		贸易特化能力	地区产业贸易出口值全国占比/地区产业产值全国占比	地方统计年鉴
	价值链提升	研发强度	研发支出/销售额	地方统计年鉴
		新技术生产力	规上企业新产品销售额/规上企业销售额	地方统计年鉴
		核心产品出口份额	核心产品出口额/产品出口总额	海关统计

在对具体指标的数据处理上,使用标准差标准化法(Z-score 方法)对数据做规范化处理,采用变异系数法和主观赋权法相结合的方法确定权重,并逐级加权平均得到船舶产业国际综合竞争力指数。

(二) 计算结果与分析

1. 综合竞争力基本情况分析

(1) 宏观经济发展环境对精细化工行业影响显著

2018 年,上海化工行业经济运行状况与全国步调一致,稳中有进、先扬后抑。前三季度运行平稳,经济效益稳步提升;但第四季度由于国际原油价格暴跌,中美贸易摩擦加剧,持续向好的经济运行态势开始向下。作为基础性行业的化工制造,为其他一些行业发展下行累及,增速放缓。2018 年 1 月至 12 月,上海化工行业累计实现工业总产值 4 006.76 亿元,同比增长 208.08 亿元。这是自 2013 年总产值超过 4 000 亿元后,首次站上 4 000 亿元高位。当年,化工行业总产值占上海工业总产值 10.99%,在全市 6 个重点行业中占比 16.79%。全年的主营业务收入 4 314.73 亿元,同比增长 6.6%;实现利润总额 469.41 亿元,同比下降 3.8%。

(2) 化工行业总体竞争力排名中上

图 1 显示了 2016—2018 年各省级行政区化工产业综合竞争力指数情况。从图中可以看出,上海化工行业综合竞争力水平名第五,与江苏、浙江、山东、广东等化工大省相比仍有差距,比排名其后的湖北、天津、河北等省级行政区综合竞争力相比,优势不明显。

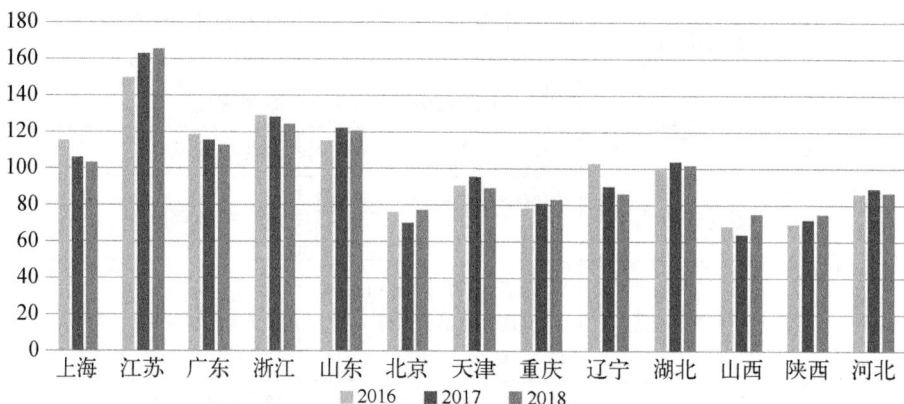

图 1　2016—2018 年分区域综合竞争力指标计算结果

从三年变动情况看,上海与广东化工行业综合竞争力水平逐年下降,上海趋势更加明显。究其原因,从构成综合竞争力指数的三个二级指标来看,行业增长驱动指数和产业国际表现指数均稳定向上,但由于上海处于国内化工行业转型调整的先锋梯队,调整产品结构、优化产业布局、提高发展质量较快,化工产业链的重组与整合正在进行中,易造成价值链优势不稳。此外,中美贸易摩擦的反复与升级给化工特别是精细化工行业发展带来了很大的不确定性,精细化工产品的进出口都受到了较大影响。

(3) 中美贸易战对化工行业影响加深

在美国最新公布的价值 2 000 亿美元商品加征 25% 关税清单中,覆盖了矿产品、化学工业及其相关工业的产品以及塑料、橡胶及其制品 3 个大类 16 章商品中的几乎所有涉化产品。2018 年,高桥石化加工原油比 2017 年减少 76.1%;出口炼油产品比 2017 年减少 29.6%;华谊集团出口交货值同比下跌 21.1%。

中美贸易摩擦对化工行业的间接影响也不容忽视。2018 年,我国石化行业进出口总额 6 000 亿美元,贸易逆差接近 2 000 亿美元。当年,上海汽车、计算机和集成电路产业受中美贸易摩擦的直接影响,12 月汽车产量环比下降 13.3%,全年产量同比仅增长 2.2%;计算机和集成电路产量环比分别下降 37.6% 和 4.3%,同比分别下降 41.8% 和 4.9%;家用冰箱环比下降 4.8%,同比下降 15.3％，由此拖累为这些产业提供原料的石化产品如聚合 MDI、聚酯、粘胶短纤等原材料的产量和价格，从而涉及的化工企业总体营收水平也受到影响。

2. 三个二级指标分析

(1) 行业增长驱动变动情况

2016—2018 年，上海化工行业的增长先降后升(图 2)，行业增长趋势指数于 2018 年位列全国第三。分别考察行业成长速度、产业集中度、行业盈利能力、行业生产效率 4 个三级指标，可以看出：

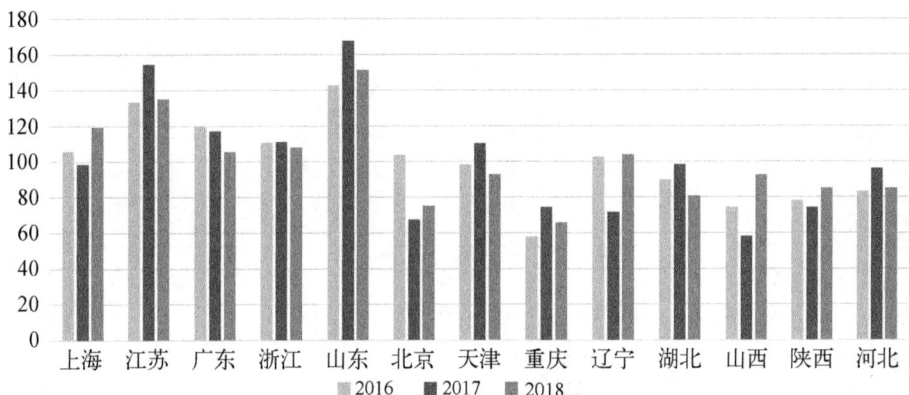

图 2　2016—2018 年分区域行业增长驱动指标计算结果

① 行业增速趋于稳定

2016—2018 年上海化工行业的增速先降后升，在 2017 年达到新高。究其原因，是前期上海化工行业对于高耗能、高污染、产能落后企业的整治阵痛期已过，并已显现出整治对于行业整体的正向反馈。自 2017 年 4 月起，中央环保督察组分两批次对 15 个省级行政区进行督察，持续的环保高压淘汰了一批环保不达标的企业；一些小企业也被迫去产能，或停产或关停，导致行业整体集中度提升，供求关系改善，对于走在化工行业结构调整前列的上海来说十分有利。相比之下，经过 2—3 年的全力整治，上海多数化工企业已迁移至化工园区，相关落后产能大部分已经完成整治工作，在全国范围内的环保高压下获得了增产创收机会。

② 产业集中度稳步提高

2016—2018 年上海化工行业的产业集中度也经历了先降后升的过程。一方面，上海化工的环保高压整治工作进入收尾阶段，相关企业搬迁整改陆续完成，企业发展的稳定环境得到保证。另一方面，化工行业在 2017 年迎来了周期性回暖，旺盛的市场需求促使企业满产满销。上海石化、上海化工区和宝钢化工全年产销比分别达到 100.1％、101.2％和 100.5％，6 家重点企业全年累计

表 3 2016—2018 年分区域二级指标计算结果

指标	年份	上海	江苏	广东	浙江	山东	北京	天津	重庆	辽宁	湖北	山西	陕西	河北
行业增长驱动	2016	105.56	133.48	120.17	110.68	142.71	103.52	98.12	57.86	102.68	89.70	74.17	78.15	83.20
	2017	98.61	154.56	117.26	111.17	167.68	67.63	110.24	74.47	71.84	98.17	58.17	74.32	95.88
	2018	119.34	135.25	105.30	107.78	151.35	75.15	92.89	65.82	103.82	80.68	92.53	85.18	84.91
产业国际表现	2016	97.99	165.75	105.86	132.04	120.49	61.17	76.92	84.11	100.03	109.17	79.33	75.87	91.28
	2017	98.33	174.98	100.47	132.35	117.44	66.18	87.84	77.73	87.46	107.98	80.24	77.73	91.27
	2018	101.56	180.52	102.09	127.76	112.87	69.65	85.47	80.38	73.70	110.40	84.84	78.47	92.28
价值链提升	2016	146.17	142.59	133.75	140.43	85.43	72.41	101.77	87.54	106.55	98.32	49.45	54.11	81.48
	2017	123.91	154.78	134.39	140.14	82.68	78.65	90.85	91.50	112.39	103.20	47.29	61.52	78.68
	2018	91.24	170.65	133.36	133.68	104.97	89.25	91.36	100.97	87.83	108.14	46.88	61.29	80.39
综合竞争力指数	2016	115.38	149.77	118.58	129.03	115.22	76.03	90.49	78.22	102.82	100.52	68.42	69.53	86.00
	2017	105.96	162.88	115.53	128.27	122.30	70.30	95.47	80.81	90.12	103.62	63.87	71.92	88.94
	2018	103.07	165.40	112.71	124.29	120.64	77.23	89.28	82.93	86.12	101.79	75.04	74.89	86.61

产销率为 100.3%；醋酸、成品油、聚氨酯等产品市场需求高涨，6 家重点石化企业的产销率均达 98.0% 以上。

③ 盈利能力持续上升

2016—2018 年，尽管上海化工行业增速和产业集中度出现波动，但盈利能力始终保持上升势头，在 2017 年行业整体盈利能力居全国之首，同比增长 35.23%。对 6 家重点企业的跟踪统计显示，2018 年，上海化工行业实现利润 530.39 亿元，6 家重点企业实现利润 446.93 亿元，大集团产业链整合优势十分突出。

以上海石化为例，受原油市场带动，石化成品油及化工产品价格均有不同程度增加，且产品价格涨幅大于原油成本涨幅，商品累计平均价格同比上升 12.2%；又由于原油代加工量同比减少 80 万吨，可计算产值的商品数量增加，也使上海石化 2017 年实现利润 79.13 亿元，同比增长 0.89%，经济效益达到历史最高水平，综合实力排名位列中国石化集团第三。

④ 生产效率大幅提高

2016—2018 年，上海化工行业生产效率得到很大改善，走在全国前列。生产效率的提高一方面得益于行业的精益运营，即降低产品单耗、能耗水平，优化工厂运营程序，提高内部营运效率。一些企业开展了精细化工和碳纤维业务的体制机制改革，提升基层工作效率。另一方面，得益于持续优化人员结构。以上海石化为例，2018 年公司净减员（包括自愿离职及退休人员）764 人，占年初在册员工总数 10 361 人的 7.37%。

（2）产业国际表现变动分析

2016—2018 年，上海化工行业的产业国际表现指数呈持续上升态势（图3），居于全国中等水平。分别考察国外市场占有、贸易特化能力、行业 TC 指数、行业 RCA 指数、贸易升级水平 5 个三级指标，可以看出：

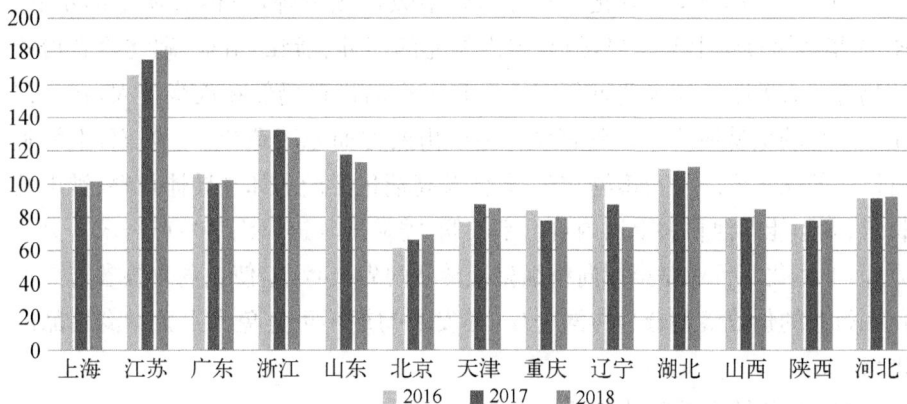

图 3 2016—2018 年分区域产业国际表现指标计算结果

① 国外市场占有率得到改善

2016—2018年,上海化工产品的国外市场占有率逐渐终止下跌趋势,于2017年出现出口反弹。2017年,上海化工产品出口总额为423.84亿元,同比大幅上涨27.94%。其中,石油加工、炼焦和核燃料加工产品及化学原料及化学制品制造业产品占据了主要的出口份额,两者出口值分别同比上涨61.98%和21.38%。化工产品出口增长除受国际市场波动影响外,从侧面也反映了上海的化工行业正逐步走出低谷期,开启高质量发展的新阶段。作为中国最大的炼油化工一体化综合性石化企业,上海石化全年出口成品油212万吨,同比增长14.35%;全年总货物出口191.49亿元,同比增加38.30%。

② 贸易升级水平逆势提高

2016—2018年,上海化工行业贸易升级水平指数同样经历了由跌转增的过程,2018年较2017年同比增长10.36%。根据指标体系的释义,贸易升级水平代表地区产业贸易情况在全国的优势程度。在国际经济发展环境逐渐恶化、化工行业壁垒不断增多的情况下,上海化工行业贸易升级水平的提升在国内值得圈点。

③ 贸易竞争实力优势明显

2016—2018年,上海化工行业贸易特化能力有小幅提升,指数由185上升到191。尽管增幅不大,但居于全国首位,并大幅领先于居第二位的江苏省。贸易特化能力本质上是区域出口与产值的比例关系,在很大程度上反映化工行业的竞争实力。这表明上海化工行业的国际化水平在全国处于领先地位,一批国际化程度较高的化工企业已经在全球化工产品供应链中占据着重要地位。从上海26家上市化工企业来看,其海外营业收入占公司总营收的平均比例高达23.45%;华谊集团、雅运股份、永冠新材等企业的海外营业收入甚至超过了公司总营收的50%。

④ 高端产品的进口替代仍未完成

2016—2018年,上海化工行业TC指数持续下降,总体表现全国垫底;RCA指数呈逐年上升趋势,但与国内领先的江苏、浙江、山东、湖北等省份相比仍有较大差距。这表明近年来上海化工产品进口仍然在逐步扩大,在全国化工产品的贸易逆差中位列首位。主要由两方面原因造成:一方面,上海拥有巨大的化工产品消费市场,在一些涉及高端化工产品如半导体材料、锂电池材料、太阳能电池材料上国内自给率较低,需从国外进口满足生产需求。另一方面,上海化工行业是全国向精细化工转型的先行者,迫使企业直接参与全球化工行业的价值链整合与协同合作,在发展初期不可避免产生大量高端品的进口。

(3) 价值链提升变动分析

2016—2018年,上海化工行业价值链指数得分逐年降低(图4),且降幅较

大。分别考察研发强度指标、新技术生产力指标、核心产品出口份额 3 个三级指标,可以看出:

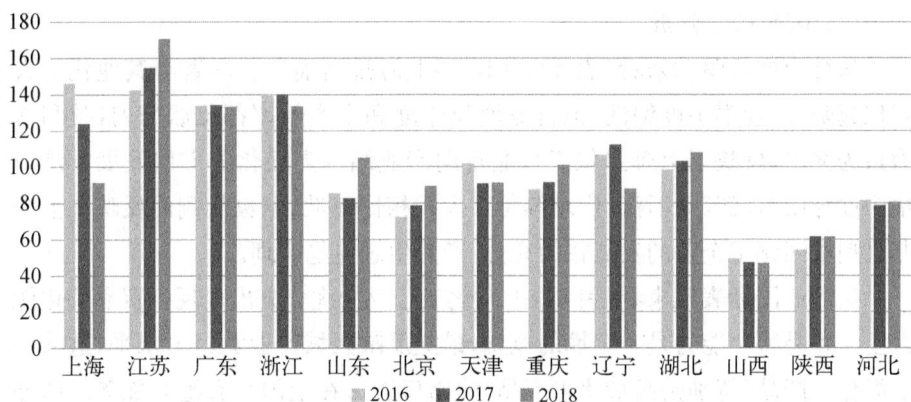

图 4　2016—2018 年分区域价值链提升指标计算结果

① 研发投入有待加强

2016—2018 年,上海化工行业研发强度指标持续下降,在全国处于中等水平。2018 年,上海化工行业产值达历史新高,但研发投入并没有同步提升。从上海 26 家上市化工企业的研发投入看,其投入强度的平均水平仅为 1%,与一些化工研发投入大省相比,有较大差距。例如,上海石化全年营收 1 077.65 亿元,研发投入 3 726 万元,占比 0.04%;华谊集团全年营收 445.18 亿元,研发投入 3.21 亿元,占比 0.72%。

② 精细化工新技术生产力突出

2016—2018 年,上海化工行业新技术生产力指数逐年下降,低于全国平均水平。但从精细化工领域的实际发展情况看,龙头企业在新产品开发上表现一直较好。以上海石化为例,其聚烯烃的专用料和新产品时常跻身国外同类产品先进行列,已经实现以国代进;其丙丁共聚产品 M850B 因高透明性、低析出性的优异特点,打破了食品行业高标准包装材料原材料被国外一统的局面,推动了国内食品行业包装材料的升级换代;β 晶型高抗冲聚丙烯专用料、汽车用高结晶聚丙烯专用料、无规共聚高透明聚丙烯专用料等,也已广泛应用于国内外汽车配件、电器电子配件、家电产品等生产领域;医用聚丙烯和医用低密度聚乙烯专用料、G 树脂系列专用料等产品在行业中保持着技术领先优势。

③ 高端核心产品出口波动较大

2016—2018 年,上海化工行业核心产品出口指数呈下降趋势。2017 年,上海化工核心产品出口额较上年度下降 25.7%,同年,江苏、山东化工核心产品出口额分别同比增长 71.7% 和 220%。主要原因,是个别精细化工和专用化学品的核心产品出口份额下降过大。对总出口额影响较大的产品主要有:其他混合或非混合产品构成的药品(300490),出口额同比减少89.65%;其他美容品或化妆品或护肤品(300499),同比减少25.09%;不含矿物油的纺织材料、皮革等材料处理剂(340391),同比减少23.83%。

(4)区域指标分析

从行业增长驱动来看(表4),2018年上海排名前三。尽管与其他化工大省比起来,产业集中度偏低,但行业增长速度和生产效率都位居前列,盈利能力最为突出,反映了上海的化工行业正向产业结构高级化的方向发展。产业集中度与山东、江苏、浙江、广东等化工大省相比偏低,但也从侧面反映了上海非大型集团化工企业的发展较为充分,产业生态更趋合理。

从产业国际表现来看(表5),上海化工行业的优势突出表现在贸易特化能力上。贸易特化能力是一个熵的概念,最能反映区域产业竞争力水平,这表明上海化工产品(特别是高端化工产品)的出口能力在全国具有绝对优势。国外市场占有率与升级水平位于前列,反映规上企业出口能力较强,产品的结构与质量更趋合理。行业TC指数与RCA指数得分偏低,表明上海化工行业发展的产品结构性短缺矛盾仍然十分突出。

从价值链提升来看(表6),上海在研发强度、新技术生产力、核心产品全球份额方面与江苏、浙江、湖北等化工大省的差距较大。究其原因,一方面,上海走在全国向精细化工和绿色化工转型发展前列,新产品的开发与打开市场需要准备期;另一方面,受中美贸易战波及,一些核心化工产品的出口出现了较大波动。

从我国化工行业区域产业集中水平来看,将主要化工行业发展省份分为八大区域,分别为东部沿海地区:上海、江苏、浙江;南部沿海地区:福建、广东、海南;北部沿海地区:北京、天津、河北、山东;长江中游地区:湖北、湖南、江西、安徽;黄河中游地区:陕西、山西、河南、内蒙古;西南地区:云南、贵州、广西、四川、重庆;西北地区:甘肃、辽宁、青海、西藏、新疆;东北地区:辽宁、吉

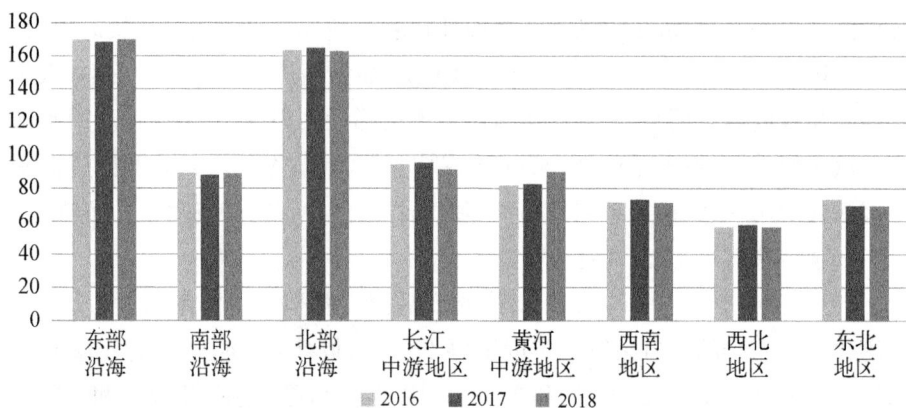

图5　2016—2018年分区域产业集中水平指标计算结果

表 4　2016—2018 年分区域行业增长驱动三级指标计算结果

指标	年份	上海	江苏	广东	浙江	山东	北京	天津	重庆	辽宁	湖北	山西	陕西	河北
产业集中度	2018	84.70	175.49	107.60	112.60	199.88	65.42	72.26	66.83	89.72	86.00	73.95	78.64	86.91
	2017	81.67	179.49	107.32	110.08	197.79	67.66	77.27	68.79	85.87	89.84	70.46	76.39	87.37
	2016	82.12	180.10	109.02	111.26	195.75	66.69	76.50	67.01	91.38	88.96	68.90	75.55	86.77
行业成长速度	2018	125.45	75.69	87.17	95.28	84.28	53.17	88.02	68.59	123.29	64.41	212.81	133.61	88.24
	2017	78.22	134.23	101.42	109.85	147.50	35.99	101.20	133.25	-1.95	124.66	118.30	101.29	116.05
	2016	111.08	66.09	101.70	112.11	71.65	160.41	62.97	44.75	164.87	67.54	165.65	101.59	69.59
行业盈利能力	2018	178.99	127.93	135.73	109.22	113.13	133.16	118.74	68.84	63.97	85.51	32.38	39.18	0.07
	2017	132.35	143.18	154.57	110.70	130.34	79.43	144.78	60.25	71.04	95.19	17.77	53.18	0.05
	2016	122.05	142.26	160.99	105.83	134.60	104.95	132.68	64.86	50.22	110.96	17.08	58.11	0.05
生产效率	2018	144.70	108.80	86.42	110.40	151.52	65.68	135.27	53.70	172.98	83.22	36.80	89.13	182.82
	2017	119.58	114.22	101.20	117.57	158.18	84.76	171.66	47.71	116.57	99.80	16.39	73.39	167.63
	2016	131.78	113.85	105.21	116.64	148.89	91.72	168.99	41.75	118.58	93.70	15.01	79.34	166.54

表5 2016—2018年分区域产业国际表现三级指标计算结果

指标	年份	上海	江苏	广东	浙江	山东	北京	天津	重庆	辽宁	湖北	山西	陕西	河北
国外市场占有	2018	101.92	227.43	115.42	117.29	111.90	73.40	79.86	75.13	75.77	83.17	76.59	78.53	83.60
	2017	99.18	220.83	116.46	123.19	128.12	71.87	77.70	73.05	75.05	87.29	71.36	75.77	80.14
	2016	103.04	214.50	127.69	126.67	129.21	68.24	76.62	72.36	73.40	87.52	67.74	73.10	79.92
行业TC指数	2018	1.70	76.07	72.46	113.61	170.80	65.67	100.92	115.06	83.44	134.40	118.34	111.99	135.54
	2017	6.16	76.97	71.92	124.79	171.73	57.41	97.40	115.35	84.44	132.37	116.90	110.22	134.34
	2016	20.53	63.32	72.55	115.88	179.89	50.76	98.76	116.79	84.41	134.73	117.29	110.76	134.33
行业RCA指数	2018	67.49	111.24	65.36	138.58	119.56	65.64	71.09	74.87	82.88	211.66	108.96	70.03	112.64
	2017	62.95	96.57	56.69	148.56	100.96	51.79	62.31	77.87	128.23	193.38	121.55	77.61	121.55
	2016	62.44	93.03	54.90	142.28	105.49	50.21	63.42	82.03	144.57	187.56	121.17	71.72	121.17
贸易升级水平	2018	110.56	222.06	112.46	129.95	113.55	71.34	79.62	73.17	73.66	81.47	74.47	76.36	81.32
	2017	100.18	221.47	108.94	127.81	121.27	68.92	83.50	69.77	97.41	82.40	68.30	72.09	77.94
	2016	103.01	216.92	118.42	131.73	121.84	67.37	74.30	70.75	96.65	83.65	66.98	71.36	77.02
贸易特化能力	2018	191.08	154.45	119.39	140.94	67.68	66.00	117.53	90.59	51.30	80.40	70.40	71.77	78.46
	2017	184.92	147.69	117.90	145.22	75.39	70.83	135.16	77.78	53.52	88.32	53.02	71.96	78.30
	2016	186.05	140.47	126.41	144.87	67.96	56.68	80.35	108.91	120.12	87.60	44.79	65.73	70.05

表 6　2016—2018 年分区域价值链提升三级指标计算结果

指标	年份	上海	江苏	广东	浙江	山东	北京	天津	重庆	辽宁	湖北	山西	陕西	河北
研发强度	2018	55.18	125.51	109.00	119.44	97.46	83.53	134.01	152.07	112.64	156.25	9.60	89.17	56.14
	2017	71.21	118.29	128.14	129.62	92.54	55.41	155.65	113.18	118.19	157.63	21.07	90.94	48.15
	2016	74.42	129.01	130.25	129.20	99.49	33.88	157.78	103.44	108.18	157.09	29.67	82.99	64.60
新技术生产力	2018	55.47	114.02	126.17	138.24	82.82	120.60	100.78	155.03	102.54	155.49	27.61	35.14	86.09
	2017	63.26	116.54	123.31	142.40	72.49	106.44	106.02	151.17	99.25	164.48	22.83	44.18	87.62
	2016	80.32	125.58	126.44	153.43	80.94	90.99	118.36	138.88	101.73	142.73	28.75	16.43	95.43
核心产品全球份额	2018	115.14	205.38	142.61	135.53	115.91	78.02	76.45	65.73	75.41	76.41	64.39	64.65	84.38
	2017	159.82	178.14	140.21	141.52	84.63	72.54	70.60	62.76	116.42	66.65	62.86	62.08	81.76
	2016	190.03	152.72	137.54	137.97	83.80	74.37	81.46	63.12	108.07	66.21	62.56	62.14	80.01

林、黑龙江。总体而言,东部沿海和北部沿海化工行业的产业竞争力较强,两大区域化工行业产值占全国化工行业总产值的51.44%。西北、西南、东北地区产业集中度较低,仅少数省份拥有大规模化工产业园区。

四、长三角化工产业竞争力水平分析

(一)化工产业发展概况

长三角地区是我国综合经济实力最强、最具有生机活力和发展潜力的地区之一,也是我国化学工业最发达的地区和最重要的化工市场。2018年11月5日,习近平总书记在首届中国国际进口博览会开幕式主旨演讲中宣布:将支持长江三角洲区域一体化发展并上升为国家战略。2019年3月5日,李克强总理在第十三届全国人大二次会议上作的《政府工作报告》中指出,将长三角区域一体化发展上升为国家战略,编制实施发展规划纲要。这一战略的提出,为长三角区域化工行业的发展带来了重大机遇。

长三角以上海市为中心,包括上海、南京、杭州、合肥等苏浙皖26个城市。根据中国化工报社组织的《石油和化工园区可持续发展调研报告(2018)》分析结果,东部沿海地区化工园区由于其位置、交通、物流、港口等优势,发展水平普遍高于内陆地区化工园区,其中长三角地区的化工园区发展水平最高。根据中国石油和化学工业联合会化工园区工作委员会统计,截至2017年底,长三角已形成以上海化工区、南京园区、宁波石化区等为代表的化工园区81家,园区数量约占全国化工园区总量的13.5%,石油和化学工业总产值占全国园区总产值的比例高达34%;在其评选出的"2018中国化工园区30强"中,位于长三角的化工园区有13家,入围前10名的园区有:上海化工区(排名第1)、宁波石化区(排名第3)、南京化工园区(排名第4)、江苏省泰兴经济开发区(排名第6)、宁波大榭开发区(排名第7)和中国化工新材料(嘉兴)园区(排名第10)。可以说,无论在数量还是在质量上,长三角化工都是全国行业发展的标杆。

限于数据获得原因,安徽省化工指数测算未纳入本报告指标体系,表7对上海、江苏、浙江化工行业竞争力进行分析。

表7　2016—2018年上海、江苏、浙江化工行业竞争力指数分析

指　　标	年份	上海	江苏	浙江
行业增长驱动	2016	105.56	133.48	110.68
	2017	98.61	154.56	111.17
	2018	119.34	135.25	107.78

续表

指　　标	年份	上海	江苏	浙江
产业国际表现	2016	97.99	165.75	132.04
	2017	98.33	174.98	132.35
	2018	101.56	180.52	127.76
价值链提升	2016	146.17	142.59	140.43
	2017	123.91	154.78	140.14
	2018	91.24	170.65	133.68
综合竞争力	2016	115.38	149.77	129.03
	2017	105.96	162.88	128.27
	2018	103.07	165.40	124.29

1. 上海行业综合竞争力表现较弱

从化工行业的综合竞争力水平来看,江苏牢牢占据龙头位置,其综合竞争力指数远远领先于浙江和上海,且呈现逐年上升趋势;浙江综合竞争力指数位居其中,近三年来保持稳中略降;上海综合竞争力水平明显弱于苏浙且差距较大,综合竞争力指数在近三年逐年走弱。值得注意的是,2018 年上海综合竞争力指数下降的趋势放缓,这表明上海新一轮化工行业调整的布局基本完成。

2. 区内行业发展波动较大

2018 年,上海、江苏、浙江化工行业产值分别为 4 147.10 亿元、20 692.34 亿元和 9 231.10 亿元,同比增长 17.90%、−8.24% 和 2.05%。从行业增长驱动来看,两省一市的行业发展均经历了较大波动,以江苏波动幅度最大、上海次之、浙江最小。造成行业增长驱动指数大幅波动的原因主要是行业发展环境的变化:江苏化工产业规模较大,化工产品涉及面广,在环保政策不断收紧的大环境下,其去产能、淘汰落后产能的压力同样较大;上海尽管也出现了较大波动,但由于与苏浙相比行业体量较小,也基本完成了高污染、高能耗化工企业的整治工作,阵痛期已过,因而发展环境逐渐稳定,行业开始逐步恢复增长。

3. 江苏化工出口优势明显

从化工行业具体出口数据来看,2018 年上海、江苏和浙江化工行业出口额分别为 423.84 亿元、1 598.26 亿元和 628.07 亿元,江苏在长三角地区化工行业出口竞争力上占据绝对优势,出口数额占三省级行政区总额的 58.64%,与江苏在长三角地区化工行业产值占比(56%)接近。从化工行业国际表现指数来看,江苏大幅领先于浙江和上海,并保持稳定增速;浙江稳中略降;上海尽管在近三年保持了正向增长,但与江苏、浙江相比还存在较大差距。

4. 江苏价值链提升较快

从化工行业价值链提升来看,江苏优势突出。2016年江苏、浙江、上海价值链提升指数较为接近,但近两年江苏增长速度较快,与浙江、上海拉开了差距。浙江化工行业价值链提升指数相对稳定,2018年出现小幅下降;上海化工行业价值链提升指数变化幅度较大,与江苏、浙江之间的差距不断拉大,其直接原因是核心产品出口下降幅度过大。

(二) 地区化工产业结构分析

1. 基础化学原料与合成材料制造是优势

从全国化工行业结构来看,化工子行业中产值占比超过20%的有精炼石油产品制造业和基础化学原料制造业,两者分别占化工行业总产值的24%和20%;专用化学品制造业与合成材料制造业产值占比均在10%以上,分别为17%和11%。以上4个子行业产值合计占到全国化工产业总产值的72%,其他子行业占比相对较小。

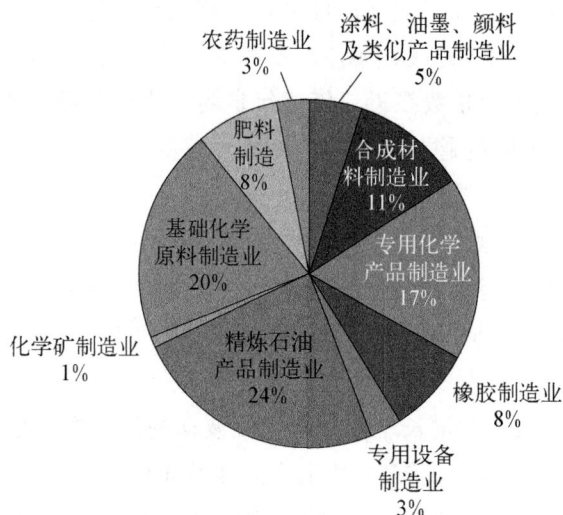

图6　2016年全国化工产业产值构成

从长三角地区化工行业结构来看,化工子行业中产值占比超过20%的有基础化学原料制造业和合成材料制造业,两者分别占到化工产业总产值的26%和20%;精炼石油产品制造业和专用化学品制造业产值占比在10%以上,分别为18%和14%。以上四个子行业合计占长三角化工产业总产值的78%,其他子行业占比相对较小。

与全国化工行业产值构成相比,长三角地区基础化学原料制造业和合成材料制造业上等子行业产业规模领先于全国平均水平,相关产品制造具备较大优势;在精炼石油产品制造业和肥料制造等子行业上,产业规模则明显低于全国平

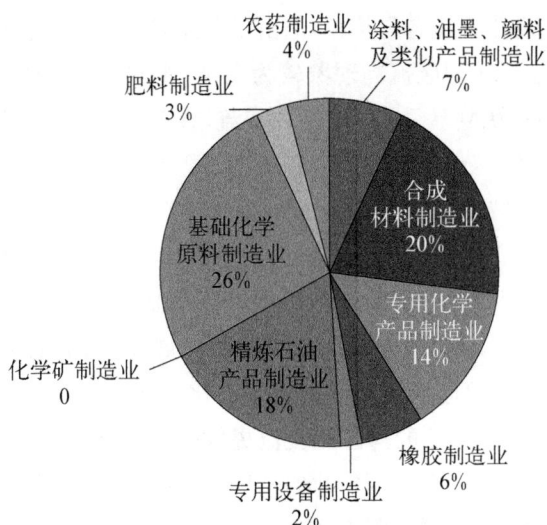

图 7　2016 年长三角地区化工产业产值构成

均水平。这反映出长三角化工行业产业结构高级化与精细化特征更加突出。

2. 形成产业链条完备的差异化竞争格局

从微观层面上来看,上海、江苏、浙江都具备良好的化工行业发展基础,区内已形成了相对完整的上中下游产业链条。以三地代表性化工园区为例:上海化工区形成以乙烯为龙头,异氰酸酯及聚合物和聚碳酸酯等合成材料为中游,涂料、表面处理剂、热熔胶等精细化工产品为下游的完整产品链,侧重生产聚苯乙烯、丙烯腈、MDI/TDI、聚碳酸酯。宁波石化区基本形成石油化工为上游,多元化原料源头及中下游化学品产业配套发展的上下游一体化的石化产业体系,上游拥有炼油乙烯炼化一体化项目,中下游拥有聚乙烯、聚丙烯、C5/C9 以及 ABS、非光气聚碳酸酯及聚苯乙烯等合成材料,以及顺酐、异丁烯、乙酰胺、过氧化物、表面活性剂等精细化工产品。南京化工园区已形成以石化、C1 两大产业链为主要支撑,新材料、生命科学及高端化学品为重要内容的现代化工产业体系,侧重发展丁辛醇、丙烯、醋酸、环氧丙烷、MTBE 和 C1 化工。三地化工园区各有特色,产品的差异化适度。安徽化工行业经过几十年发展,目前已经形成石化、化学矿山、农用化工、有机无机原料、合成材料、精细化工等十几个发展方向,但是与上海、江苏、浙江相比,整体发展水平仍有较大差距,主要表现在行业和企业规模偏小、发展方式较为粗放、高附加值产品规模较小等,省内产值占比较大的化肥、农药等化学品仍然面临着较大的去产能压力。

(三) 区域产业联动情况

此次长三角区域一体化发展战略上升为国家战略,为长三角地区化工行业的区域联动发展提供了重要契机。虽然长三角地区化工行业整体发展水平走在全国前列,各地产业发展也各具特色,但由于牵涉 GDP、财税、就业等复杂利益关系,区域联动不足,化工园区孤岛现象较为突出;地方政府对待协作联动往往是慎之又慎,管理与资源共享只限于园区内交流,难以突破行政区划界限。

1. 区域行政壁垒亟待突破

实现长三角区域内部化工行业联动发展,首要解决的是行政壁垒问题。化工行业属于长产业链行业,客观上需要区域协同合作;但由于化工行业同时又是区域经济贡献大户,很容易在行政壁垒下形成竞争大于合作的区域发展格局。基于长三角建设世界性制造业集群的发展思路,有必要基于产业工地的保护,在法律、法规等政策层面上为区域内化工产业联动发展做好相关的顶层设计,为区域内相关企业的跨区域交流提供政策及行政支持。

2. 形成差异化、高效率、可持续的一体化化工行业竞争格局

长三角地区各省级行政区需要着眼于区域一体化的国家战略背景,立足自身资源和产业基础,彼此之间合理分工、统筹布局和协同合作,抱团嵌入全球价值链推动化工行业升级。发挥所长、塑造特色、形成多元化分工协作,是高效率一体化的关键,是可持续一体化的前提。各地之间应该形成一个创新要素集聚、分工有序、融合度高的系统性共生平台,以资源配置效率最大化为任务,形成区域内部的产业互补合作;明确各地在长三角区域一体化发展中的新格局和新定位,在产业链环节及其主导产品的选择上,尽量避免重复建设和恶性竞争。

五、发展路径

(一) 总体方向

当前,上海正处在供给侧改革、产业转型升级的关键时期,在国际贸易壁垒逐渐加深、国内经济增速放缓的背景下,石化产业作为上海六大重点产业之一,面对不断收紧的行业环保政策,加之上海自身土地、资源的限制,必须加大产业结构调整的力度,积极淘汰落后产能,提升产业发展质量,向高端化、精细化方向发展。

(二) 提升路径

1. 重点发展精细化工品与化工新材料

鉴于精细化工品与化工新材料技术含量高、附加值大的特性,同时兼顾二者的高度相关性,以及与其他高技术产业和战略性新兴产业的高度关联性,精细化工和化工新材料将是未来上海化工行业发展重点。在传统领域,重点发展医药、染料、涂料和农药等环节;在新兴领域,重点发展食品添加剂、水处理剂、塑料助剂等环节。化工新材料重点发展高性能树脂和纤维、功能性膜材料和电子化学品。其中,高性能树脂里的工程塑料、高端聚烯烃塑料等是重点发展领域。其他

一些前沿新材料,如石墨烯、3D 打印材料、纳米材料等,作为相关行业(如日化、电子设备、高端仪器、航空航天等)的基本原材料,也在重点发展之列。

目前,上海的精细化工行业主要布局在上海化学工业区和上海精细化工产业园区两大精细化工品生产基地。上海化工区形成了乙烯为龙头、异氰酸酯为中游、聚异氰酸酯和聚碳酸酯等精细化工中间体和涂料/胶粘剂等精细化工产品为终端的生产布局,2017 年精细化工产品产值占园区化工品产值比重已达27%。上海精细化工产业园区则聚焦生产各类催化剂、助(溶)剂、食品添加剂、电子化学品、造纸化学品、生物化工等目前尚未形成规模而市场空间广阔的新领域精细化工产品。两大园区精细化工分工协作的生产格局基本形成。

虽然上海的精细化工行业已经具备一定规模,但仍然存在着低附加值精细化工品过多、高端精细化工品供给不足的结构性问题,仍需大量进口来满足相关行业的发展需求。贸易摩擦对上海关键精细化工产品的自给率提出了新要求,未来,应有针对性地重点发展贸易逆差大、产品附加值高精细化工产品,如食品添加剂、饲料添加剂胶粘剂、表面活性剂、电子化学品(印刷线路板用环氧树脂、新型电子封装材料、液态感光成像阻焊剂和高纯试剂等)及生物化工产品等。

在化工新材料方面,上海应发展支持重大工程、重点产业配套的前沿性新材料,鼓励产业链协同突破。在具体产品设计上,应结合下游产业需求综合考虑材料开发前景。例如,配合汽车、装备、电子信息产业发展的碳纤维、芳砜纶、聚氨酯生产技术开发。

2. 加大产业整合、重组与并购

近年来,众多全球知名化工企业都通过兼并、收购或重组等方式,调整经营结构,加大对具有市场潜力的精细化学品投入,以巩固和扩大市场份额,提高经济效益和国际竞争力。可以看出,并购是未来化工行业发展的重要趋势之一。2019 年 1 月 16 日召开的中央企业、地方国资负责人会议上,提出要深入推进整合融合,不断优化国有资本布局结构,积极稳妥推进装备制造、船舶、化工等领域企业战略性重组,这将是化解过剩产能、优化产业结构、提升行业集中度的重要手段,从而集中力量向高技术含量、高附加值的领域发展。

就精细化工而言,目前全球精细化工产品大约有 10 万种,我国大约有 2 万种,由于其自身种类繁多,一家企业往往只能生产几种相关的精细化工产品,从事精细化工品生产的企业数量多且散,导致规模效益获得困难、产品附加值不高、竞争力不足。因此,上海下一步应该借助供给侧改革、产业转型升级的契机,积极推动行业内相关化工企业的整合、兼并与重组,将精细化工生产规模扩大化,集中力量研发新技术和新产品,提升上海精细化工产品的出口竞争力。在并购对象上,强强联合不限于国内化工企业,对于具有成熟完善的销售网络、稳定的原材料供应保障体系、成熟的客户关系网以及拥有专有技术和品牌的国外企业,也可考虑并购,以实现跨越式发展。

3. 开拓"一带一路"沿线新兴市场

当前,中美贸易摩擦为世界全球化进程蒙上了一层阴影,从美国加征关税清单来看,众多化工产品赫然在列,对上海化工行业的发展也带来了负面影响。首先,加征关税直接影响了相关化工产品出口企业的利润,直接导致下游客户寻求更加低价的产品来源,减少对中国进口化工产品的依赖;对于出口企业美国市场的维护以及未来新产品市场的开拓造成诸多不确定性因素。其次,随着我国采取积极反制措施,以加征关税的化工产品(包括液化丙烷、部分乙烯聚合物、丙烯酸聚合物、丙烯腈、纯聚氯乙烯、聚碳酸酯、甲基膦酸酯、环氧树脂等)为原材料的相关企业,生产成本也显著提高。

在此背景下,重提"一带一路"倡议更具现实意义。在美国市场面临巨大不确定性的时候,上海化工企业应积极寻求其他出路,最大限度减小局部贸易条件恶化对化工行业整体发展水平的影响。借助"一带一路"倡议积极开拓新兴市场,提高跨国经营能力以及参与国际市场竞争话语权;充分利用企业的专业能力进行市场调研和分析,主动寻求下游需求,开发新客户,降低企业经营风险。

上海目前已有一批技术领先的化工企业成功开拓了新兴市场。例如,上海百金化工集团在印尼实现了二硫化碳全套技术与设备出口,在印度设立的首个国外合资项目实现了一年达产达效、两年盈利的可观经济目标;双钱集团将在泰国投资17亿元建设150万套/年全钢子午胎和5万条/年工程轮胎项目,实现销售收入约4亿美元;上海化工研究院旗下华东理工华昌聚合物公司在马来西亚、法国、沙特阿拉伯等国家寻找产品的海外属地化生产合作。

六、政策建议

(一) 坚持高端发展方向,提高企业技术水平

针对上海重点发展的化工新材料、精细化工两大产业板块,以上海石化、高桥石化、华谊集团等骨干企业为主体,进一步巩固产业发展优势,坚持高端引领,不断提升高技术额联、高附加值产品比重,在全国范围内保持前列地位。

一是针对化工行业发展呈现的大型化、基地化和一体化趋势,坚持集约化发展,鼓励化工行业加大兼并重组力度;二是在精细化发展方面加大研发投入力度,把主业做深、做透,实现管理、设计、技术、装备、工艺的全面升级与再开发。

由于精细化工与化工新材料都是典型的技术密集型产业,当前,上海在很多领域自主创新能力还较欠缺:以企业为主体的创新体系还没有与以化工研究院为主体的创新体系相对衡;基础研究、应用研究都比较薄弱;企业研发投入严重不足。应改变分散研发模式,建立起多层次研发体系,鼓励企业建立关键核心技

术的联合攻关体；鼓励企业加强国际科技交流与合作，提升自身技术水平。

（二）建设智慧化工园区，服务行业精细化、绿色化发展

全球信息化发展趋势和"智慧城市"发展理念对新时代的上海化学工业区建设提出了更高要求，智慧化工园区作为上海智慧城市建设的重要组成部分，是上海建设世界一流化工园区、提高化工行业国际竞争力的重要手段。

自 2016 年中国石化联合会牵头创建第一批"智慧化工园区试点示范单位"以来，智慧化成为全国化工园区建设的方向之一。2018 年，第二批"中国智慧化工园区试点示范（创建）单位"名单公布，上海化学工业经济技术开发区、江苏省泰兴经济开发区、江苏如东沿海经济开发区等 17 家园区名列其中，长三角化工园区的智慧化建设也进入提速阶段。上海智慧化工园区发展的重点方向应该是：兼顾中短期效益与可持续发展的要求，专业化与集成化高度融合；高度结合新一代信息与通信技术，优化生产流程管理，进一步提高生产效率，实现管理精细化、决策科学化和服务高效化等目标；在安全、环保、节能、应急等重点领域进行工作部署，以达到快速、准确的智能响应；通过智慧园区建设带动化工智能物流、智能服务的发展。

（三）降低"走出去"门槛，抱团参与全球竞争

"一带一路"倡议到目前为止已经实施了六年，对化工行业而言，沿线许多国家经济落后、产业结构单一、产业链不完善，缺少相关配套企业，为长产业链的化工行业增加了海外布局的门槛。在扶持政策上，由于化工行业的重资产特征，缺乏行业针对性强的政策和资金支持，使得"走出去"的企业在跨国公司强力竞争与中东、印度等共建"一带一路"国家竞争的双重压力下，生存困难。

考虑到上述局限，上海在推进化工企业"走出去"战略时，应建立行业协会牵头，企业和金融、法律、咨询等机构协同参与的产业合作平台，推进化工行业国内产业梯次转移的同时，引导企业联合"抱团走出去"，形成具有规模效应和集聚优势的海外产业布局，打造具有国际竞争力的跨国企业和企业集团。在资金方面，成立相关的产业基金，督促政策性保险机构、商业性保险机构各自从不同角度对海外投资、工程承包、国际项目合作等提供保险、保证支持措施，简化投资保险理赔手续，提高投资保险业务效率，解决相关企业的后顾之忧。同时，在化工产品出口上，加大市场调研与分析力度，减小项目投资的盲目性，降低产品同质化竞争风险。

执笔：

林　兰　上海社会科学院城市与人口研究所研究员

服务支撑领域

2018 年上海软件和信息技术
服务业国际竞争力报告

一、背景趋势

（一）全球发展

全球软件和信息技术市场扩容速度提升，亚洲经济体软件和信息技术出口市场明显回暖。联合国贸发会数据显示，包括通信、计算机服务[①]和信息服务在内的全球软件贸易持续稳定增长，2017 年和 2018 年全球软件出口总额分别为 5 282.4 亿美元和 6 060.6 亿美元，同比增速分别为 8.7% 和 14.7%，相较 2015 年和 2016 年增速明显提升。发达经济体仍是最主要软件出口国，2018 年的出口达到 4195.8 亿美元，占比继续保持在 70% 左右，而发展中经济体占比虽略有上升，但仍然不足 30%。从发展中经济体的区域构成来看，2018 年，亚洲经济体仍是其中最主要的出口方，出口额达到 1 574.3 亿美元，同比增速到达 21.2%，超过发达经济体的同比增速，特别是东亚同比增速到达 47.5%，增速十分迅猛，其中我国贡献最大。

信息通信技术（ICT）贸易额呈现上扬势头。根据联合国贸发会议的数据，2017 年，全球 ICT 贸易额达到 4 969.8 亿美元，同比增长 7.11%。发达经济体 ICT 贸易量最大，2017 年为 3 451.2 亿美元，同比增长 8.58%；发展中经济体增长较为平稳，2017 年贸易额为 1 402.2 亿美元，较上年同期增长 2.8 个百分点；转型经济体贸易额为 116.4 亿美元，增速最快，同比增长 19.38%。

软件外包依然是软件业服务的主要形式，全球离岸接包市场竞争较为激烈。软件外包指客户（即发包方）将软件项目中的部分工作转交给软件外包服务商（即接包方）开发的行为。2017 年全球 IT 外包服务支出为 10 380 亿美元，比 2016 年增长 4.5%。全球软件外包业务的离岸发包市场由美国、欧洲和

[①] 计算机服务包括软件和硬件两部分。

日本等发达国家和地区主导。市场份额排在前列的几家公司分别为 IBM、惠普（HP）、富士通（Fujitsu）、思捷思（CSC）、埃森哲（Accenture）。印度、爱尔兰、加拿大等已经建立一定竞争优势的接包国还在努力拓展业务空间；墨西哥、波兰、菲律宾、越南等国家也紧抓成本优势积极参与国际市场的竞争。中国是世界第二大离岸服务外包承接国，印度规模最大，印度企业 TCS 在 2015 年的营业额就已经 145 亿美元，超过中国 2017 年离岸市场的总和 138.4 亿美元。

全球软件行业向综合服务、云平台转型。根据 Gartner 的预测，2019 年，IT 技术专家的招聘人数将出现 5% 以上的降幅，20% 的 IT 组织需要多面手来扩大数字业务，IT 技术专家的员工人数将降至 2017 年 75% 的水平。到 2021 年，40% 的 IT 人员将负责多个角色，大部分将与业务挂钩，而不仅仅与技术相关。IT 行业对多面手员工需求的增长，暗示了传统 IT 厂商生存空间不断收窄。未来主要的公共云提供商将变得更强，亚马逊、IBM 的 SoftLayer 和微软将占据更多的商业云服务市场份额。

（二）技术趋势

推进向云端转型的信息技术成为软件和信息服务业发展的强大动力。云平台因具备使用价格较低、用户按需购买和修理维护方式相对简单等优点，正成为越来越多企业和个人的选择。IDC 统计的数据显示，2017 年全球云系统管理软件市场总收入达到 42 亿美元，同比增长约 18 个百分点，其中 VMware 拥有最大的市场份额（21.7%）和高于市场水平的业务增长率（20.7%），是领域内的领跑者。在 CRM、电子商务和网络购物等软件类别中，已经基本实现云转型，其他行业软件的云转型也正在进行中。在中国市场中，云计算技术以及基于云端的订阅式软件付费模式的逐步流行，有效减少了中国 PC 盗版软件的使用，从 2011 年到 2017 年下降了约 11 个百分点。

人工智能将长期成为软件和信息技术服务业最热门应用领域，世界多国争抢人工智能国际地位。中国电子学会统计，2018 年全球人工智能核心产业市场规模超过 555.7 亿美元，同比增长 50.2%。普华永道预测，在 2030 年，人工智能有望为美国贡献 3.7 万亿美元 GDP 增长，为中国贡献 7 万亿美元 GDP 增长，人工智能正凭借其对经济的强大推动力，成为多国争相发展的焦点。美国和中国在 AI 领域占有绝对的优势，罗兰贝格和 Asgard 调查显示，2018 年，AI 领域的创业公司中，美国和中国分列前二，分别有 1 393 家和 383 家。美国为了捍卫 AI 的国际领导地位，2019 年发布首部国家人工智能计划，中国为巩固人工智能发展的先发优势，2017 年印发了《新一代人工智能发展规划》。其他国家也在争相提升提升 AI 领域的国际竞争力，2017 年日本政府出台《下一代人工智能推进战略》，明确了人工智能发展的技术重点；欧盟委员会于 2018 年底公布了欧盟的人工智能研发和使用计划；同年，印度出台《人工智能国家战略》,寻求适用于发展中国家的人工智能战略部署。

区块链技术应用领域不断拓展,隐私保护技术将继续获得重视。区块链技术具有"去中心化"和"去信任化"等特点,能够不依赖第三方可信机构在陌生节点之间建立点对点的可信价值传递,有助于降低交易成本,提高交互效率,有非常广阔的应用前景。[①] 普华永道调查了 15 个地区的 600 位高管,有84%的高管表示,他们的公司正在"积极参与"开发区块链技术。亚马逊、微软和 Facebook 等公司都在积极探索区块链技术的应用情景,而且 Facebook 已经新增了区块链部门。但是区块链中所有的交易记录必须公开给所有节点,这将显著增加隐私泄露的风险。[②]《华尔街日报》在 2018 年 5 月的一篇报道中写道,在评估的 1 450 例数字货币发行项目中,271 例(近 1/5)给出危险警示,反映出人们对区块链技术的安全性并不信任,因而强化区块链的隐私保护技术是推广区块链技术的重要突破方向。

IPv6、5G 等信息通信技术的发展是构建万物互联的技术基础。物联网被称为下一个万亿级市场,麦肯锡预测,物联网市场基于 ICT 支出这一块的产值有望在 2020 年达到 5 810 亿美元,年复合增长率在 7%到 15%之间。市场研究公司 Counterpoint Research 研究显示,全球物联网蜂窝连接在 2018 年上半年增长了 72%,较去年同期显著增长,但多数物联网设备仍连接在 2G/2.5G 网络上。Counterpoint Research 预测,从 2018 年下半年开始,物联网开始逐步依靠 4G LTE,到 2025 年,4G LTE 连接有望占据全球物联网蜂窝连接的三分之一以上,保证物联网下设备间的信息传输速率。此外,IPv6 能力建设逐步深入,有望解决 IPv4 无法为万物入网提供足够 IP 地址这一问题。

(三) 中国软件和信息技术服务业发展现状

中国软件和信息技术服务业保持两位数增长,盈利能力逐步提升。据工信部数据,2018 年,全国软件和信息技术服务业规模以上(主营业务年收入500 万元以上)企业软件业务收入为 63 061 亿元,较上年同期增长 14.2 个百分点,增速与上年持平。当年软件和信息技术服务业实现利润总额 8 079 亿元,同比增长 9.7%。

信息技术服务业在软件全行业中保持主导地位。2018 年,信息技术服务业收入达到 34 756 亿元,同比增长 17.6%,在全行业占比达到 55.1%,比 2017年提高 1.8 个百分点,其中云计算相关运营服务(包括在线软件运营服务、平台运营服务、基础设施运营服务等在内的信息技术服务)收入在信息技术服务中占比达到 30%,约为 10 419 亿元,同比增长 21.4%,信息服务业向云端转型趋

---

① 参见袁勇、王飞跃:《区块链技术发展现状与展望》,《自动化学报》2016 年第 4 期。
② 参见祝烈煌、高峰、沈蒙等:《区块链隐私保护研究综述》,《计算机研究与发展》2017 年第 10 期。

势明显。软件产品业作为基础性行业保持平稳增长,2018 年软件产品收入为19 353 亿元,同比增长 12.1%,其中信息安全和工业软件产品实现收入 1 698亿元和 1 477 亿元,分别增长 14.8%和 14.2%。嵌入式系统软件是传统产业数字化改造、智能化升级的保证,保持了一定的增长,2018 年收入 8 952 亿元,同比增长 6.8%。

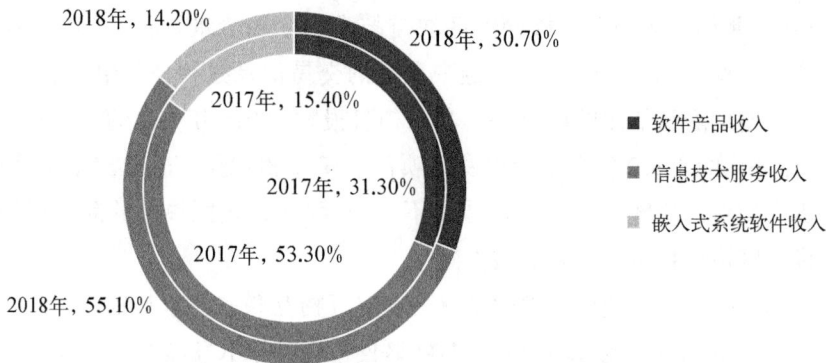

图 1　软件和信息技术服务业细分行业占比(2017—2018)

共建"一带一路"国家成为软件出口新增长点。据工信部数据,2018 年,我国软件业实现出口 554.5 亿美元,同比增长 0.8%,占全行业业务收入的 6%左右,其中软件外包服务出口增长 5.1%。2017 年中国软件出口执行金额 375.56亿美元,同比增长 9.72%,对美国、欧盟(28 国)、日本软件出口执行金额合计为189 亿美元,占总量的 50.32%,对共建"一带一路"国家软件出口快速增长,软件出口执行金额为 87.43 亿美元,同比增长 79.34%。我国软件出口市场已扩展至 180 多个国家和地区,包括印度尼西亚、巴基斯坦、沙特阿拉伯等国家。

行业发展向国际顶尖水平迈进,融合发展成为大趋势。2018 年 11 月的全球人脸识别算法测试(FRVT)结果,依图科技、商汤科技、旷视科技等 5 家中国企业位居前十。Synergy Research 分析,2018 年第四季度云计算基础设施服务的亚太市场中,阿里云位居第二,腾讯份额首次超过 Google,位列第四。据Relecura 统计,华为和中兴在全球物联网专利持有排名中分别位列第四和第六位。行业整体的创新发展,持续推动新业态产生。举例来看,一方面,人工智能推动情绪分析软件市场兴起,Tractica 数据显示,2017 年全球情绪分析软件收入 1.23 亿美元,在 2025 年有望达到 38 亿美元。安视宝公司独立开发的"动态情绪识别"系统已成功推向市场;在央视《机智过人》节目中,阿尔法鹰眼①采用情感计算算法战胜了心理学领域的专家。另一方面,虚拟体验在不断强化现实感官。微软小冰为《全职高手》原著中五位主要角色赋生(Ensouled

---

① 该技术属于宁波阿尔法鹰眼安防科技有限公司。

by Xiaoice),实现角色与读者多场景互动;新华社联合搜狗发布全球首个合成新闻主播——"AI 合成主播";英特尔与阿里巴巴合作开发人工智能运动员跟踪技术,用来改善运动员训练流程和优化观众的观赛体验。

软件和信息技术服务业百强企业经营效益持续增长,国际经营层次不断提升。在工信部评选的"2018 年(第 17 届)中国软件业务收入前百家企业"中,软件业务年收入达到 16.2 亿元为入围门槛,较上届增加 1.7 亿元。百家企业 2017 年软件业务收入共计达到 7 712 亿元,同比增长 16.5%,较上年增加 6.3 个百分点,占全行业收入比重达到 14%。其中软件业务收入规模超过 100 亿元的企业有 13 家,比上届增加 4 家;47 家企业软件业务年收入超过 40 亿元,比上届增加 9 家。经过多年的积累,我国软件业参与国际经营的内涵、外延不断丰富,层次不断提升。从业务范围看,从传统外包业务为主向产业链上游延伸,低端业务不断被云计算、人工智能等先进技术业态所替代;从国际布局看,百度、中软国际、中国通服等企业,积极面向全球布局销售和服务网络,并购海外企业,建设海外研发中心。从国际影响力看,阿里巴巴跨境电商平台已覆盖 230 个国家和地区,微信、支付宝等移动支付业务广泛覆盖国外机场和百货商店,2017 年全球 225 个国家和地区用户参加了我国"双十一",中国制造、中国品牌拓展了走向世界的渠道。

(四) 上海软件和信息服务业发展方向

进一步提升软件和信息服务业在上海的地位。一是提升软件和信息服务业在国民经济中的份额。依据《上海促进软件和信息服务业发展"十三五"规划》要求,到 2020 年,上海软件和信息服务业经营收入超过 10 000 亿元,年均增长 13% 左右,增加值占全市生产总值的比重 7.5% 左右。二是提升行业创新能力。到 2020 年,上海软件著作权登记数约 30 000 个,建设 20 个对技术创新、产业发展具有较强支撑作用的公共服务平台。三是加强对其他行业的支撑能力,促进融合发展,催生出新业态。到 2020 年,上海计划培育 20 家以上收入超过 10 亿元的领军工业软件企业,加强在金融、商贸、医疗、教育等领域的应用。

优化上海软件和信息服务业功能空间布局,最大化发挥产业的集聚和协同效应。一是推动国内外企业的集聚发展。依据《上海促进软件和信息服务业发展"十三五"规划》,到 2020 年,在建设 50 个市级信息服务产业基地的基础上,打造 5 个产业带动性强的示范基地和 2 个产业影响力显著的基地连锁品牌。二是发挥云计算、大数据、人工智能等新兴技术的带动作用。以云计算服务能力的提升,带动公有云服务平台和垂直行业云平台的服务水平,以大数据骨干企业的辐射带动作用,提升金融、商务、航运、制造等领域利用大数据解决问题的能力,以人工智能核心共性技术的开发和应用,扩大人工智能在制造业、交通、教育、医疗、公安、金融等领域的应用规模。

加大软件和信息服务业人才的引入和培育。依据《上海促进软件和信息服务业发展"十三五"规划》,到 2020 年,软件和信息服务业从业人员达到 80 万人以上。在人才奖励方面,依据 2018 年印发的《上海市软件和集成电路企业设计人员、核心团队专项奖励办法》,对个人奖励金额最高不超过 50 万元,对经核定的营业收入首次达到 10 亿元、50 亿元、100 亿元、200 亿元企业,核心团队累计不超过 500 万元、1 000 万元、2 000 万元、3 000 万元,奖励金额在国内属于最高级别,但是与深圳相比,上海在人才引进、认证与补助标准上,就显得不够清晰,深圳出台的《2019 年深圳市高层次专业人才认定奖励补贴、国家、地方级领军人才、后备级人才认定标准》,将人才分为杰出人才、国家级领军人才等四类,每类需达到什么样的水平、具备什么样的技能都有了量化的指标。

二、指数分析

(一) 上海软件和信息技术服务业发展现状

上海软件和信息技术服务业保持较快增长,软件业利润增速略有改善。2018 年上海软件和信息服务业营业收入超过 8 500 亿元,同比增长约 12%,远高于上海 GDP 同年 6.6% 的增速。2017 年上海营业收入超过亿元软件企业数到达 497 家,同比增长 12.16%;软件业从业人数 51.1 万人,同比上升1.79%。根据工信部数据,2017 年上海软件业利润总额为 556.4 亿元,同比增长约 28%,是近年来增幅最大的一次。

软件出口贸易规模略有下滑,出口市场进一步向多元化发展。2017 年上海软件业出口额为 34.5 亿美元,较上年减少了 2.3 亿美元。随着国家"一带一路"倡议逐步深化推进,上海软件出口加快从原来的以美日为主向多元国家出口过渡的进程。2018 年上半年,上海软件出口协议金额达到了 31.11 亿美元,同比增长 26.05%,执行金额达到了 18.22 亿美元,同比增长 10.48%,软件出口目的地近一半是共建"一带一路"国家。出口方式仍以信息技术外包(ITO)为主。

上海软件和信息技术服务业结构不断优化,行业集聚效应显现。软件、互联网信息服务业等新兴信息服务的增长要远高于电信传输、广电信息服务的增长,成为拉动软件和信息服务业增长的重要支撑。2017 年软件产业和信息技术服务业中,信息技术服务业收入占比达到 64.8%,与 2016 年相比占比进一步上升,收入额在全国排名第五。2017 年底,在经认定的 41 个市级信息服务产业基地产生了 65% 以上的经营收入,产业基地的单位亩产水平较 2016 年进一步提升。中国银联、华东电脑、宝信软件等 8 家软件企业入选 2018 年中国软件业务收入前百家企业。携程、网宿科技和二三四五等 21 家互联网企业入选 2018 年中国互联网百强企业。

人力、土地等生产要素的成本高企依然是行业投资收益率增长的瓶颈。从软件产业平均资产收益率（利润总额／资产总额）来看，上海略低于全国平均水平，好于前期产业基础相对较好的北京。一般而言，若上海软件业的劳动生产率（业务收入／从业人员数）出现下滑，可能会导致利润出现下降，然而上海软件业的劳动生产率持续保持上升趋势，这说明上海软件业拥有巨大增长潜力的大势没有变。值得注意的是，2017 年实现利润总额 556.4 亿元，同比增幅是近年来最大的一次，但是上海软件产业平均资产收益率仍呈现出下滑趋势，我们可以判断，人力、土地等要素投入成本的上升依然影响了资产收益率的快速增长。

（二）指标体系构成

软件和信息技术服务业国际竞争力指标体系根据波特产业竞争力理论进行简化和发展，从贸易竞争力、产业竞争力、科技竞争力和发展环境竞争力这四个方面来诠释，形成反映国际竞争力的 4 个二级指标，运用定量数据形成 13 个三级指标。选择全国 31 个省级行政区作为测算对象。

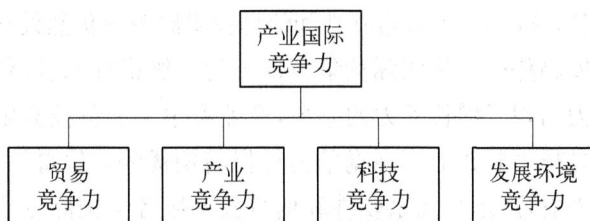

图 2　国际竞争力指标体系

如图 2 所示，产业竞争力所衡量的是现阶段我国供给侧改革背景下发展软件和信息技术服务业的能力，其中主要包括软件和信息技术服务业的盈利能力、生产效率、产业集聚以及国内市场占有力四个指标。

贸易竞争力代表着现阶段软件产品和信息技术服务在国际市场上的竞争力，其主要包括软件产品和信息技术服务的出口市场占有和显示性比较优势的两个指标。

科技竞争力则是代表着现阶段软件和信息技术服务业对研发的投入和产出，衡量着该产业沿着价值链提升其产业高度和发展的潜力，其主要包括地区软件和信息技术服务业的研发强度、高端人力资源结构和研发人员生产率这三个方面的指标。

发展环境竞争力是衡量促进软件和信息技术服务业竞争力增长的外部应用环境的发达水平，其主要包括地区企业自有网站保有水平、企业使用电子商务的活跃度、电子商务的销售水平以及网站发展水平等方面的指标。

（三）上海软件和信息技术服务业国际竞争力评估结果

1. 国际竞争力综合指数

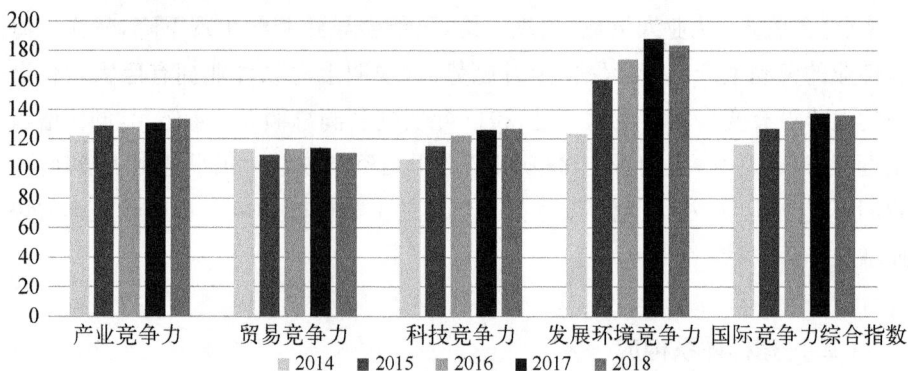

图3　上海软件和信息技术服务业国际竞争力综合指数(2014—2018)

上海软件和信息技术服务业继续保持前期国际竞争力比较优势,未来国际竞争力发展潜力需要进一步加大关注。从图3来看,2014年、2015年、2016、2017和2018年上海软件和信息技术服务业国际竞争力指数分别为117、127、132、137和136,上海市软件和信息技术服务业仍然处在国际竞争力持续增强的发展趋势中。从国际竞争力评价的二级指标来看,贸易竞争力和发展环境竞争力出现了增长乏力的迹象,产业竞争力和科技竞争力依然支撑上海软件和信息技术服务业国际竞争力保持前期优势。值得注意的是,从全国的省级层面来看,广东和北京软件和信息技术服务业国际竞争力头部优势愈发明显。

2. 贸易竞争力

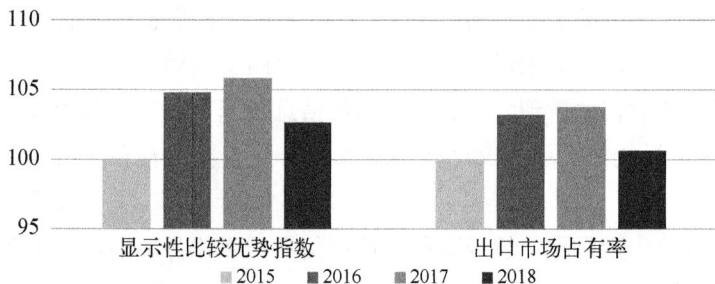

图4　上海软件和信息技术服务业贸易竞争力(2015—2018)

上海软件和信息技术服务业对外出口增长速度间或出现明显波动,贸易额在贸易结构中尚未形成核心地位。就贸易竞争力而言,上海软件和信息息技术服务业贸易竞争力在2014年、2015年、2016年、2017年和2018年分别为113、109、113、114和111,表现出贸易竞争力增长乏力。其主要原因,一是上海与其他省级行政区相比,对外贸易体量相对比较大,软件和信息技术服务业贸易额在上海的贸易结构中尚未形成核心地位,所以在显示性比较优势指数上不占据优势。以 2015 年为基数,2016 年、2017 年和 2018 年上海软件和信息技术服务业显示性比较优势指数分别为 105、106 和 103,说明上海软件和信息技术服务业的出口竞争力方面并没有明显的增长。一般而言,影响软件和信息技术服务业显示性比较优势指数(RCA)上升的主要原因在于出口软件和技术服务的价格优势不明显,缺乏核心竞争优势。二是与其他省级行政区相比,占全国对外出口份额未出现趋势性的上升,换言之上海软件和信息技术服务业的对外出口增长速度间或出现明显波动。2014 年、2015 年、2016 年、2017 年和 2018 年上海软件和信息技术服务业占全国该产业对外出口份额分别是 7.3%、6.3%、7.1%、7.2%和 6.4%。出口市场占有份额的增长势头低迷传递出驱动未来上海软件和信息技术服务业国际竞争力提升的动力不足。

3. 产业竞争力

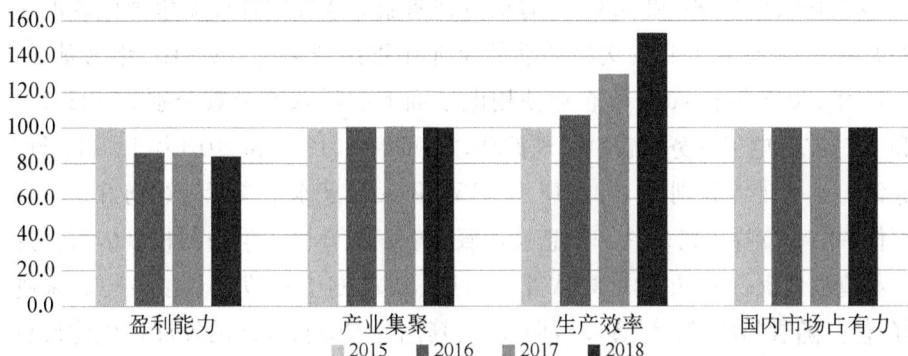

图 5　上海软件和信息技术服务业产业竞争力(2015—2018)

营商成本相对较高是未来上海软件和信息技术服务业国内产业竞争力提升的最大潜在瓶颈。在产业竞争力方面,2014 年、2015 年、2016 年、2017 年和 2018 年上海软件和信息技术服务业国内产业竞争力分别为 122、129、128、131 和 133,上海软件和信息技术服务业的生产效率指标持续向好,强力支撑了上海软件和信息技术服务业国内产业竞争力的可持续发展。以 2015 年为基数,2016 年、2017 年和 2018 年生产效率指数分别为 108、130 和 153,该产业生产效率大幅提高。造成 2017 年上海该产业国内产业竞争力增长动力不足的主要原因是,盈利能力方面的竞争力下滑趋势明显,结合产业集聚和国内市场占有力等指标表现稳定综合判断,可以看出其营商成本,特别是人力资源成本相对较高继续影响着上海软件和信息技术服务业的国内产业竞争力的快速提升。

4. 发展环境竞争力

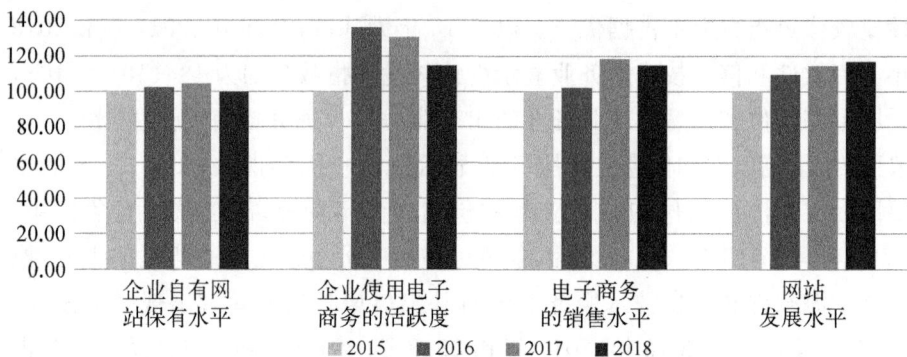

图6　上海软件和信息技术服务业发展环境竞争力

上海软件和信息技术服务业的发展环境优化对提升上海软件和信息技术服务业国际竞争力的强劲作用出现衰减。在发展环境竞争力方面,2014年、2015年、2016年、2017年和2018年上海信息技术服务业发展环境竞争力分别为124、160、173、187和183。上海信息技术服务业发展环境竞争力微跌的主要原因,一是有电子商务交易活动的企业比重出现下滑,以2015年为基数,2016年、2017年和2018年企业使用电子商务的活跃度指数分别为135、130和115;二是电子商务销售额出现波动,2016年、2017年和2018年上海电子商务销售水平指数分别为102、118和115。网站发展水平指标持续向好是本次评估中唯一支撑上海软件和信息技术服务业发展环境竞争力的积极因素。这些都清楚地反映出,虽然上海软件和信息技术服务业的发展环境变得越来越好,但是随着"数字经济"逐步走向成熟,其他各省级行政区的发展环境建设也逐步加快,广东、北京越来越强,浙江、江苏、山东软件和信息技术服务业发展环境建设持续加速,对维持上海信息技术服务业发展环境竞争力优势形成了一定挑战。

5. 科技竞争力

优秀专业人才支撑上海软件和信息技术服务业科技竞争力优势,高端人力资源流失、研发资源投入不足严重影响未来该行业科技竞争力发展潜力。在科技竞争力方面,2014年、2015年、2016年、2017年和2018年上海软件和信息技术服务业科技竞争力分别为107、115、122、126和127。可以看出,2018年上海信息技术服务业科技竞争力增长停滞,虽然目前仍然支撑着该产业国际竞争力优势,但是对继续支撑该产业的国际竞争力发展造成一定的不确定性。影响未来上海信息技术服务业科技竞争力持续上升的主要因素,一是对研发领域的资源投入不足。以2015年为基数,2016年、2017年和2018年研发强度指数分别为110、97和81;二是高端人力资源流

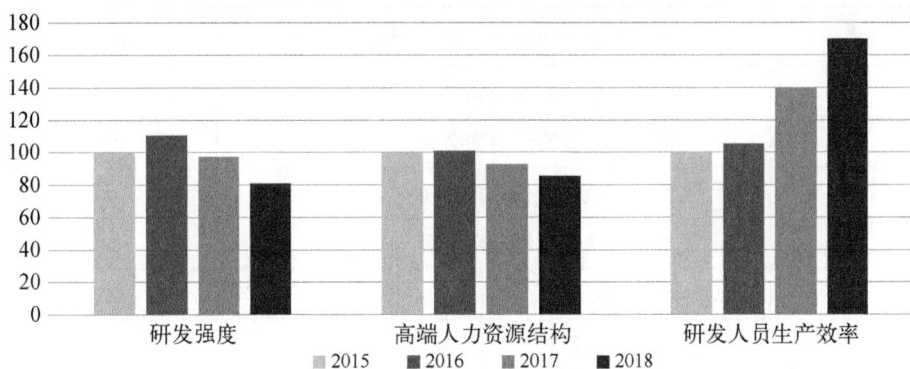

图 7　上海软件和信息技术服务业科技竞争力

失。以 2015 年为基数,2016 年、2017 年和 2018 年高端人力资源结构指数分别为 101、93 和 86,近年来高端人力资源流失情况逐步加剧。然而,广东和北京的软件业发展在研发强度和高端人力资源结构两个方面,不但没有出现下跌趋势,甚至保持了稳步增长的态势,对其进一步提升未来科技竞争力的发展发挥了积极作用。在全球科创中心的建设过程中,随着上海信息技术服务业科技研发强度不断增强,优质的创新型专业人才也会相应在上海集聚。如何使这些人才为提升上海软件和信息技术服务业国际竞争力所用,需要政府和企业双方更大的关注。

三、发展路径

(一)上海软件和信息技术服务业发展基础

上海软件从业人员质量显著提升,拉动高质量软件企业数增幅明显。在上海高物价以及周边地区更为优惠的人才政策影响下,增速明显放缓,2017 年上海软件从业人员共有 51.1 万人,同比增长 1.79%。从业人员学历水平进一步提高,本科及以上学历从业人员比例达到 73.6%,其中,研究生以上学历占软件从业人员比重达 14.1%;软件研发人员在软件从业人员的占比虽然逐年下滑,但是仍然保持 30% 以上,人才对产业的拉动力量明显增大。2017 年和 2018 年上海软件著作权登记量在全国均位居第三,这意味着上海在软件业仍然保持着全国领先的创新能力。2017 年经营收入超亿元企业数为 498 家,较上年增加 54 家,其中,经营收入超 10 亿元企业数为 61 家,较上年增加 3 家。2018 年,软件业务收入百强企业中,上海有 8 家企业入围,与上年一致,但整体位次上移,最后一位为 88 名,较上年提升了 11 位,上海汉得信息技术股份有限公司为新入围企业,而上海贝尔软件有限公司跌出百强(见表 1)。

表1　2018年上海市入选中国软件业务收入百强企业名单

序号	企　业　名　称	排名
1	中国银联股份有限公司	4
2	上海华东电脑股份有限公司	21
3	上海宝信软件股份有限公司	35
4	上海华讯网络系统有限公司	39
5	卡斯柯信号有限公司	59
6	携程旅游网络技术(上海)有限公司	65
7	万达信息股份有限公司	69
8	上海汉得信息技术股份有限公司	88

　　上海"独角兽"企业汇集于新兴领域,且在其绝对优势业务上埋头深耕。截至2018年2月,中国大陆境内被国内外投资者和投机机构认可的独角兽公司共有136家,上海有29家,在全国位居第二,仅次于北京(61家),总估值约4 976亿元,上海独角兽企业多集中在电子商务、互联网金融、文化娱乐、汽车交通、硬件、医疗健康、大数据与云计算等领域中。在医疗健康领域,全国8家独角兽中有3家总部位于上海,上海定位"东方药谷",以"互联网＋医疗"为基础,向医疗器械、药品研发、医疗平台等与医疗研究相关领域拓展。电子商务领域,上海专注于垂直细分领域,拥有了如找钢网、小红书、易果生鲜等具特色的平台。汽车交通领域,拥有蔚来汽车和威马汽车两家独角兽,腾讯云为蔚来提供人工智能、大数据、云、地理位置等资源,威马与百度合作共同探索L3及L4级别自动驾驶解决方案。

　　上海加大运用新一代信息技术,在国内处于领跑地位。2018年12月,工业互联网标识解析国家顶级节点(上海)正式上线,这将对于上海乃至长三角地区实现跨领域、跨行业、跨地域的信息联通和交互,加速传统产业转型升级,加快新兴产业发展起到巨大的促进作用;上海松江区成功获批全国首个工业互联网新型工业化产业示范基地。工信部发布的2018中国区块链产业白皮书显示,截至2018年3月,全国有区块链企业456家,上海95家,位列第二;上海共发生73次区块链融资事件,在国内排名第二。2018年1月,上海获批国内首批国家公共信息资源开放试点的五个省级行政区之一;上海静安在2018年2月获批首批国家新型工业化(大数据)示范基地,其"151工程"获批国家发改委数字经济试点重大工程。

　　上海智慧城市建设再上新台阶,公共服务平台建设取得硕果。2018年上海智慧城市发展水平指数为105.13,较上一年提高5.6,中心城区与郊区发展指数差距进一步缩小。[①] 据经信委数据[②]，全流程一体化在线服务平台[③]实现办理事项 100% 接入，日均办理量达到 7.2 万件，实现从"找部门"到"找政府"、从"人找服务"到"服务找人"、从"群众跑"到"数据跑"的转变；"市民云"APP 新增"一网通办"频道，实现了面向个人和法人办事的指南查询、在线预约、亮证扫码、进度查询、服务找茬等五大功能，目前已汇聚政务服务、个人服务、公共服务达到 235 项；上海大规模智慧学习平台于 2018 年 12 月正式上线开通，目前在全市超过 200 所中小学中推进使用。"上海市健康管理云平台"整合各类社区健康服务，在全市 16 个区240 余家社区卫生服务中心全面推广，用户数已突破 277 万，注册医生超10 600 名。

（二）上海软件和信息技术服务业发展环境

上海信息基础设施较为完备，信息运载能力较强。2017 年，上海 4G 网络基本覆盖全市，2019 年建成全球首个行政区域 5G 网络，IPv6 规模部署稳步推行。2017 年底，上海市信息管线有限公司累计开工建设管道 10 741 沟公里，中心城区集约化信息管道平均覆盖率超过 92%。2018 年，上海电信"千兆光网"接入上海近 20 000 个小区，覆盖 1 000 万家庭，接入带宽速率达到 150 M。截至 2017 年底，全市电信运营商自有和合作的互联网数据中心（IDC）机架总量近 5.7 万个。同年，上海超级计算中心主机"魔方 2"使用率达到 75% 以上，提供 7 055.27 万核小时的计算资源，形成为用户提供基础私有云服务的"科创365 云服务平台"，以及定制化的整体云解决方案服务的"中浦院在线教育服务平台等业务创新"。2018 年，市西软件信息园完成 83% 的土地筹备工作。同年，上海市大数据中心正式揭牌，为全市的数据汇聚、整理和分享，"一网通办"、智慧政府建设提供支撑。

上海加大对软件信息业的扶持力度，培育行业创新能力。上海为推动软件企业做大做强，发挥示范引领作用，梳理并公布了"2018 上海软件企业百强"和"2018 上海软件企业高成长百家"。2018 年 5 月上海发布完善了《上海市软件和集成电路企业设计人员、核心团队专项奖励办法》，对符合有关申报条件的人才给予最高 50 万元的个人奖励。2018 年 9 月，上海举办2018 世界人工智能大会，出台加快推进人工智能高质量发展"22 条"，强调用足、用好现有的各类政策，加大资金、项目、服务等统筹集成；同时，"全球

---

① 参见《2018 上海市智慧城市发展水平评估报告》。

② 本段后半部分内容参见"2018 年度上海智慧城市发展十件大事"，http://www.sisa.net.cn/news. php？id=2061。

③ 以"一网通办"统一受理平台为核心，结合统一身份认证、统一总客服、统一公共支付、统一物流快递，打造"一梁四柱"架构。

高校人工智能学术联盟"①在上海设立总部,全国首个人工智能创业投资服务联盟在沪成立。上海发布《上海市推进企业上云行动计划(2018—2020年)》,推动企业利用云计算加快数字化、网络化、智能化转型。2018年11月,上海在杨浦启动建设区块链技术创新与产业化基地。

国内领军企业加快入沪脚步,长三角区域合作取得新进展。2018年9月,蚂蚁金服和上海复旦大学附属华山医院合作,推出了全国首个区块链电子处方。2019年2月,蚂蚁区块链科技(上海)有限公司和蚂蚁双链科技(上海)有限公司在上海黄浦区成立,旨在金融科技行业获得更大发展。2018年8月,腾讯华东区总部入住上海,上海市与腾讯进一步深化双方在互联网、云计算、大数据、智慧城市、政务服务、创新创业等领域的合作。同年,网易计划在上海建设网易上海总部和网易上海国际文创科技园。华为青浦研发中心建设在持续推进中,计划于2019年动工。除企业入驻外,上海与长三角周边地区在软件和信息领域的合作也在不断深入,2018年,《长三角5G协同发展白皮书》发布,全国首个跨省5G视频通话在上海、苏州、杭州、合肥四城实现互联;长三角医保结算开始对接,建成长三角地级城市空气质量预报、预警信息共享平台;《长三角大数据产业发展白皮书》发布,三省一市累计开放数据集超过100项;三省一市协作完成工业互联网标识解析国家顶级节点建设任务,同步开展长三角优势行业试点应用。

上海积极拓展国际交流合作,推动世界一流企业入驻上海。一方面,上海积极发表上海观点,2018世界人工智能大会上,上海发布《2018世界人工智能产业发展蓝皮书》《人工智能安全发展上海倡议》《人工智能与法治构建倡议》等一批观点成果,详细记录分享人工智能领域的研究成果和实践经验。另一方面,上海积极引进国际一流企业,如2018年10月,ABB宣布在上海投资建立其最大的机器人生产基地;上海发那科机器人公司于2019年3月宣布新建机器人工厂三期项目,规模仅次于日本总部。亚马逊将中文普通话支持增加到Amazon Polly机器学习云服务,可以将文本转成逼真的语音,方便用户创建对话式应用程序,创造新品类的语音产品。微软宣布在上海成立微软亚洲研究院(上海),推动上海的基础研究和发展,并且将与上海仪电合作,建立人工智能创新院,打造人工智能研究成果转化应用的基础平台。2019年1月,微软全球最大的人工智能和物联网实验室落户上海。

(三)上海软件和信息服务业发展方向

深挖金融科技领域潜力,打造上海国际金融科技高地。金融服务的移动

---

① 由美国麻省理工学院、新加坡南洋理工大学、澳大利亚悉尼大学、香港中文大学、清华大学、浙江大学、复旦大学、上海交通大学、中国科学技术大学、同济大学、北京航空航天大学、西安交通大学、哈尔滨工业大学、上海大学、上海科技大学、商汤科技等国内外知名高校(科研机构)于2018年9月17日共同倡议设立。

化、网络化已经十分明显,无人银行网点、智能投顾等金融创新应用不断涌现,上海作为国际金融中心,更应该跟紧这一趋势,大力发展金融科技。首先,探索机器学习、分布式账本、生物识别等技术的创新应用,提升金融服务的安全保障。以支付宝为例,其第五代风控引擎 Alpha Risk,以记录推演该支付宝账号用户使用习惯,每日更新该用户账号风控模型,在《智造未来》节目里,Alpha Risk 成功抵御了黑客对支付宝实名账号的多轮攻击。其次,关注普惠金融发展中的信息服务。网易研究局指出,中国有近 2 亿农村人缺乏正规金融服务,《G20 数字普惠金融高级原则》提出数字金融发展普惠服务是改变这一情况的有效手段,其中不乏上海软件和信息服务业的发展商机。第三,抓住移动支付中的信息服务。阿里研究院的数据显示,移动支付能够提升商家约 60% 的收银效率,并且能降低商家约 1.05% 的交易成本,未来移动支付会进一步普及,如何深挖支付中的价值,值得上海软件和信息服务企业进一步研究开发。

加大对工业软件研发投入,提升工厂智能化水平。工厂智能化和信息化水平的提升,一方面有利于缩短产品研发的时间,2018 年,3C 数码从一年上新到每年上新 2 次以上,服装从每季度上新到部分快时尚每周上新;另一方面,也有利于为客户提供专业定制服务,2017 年我国离散制造企业中开展个性化定制的企业比例上升到 7.3%,开展服务型制造的企业比例上升到 24.3%。就上海而言,2018 年上海有 300 家企业开展"两化融合"贯标,60 余家企业通过评定,为了进一步提升"两化融合"水平,需要解决以下四个问题。第一,装备的智能化水平不够高,机器、设备、传感器和员工间的联系还不够紧密,信息传递还不够快;第二,跨系统进行数据、信息处理整合的能力还比较弱,难以实现对物理制造世界的完全数字化再现;第三,加强分布式分析和决策的算法及系统的研发,提升数据决策的质量;第四,提升机器人智能化水平,实现人机协作,减少工人承担高负荷和重复性的工作。

加速信息服务推动商务应用向人性化转变,不断改善用户体验。国家统计局数据显示,2018 年,我国网购人数达到 6.1 亿,其中移动消费人数占比达到 97%;2018 年全国网上零售额约 9 万亿,占整体社会零售总额的 23.6%。大数据、物联网的综合应用提升了商家供应与用户需求的匹配度。天猫小店、苏宁小店等新零售店铺依据店铺周边区域客户消费习惯大数据,针对性的配货供货,既有效满足了消费者的需求,也减轻了自身的库存积压;淘宝、京东等电商 APP 基于用户浏览习惯,有针对性的推荐商品,提高了用户购买率。此外,利用 AR/VR、人工智能等技术将线上线下体验相结合,正在创造崭新的运行模式。良品铺子通过智慧门店系统,将智慧商铺、直播导购、线下体验结合起来,销售额实现爆发式增长,2018 年"双 11"期间,智慧门店销售额同比增长 166%。

将软件和信息服务业与生活工作深入融合,赋予人们更美好的感受。如今,高德地图、百度地图已成为出行必备工具,通过大数据分析,为用户提供智能导航和多种路径选择。上海纵目科技的自主泊车技术实现了在停车场等封闭空间自主泊车,有望降低车主的停车困扰,一汽红旗品牌 2020 年的量产车型上将部署其低速自动驾驶 L4 级自主代客泊车系统,自主泊车时代即将来临。除了给生活带来更多便捷外,软件和信息服务业的发展,为人们求职、工作打造了更多的可能性,2019 年 2 月人社部公布了包括云计算工程技术人员、电子竞技运营师、物联网安装调试员、城市轨道交通线路工等 15 个新岗位。58 同城、猪八戒网等工作信息发布平台的发展,提升了用人单位用人要求与求职者工作需求的匹配度。淘宝、拼多多等电商平台为退休人员创造了再就业机会,也为残障人士提供了新的就业选择。

四、对策建议

（一）为软件和信息服务业构建好的生存发展环境

一是要进一步完善基础设施。一方面,互联网数据中心（IDC）是云计算和大数据的基础,重视 IDC 的建设与完善,提升其对电信资源、互联网资源和传统 IT 服务的整合能力,制定好紧急预案措施,保证 IDC 安全,确保内容或应用服务能够及时准确传递到使用者的手中;另一方面,上海超级计算中心是支撑上海智慧城市建设的公共资源服务平台,上海应当继续推进上海超级计算中心计算资源的升级扩容,来满足基础科学研究的高性能计算需求和工业创新等社会发展的高性能计算需求。二是全面提升政府履职能力。综合运用云计算、大数据等新兴技术手段,建设"数字政府",以此推动政府政务由分散向整体、管理向服务、单向被动向双向互动、单部门办理向多部门协同、采购工程向采购服务、封闭向开放阳光等方向良性转变。"一网通办"范围拓展和相关APP 性能优化同时并举,进一步降低政企之间隔阂,提高政府办事效率,确保上海"一网通办"的全国领先地位。

（二）为软件和信息服务业营造良好的创新环境

一是提升资金支持的精度和广度。既要协调金融、财税、外汇、投资等优惠政策间关系,提升对企业创新资金支持的精度,重点加强核心关键技术、基础性研发设计投入,又要将政策福利拓展到与软件相关的行业中,如动漫、服务外包等,以此拓宽软件企业的创新视角和选择空间。二是为企业打造公平的市场竞争环境。政府不单要重视那些能够缩短企业注销办理流程、优化合同执行、加强投资者保护等行为相关的法律法规制定和完善,更应当重视在国民经济中扮演越来越重要角色的民营企业,在政府采购等活动中给予中小民营软件企业公平竞标的机会,激发起企业活力。三是提升企业间的沟通便利性。政府可以通过加强软件和信息服务业相关产业园区的营商环境培育,吸引更多软件及相关产业企业入驻,发挥集聚效应,还可以充分发挥软件行业协会作用和推动软件联盟建设,为行业内企业沟通谋划出新平台。

(三) 进一步加强软件和信息服务业的国际合作

一是要继续深挖与美国、欧洲和日本等发达国家市场的潜力。首先,鼓励软件企业在美日欧发达国家设立软件研发机构,在提升本土软件开发能力的同时提高学习创新能力;其次,支持发达国家的软件企业到上海投资;再者,推动软件功能标准设定与国际测评标准接轨,提升上海企业的接包能力,特别对于自主创新能力较弱的中小软件企业而言,应当积极接包,主动加强与先进企业的合作,获取国际先进技术。二是借"一带一路"让上海软件品牌走向世界。一方面,共建"一带一路"国家基础设施建设水平较低,为我国软件出口和树立自主品牌提供了机遇,上海应当抓住这一时机,推动上海软件品牌走出去,比如在高铁建设中,上海可以推荐自己的信号控制系统、工业控制系统等,也可以主动参与到信息基础设施的建设中。另一方面,推动"一带一路"相关国家和区域的软件产业联盟和大数据平台建设,建立共商共建共享机制,加强共同研发和贸易合作,强化风险预警机制。

(四) 加强软件和信息服务业人才队伍建设

一是增强人才的自主培养能力。首先,鼓励产学研相结合,借助高校资源建设软件园区,推动高校、企业的互助往来,高校参与到企业的项目建设中,企业为高校提供试验与实习平台。其次,对于一些优秀的科研人员,可以输送到国外定向培养,更好地吸收国外先进的技术。最后,鼓励企业增加研发人员了解市场变化的机会,增进研发人员对市场需求的感知,以应对软件业服务化转型的需要。二是进一步加强中高端人才的引进。继续坚持落户绿色通道、完善医疗保险等优质社会保障吸引人才,政府还应当结合企业发展方向,有针对性的搜寻人才,分配人才,既最大化实现人才自身价值,又最大化发挥企业自身优势。除了直接引进成熟的人才外,吸引优秀的国际留学生在上海学习工作也是一种选择,例如,日本政府从 2011 年开始投入 13 亿日元推出"亚洲校园计划",网罗了亚洲各国的优秀研究生。

执笔:

    徐 赟   上海社会科学院应用经济研究所副研究员

    俞 睿   上海社会科学院应用经济研究所硕士研究生

2018 年上海航运服务业国际竞争力报告

2018 年以来,受到国际贸易紧张局势的加剧、燃油价格的波动、限硫法规即将付诸实施的压力、班轮业《卡特尔集体豁免条例》到期后的存废等方面的影响,全球经济增长势头均呈不同程度放缓态势。受全球经贸环境影响,国际航运业的发展亦逐步放缓。

一、国际航运产业发展遇到的机遇与挑战

(一)国际贸易紧张局势加剧

美国特朗普政府的国际贸易政策是说变就变、无法预测的。执行多年的北美自由贸易协议(NAFTA)变成了美墨加协议(USMCA)。特朗普上台后签署了第一个协定——《美韩双边贸易修正后协议》(KORUS)。美国退出《跨太平洋伙伴关系协定》(TPP)后,其他 11 个缔约国重新签订了《跨太平洋伙伴关系全面进步协定》。随后,美国的进口商品和出口商品都征收更高的关税。

国际贸易环境正处于不稳定状态。由于采购决策和航运决策一般都是长期的,所以短期的不确定性给托运人增加了风险,包括未知的额外成本、额外时间以及贸易订单的变化。

特朗普政府企图利用高关税迫使中国让步,整个 2018 年,美中贸易关系被贴上的标签是"关税战"和"贸易战"。时至今日,超过 2 500 亿美元的中国商品被征收 10%至 25%的进口关税;与此同时,中国对 600 亿美元的美国商品征收报复性关税。

12 月初,在阿根廷的 G20 峰会期间,中美两国元首一致同意 90 天的"休战期"。在此期间,两国将努力寻求更加平和的解决方案。即将加征关税的不确定性促使美国进口商提前进货,造成反常的旺季延长以及美国港口破纪录的进口货量。另一方面,鉴于中美谈判进程与结果的不确定性,港口和承运商要想精确地预测下跌趋势发生的时间以及严重程度几乎是不可能的。

2018 年中美贸易战的剑拔弩张推动了集装箱运价的上涨。每当宣布即将加征关税的时候,托运人就抢在加税日期之前将货物跨越太平洋运抵美国。运输需求的猛涨推动了第四季度运价的上涨。据 Platts 的数据,11 月份从北亚到美西海岸港口的运价比上年同期翻了一倍。

(二) 燃油价格波动

从 2018 年 10 月到 11 月,原油价格下跌 20%。由于石油输出国组织(OPEC)产量的削减、伊朗制裁解除的呼声以及美国原油产量增长的不确定性等众多因素,12 月份原油价格剧烈波动,并再次搅动集装箱航运公司燃油成本的变化。

2018 年第四季度燃油价格的剧烈波动对于承运人、托运人和货运代理商的 2019 年度货运合同运价谈判来说,是一个严峻的挑战。燃油成本补偿机制往往是以选定的几个重要港口的季度平均燃油价格滚动计算,确定每 TEU 集装箱的燃油附加成本,加到基础运价上的。然而,油价的波动使承运人和托运人很难在基础运价上达成一致意见。如果再考虑到 2020 年实施限硫法规之后,承运人意图寻求高昂低硫燃料的补偿机制,事情就变得更加复杂了。

(三) 班轮业《卡特尔集体豁免条例》到期后的存废

2018 年,欧盟委员会着手研究是否给予班轮公司的《卡特尔集体豁免条例》(Consortia BER)再延长五年的期限。豁免条例禁止对班轮公司之间的合作协议发布反垄断禁令。班轮公司呼吁继续在法规框架内实施这个条例。

一方面,联合国 OECD 下属的国际运输论坛(ITF)认为:"班轮运输业的公会或者联盟,都不具备反垄断豁免的独特理由。欧洲联盟应当慎重考虑,允许这项反垄断豁免条例如期终止,而不是将它延长。"ITF 强调,目前的联盟太过强大,以至于非联盟船公司很难进入东西贸易航线市场中来。ITF 呼吁豁免条例于 2020 年 4 月到期后不再延长。

另一方面,世界航运公会(WSC)认为:"过去 20 年的事实证明,反垄断豁免条例使班轮公司之间以极高的经济效率实行合作变得非常容易。如果没有这一条例的话,成本以及法律不确定性将会增加,而且欧洲与世界其他地区的司法管辖将出现分歧,这会使专注于欧洲航线的船公司处于不利的地位。当前市场仍然是分散的,即使是规模最大的船公司,也难以独自复制当前的服务水平。"

《卡特尔集体豁免条例》是否延长,已进入评估阶段,结果如何尚难逆料。反垄断豁免的存废之争关乎每一家班轮公司的进退盛衰。班轮运输业可能面临新的挑战和新的机遇。

（四）限硫法规即将付诸实施

为了减少污染,国际海事组织已通过了一项将燃油中的硫含量限制在0.5%的新规,这一规定将于2020年1月1日实施。对于这一环境法规,不仅是简单的合规与实施的问题,它已经深刻地影响到航运业的每一个角落。2018年,几乎每一家航运公司的每一项业务决定、投资选项、战略决策、机会与风险,都不得不考虑IMO的这项限流法规。

随着最后期限的临近,集装箱航运公司不得不采取多种方式来满足新的低硫燃料规定。为此,船东将在低硫燃油、脱硫塔(Scrubber)和液化天然气中间做出选择,以作为"限硫"解决方案。各公司的应对方案各有不同,但是殊途同归。目前还没有一种适合未来所有燃料的应对方法,但整个航运产业都需要进行研发。

（五）区块链技术在航运业生根发芽

早在2015年,以色列的初创企业Wave就开始尝试运用区块链技术解决EDI数据标准不统一和缺乏信任的问题;进入2016年,更多的区块链应用尝试在物流单证领域启动起来,马士基与哥本哈根信息技术大学的区块链专家一起验证了区块链替代传统提单的可行性;鹿特丹港、荷兰银行、代尔夫特理工大学等机构组成了物流行业的区块链联盟来测试物流合同信息共享应用;香港初创企业Chain of Things研究将集装箱和船舶上传感器采集的物联网信息通过区块链共享给相关方。许多航运龙头企业对区块链技术的力挺,在业内引起了广泛关注,区块链改变航运业的时代将要到来。2017年5月成立的韩国区块链航运与物流联盟,目前成员已增至38家,包含了从航运物流、信息技术企业到政府主管部门等方面。2017年3月,马士基和IBM宣布开展合作,携手开发跨境供应链区块链解决方案;2018年4月双方成立的区块链合资公司已获得欧盟委员会批准,该区块链项目旨在建立一个开放、中立的平台,为供应链的所有参与方提供价值,包括进出口商、客户代理、港口和承运人。目前25家航运企业已经上线,30家航运企业正在排队,随后还有40家航运企业将参与进来。2018年2月,太平船务(PIL)联合新加坡港务集团(PSA)及IBM新加坡完成基于区块链技术的首次试航。2018年8月11日,马士基与IBM合作开发出TradeLens平台,将区块链技术应用于全球供应链。9月10日,中国大陆第一家航运区块链平台MarineX宣布正式成立。11月5日,迪拜环球港务、和记港口、PSA国际港务、上港集团、达飞、中远海运集运、长荣海运、东方海外、阳明海运等9家港航企业以及CargoSmart共同签署意向书,就打造航运业区块链联盟——全球航运商业网络(Global Shipping Business Network,GSBN)达成合作意向。目前,全球已有超过50个"航运＋区块链"项目,涵盖技术基础研究、产业联盟建立、船舶登记、集装箱共享、电子提单等十多个细分场景应用。

二、上海国际航运产业发展环境

（一）外贸继续增长，吞吐增速平稳

2018 年，虽然外贸环境日趋复杂，但中国市场在一系列措施推动下，对外进口、出口贸易均保持良好增长态势。海关总署统计数据显示，前 11 个月，中国外贸进出口总值约为 42 444.8 亿美元，同比增长 14.8%，增速较 2017 年同期增加 2.8 个百分点。其中，出口 22 720.4 亿美元，增长 11.8%，增速增加 3.8 个百分点；进口 19 724.4 亿美元，增长 18.4%，增速增加 1.1 个百分点。

2018 年年初，全球经济承袭 2017 年年底良好恢复势头，对外贸易稳步增长，运输需求良好带动港口吞吐量平稳增长。自 2 月起，运输需求增速快速回落，至 4 月份才基本恢复至 5% 的增长水平，此后基本保持稳定。直至 10 月，在传统圣诞出货旺季期间，港口吞吐量增速得到小幅增加。交通运输部统计数据显示，前 10 个月，全国规模以上港口完成集装箱吞吐量近 2.1 亿 TEU，同比增长 5.1%，增速较 2017 年同期减少 3.8 个百分点，其中沿海规模以上港口集装箱吞吐量超 1.8 亿 TEU，同比增长 5.1%，增速减少 3.1 个百分点。

2018 年，产业布局优化形成多点开花态势，海关总署信息显示，前三季度，中西部、东北三省外贸进出口增速分别高出全国进出口整体增速 5.3 和 2.5 个百分点，其中中西部区域对外贸易的稳定上升，有力促进了支线集运市场的增长。交通运输部统计数据显示，前 10 个月，前十大内支线港口合计内支线吞吐量为 1 463.3 万 TEU，同比增长 1.9%。在内需市场不断增长的形势下，内贸集运市场受益稳健增长。前 10 个月，全国主要港口内贸集装箱吞吐量为 5 910.7 万 TEU，同比增长 10.1%。

（二）运需增势趋缓，运价回升遇阻

2018 年，中国出口集运市场行情震荡，部分航线运价走势虽较为强势，但仍难以带动整体市场复苏。具体走势看：市场行情于春节前冲高，但仍未恢复到 2017 年同期水平。进入春节后传统运输淡季，受大型集装箱船加快入市以及重组后航运联盟对于市场结构的影响，即期市场运价快速下滑，多条主干航线运价创下年内低点。此后，随着运输需求快速复苏以及班轮公司对运力的控制措施，市场供需关系获得改善，班轮公司连续推涨计划均获得不同程度成功，运价总体呈震荡上行走势。进入 2018 年底，随着传统圣诞货源运输高峰的结束，运价出现一定幅度回调。

2018 年，随着供给侧结构性改革不断深化，中国经济发展对大宗散货需求逐步减弱，煤炭、矿石、粮食等沿海运输需求增速下降压力较大，散货总体运输

需求增速放缓。前 11 个月,全国水路货运量完成 64.1 亿吨,同比增长 4.7%,增速较 2017 年同期减少 0.8 个百分点;货物运输周转量完成 90 229 亿吨千米,同比增长 0.2%,增速较 2017 年同期减少 2.0 个百分点。2018 年,沿海散运市场运价水平小幅高于 2017 年。一方面,燃油价格大幅上涨增加了航运企业的运输成本,使得市场对低运价接受度降低;另一方面,非煤货种需求较为强劲,运力需求上升,沿海散运市场运力出现阶段性紧张,推高运价,而气候也对运价的推涨起到一定作用。

(三) 集装箱海运量增速回落,运价温和上升

2018 年,全球集装箱海运量总体保持增长态势,但部分航线运量增速减缓。英国等部分欧洲国家经济增长疲软影响了远东至欧洲航线的贸易运输。2018 年,远东至欧洲航线的集装箱海运量为 2 349.8 万标箱,相比 2017 年出现轻微下滑。受中美贸易摩擦的关税政策影响,部分货主加速提前出货,运输需求强势增长,太平洋航线海运量保持 5.88% 的高速增长。南北航线海运量同比增长 6.29%,运输需求持续上涨。亚洲新兴经济体国家经济快速发展,进出口贸易活跃,带动区域内航线运量保持较高增速,2018 年海运量同比增长 6.45%。

与此同时,集装箱新船交付量持续增长,2018 年交付量共计 140.85 万标箱,较 2017 年增长 18%。其中,10 000 标箱以上的集装箱船运力交付占比为82%,大型集装箱船依旧为船舶交付市场的主力军。截至 2018 年 12 月,全球集装箱船总运力为 2 188.2 万标箱,相比 2017 年年末增幅为 5%。集装箱船队平均单船规模增至 4 231 标箱,船舶大型化趋势愈加明显。

从长周期来看,国际集装箱市场运价仍处于恢复调整时期。2018 年全球经济仍保持复苏态势,在旺盛需求的支撑下,加之燃油价格上涨,班轮公司普遍加收燃油附加费,集装箱运价仍处上行周期。截至 2018 年 12 月 28 日,中国出口集装箱运价综合指数均值为 822.4 点,略高于 2017 年运价综合指数均值。

(四) 沿海干散货运输呈现前高后低走势

从上半年的"金融去杠杆",到下半年的"中美贸易摩擦",尽管 2018 年经济仍较快增长,但下行压力已逐渐显现。受宏观经济、气候、环保政策等综合因素影响,2018 年,沿海海运市场未能延续 2017 年年底的火爆行情,而是形成了前高后低的走势。

全年沿海市场表现依然不错,船东们在保持较好的赢利水平的同时,一些利空因素也随之而来,特别进入第四季度,运价出现了多年未见的反季节性下行,市场的良好预期开始动摇,引发了船东们对日后走势的担忧。上海航交所

发布的 2018 年沿海煤炭运价指数平均值为 895 点,较上一年度下降 5%,其中市场的主流航线——秦皇岛至张家港、秦皇岛至广州、秦皇岛至厦门煤炭运价分别较上一年度下降 5%、7%、8%。

2018 年,宏观经济以及其上下游供需关系均发生了不少变化,令沿海运输市场承压,运价也触顶回落。全年预计较 2017 年多运煤约 2 900 万吨;同时进口煤增长 9.3%,煤炭的刚性需求依然存在。

据不完全统计,2018 年上半年新增二手进口船约 45 艘,合计 260 万载重吨左右。截至 2018 年年底,沿海干散货总运力预计达到 5 800 万载重吨。新增运力快速进入市场,在有效缓解了运力紧张的同时,也打破了市场供求关系,运力过剩的预兆已经出现。

(五)国际干散货运输,市场总体平稳恢复

2018 年,国际干散货市场运价回升力度减弱,市场总体平稳恢复,但增速减缓。国际干散货海运预估量约 52.1 亿吨,同比增幅 2.25%,增速较 2017 年大幅下降。

运力方面,干散货船队运力呈现小幅增长态势,好望角型运力增长步伐明显加快。截至 2018 年 12 月初,全球干散货船运力达 11 337 艘、8.39 亿载重吨。国际干散货船总运力增速达 2.82%,好望角型船舶运力增速达 3.43%。

新船订单量逐步减少,好望角型船订单居高不下。与此同时,拆解运力持续回落,拆解价格持续下降。截至 2018 年 12 月初,国际干散货船新船订单 209 艘、2297 万载重吨,同比下降 41.2%。拆解运力继续大幅回落至 53 艘、404 万载重吨,降幅为 72.44%。全年拆解价格同比下降 45.65%。

目前,好望角型船已进入低集中竞争型市场,联盟合作形式趋于常态。为稳定承租双方成本和收益,船东与大货主间逐步加强长期协议。此外,航运企业为提高船舶运营效率,稳定公司收益,联营池和长期租约占比不断提升,传统即期市场中的船舶数量比例大幅下降。

目前,国际干散货运输市场仍处于恢复调整阶段,新兴市场海运贸易发展迅速,但全球干散货海运供需增速已经开始错配,且中国铁矿石进口量降幅将会进一步加大,煤炭消费减量行动逐步落实。

(六)长三角港航一体化进程正面临加速推进的机遇期

长三角港口一体化进程正面临加速推进的机遇期,正处于重要的拐点。一是从中央到地方,对长三角区域一体化的重视程度前所未有,真抓实干的力度前所未有。长三角区域合作办公室成立,标志着区域一体化推进工作已经开始从务虚、联谊,转向务实推进。二是港口区域一体化的外部大环境正在发生重大变化。"一带一路"倡议正稳步推进,要求各地深度融入;上海定位卓越

全球城市,长三角其他城市的地位也在发生变化,逐步趋向合理,站高定位。中心城市的战略重心逐步向"走出去"转移,国内港口资源的竞争激烈程度将趋于缓和。三是港口货源市场正在深度调整,制造业出口产品由量增为主转向提升品质为主,消费进口需求增长超过出口增长幅度,港口服务重心开始由物流供应链服务逐步向价值链服务转变。这种市场转变导致长三角出口集装箱增速进入拐点,区域内港口围绕共同腹地集装箱箱源的激烈竞争,以及进而对港口资源的高度集聚控制的状况,也已走到终点。由此,上海国际航运产业"一体两翼"布局将从原来的徒有其名,转向真正的协同发展,区域港口"一体化"进程将明显加快;将从务虚商议为主,转向务实合作为主;从各个省级行政区各自配置航运资源,转向协同配置航运资源。

(七)卓越的全球城市定位对上海国际航运产业发展提出新的要求

上海市委、市政府都在围绕全球城市进行新的布局,提出了一系列重要举措,说明重大转型势在必行。但在战略通道建设方面提得比较婉转。

《中共上海市委关于面向全球面向未来提升上海城市能级和核心竞争力的意见》,提出"面向全球、面向未来,在新的时代坐标中坚定追求卓越的发展取向,对标顶级全球城市,着力构筑新时代上海发展的战略优势,全面增强城市的核心功能,在若干领域打造体现世界一流水平、引领未来发展、具有国际竞争力和影响力的新高地"。全球城市的定位,决定了上海国际航运产业转型发展方向。

全球城市的核心功能之一,是全球战略性资源、战略性产业和战略性通道的控制中心。交通运输历来是重要的战略性资源,对外交通网络的主体骨架就是主要的战略性通道。所谓战略性通道,就是以战略性区位优势为依托,以港口、航空、公路、铁路等现代化、立体化的综合交通体系为基础,构建面向全球的资源要素流通和产业梯度转移通道。这是涉及国家政治安全和经济发展的长期性、全局性、关键性问题。上海国际航运中心建设作为国家战略,如何建设成为交通战略性资源和战略性通道的控制中心,将是面向未来、面向全球的最主要、最紧迫的目标导向。

建设卓越的全球城市,需要进一步加强本地综合交通体系集聚和辐射能力。根据《中共上海市委关于面向全球面向未来提升上海城市能级和核心竞争力的意见》,在加快航运服务高端要素集聚和做大做强现代航运服务业方面,重点突出吸引国际知名航运服务企业、国际航运组织和功能性航运机构入驻,加强航运金融业务创新,提升全球航空枢纽港地位,促进邮轮全产业链发展等四大任务。上海国际航运产业发展如何在这四个方面取得新突破、新进展,将对扩大全球影响力产生重大影响。

三、2018 上海国际航运业国际竞争力指数分析

（一）上海航运服务业发展现状

上海航运服务业运行平稳,行业发展势头良好,成为上海经济增长的重要支撑点。2018 年,上海港的集装箱年吞吐量突破 4 200 万 TEU,增长率为4.4%,连续九年位列世界第一,进一步刷新了世界港口纪录,上海航运服务业发展迈上了更高的台阶。

2018 年,上海吴淞口国际邮轮港实现"三船同靠",吴淞口国际邮轮港自2011 年 10 月开港以来,已经跃居全球第四大邮轮母港,累计接靠邮轮突破2 000 艘次,接待出入境游客 1 300 余万人次。在上海国际航运中心建设中进一步形成"南有洋山港国际物流、北有邮轮港国际客流"的新格局。

2018 年上海两大机场全年起降航班 771 957 架次,完成年旅客吞吐量11 769.97 万人次,完成年货邮吞吐量 416.94 万吨,客运量同比增长 5.20%,货运量与航班量与去年基本持平。

2018 年,"新华—波罗的海国际航运中心发展指数"在上海发布,上海排名升至第四。新华—波罗的海国际航运中心发展指数主要从港口条件、航运服务和综合环境三个维度分析国际航运中心城市发展的内在规律,全面衡量并真实反映一定时期内国际航运中心港口城市的综合实力。指数结果显示,2018 年全球综合实力前十位国际航运中心分别为新加坡、香港、伦敦、上海、迪拜、鹿特丹、汉堡、纽约、东京、釜山。上海凭借快速发展的现代航运集疏运体系和航运服务体系,以及区域航运协同发展效应,排名跃升至第四位。根据2018 年发布的《上海国际航运中心建设三年行动计划(2018—2020)》,到 2020年,上海将基本建成航运资源高度集聚、航运服务功能健全、航运市场环境优良、现代物流服务高效,具有全球航运资源配置能力的国际航运中心。[①]

（二）上海航运服务业国际竞争力评估

经过近二十年的努力,上海已成为全球性的国际航运中心,集疏运体系世界一流,货物和集装箱吞吐量连续多年世界第一,现代航运服务体系逐步形成,部分高端航运服务业也形成一定规模,在国内产业优势明显。

1. 上海航运服务业国际竞争力评价指标体系

以产业国际竞争力评价指标为基础,构建了航运服务业的国际竞争力评价指标体系,具体如表 1 所示,指标体系中有行业驱动增长、产业国际表现、产业价值链提升 3 个二级指标,由 20 个具体指标构成。指标数据主要来源相关省级行政区统

---

① 新华社 2018 年 7 月发布。

计年鉴、港口企业年度报告、地区海关统计、部分企业公开发行股票招股说明书等。

表1 航运服务业国际竞争力评价指标体系

一级指标	二级指标	三级指标	指 标 说 明	数据来源
航运服务业国际竞争力评价指标体系	行业驱动增长	集装箱吞吐量增长率	本年集装箱吞吐量增长额与上年的比率	统计年鉴
		货物吞吐量增长率	本年货物吞吐量增长额与上年的比率	统计年鉴
		外贸货物吞吐量增长率	本年外贸货物吞吐量增长额与上年的比率	统计年鉴
		港口净利润增长率	本年航运港口企业净利润与上年的比率	年度报告
		行业盈利能力	航运港口企业净利润/净资产	年度报告
		生产效率	航运港口企业营业收入/从业人员数量	年度报告
	产业国际表现	集装箱吞吐量	航运港口年度集装箱吞吐量	统计年鉴
		货物吞吐量	航运港口年度货物吞吐量	统计年鉴
		外贸货物吞吐量	航运港口年度外贸货物吞吐量	统计年鉴
		贸易升级水平	外贸货物吞吐量/货物吞吐量	统计年鉴
		万吨级泊位数	航运港口万吨级泊位数	统计年鉴
		邮轮靠泊次数	邮轮母港年度靠泊次数	统计年鉴
		关区进出口总额	关区进出口总额	统计年鉴
		特殊监管区数量	特殊监管区数量	海关统计
	产业价值链提升	腹地经济GDP	腹地城市年度GDP之和	统计年鉴
		核心城市GDP	核心合成年度GDP	统计年鉴
		特殊关税制度宽松度	特殊关税制度宽松度	海关统计
		交通物流资产投资	交通运输与仓储年度固定资产投资额	统计年鉴
		货物周转量	年度货物周转量	统计年鉴
		中远洋货物周转量	年度中远洋货物周转量	统计年鉴

2. 上海航运服务业国际竞争力评估结果分析

总体上,2017年、2018年连续两年上海航运服务业国际竞争力均保持较高发展水平,指数数值突破140。如图1所示,2016年、2017年、2018年的国际竞争力指数分别为134、148、144。2018年的竞争力指数与去年相比略有下降。但相较于国内其他省级行政区而言,近三年的上海航运服务业国际竞争力遥遥领先,排名一直占据榜首。

从指数构成结构看,2018年上海航运服务业竞争力中的行业增长驱动、价值链提升、产业国际表现三个指标的表现均处于领先地位,尤其是产业国际表现指标处于绝对领先优势的地位,如图2所示。

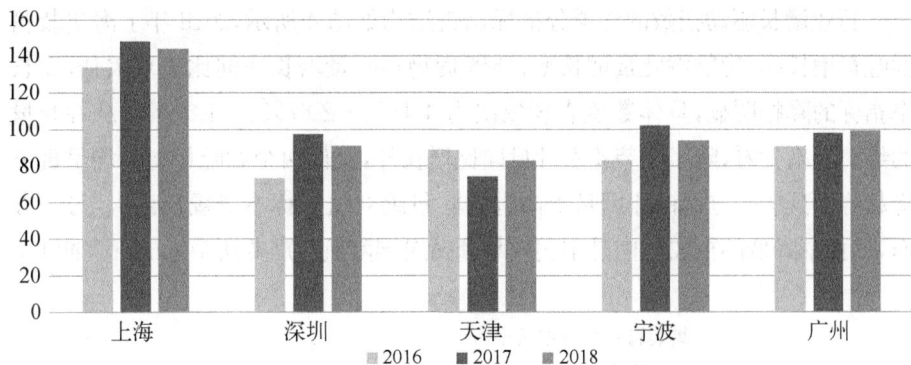

图 1　2016—2018 年主要省级行政区航运服务业国际竞争力指数

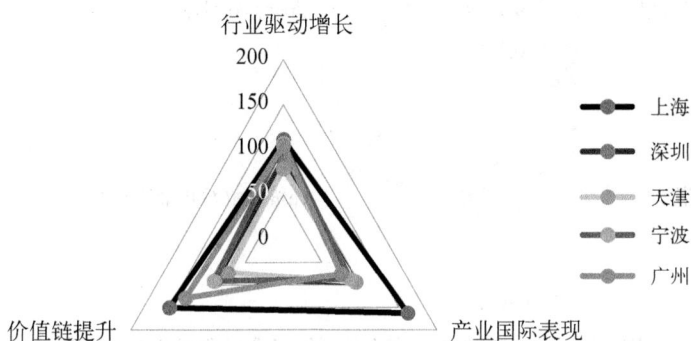

图 2　2018 年主要省级行政区航运服务业国际竞争力指数

2018 年上海航运服务业行业增长驱动总体上看和其他口岸城市相比仍然处于一定的领先地位,但领先的幅度不大。从纵向看,2017 年该指标和其他城市相比未能占优。行业增长驱动指标未能和价值链提升、产业国际表现两个指标一样具备绝对优势,一方面是由于上海航运服务业处于先发位置,行业基数大,行业增长趋向稳定,其他省级行政区基数相对较小,增长快速;另一方面,上海航运服务业正在结构性调整,这在一定程度上影响了行业增长驱动。

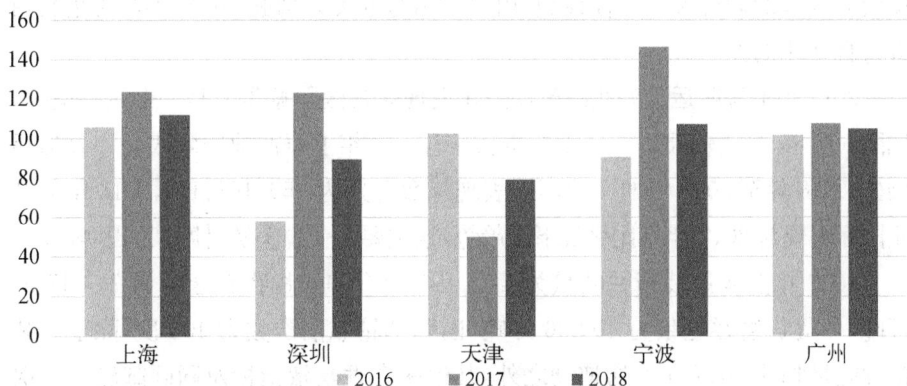

图 3　2016—2018 年主要省级行政区航运服务业行业增长驱动指数

行业增长驱动指数的各项分指标比较结构如图 4 所示,2018 年上海集装箱吞吐量增长率、货物吞吐量增长率、外贸货物吞吐量增长率同比表现欠佳,增长率指标的降幅明显,具体数值表现依次为 4.4%、−2.67%、−1.81%。从吞吐量的绝对值指标看,除了集装箱吞吐量同比增长外,其他两个吞吐量指标均呈现下降趋势。其中一方面的原因是上海港吞吐量绝对值指标本身规模巨大,另一方面,增长率降低的重要原因是中美贸易摩擦对国际航运产业所带来的巨大冲击。

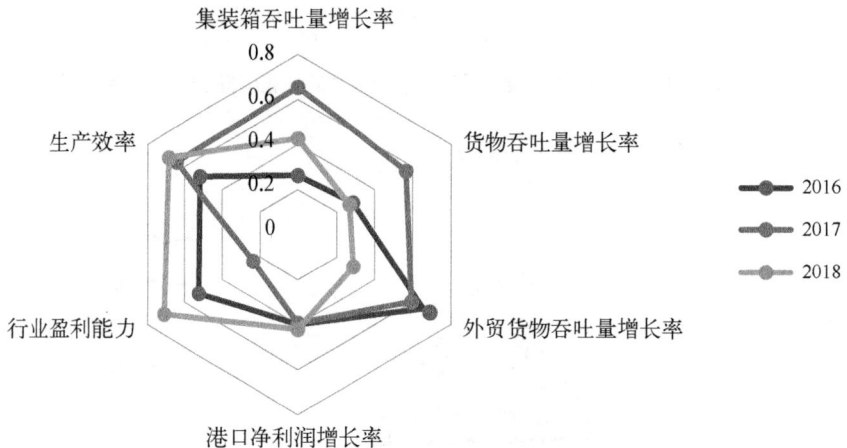

图 4　2016—2018 年上海市航运服务业行业增长驱动指数

此外,上海港的生产效率和盈利能力指标 2018 年同比呈现增长趋势,这种增长背后的原因部分可以归结为港口行业技术革新带来的增长效应和工艺流程改进带来的效率提升。

上海洋山港四期深水码头作为全球规模最大的自动化码头已经投入试生产,其为国际航运界称为"魔鬼码头"。这座无人的"魔鬼码头"相对于传统的集装箱码头,最大的特点是实现了码头集装箱装卸、水平运输、堆场装卸环节的全过程智能化的操作。这意味着整个码头和堆场内不再需要工人,岸桥和集装箱卡车的运行实行自控控制,由自动运行的无人驾驶 AGV 小车对集装箱进行自动化调控。

2018 年上海航运服务业的产业国际表现对其国际竞争力是一个重要支撑,如图 5 所示,相比较天津、宁波、广州、深圳,近三年上海产业国际表现一直遥遥领先,2016 年至 2018 年的产业国际表现指数分别为 159、167、162,2018 年的产业国际表现与 2017 年相比呈现下降趋势,这主要是受中美贸易摩擦的影响。

2018 年上海集装箱吞吐量为 4 201.02 万 TEU,货物吞吐量为 73 047.94 万吨,外贸货物吞吐量为 40 206 万吨,国际邮轮靠泊次数为 406 次,除了集装箱吞吐量相比 2017 年有所递增之外,其他两个吞吐量指标及国际邮轮靠泊次数均呈现下降趋势。

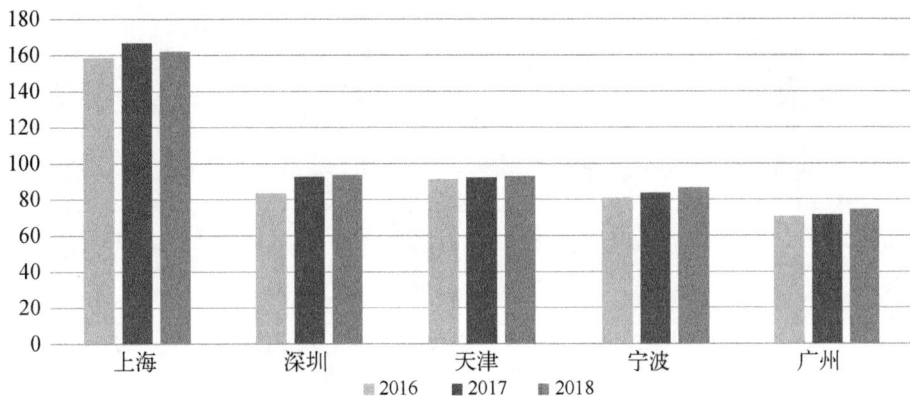

图5　2016—2018 年主要省级行政区航运服务业产业国际表现指数

如图 6 所示,上海航运服务业产业国际表现的具体结构中,除了 2018 年上海关区进出口总额指标相比 2017 年有明显提升,其他指标均均没有明显增长的趋势,有些甚至出现下滑。这一结构的趋势分析说明,尽管从横向相比,上海的国际航运产业与其他口岸城市在国际表现上比具有明显优势,但从纵向上分析,航运产业国际表现的增长趋势并不理想,国际航运产业受宏观贸易环境的冲击较大。

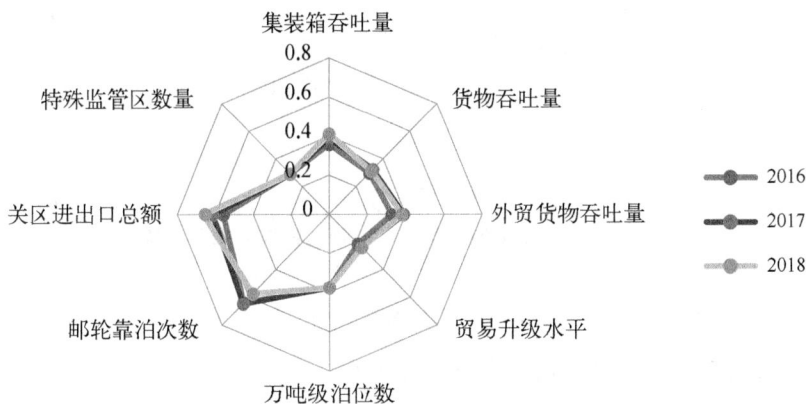

图6　2016—2018 年上海航运服务业产业国际表现指数结构分析

上海航运服务业产业价值链提升指标近三年远高于深圳、天津、宁波与广州,如图 7 所示,2016 年至 2018 年呈现逐年稳步递增趋势。

从具体价值链提升指数的结构分析,除了货物周转量指标受到国际贸易摩擦冲击影响之外,上海航运服务业在核心城市经济、腹地经济、关税制度等指标方面都呈现平稳增长趋势,各指标影响程度较为平衡,如图 8 所示。这一指标结构分析可知,区域航运服务业与腹地经济是相互影响、相互依存、互促发展的关系,上海航运服务业的价值链提升体现在长三角地区经济的发展,长三角地区经济的发展也离不开上海航运服务业的发展。因此,上海国际航运业的发展应该深入融入长三角经济一体化的进程之中。

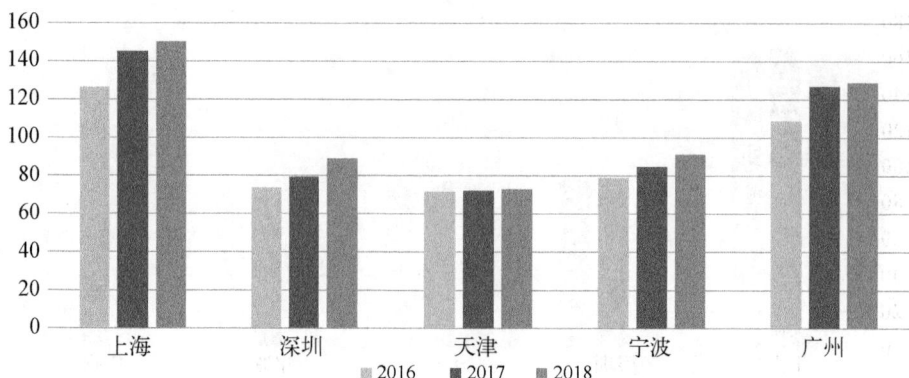

图7　2016—2018年主要省级行政区航运服务业产业价值链提升指数

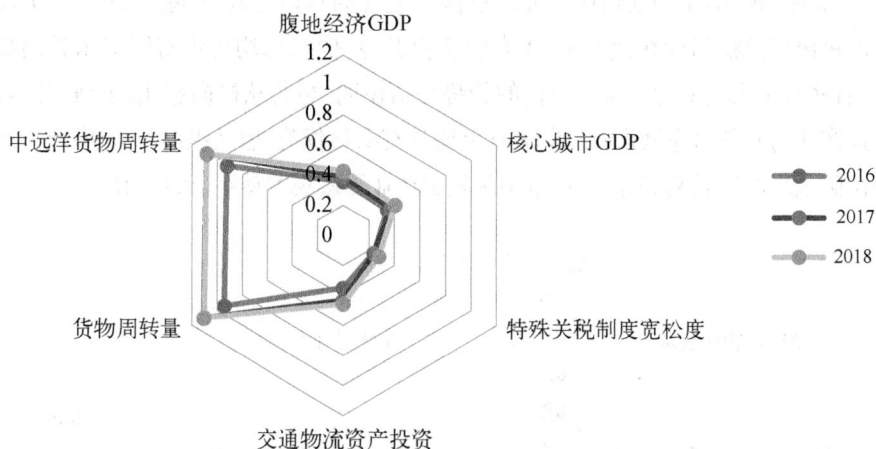

图8　2016—2018年上海航运服务业价值链提升指数结构分析

（三）提升上海航运产业国际竞争力的对策

1. 上海国际航运产业国际竞争力的优势

（1）上海国际航运中心成为支撑"一带一路"的桥头堡[①]

随着国家推进"一带一路"建设，以及"交通强国""海洋强国"等战略的实施，上海国际航运中心建设迎来重要的发展机遇期。随着"一带一路"倡议中的"互联互通"的要求，航运港口投资项目的政策与资金必将得到进一步支持，同时，中国航运企业必将进一步开设"海上丝绸之路"新航线，将开辟北极航线以及从事"一带一路"区域新航线的探索；"一带一路"倡议将使得我国商船队特别是集装箱船队的发展壮大，中国企业对国际集装箱船队的兼并收购活动将更加活跃；此外，"一带一路"沿线重点港口开发项目将得到进一步推进。

截至2017年底，上海与"一带一路"沿线24个国家（地区）实现了直航，通

---

① 参考2019年8月新商务周刊《上海国际航运中心支撑一带一路桥头堡建设的现状及功能探析》。

航点达 47 个,通过上海机场进出我国的"一带一路"旅客占全国机场总量的 1/3,航空货邮占全国机场总量比重超过 50%。上海港同"一带一路"沿线国家(地区)100 多个主要港口建立了密切联系,航线可直达地中海、东南亚、波斯湾和非洲等地。

同时,依托国际航运中心建设,上海企业"走出去"初见成效。中远海运集运在"一带一路"沿线投入约 180 艘船舶、114.8 万 TEU 运力,占集装箱总营运船队规模的 61.8%;涉及"一带一路"沿线的主要航线已有 133 条,每周舱位 13.2 万 TEU,占公司总舱位的 43.6%。东方航空从上海出发的航线通航"一带一路"13 个国家的 20 座海外城市,运营航线 21 条,全年投入班次量近 1.5 万班,座位数 291 万余座,运输旅客 256 万余人次。

在提升软实力方面,2017 年 7 月,上海航运交易所正式发布我国首个"一带一路"航贸指数,为衡量"一带一路"国家和地区贸易畅通、交通运输等方面的成效提供了量化标准。相关指数由"一带一路"贸易额指数、"一带一路"货运量指数、"海上丝绸之路"运价指数等三大类组成。其中,贸易额指数涵盖"一带一路"沿线 65 个国家和地区。货运量指数中,"一带"货运量指数反映中国至丝绸之路经济带沿线主要国家和地区的铁路货运量变化;"一路"货运量指数则反映中国与"21 世纪海上丝绸之路"沿线国家和地区之间煤、矿、油等主要货种的海运量变化;运价指数涵盖联通亚非欧的"海上丝绸之路"主要货种、主要航线。

(2)进口博览会成为促进上海国际航运产业发展的新引擎

2018 年 4 月,习近平在博鳌亚洲论坛提出,我国希望扩大进口、促进经常项目收支平衡。2018 年 7 月,国务院办公厅出台《关于扩大进口促进对外贸易平衡发展的意见》,为扩大进口战略提供了指导和方向。2018 年 11 月,中国首届"进口博览会"在上海成功举办,标志着我国从出口导向到进出口并重的关键转变。随着扩大进口战略的政策红利不断释放,上海进口博览会将成为促进上海国际航运产业发展的新引擎。

进博会是迄今为止世界上第一个以进口为主题的国家级展会,是国际贸易发展史上一大创举。在当前保护主义、单边主义抬头的背景下,举办进博会是中国主动向世界开放市场的重大举措,也是中国推动建设开放型世界经济、支持经济全球化的实际行动。2018 年首届上海进博会以"新时代,共享未来"为主题,共吸引了 172 个国家、地区和国际组织参会,3 600 多家企业参展,超过 40 万名境内外采购商到会洽谈采购,展览总面积达 30 万平方米。

上海首届进博会交易采购成果丰硕,累计意向成交 578.3 亿美元。在 578.3 亿美元意向成交额中,智能及高端装备展区成交额最高,为 164.6 亿美元;其次是食品及农产品展区,成交 126.8 亿美元;汽车展区成交 119.9 亿美元;医疗器械及医药保健展区成交 57.6 亿美元;消费电子及家电展区成交 43.3 亿美元;服装服饰及日用消费品展区成交 33.7 亿美元;服务贸易展区成交 32.4 亿美元。此外,与"一带一路"沿线国家累计意向成交 47.2 亿美元。

进博会达成丰硕成果的背后,是全球企业对中国 13 亿多人口大市场的看好,是对中国进一步扩大开放前景的看好。扩大进口将进一步促进中国企业转型升级,更好地推进高质量发展,进一步调整国际贸易结构。上海进口博览会所带来的产业效应和贸易效应必将促进上海国际航运产业的进一步发展。

2. 上海产业国际竞争力的短板

(1) 高端航运服务软实力欠缺

虽然上海航运中心建设速度较快,但与香港、伦敦等国际航运中心横向比较,上海仍存在不小的差距。尤其是在航运服务、船舶注册、航运金融和海事仲裁等代表航运"软实力"的相关指标方面存在明显差距,主要表现在高端航运服务业规模相对较小、航运金融业政策法规不健全、金融机构知名度和专业化水平不高、缺少足够数量的国际性航运组织机构等方面。

上海国际航运中心航运服务要素的集聚效应尚未完全显现,域内航运服务集聚功能简单、结构单一,以港口资源供给与传统运输市场需求构成低端聚集,服务范围局限在港口装卸、仓储堆存、船舶和货运代理、船舶供应、船员服务、船舶修理等中低附加值业务上,而具有高附加值的高端航运服务业务,如航运金融、船员培训、海事仲裁、信息咨询等覆盖不足。

上海、伦敦和香港的数据横向对比可以看出,上海的港口货物吞吐量指标遥遥领先,但是其他软指标还处于起步阶段。在航运经纪业务方面,全球二手船交易额伦敦排名世界第一,上海的二手船交易额仅为伦敦的零头;在海事仲裁方面,上海海事仲裁案件数不足伦敦的 10%,不足香港的 15%;航运金融方面,上海船舶融资金额不足伦敦的 15%,海上保险保费收入不足伦敦的 5%;入驻上海的国际航运组织数量凤毛麟角,而香港为 10 多家,伦敦为 50 多家。目前,上海国际航运中心仍处于全球航运价值链的底端。

(2) 港口集群效应不明显

上海国际航运中心建设目前未能体现港口集群效应,缺乏与腹地内河港口的紧密合作机制。长三角区域有 7 个主要海港和约 20 个内河港口,众多港口带来的不是集群效应,而是相互间的激烈竞争甚至是恶性竞争。不少地方政府热情高涨,投资兴建港口,大力发展港口经济,但是由于各自为政,在港口建设上多追求自身经济、政治利益,港口建设没有形成有效的集群效应,区域内重复投资建设现象严重,港口功能趋于雷同。

长三角长江内河港口建设的不协调发展,在一定程度上阻碍了上海为龙头的长三角港口群的整体竞争力,削弱了上海国际航运中心向周边腹地进行辐射带动的能力。

（3）航运面临的不确定性显著增强

上海作为"一带一路"的桥头堡，在获得"一带一路"倡议带来的巨大刺激效应的同时，也会面临诸多的不确定性，主要是"一带一路"沿途国家不确定因素众多。由于长期存在发展差异、文化差异、认知差异以及域内外的恐怖主义、宗教极端主义和民族分裂主义，航运安全环境面临长期严峻挑战。

（4）自贸区航运功能尚未完全释放

上海自由贸易试验区作为全国第一个自贸区，其自贸区的各项政策自然惠及上海航运服务业。但目前看，上海自贸区航运功能与制度的辐射力度不足，自贸试验区先行先试的航运功能与制度在上海航运中心的腹地及长三角地区复制推广程度不高，与长三角航运的互动程度不强。上海自贸试验区现已推出 6 项航运先试先行政策，并已取得阶段性成效，但仍处于航运中心与自贸试验区联动发展的探索期，改革创新潜力较大，多项航运开放政策效果不佳。一是税收制度与国际不接轨，缺乏竞争力。二是通关便利性不够，缺乏吸引力。

（5）多式联运基础设施仍然存在短板

多式联运基础设施的建设是上海国际航运产业发展的基础性支撑。但目前看，多式联运基础设施仍然存在短板。一是上海港口集疏运体系存在结构性失衡，目前公路运输仍是上海港口集疏运的主要方式，铁路运输占比较低；二是缺乏综合性的多式联运转运枢纽——目前多是水水、公水中转，与汉堡、鹿特丹、安特卫普等国际港口相比，上海港铁路集疏运分担率极低，占比不足0.5%。

3. 提升上海航运产业国际竞争力的对策

（1）发挥桥头堡作用，服务"一带一路"倡议引发的国际航运需求

上海发挥桥头堡作用，服务"一带一路"倡议，在增强互联互通功能专项行动中对上海国际航运中心的需求主要体现在以下几个方面：

第一，上海国际航运中心建设应加强与国家"一带一路"建设联动，畅通内外连接通道、拓展综合服务功能，巩固提升上海全球城市门户枢纽地位；第二，要加强集疏运体系建设，进一步拓展完善航线航班网络布局，加快打造高效通畅的全球集装箱海上运营网络，提升上海航空枢纽航线网络覆盖面和通达性；第三，加快构建全方位多式联运综合体系，积极发展海铁联运，加强上海铁路网与中欧、中亚铁路网衔接，推进多种运输方式立体化协同；第四，要强化现代航运服务体系建设，深化"一带一路"航贸指数的内涵，进一步拓展应用范围；第五，打造海上丝绸之路港航合作机制，与沿线国家（地区）港口建立长期稳定的沟通协调和战略发展合作机制；第六，提升国际海事组织亚洲技术合作中心服务功能，构建国际海事合作网络等；第七，加快上海国际航运中心转型升级，借助自贸区政策以及"一带一路"倡议中的重要地位，从高端航运服务业、信息

化、电子商务等方面转型升级,促进上海国际航运中心由"交通运输枢纽"向"全球资源配置枢纽"转型升级;第八,发展高端航运服务业,"一带一路"为货物进出提供了物流通道,加强了与沿线国家的贸易关系与贸易往来。两者的结合将有助于货物、资金、信息、企业向国际航运中心聚集,产生航运金融、保险、咨询高端航运服务的需求,优化航运产业链空间布局。

(2)对标国际传统自由港,进一步提升港口开放度

2018 年全球综合实力前十位国际航运中心分别为新加坡、香港、伦敦、上海、迪拜、鹿特丹、汉堡、纽约、东京、釜山。上海国际航运中心地处"一带一路"和环太平洋贸易圈接合部,直接辐射我国东部地区及长江经济带,既是长江黄金水道的龙头港,也是海陆双向开放的引领者。依据最新的《长江三角洲城市群发展规划》提出,着力打造上海国际综合交通枢纽,可见上海国际航运中心兼具全球航运核心和区域国际门户的双重角色。值得关注的是,上海国际航运中心汇集 8 条国际主要航线、通达 3 条欧亚大陆桥,在海陆联运时代将有望成为东北亚地区连接欧洲的转运中枢。

因此提升上海港的港口开放度水平至关重要。港口开放度是衡量港口城市国际航运竞争力的重要因素,上海自由港的建设可以对标新加坡和香港,通过制度创新最大程度提升港口开放度。自由港和自贸区的监管实质都是"一线放开,二线管住",但自由港与自贸区相比,"一线放开"得更加彻底,自由度更大,更能够有效促进上海国际航运业的深度开放。

第一,落实第二船籍登记制度。

第二船籍制度是指已经在其他国籍注册的船仍然可以在另外一个国家注册。相当一段时期,我国远洋船队超过一半以上在境外登记注册,使得中国政府在航运安全、税收、管辖等管理方面存在盲点。在上海自由港引入这一国际通行的国际船舶特殊登记制度,将有效提高上海国际航运中心的航运服务功能,需要结合上海港的实际进一步创新第二船舶登记制度。

第二,进一步创新启运港制度。

启运港制度是指国内货物只要确认开始发往洋山港,即被视同出口并办理退税。这一政策将极大缩短出口退税过程所需要的时间,很大程度上方便了企业,有利于外贸企业的资金运转,将大幅度提高上游喂给港输送到上海港的货物中转量。需要进一步结合我国航运产业发展实际,进一步创新完善起运港制度。

执笔:

罗 军 博士,上海海关学院副教授

徐 旭 博士,上海电机学院副教授

2018 年上海会展业国际竞争力报告

一、背景趋势

（一）世界经济和贸易增长动能减弱，全球会展业呈现跌势

1. 全球扩张减弱，世界经济增长面临下行风险

2018 年，在政策高度不确定的环境下，全球经济增长面临着下行的风险，全球扩张已经减弱。据国际货币基金组织（International Monetary Fund，IMF）在 2019 年 1 月发布的预测报告，2018 年的全球增长率估计为 3.7%，与上一年基本持平，但是世界经济的增长并没有延续 2017 年各国同步增长的势头，除美国等少数经济体的增速持续上涨之外，其他大部分经济体的经济增速都有不同程度的回落，特别是在欧洲和亚洲。紧张的贸易局势是全球经济发展面临的一个主要风险，特别是中美贸易摩擦的持续升级，已经超出了预期的程度，基于此种情况，IMF 不断调低 2019 年的增长预期，降至 3.5%，与 2018 年 1 月份相比，下降 4%。[1][2] 总体上，2018—2019 年，全球经济受到贸易保护主义、政策高度不确定等一系列复杂因素的影响，增长势头减弱，全球增长面临下行的风险。

2. 世界贸易高速增长，但是下行趋势明显

2018 年，全球贸易依旧保持着较高的增长速度，但是由于全球贸易局势恶化的影响，特别是中美贸易摩擦的升级，世界贸易增长的势头被严重遏制。根据世界贸易组织（World Trade Organization，WTO）官方网站的统计数据显示：2018 年全球货物贸易的增长速度与 2017 年基本持平，其中 2018 年全球货物贸易的出口总额为 19.3 万亿美元，增幅为 9.94%，略低于 2017 年的 10.68%，而全球货物贸易的进口总额为 19.9 万亿美元，增加了 10.10%，略高

---

① IMF：《世界经济展望：前景更光明、市场乐观但未来仍面临挑战》，华盛顿：IMF，2018，第 1 页。
② IMF：《世界经济展望：全球扩张减弱》，华盛顿：IMF，2019，第 1 页。

于 2017 年的 10.80%。

虽然从总体上来看,2018 年的世界贸易的增长还是十分强劲的,但是如果从季度的维度来看,明显可以看到全球贸易的增长率在持续下降,尤其是第四季度的增长出现大幅下跌(见图 1)。贸易保护主义势力的抬头和中美"贸易战"是全球贸易增长持续走低的重要原因,特朗普上台之后对华实施贸易保护主义政策,多次对中国商品加征关税,对中美经贸关系的发展产生了不利影响。中美贸易摩擦不断升级,严重干扰了世界经贸秩序,致使全球贸易增长受阻。

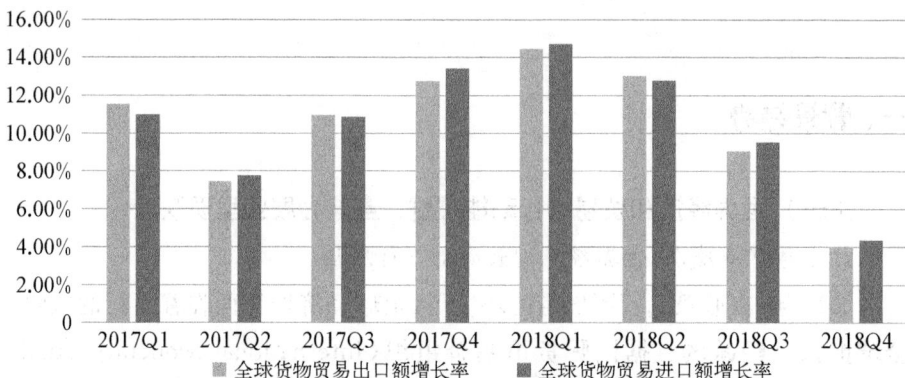

图 1　全球货物贸易出口以及进口增长率

注:Q1、Q2、Q3 和 Q4 分别表示第一季度、第二季度、第三季度和第四季度。
数据来源:世界贸易组织(WTO)官方网站,https://data.wto.org/,2019-6-21。

3. 全球会展业发展前景

2018 年,全球一共举办展会大约 32 000 场,超过 180 个国家的 500 万家企业参展,吸引的观众共计 3.03 亿。根据国际展览行业协会(The Global Association of Exhibition Industry, UFI)的估算,会展行业直接向全球提供 1 300 万个工作岗位,对全球 GDP 的直接贡献达为 811 亿美元。如果考虑会展业的外部效应,那么会展业为全球提供的工作岗位超过 3 200 万个,对全球 GDP 的贡献更是达到 1 975 亿美元。[①] 但是,国际展览协会(UFI)2018 年 12 月发布的第 22 期《全球展览业晴雨表》[②]显示,随着世界经济和全球贸易增长的减缓,全球会展业在 2018 年也呈现增速下跌的趋势。

全球经济发展情况受关注度提升。会展业的发展与世界经济与贸易环境息息相关,受访者认为经营中面临的重要业务问题依次是:国内市场经济状况,占比 25%,与 2018 年 6 月调查数据相比上升了 1 个百分点;全球经济发展

---

① UFI:《展览业的全球经济影响》(2019),巴黎:UFI,2019,第 6 页。
② 《全球展览业晴雨表》是由国际展览协会(UFI)向全球 54 个国家的 300 多家公司发放调查问卷,问卷包含 19 个具体问题,报告根据反馈整理而来。

情况,占比 20%,与 2018 年 6 月相比提高了 2 个百分点(见图 2)。这是当前世界经济增速减缓,全球贸易环境存在诸多不确定性,导致会展企业经营者对国内经济环境和世界经济环境较为关心。并且这两项数据与 2018 年 1 月的调查相比都有所上升,这从侧面说明:随着 2018 年世界经济和贸易不确定性的加剧,会展企业对全球性经济危机的担忧正在逐渐增加。

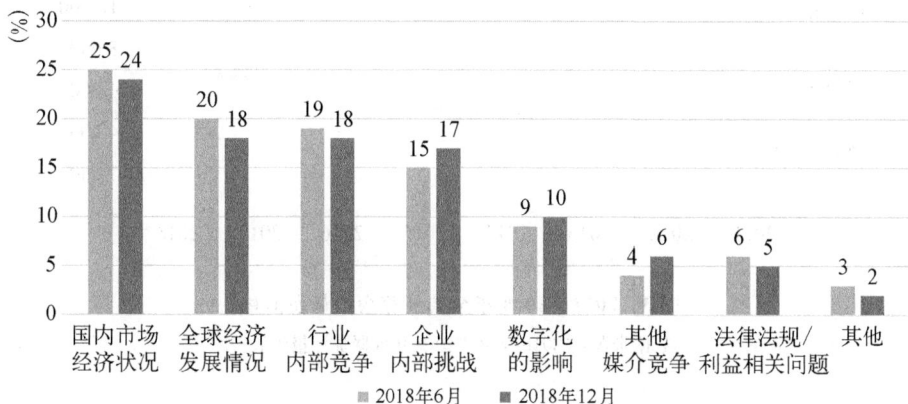

图 2　2018 年全球会展企业面临的业务问题及重要性占比

数据来源:《全球展览业晴雨表》(第 22 期),第 9 页。

大部分地区会展企业的营业额与利润增长出现下滑趋势。2018 年下半年,除美洲地区外,参与调查的欧洲、亚太、中东和非洲的会展企业的营业额增长水平都出现了不同程度的下降,其中欧洲下降尤为明显。在利润增长方面,此次晴雨表调查数据显示,大部分地区也都出现了营业利润增长减缓的趋势。这表明受宏观经济下行压力的影响,会展企业的经营和收入都受到不同程度的影响,全球会展业的发展前景不明朗。

(二) 中国会展业在调整中保持增长

2018 年,中国国际进口博览会的成功举办,标志着中国迈向会展强国。在习近平总书记"办好一个会,搞活一座城"的思想指导下,各地政府再度掀起了办会热潮,利用经贸展览促进经济动能转换、扩大对外开放和扶持新兴产业尤其是高科技产业的发展。但是,在世界经济和贸易增长动力减弱、国内宏观经济面临的下行风险的环境下,中国的会展行业也受到了冲击,虽然全国会展业依旧保持着增长,但是增速大幅下降。

1. 展览数量、面积增速下降

根据中国会展经济研究会发布的《2018 年度中国展览数据统计报告》,2018 年全国经济贸易展览一共有 10 889 场,比上年增加了 531 场,总展览面积达到 14 456.17 万平方米,较 2017 年增加了 170.82 万平方米。与 2017 年相比,我国办展总数增长了 5.13%,依旧保持着不错的增长率,但是办展总面积只增长了 1.2%,增速下降了 8% 左右,也是自 2013 年以来最低增幅(见图 3)。

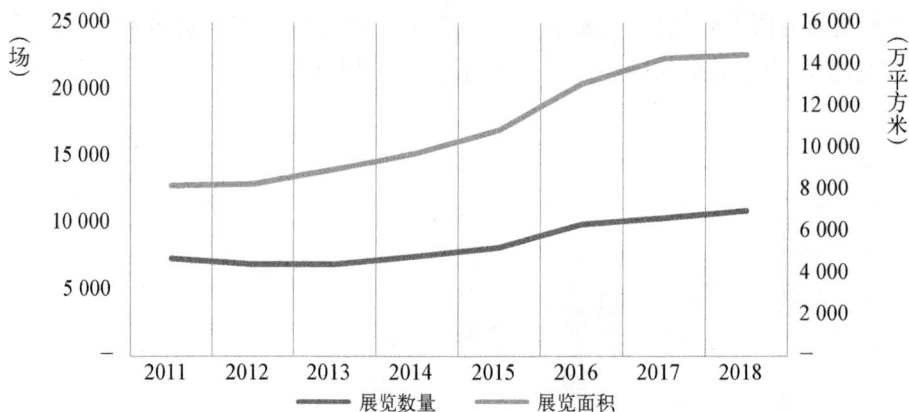

图 3　2011—2018 年全国展览会数量及面积

数据来源:《2018 年度中国展览数据统计报告》。

2. 展馆进入淘旧换新阶段

截至 2018 年底,全国可使用的会展场馆一共有 286 个,与 2017 年相比减少了 62 个,主要是由于部分年代久远的展馆转为它用。全国 286 个会展场馆可供展览的总面积为 1 129.8 万平方米,与 2017 年相比减少了 5% 左右。但是从总体上来看,全国展馆建设依旧保持着上升的态势,2018 年全国在建的会展场馆达到 23 个,可供展览总面积为 245.7 万平方米,其中包括可供展览面积达到 50 万平方米的深圳国际会展中心和室内可供展览面积为 40 万平方米的天津国家会展中心,展馆大型化和一城多馆化已经成为趋势。总体而言,为了适应中国会展行业发展对会展场馆的需求,中国的展馆正处在一个淘旧换新的阶段。

3. 境外自主办展有所减少

2018 年,中国在境外一共自主办展 124 场,总展览面积为 66.2 万平方米,与 2017 年相比,在展览总数上增加了 1 场,但是在展览总面积上却减少了 17.4 万平方米,降幅为 20.8%。境外展览项目服务国家战略的作用日益显现,自 2015 年中国提出"一带一路"倡议以来,"一带一路"沿线国家逐渐成为中国境外自主办展的热门地区,2018 年在境外自主举办的 124 场展览中,有 90 多场是在"一带一路"沿线国家举办,同比增加了 19 场,增幅达到 26.7%。随着中国会展行业的持续发展,中国会展机构和展览项目逐渐获得国际认可。2018 年,中国境外自主办展组展机构中,有 3 家机构新增为国际展览协会(UFI)成员,同比增加 1 家,增幅为 50%,一共 18 个展览项目获得国际展览协会 UFI 认证,同比增加 2 场,增幅为 12.5%。受国际贸易环境恶化和世界经济增长动能不足的影响,中国境外自主办展有所减少,但是境外展览项目服务于国家战略的作用不断增强,在国际中的认可度持续上升。

(三)上海会展业持续高速增长

在宏观经济面临下行压力,全国会展业增速减缓的环境下,上海会展业依旧保持着平稳高速增长。2018 年,上海一共承办展览、会议和活动 1 032 场,同比增长 18.05%,①会展总面积达到 1 879.55 万平方米,同比增长 6.5%,无论是会展数量还是会展总面积,上海的增长率都远高于全国的增长水平。在展会数量和面积高速增长的同时,上海会展业展会规模化发展的趋势日益明显,大型场馆更受展览会的青睐。在 2018 年,上海九大主要场馆②一共承接了 503 场展会,平均展览面积达到 3.2 万平方米,同比增长了 16.36%,其中 10 万平方米以上的大型展览会达到 42 个,展出面积为 801.14 万平方米,接近上海市展览总面积的 50%。③ 首届中国国际进口博览会的成功举办为上海市会展业的发展带来了新的机遇,有力地推动了上海"国际会展之都"的建设,会展业的不断发展又进一步促进上海城市建设,完善城市功能,进而提升上海城市实力。

1. 中国国际进口博览会引领上海会展业发展

2018 年 11 月 10 日,首届中国国际进口博览会圆满落下帷幕,这不仅是上海会展业发展的里程碑,更是中国会展业发展的里程碑。中外瞩目的首届中国国际进口博览会对提升上海会展业的国际地位具有重大的意义,为上海会展业的腾飞提供了千载难逢的机遇。

首先,首届中国国际进口博览会成绩斐然,取得圆满成功。本届进口博览会无论是参展国别范围、展位面积、企业数量和嘉宾人数,还是企业质量、采购商规模都超出预期,首次举办就跻身于全球前十大商业展会,成为国际展览业史上的一大创举。根据中国国际进口博览局发布的《2018 年中国国际进口博览会企业商业展展后报告》,首届中国国际进口博览会分设七大展区,总展览面积合计 27 万平方米,一共吸引了来自 151 个国家和地区的 3 617 家企业参展,其中包含 58 个"一带一路"沿线国家的 1 153 家企业。众多的全球知名企业也出现在首届中国国际进口博览会上,在所有参展企业中,有 75 家世界 500强企业和 145 家行业龙头企业。在开展期间,累计 80 多万人次入场,其中包括各国政要及其所率领的参观团,据统计企业商业展共接待来自 90 多个国家及地区和 5 个国际组织的境外(含港澳台)部长级以上政要参观团 120 多个,

---

① 会展数量的大幅增加主要是由于会议、活动数量增多。
② 上海九大主要场馆分别为新国际博览中心、国家会展中心、世博展览馆、光大会展中心、上海展览中心、世贸商城、汽车会展中心、跨国采购会展中心和农业展览馆。
③ 上海市会展行业协会:《2018 年上海会展行业概况》,http://www.sceia.org/service/Release-del-79.html,2019 - 6 - 23。

其中包括国家元首或总理级团组 8 个、副总理级团组 8 个。在整个进口博览会期间,累计现场意向成交金额(按一年及以内计)达到 578.3 亿美元。首届进口博览会的成功举办,巩固了上海作为国内会展业龙头城市的地位,进一步增强了上海对国际知名展会、展览公司以及商旅人群的吸引力。

其次,借助举办首届中国国际进口博览会的契机,形成了引领上海会展业发展的重大展会的服务保障和运行模式。在进口博览会期间,上海以国家会展中心为核心区域、以虹桥区域为重点区域,全面提升安保、交通、住宿、餐饮、消费、窗口服务等服务保障水平,确保了中国国际进口博览会的安全、有序、高效;为中国国际进口博览会量身定制的现场查验、展品留购、核销退保等展品监管创新措施,调整优化展品入关监管等业务操作流程,提供涵盖展前、展中、展后的系列通关、检验检疫便利化服务,有力有序地推动了通关、检验检疫等制度创新,进一步提升了上海会展业的贸易便利化水平;打造的"6 天＋365天"交易服务平台,扩大中国国际进口博览会的溢出、衍生和放大效应,带动了更多的国际优质品牌、产品和服务从上海进入中国市场。首届中国国际进口博览会的成功举办已经证明了上海重大展会的服务保障和运行模式是行之有效的,高质量的会展服务保障水平和高效的会展运行模式又将进一步促进上海重大展会的发展,引领上海会展行业的规模化发展。

最后,上海会展业服务国家战略的平台作用将日益显现。举办中国国际进口博览会,是以习近平同志为核心的党中央着眼于新一轮高水平对外开放作出的一项重大决策,是中国主动向世界开放市场的重大举措。举办中国国际进口博览会也是推进"一带一路"建设、加快自贸区和长江经济带发展的又一项重大举措,将有力促进区域协调发展战略的深化。举办国际进口博览会,对于服务国家战略、推动我国供给侧结构性改革、满足国内市场日益增长的消费需求、加快消费结构升级、促进国内产业升级换代等具有重要意义。首届中国国际进口博览会在上海成功举办,凸显了上海会展业在服务国家战略上的平台作用。

2. 加快建设国际会展之都,打响"上海服务"品牌

会展业发展与城市发展息息相关。会展,是产业的助推器,是行业的晴雨表,更是一个城市的名片。一方面会展业发展带来的人流、物流、技术流、信息流,能够显著提升城市的知名度;另一方面发达的会展业能够吸引优秀的企业在当地落户,助推城市产业集群建设,从而促进城市经济发展。因此举办大型国际化展会,发展会展业成为一个城市发展的重要抓手。

近年来,上海大力增强城市核心功能,积极推进国际会展之都建设。2018年 9 月 4 日,上海市商务委员会发布了《上海市建设国际会展之都专项行动计划(2018—2020 年)》(以下简称"专项行动计划"),其基本目标是到 2020 年,上海会展业配置全球资源的能力进一步提升,基本建成国际会展之都,让"上海会展"成为国际知名的城市名片。具体而言,在品牌展会建设上,要进一步扩大会展业规模,培育一批具有国际领先水平的顶级展会;在品牌主体建设上,要培育若干个具有国际竞争力的展览业集团,提升展览馆的运营能力,聚集一批专业化的会展配套服务企业;在营商环境方面,要形成具有上海特色的城市会展保障体制,逐步提升会展行业管理水平,全面增强便利化措施,形成平等规范、竞争有序的市场秩序;在提高会展业经济社会效益方面,要进一步增强展会的贸易平台和风向标作用,提升会展会的贸易促进和消费引领功能。

目前,上海国际会展之都建设已进入"加速跑"阶段,会展业将成为上海服务经济发展的重要引擎,会展业的发展不仅能够带来可观的经济效益,还能带来无法估价的社会效益,促进上海城市功能提升。要把"上海会展产业"打造为打响"上海服务"品牌的重要载体和平台,提升上海城市品牌的形象,扩大品牌的影响力。

二、指数分析

(一)上海会展业发展现状

上海会展业规模持续增长,连续多年稳居全国首位。2018 年上海全年共举办各类展会项目 1 032 个,位列全球主要会展城市之首,总展出面积达到 1 879.55 万平方米,较去年增加了 6.5%。在全国展会规模前 100 名中,上海占据 37 位,远远领先其他城市,其中举办的规模在 30 万平方米以上的超大型展会有 6 个。首届中国国际进口博览会在上海成功举办,极大促进了上海会展业的发展,据估算,进口博览会拉动上海会展业及其相关产业的收入增长超过 1 400 亿元。去年由上海市入境的 894 万人次中,参展等商务目的的旅客占比在 50% 以上,上海 9 个主要展馆吸引参展人次超过 2 000 万。同时,中国首只会展产业股权投资基金——上海会展产业股权投资基金在上海成立,基金总规模 30 亿元人民币,首期规模 10 亿元,投资领域涵盖会议展览、活动赛事、商贸旅游、文化创意、体育健康、科技应用等会展产业集群和相关现代服务业。

上海会展业的国际化程度不断提升,国际会展之都建设进展良好。2018 年,上海一共举办国际展览项目 300 个,占上海会展总数的 26.07%,而展出面积达到 1 415.30 万平方米,占上海总展出面积的 75.30%。上海市已经成为全球品牌商业展会登陆中国的首选城市,在《进出口经理人》发布的"2018 年世界商展 100 大排行榜"上,上海市有 12 个展览进入全球 100 强,超过德国科隆的 11 个展会,首次成为世界上举办大型国际商业展会最多的城市。在入选的 12 个展会中,有超过半数的展会是成功引进的境外品牌展会,上海国际会展之都的名片在全球的认可度不断提升。2018 年上海已拥有国际展览业协会(UFI)认证的展览项目 23 个,也是国内获得 UFI 认证最多的城市。

（二）指标体系构成

1. 上海会展业国际竞争力评价指标体系

以产业国际竞争力评价指标为基础,构建了会展业国际竞争力的评价指标体系,如表1所示,指标体系中有行业驱动增长、产业国际表现和价值链提升3个二级指标,以及包括产业规模、国内市场占有率等的9个三级指标。指标数据主要来源于《中国展览数据统计报告(2016—2018)》、各城市国民经济和社会发展统计公报、全国星级饭店统计公报等。文章重点分析了上海与其他城市在会展业中竞争力水平,通过对相关城市的指标进行对比,最后对图表进行分析得出结论。

表1 会展业国际竞争力评价指标体系

	二 级 指 标	三 级 指 标
会展业国际竞争力评价指标体系	行业驱动增长	产业规模
		国内市场占有率
		展览效率
	产业国际表现	国际展览影响力
		出展影响力
	价值链提升	产业成长支撑力
		人才支撑力
		相关产业支撑力
		核心产品市场占有率

2. 三级指标的计算

（1）行业增长驱动

$$产业规模 = \frac{场馆面积占国内展馆总面积的比重}{} \times 权重 + \frac{展馆数量占国内总展馆数的比重}{} \times 权重$$

$$+ \frac{单个展馆室内可供展览面积10万平方米以上场馆数量占国内总展馆数的比重}{} \times 权重$$

$$国内市场占有率 = \frac{总展览面积占国内总展出面积的比重}{} \times 权重 + \frac{展览数量占国内总展览数量的比重}{} \times 权重$$

$$展览效率 = 总展览面积 \div 展馆总面积$$

（2）产业国际表现

$$国际展览竞争力 = UFI会员数量 \times 权重 + 境外办展数量占比 \times 权重 + 境外办展面积占比 \times 权重$$

$$\frac{展览}{影响力} = 展会获得 UFI 认证项目数量占国内获得 UFI 认证项目的比重$$

（3）价值链提升

$$\frac{产业成长}{支撑力} = \frac{人均}{GDP} \times 权重 + \frac{经济增长}{速度} \times 权重 + \frac{第三产}{业占比} \times 权重$$

$$\frac{人才}{支撑力} = \frac{大学本科会展专业开设数量}{占全国会展专业数量的比重} \times 权重 + \frac{专科会展专业开设数量占}{全国会展专业数量的比重}$$
$$\times 权重 + \frac{会展相关专业开设数量占}{全国相关专业数量的比重} \times 权重$$

$$\frac{相关产业}{支撑力} = \frac{星级酒店}{数量占比} \times 权重 + \frac{航班起}{降数占比} \times 权重$$

$$\frac{核心产品}{市场占有率} = \frac{Top100^{①}展会}{数量占比} \times 权重 + \frac{Top100 展会}{总面积占比} \times 权重$$
$$+ \frac{Top3^{②}}{数量占比} \times 权重 + \frac{Top3 展会}{总面积占比} \times 权重$$

本课题共选取了 10 个城市来进行上海会展业的竞争力对比分析。每一个指标的权重都是由 APH 层次分析法获得，并且每一个初始指标选取的是该城市的指标占十个城市之和的百分比，再通过减去均值除以标准差的方式对数据进行标准化处理，为了画图的便捷，再统一加上 2.5 使之成为正数。

（三）上海会展业国际竞争力评估结果

为了分析上海会展业的国际竞争力，本课题选择了北京、广州、深圳、重庆、成都、郑州、南京和武汉这 9 个城市进行对比分析。这些城市的选择主要依据《中国展览统计数据报告(2011—2018)》中各项统计指标的综合排名，再综合考虑政策、场馆、市场等因素。

1. 国际竞争力综合指数

2018 年，上海会展业的国际竞争力有较大的提升，如图 4 所示，2016 年、2017 年、2018 年的国际竞争力综合指数分别为 158.60、151.28、161.18，2018 年的国际竞争力综合指数相比去年增加了 6.58%。同时，也可以看出上海会展业在国际竞争力表现上继续处于领跑地位，2016 年、2017 年、2018 年，上海会展业的国际竞争力综合指数都高居首位，并且领先的幅度有不断扩大的趋势。从国际竞争力评价的二级指标来看，行业驱动增长和产业国际表现对上

---

① Top100 指的是将所有展览按照面积排序，总展览面积排名前 100 的展览。

② Top3 指的是将所有收集到的展览项目，划分为 120 个类别，并对各单类展览分布进行排序，就有了各行业细分 Top3 信息，反映了我国各个细分行业专业展览的发展情况。

海会展业国际竞争力指数提升做出了明显的贡献。

总体来看,上海在会展业国际竞争力表现上增长强势,比较优势不断扩大。近年来,上海市持续推进国际会展之都建设,不断优化公共服务,为会展业的发展提供良好的营商环境,积极推动会展业创新转型,提升会展机构的运营能力,打造出具有国际领先水平的品牌展会和品牌展馆。首届中国国际进口博览会的成功举办更是为上海会展业的发展注入了新的动力,推升上海会展业品牌的形象,扩大了品牌的影响力。

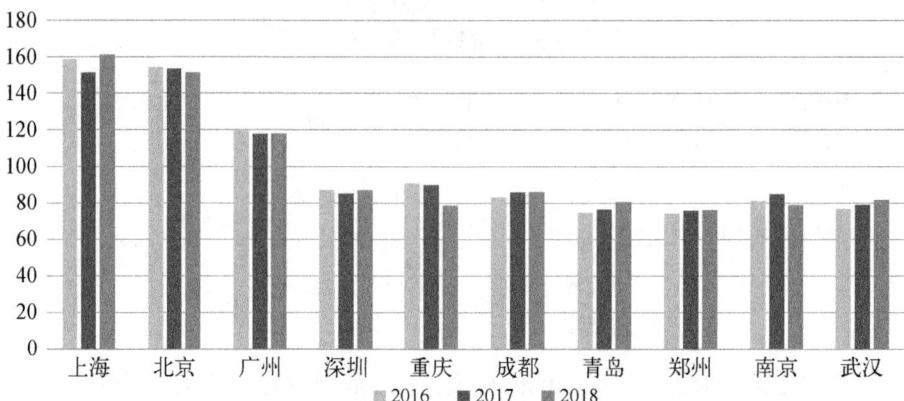

图 4 国际竞争力综合指数柱状图

2. 行业增长驱动指数

行业增长驱动主要由产业规模、国内市场占有率、展览效率三个指标构成。产业规模指数主要体现会展场馆的展能,随着展会大型化、规模化的发展趋势愈发明显,在考虑展馆数量和总面积的基础上,又新增了体现展馆规模的因素;国内市场占有率指数反映了城市办展的数量和面积;展览效率体现了展馆的利用率。

由图 5 可以看出,上海会展业的行业增长驱动指数较 2017 年有了大幅的增长,增幅为 21.09%。同时,上海会展业的行业增长驱动能力处于绝对的领先地位,2018 年会展行业增长驱动指数排名前三名的分别是上海、广州和北京,其测算的指数分别为 193.32、123.03、118.72,上海领先第二名广州 57.13%。2018 年,除了北京和青岛的行业增长驱动力有较大的增长之外,其他城市基本与去年持平或者下降。主要是世界经济和贸易增长动力减弱以及国内宏观经济面临这下行的风险,从而导致了对会展行业的冲击。

上海的会展行业增长驱动力处于绝对的领先地位,从具体的指标分析来看,主要是由于上海在展馆展能以及展会的规模和数量上的绝对优势。上海一共有 9 大展馆,可供展览面积达到 97.7 万平方米,接近广州展馆总面积的 2 倍,其中上海国家会展中心以 40 万平方米的室内可供展览面积成为全国最大的会展场馆。并且,在面积排行前十展馆中,上海独占三席,亦是全国之最。展馆是承载会展业发展的物质基础,上海强大的展能实力是上海会展行业增长驱动能力保持领先地位的重要保障。同样的,在展会的数量和总面积上,上海也是大幅领先其他城市。但是值得注意的是,在展览效率上,上海居于第二位,广州第一,还有进一步提升的空间。

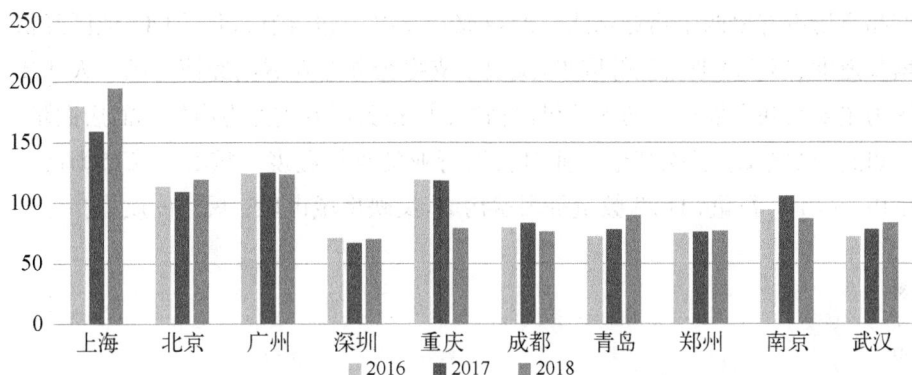

图 5 行业增长驱动指数柱状图

3. 产业国际表现指数

会展业的产业国际表现指数由国际展览竞争力、出展影响力两个指标构成,国际展览竞争力主要体现在 UFI 会员数量以及境外办展情况,出展影响力则体现在中国展会在国际上的认可度,也即中国展会获得 UFI 认证项目的数量。

在会展产业国际表现方面,上海并没有类似产业驱动增长那种绝对的领先优势。2018 年,上海、北京、广州的产业国际表现指数分别是 137.23、182.34、104.40,北京居于第一位,上海第二,广州第三。上海在产业国际表现上落后于北京,主要在于境外办展这一方面。2018 年,北京在境外独立办理展会 57 个,总展览面积为 32.06 万平方米,而上海在境外独立办理展会的数量仅为 12 个,总展览

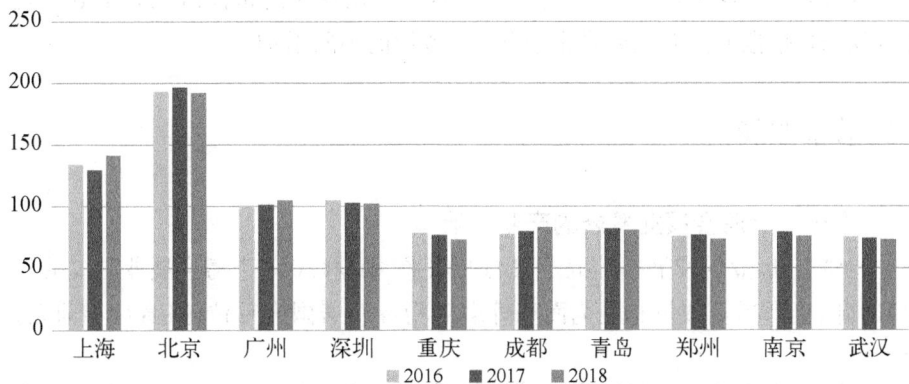

图 6 产业国际表现指数柱状图

面积只有 3.88 万平方米,远远落后于北京。目前我国实施的是经过贸促会审批(会签商务部)组展单位才能实施出国展览项目的政策,即组展单位需要向中国贸促会会展展览审批管理系统提交申请才能独立在国外办理展会,2018 年,北京从事境外办展的组展机构一共有 19 家,而上海只有 4 家。

4. 价值链提升指数

价值链提升指数由产业成长支撑力、人才支撑力、相关产业支撑力、核心产品市场占有率四个指标构成。产业成长支撑力包含有人均 GDP、地区经济增长速度、第三产业占比等因素,反映了支撑会展业发展的经济基础。人才支撑力主要反映会展行业的人才供给情况。[①] 相关产业支撑力由星际酒店数量、航班起降数组成,反映其他产业对会展行业的支持程度。核心产品市场占有率由 Top100 数量、Top3 数量等因素构成,反映出城市现有展会的质量。

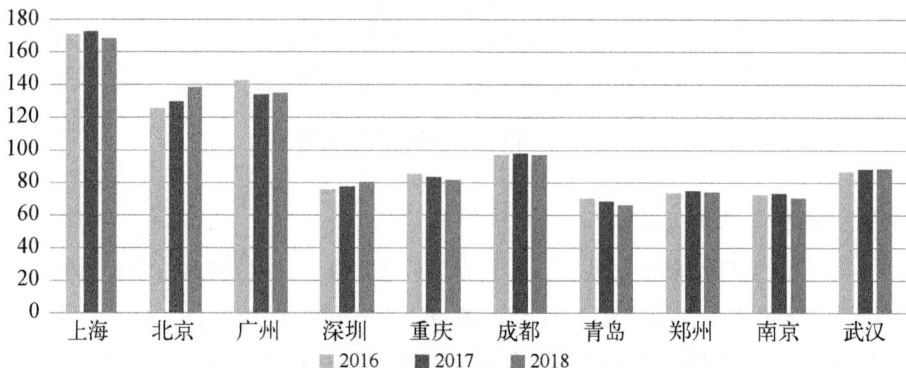

图 7 价值链提升指数柱状图

上海会展行业价值链提升指数在 2016 年、2017 年、2018 年的测算结果分别是 172.11、174.15、165.37,可以看出上海近几年在价值链提升方面表现得比较稳定,2018 年略有下滑。这主要是由于 Top3 的数量下降,从 2017 年的 105 个降低为 77 个。从图 7 可以看出,在价值链提升方面,上海、北京、广州居于三强,明显高于其他城市。值得关注的是,北京近些年的价值链提升指数一直稳定增加,指数的提升主要是由于 Top3 数量的不断增加。

三、发展路径

(一) 上海会展业发展的产业基础

上海会展业的发展整体处于较高的水平,根据《2018 上海会展业白皮书》,2018 年,上海展览数量和展览面积等多项指标均居国内首位,跻身世界前列,

---

① 由于缺少 2017 年、2016 年会展相关专业在校学生数量的信息,因此采用地区会展以及相关专业的开设数量作为替代。

上海已经成为中国会展业发展的强大引擎。上海"国际会展之都"的高水平建设，为提升上海会展业竞争力水平奠定了坚实的基础。

1. 会展场馆面积稳居国内第一，处于全球主要会展城市之首

会展场馆是会展业发展的物质基础，截至 2018 年，上海各类专业展览展馆可供展览面积已超过 100 万平方米，为全球主要会展城市第一。在 2018 年全国室内可展览面积前 10 的展览馆中，上海占据三个（如表 2 所示），并且上海国家会展中心以 40 万平方米的室内可展览面积位列第一。

表 2　2018 年全国室内可供展览面积前 10 展览场馆情况（单位：万平方米）

序号	展 览 场 馆 名 称	城市	室内展览面积
1	上海国家会展中心	上海	40.00
2	中国进出口商品交易会展馆	广州	33.80
3	昆明滇池国际会展中心	昆明	30.00
4	重庆国际博览中心	重庆	23.00
5	上海新国际博览中心	上海	20.00
6	中国西部国际博览城国际展览中心	成都	20.00
7	温州国际会议展览中心	温州	19.40
8	上海世贸商城展览馆	上海	19.00
9	武汉国际博览中心	武汉	15.00
10	南昌绿地国际博览中心	南昌	14.00

随着"国际会展之都"建设的不断深入，上海已经形成了"2+7+X"展馆分布格局。"2"即两大超级展馆，分别为位于青浦的国家会展中心（上海）和位于浦东的新国际博览中心。"7"即世博展览馆、上海展览中心、光大会展中心、世贸商城、上海跨国采购会展中心、农业展览馆、汽车会展中心等 7 个中型专业展馆。"X"即中华艺术宫、上海博物馆、上海科技馆等专业特色展览场所，以及数量众多、各具特色的购物中心、酒店商场、办公楼宇等内设会展设施。"2+7+X"的展馆分布格局为上海会展业的全方位发展提供坚实的硬件支撑，带动了上海会展产业链的集聚，加快了展览业的升级发展。

2. 服务业比重持续提升，为会展业发展提供支撑

会展产业的发展能够极大推动服务业的发展，一方面会展产业就是属于服务业，会展产业的增长带来服务业的增长；另一方面，会展产业存在溢出效用，对运输、物流、建筑、商业、广告、咨询、旅游、金融、保险等相关服务业具有强劲的辐射力和拉动力，从而进一步提升服务业的发展水平。但是，会展产业的发展也同样需要相关服务业的支持。会展活动是人流的大量聚集，很多的

参展商和客商均来自外地,吃、住、行问题是外地参展商及客商参展之前考虑的重要问题。此外,信息技术等服务业的发展又会提升展会的展览效率。因此,餐饮、住宿、交通、信息技术等相关服务行业的发展对会展业的成长也起着至关重要的作用。

上海的服务业所占的比重持续上升,如图 8 所示。近几年,上海服务业所占比重维持在 70％左右,已经基本上形成了以服务业为主导的产业结构,较高水平的服务业比重将为上海会展业提供更好的发展环境。

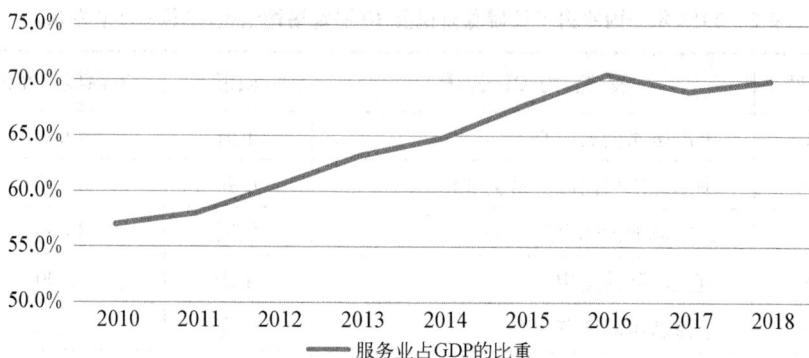

图 8　2010—2018 年上海服务业产值占 GDP 的比重

3. 会展业集聚态势初步形成

随着国际会展之都建设的不断深入,上海会展产业集聚的态势已经初步形成。目前,上海已经拥有四家上市展览企业,分别是风语筑、复展科技、万怡会展以及决策者。另外,一批会展业学术研究机构也集聚于此,如上海对外经贸大学中德会展研究所所、复旦大学会展与服务经济研究中心、上海大学会展研究院和上海第二工业大学国际会展产业研究院。在会展教育方面,上海共有 13 所高等院校开设有会展相关专业,总在读学生达到 2 134 人,为上海会展行业源源不断提供大量人才。

(二)上海会展业发展的环境

政府扶持力度加大,全力将上海建设为"国际会展之都"。为贯彻落实上海市委、市政府关于《全力打响"上海服务"品牌加快构筑新时代上海发展战略优势三年行动计划(2018—2020 年)》的决策部署,加快建设国际会展之都,2018 年 9 月,上海市商务委员会发布了《上海市建设国际会展之都专项行动计划(2018—2020 年)》,计划在 2020 年基本建成"国际会展之都"。上海市会展业立法也在提速,据上海市市商务委员会透露,行业盼望多年的会展业立法已被上海市人大列为正式立法项目,预计年内将要出台。作为一项顶层设计,立法的重点是要建立与国际接轨的会展业事中和事后监管机制、知识产权保护机制、纠纷解决机制。在服务保障的方面,上海市会展业的各项服务保障措施越发到位,比如,2019 上海车展首次启用电子门票、电子门禁和人脸识别无感化服务,首次启用人工智能预警系统,实时监控馆内人流情况。上海市对会展业的环境支撑、服务保障、政策制度供给在不断对标国际最高标准,为上海市会展业的发展提供全方面的支持。

首支会展股权投资基金启动,助力上海国际会展之都建设。2019 年 6 月 19 日,上海会展产业股权投资基金在上海启动,该基金是由上海东浩兰生(集团)有限公司、上海瑞力投资基金管理有限公司作为基石发起人,联合上海黄浦区政府投资基金、华麟资本,共同设立的国内首支聚焦会展产业领域的投资基金。上海会展产业股权投资基金总规模为 30 亿元,首期规模 10 亿,投资领域将涵盖会议展览、活动赛事、商贸旅游、文化创意、体育健康、科技应用等会展产业集群和相关现代服务业。上海会展产业股权投资基金将立足全球视野,实现国内、国际双投资平台联动,同时关注国内外优秀的企业和项目,积极引入国际优秀的会展项目和资源,助力国内会展企业快速成长走向国际舞台,积极推动国际并购与交易。上海会展产业股权投资基金也将会积极推动会展产业与新技术进行融合升级,发挥产业与资本的协同作用,帮助所投企业向价值链高端延伸,成就产业垂直领域的优势企业,推动上海会展产业蓬勃发展。

临港自贸区新片区为上海国际会展之都建设提供新的发展空间。2019 年 8 月 6 日,国务院印发《中国(上海)自由贸易试验区临港新片区总体方案》,设立中国(上海)自由贸易试验区临港新片区。临港新片区致力于打造更具国际市场影响力和竞争力的特殊经济功能区,不仅将推动国内经济高质量发展,也会为世界经济发展注入信心和活力。根据总体方案,新片区作为中国全面深化改革开放的新引擎,将致力于打造最高水平对外开放的新高地,对标最高水平的国际经贸规则,充分发挥上海资源禀赋和开放优势,推动新片区形成与国际通行规则相衔接的新的制度框架,增强我国在国际经贸规则重构中的话语权。新片区的设立将会进一步提升我国对外开放的水平,吸引更多的跨国公司、国际厂商和采购商进入中国。上海是最高开放水平的承载地,正是这种区位优势,使得在上海举办会展更具有代表性和吸引力。上海成为国内外参展商和买家情有独钟的地方,这为上海会展业的发展提供了新的机遇。

(三)会展产业发展方向

1. 与 5G 融合,打造智慧会展

作为下一轮技术革命的驱动力,5G 具有超高可靠性、超低时延、超大容量等不同以往的技术优势,它与工业、交通、医疗、教育、金融等各个领域融合应用,不断探索新产品、新业态、新模式,促进经济社会智慧化转型,为各行业带来新一轮变革。同样的,5G 的到来也会给会展业的发展带来新的机遇与挑战,而且 5G 给会展业带来的不仅仅是技术上的改变,更重要的是行业上的"衍生"。

5G 网络在展会中的应用将会是多种多样,譬如开车来观展的观众,利用 5G 的数据高吞吐量,完全可以一次性完成进停车场、定位空车位以及离开展馆时无人支付等环节,最大限度上缓解周边地区"每逢展览必拥堵"的情况。另外,利用 5G 技术可实现参展商对布展、展会进行中展位动向的全过程监控,还可以实时提供参展观众的数量、热门展区分布等统计数据,而这些数据对于主办方和参展商来说都很重要。未来,势必会出现全功能的会展信息服务平台,在该平台上,会展场馆经营者、会展主办者、参展商、会展服务商、观众均可获得相应服务,而 5G 技术将会是大流量、高通道需求的保障。

实现会展业与 5G 的融合发展、实现会展业的转型升级和健康发展还面临很多挑战和现实问题。但是在这个产业互联网的时代,新型信息技术与会展业的加速融合并也必将作为强劲的动力促进智慧会展产业的更迭发展。

2. 绿色化

绿色发展,建设人与自然和谐共生的现代化,是党的十九大报告的明确定位。党的十八大以来,习近平总书记反复强调生态文明建设和绿色发展的重要性。然而,一直以来,会展行业被看作产生大量废弃物的产业,每一个会展活动结束后,都会产生大量垃圾。一些会展为了追求卓越的展览效果和考虑临时性质,使用的木材、木板、油漆以及其他的材料不符合国家标准,使可回收材料的比例很低。对此,必须准确理解绿色发展理念,深刻吸取历史经验教训,转变会展业的发展方式,实现会展业的高质量、绿色发展。

在发展绿色会展的具体途径方面,一方面要构建绿色会展评审体系参考标准,只有制定了绿色会展评审参考标准,建立和完善评审机制,才能从根本上促进绿色会展的发展壮大,实现会展业的绿色化转变;另一方面要全面加强生态展馆设施建设,不仅要加强硬件设施建设还要加强会展行业软建设,从全方面着手,要倡导可循环设施的建设,不仅可以对会展设施进行再利用也可以大大降低参展商的操作成本,同时要推广绿色、可回收利用的会展环保理念,提升会展业的绿色发展水平。

四、对策建议

(一)聚焦细分领域,打造"王牌展会"

上海会展业虽然取得了长足的进步,会展展馆总面积、会展数量、总展览面积等多项指标,已进入世界第一梯队,但是依然缺少有世界影响力的品牌展会。相反,美国的会展经济并不是特别突出,与欧洲相比一直有明显差距,在展馆硬件和展会规模等方面也已经被中国反超。但是美国在专业领域的"王牌展会"却层出不穷，一个"王牌展会"，往往可以引领全球行业风潮，推动技术革命。因此，上海应当聚焦细分领域，打造各个领域的"王牌展会"，实现从规模化发展向质量效益提升的转变。

在推动"国际会展中心"建设中，会展品牌建设尤为重要。由于会展活动展示形态多样，故应根据会展活动的不同等级，从多维层面建设会展品牌。对此，第一，要培育会展城市品牌。会展城市应立足发展实际，依据城市产业、人文、自然等资源特色地制宜地进行有机整合，使之形成独具特色的会展品牌，从而提升上海会展业的软实力；第二，要培育会展企业品牌。在会展企业品牌方面，要鼓励其专业化、品牌化、国际化发展，通过优化会展业资本结构，培育一批国际竞争力强的会展跨国企业，从而加强上海会展企业品牌的宣传力度；第三，要培育细分领域的会展品牌。一个展会的影响力不仅在于参展商的规模，更在于其对于整个行业的拉动，要聚焦专业领域，打造属于该行业的"王牌展会"，实现引领行业发展的作用。目前，上海已经在一些产业领域形成优势，并在一些新兴领域培育新动能，这些都是未来会展经济可以聚焦的重点，可以成为上海打造"王牌展会"的发力点。

（二）整合会展数据资源，充分挖掘大数据潜在价值

随着互联网、移动智能、数据挖掘等高新技术的创新迭代，大数据资源成为助推产业转型升级的新动力。进入新时期，会展数据的统计和分析成为我国会展业转型升级的重要环节，因此应当整合会展数据资源，充分发挥会展数据资源的潜在价值。

在整合会展数据资源方面，一方面可以采用"组织＋组织"的形式，政府部门、会展行业组织和关联产业以互联网为载体，围绕会展活动，加强会展数据采集、存储和分析，构建会展业的大数据平台，以提高会展服务效率、减少会展交易成本；另一方面还可以采用"组织＋平台"形式，由于大数据平台建设和数据分析的成本较高，经济实力一般的会展行业组织很难承担高昂的建设费用。因此，会展组织可以通过借助第三方会展大数据平台，在充分利用大型数据平台数据收集、甄别、清洗和匹配的专业能力的同时，降低大数据技术应用成本。

但是在使用大数据发展会展业的同时，也应当意识到大数据是一把双刃剑，一方面能够有效推动会展业的转型升级，另一方面有可能由于数据滥用而危害行业发展。因此，在应用大数据时，通过技术等手段保障数据安全，通过制度等方式防止数据滥用。具体而言，第一，政府和会展企业需要加强会展大数据安全技术研发，如可通过分析大数据各领域的黑客攻击案例，改善会展行业大数据加密、追踪、防火墙、防窃取等技术；第二，要完善会展大数据立法。由于大数据概念新颖、内涵广泛，对其相关设立的相关法律法规尚不健全。故

相关部门应着力研究会展大数据的信息采集、存储、加工、转让、共享等环节,从而为会展大数据各具体环节设立相应的法律条款;第三,要积极探索会展大数据分级分类管理机制。针对不同级别的会展大数据,要建立不同等级和类别的安全防护措施。

(三) 加快实施"走出去"战略,进一步提升国际化水平

随着经济全球化的深入发展,上海会展业的国际化水平不断提升,特别是国际展览业的"请进来",世界排名前20的展览企业均已落户上海。但是,上海会展业在"走出去"方面还有巨大的发展空间,目前"走出去"仅停留在出国参展阶段,国际会展运作经验少,国际会展服务供应实力不足。

上海会展业需要加快"走出去"的步伐,进一步提升上海会展业的国际化水平,以促进国际会展之都建设。第一,精准选择目标国际市场。近年来,中国会展业"走出去"步伐加快,"一带一路"沿线国家成为外展的主要目的地。此外,东盟作为海上丝绸之路重要沿线国家,与我国的经贸合作不断深化,也正成为中国会展业"走出去"的新兴市场。第二,创新策划会展题材。在我国经济进入新常态、实施新一轮扩大开放的新形势下,会展业要紧扣时代潮流,策划更多能够推动经济高质量发展、促进高水平开放的会展项目。第三,行业标准与国际接轨。出国办展的企业应当系统了解、学习会展所在国家的知识产权等相关法律法规,确保自己产品、方案设计没有侵权违规的风险,同时符合展览所在城市的行业标准。

(四) 进一步提升城市整合服务能力

城市整合服务,就是展会活动组织主体依托政府相关政策,通过一系列管理运作规范流程,围绕展会主题,有效调动包括城市交通运管、媒体传播、平台宣传、知识产权、旅游部门、文化部门等在内的公共服务系统中的相关机构融入展会综合服务网络的组织运作过程。这项组织服务对于确保展会活动的专业高效、打造良好的社会影响力、提升城市整体形象魅力、吸引更多外地资本入驻等方面都起着十分重要的推动作用。

一个地区、一个城市的会展业发展水平,尤其是综合服务水平的高低,很大程度上依赖城市整合服务网络的有机互联。广义上看,整合服务还延伸至会展业相关上下游的其他利益相关行业(搭建、广告、物流、通信、餐饮等),这些行业产业相互配合有效联动,形成完善的综合一体化服务网络。

(五) 推动科技创新,为会展业提质增效

深入实施科技创新驱动发展战略,推动会展业更多关注行业深度融合和科技创新,将互联网、人工智能、人脸识别、虚拟现实等新兴技术广泛应用到市

场营销、供需配备、展馆服务、展览展示、展后服务等各个环节,提高会展资源利用效率和参展参会客商的便利性,科学引导和调控展会现场客流,提升展品展示效果,增进参展商和采购大亨的相互理解和沟通交流,扩大展会成效;推动会展业更多服务优势行业的市场主体,为企业开拓国际市场创造有利条件,推动企业进入全球价值链中高端;推动会展业更多聚焦人民群众高品质生活,助力扩大消费和消费升级。

执笔:

汤蕴懿　上海社会科学院研究员,新经济与产业国际竞争力研究中心执行主任

曹立晨　上海社会科学院经济研究所硕士研究生

致　谢

感谢上海市商务委员会对本项目的资助,特别感谢上海市商务委员会申卫华副主任、公平贸易处孙嘉荣处长和丁秀峰同志在报告起草期间给予课题组的指导和支持。希望本书起到服务企业提升、服务上海发展、服务国家战略的作用。

编者

2019 年 10 月

图书在版编目(CIP)数据

上海重点产业国际竞争力报告.2018—2019 / 汤蕴懿
等编著.—上海：上海社会科学院出版社,2019
ISBN 978-7-5520-2957-4

Ⅰ.①上… Ⅱ.①汤… Ⅲ.①产业发展－国际竞争力－
研究报告－上海－2018—2019 Ⅳ.①F127.51

中国版本图书馆 CIP 数据核字(2019)第 235813 号

上海重点产业国际竞争力报告(2018—2019)

编　　著：汤蕴懿 等
责任编辑：袁钰超
封面设计：夏艺堂
出版发行：上海社会科学院出版社
　　　　　上海顺昌路 622 号　邮编 200025
　　　　　电话总机 021-63315947　销售热线 021-53063735
　　　　　http://www.sassp.org.cn　E-mail:sassp@sassp.cn
排　　版：南京展望文化发展有限公司
印　　刷：江苏凤凰数码印务有限公司
开　　本：787×1092 毫米　1/16 开
印　　张：19
插　　页：1
字　　数：358 千字
版　　次：2019 年 11 月第 1 版　　2019 年 11 月第 1 次印刷

ISBN 978-7-5520-2957-4/F·591　　　　　定价：98.00 元